A economia dos pobres

Abhijit V. Banerjee e Esther Duflo

A economia dos pobres

Uma nova visão sobre a desigualdade

Tradução:
Pedro Maia Soares

Copyright © 2011 by Abhijit V. Banerjee e Esther Duflo

Grafia atualizada segundo o Acordo Ortográfico da Língua Portuguesa de 1990, que entrou em vigor no Brasil em 2009.

Título original
Poor Economics: A Radical Rethinking of the Way to Fight Global Poverty

Capa
Celso Longo + Daniel Trench

Preparação
Juliana Romeiro

Índice remissivo
Probo Poletti

Revisão
Angela das Neves
Clara Diament

Dados Internacionais de Catalogação na Publicação (CIP)
(Câmara Brasileira do Livro, SP, Brasil)

Banerjee, Abhijit V.
    A economia dos pobres : Uma nova visão sobre a desigualdade / Abhijit V. Banerjee e Esther Duflo ; tradução Pedro Maia Soares — 1ª ed. — Rio de Janeiro : Zahar, 2021.

    Título original: Poor Economics : A Radical Rethinking of the Way to Fight Global Poverty
    ISBN 978-65-5979-024-1

    1. Assistência econômica – Países em desenvolvimento 2. Pobreza I. Duflo, Esther. II. Título.

21-68752   CDD: 339.46091724

Índice para catálogo sistemático:
1. Pobreza : Países em desenvolvimento : Causas e efeitos : Economia 339.46091724

Cibele Maria Dias — Bibliotecária — CRB-8/9427

[2021]
Todos os direitos desta edição reservados à
EDITORA SCHWARCZ S.A.
Praça Floriano, 19, sala 3001 — Cinelândia
20031-050 — Rio de Janeiro — RJ
Telefone: (21) 3993-7510
www.companhiadasletras.com.br
www.blogdacompanhia.com.br
facebook.com/editorazahar
instagram.com/editorazahar
twitter.com/editorazahar

*Para nossas mães
Nirmala Banerjee e
Violaine Duflo*

Sumário

Prefácio 9

1. Pense de novo, novamente 15

PARTE I **Vidas privadas** 33

2. Um bilhão de pessoas famintas? 35

3. Soluções fáceis para melhorar a saúde (mundial)? 59

4. Melhores da classe 92

5. A grande família de Pak Sudarno 127

PARTE II **Instituições** 157

6. Gestores de fundos de hedge de pés descalços 159

7. Os homens de Cabul e os eunucos da Índia: A economia (não tão) simples de emprestar aos pobres 184

8. Economizando tijolo por tijolo 211

9. Empreendedores relutantes 235

10. Políticas públicas, política 268

Em lugar de uma conclusão abrangente 303

Agradecimentos 311
Notas 313
Índice remissivo 335

Prefácio

ESTHER TINHA SEIS ANOS QUANDO LEU, numa revista em quadrinhos sobre Madre Teresa, que Calcutá era tão cheia de gente que cada pessoa tinha apenas um metro quadrado para morar. Ela imaginou uma cidade que fosse como um vasto tabuleiro de xadrez, com quadrados de um metro de lado marcados no chão, cada um com um peão humano, por assim dizer, encolhido nele. Ela se perguntou o que poderia fazer a respeito disso.

Quando finalmente visitou Calcutá, aos 24 anos, Esther era uma estudante de pós-graduação do MIT. Fitando pela janela do táxi a caminho da cidade, ela se sentiu um pouco decepcionada: para onde quer que olhasse, havia um espaço vazio — árvores, canteiros, calçadas. Onde estava toda a miséria tão vividamente retratada nos quadrinhos? Para onde todas as pessoas haviam ido?

Aos seis anos, Abhijit sabia onde os pobres moravam. Eles viviam em pequenas casas dilapidadas atrás da sua, em Calcutá. As crianças pobres pareciam ter tempo de sobra para brincar e ganhavam dele em todos os esportes: quando descia para jogar bolinha de gude com elas, as bolinhas sempre iam parar nos bolsos de seus shorts esfarrapados. Ele ficava com inveja.

Esse desejo de reduzir os pobres a um conjunto de clichês é tão antigo quanto a própria pobreza. Tanto na teoria social quanto na literatura, os pobres aparecem como preguiçosos ou empreendedores, nobres ou ladrões, agressivos ou passivos, indefesos ou autossuficientes. Não é nenhuma surpresa que as posturas políticas que correspondem a essas visões a respeito dos pobres também tendam a se resumir em fórmulas simples: "livre mercado para os pobres", "reforçar os direitos humanos", "cuidar primeiro do conflito", "dar mais dinheiro aos mais pobres", "a ajuda externa mata o desenvolvimento" e assim por diante. Todas essas ideias contêm importantes elementos de verdade, mas raramente deixam muito espaço para as mulheres ou os homens pobres comuns, com suas esperanças e dúvidas, limitações e aspirações, crenças e confusões. Quando os pobres chegam a ser mencionados, em geral é como a *dramatis personae* de alguma história edificante ou episódio trágico, para serem admirados ou lamentados, mas não como uma fonte de conhecimento, não como pessoas a serem consultadas sobre o que pensam, desejam ou fazem.

Com muita frequência, confunde-se economia da pobreza com economia dos pobres: como os pobres têm muito pouco, presume-se que não haja nada de interessante em sua existência econômica. Infelizmente, esse mal-entendido prejudica gravemente a luta contra a pobreza global: problemas simples engendram soluções simples. O campo da política contra a pobreza está repleto de detritos de milagres instantâneos que se mostraram nada milagrosos. Para progredir, temos de abandonar o hábito de reduzir os pobres a personagens de desenho animado e dedicar um tempo para de fato compreender suas vidas, em toda a sua complexidade e riqueza. Nos últimos quinze anos, foi exatamente isso que tentamos fazer.

Somos acadêmicos e, como a maioria de nossos pares, analisamos dados e formulamos teorias. Mas a natureza do nosso trabalho também é passar meses, ao longo de muitos anos, em trabalho de campo com ativistas de ONGs e burocratas do governo, profissionais da saúde e promotores de microcrédito. Isso nos levou aos becos e às aldeias onde vivem os pobres, fazendo perguntas, procurando dados. Este livro não teria sido escrito se não fosse pela gentileza das pessoas que encontramos nesses lugares. Fomos sempre tratados como hóspedes, embora, na maioria das vezes, tivéssemos acabado de entrar em suas casas. Nossas perguntas foram respondidas com paciência, mesmo quando faziam pouco sentido; muitas histórias foram compartilhadas conosco.[1]

De volta aos nossos escritórios, ao lembrar essas histórias e analisar os dados, ficamos ao mesmo tempo fascinados e confusos, e tivemos dificuldade de encaixar o que ouvimos e vimos nos modelos simples que os economistas do desenvolvimento (muitas vezes ocidentais ou formados no Ocidente) e os formuladores de políticas usavam tradicionalmente para pensar a respeito da vida dos pobres. Na maioria das vezes, o peso das evidências nos obrigou a reavaliar ou mesmo a abandonar as teorias que trazíamos conosco. Mas tentamos não fazer isso antes de entendermos exatamente por que elas fracassavam e como adaptá-las para descrever melhor o mundo. Este livro surgiu desse intercâmbio e representa nossa tentativa de costurar uma história coerente sobre como as pessoas pobres levam a vida.

Nosso foco se concentra nos mais pobres do mundo. A linha de pobreza média nos cinquenta países onde a maioria dos pobres vive é de dezesseis rupias indianas por pessoa por dia.[2] Pessoas que vivem com menos do que isso são consideradas pobres pelos governos de seus países. Pela taxa de câmbio atual, dezesseis rupias correspondem a 36 centavos de dólar americano. Mas como os preços são mais baixos na maioria dos países em desenvolvimento, se comprassem as coisas que compram pelos preços dos Estados Unidos, os pobres teriam de gastar mais: 99 centavos. Assim, para imaginar a vida dos pobres, você precisa se imaginar morando em Miami ou em Modesto com 99 centavos por dia para quase todas as suas necessidades diárias (menos moradia). Não é fácil; na Índia, por exemplo, a quantia lhe permitiria comprar quinze bananas pequenas, ou pouco mais de um quilo de arroz de baixa qualidade. É possível viver disso? Contudo, em 2005, foi exatamente o que 865 milhões de pessoas no mundo fizeram (13% da população mundial).

O que é surpreendente é que mesmo pessoas assim tão pobres sejam como o restante de nós em quase todos os aspectos. Temos os mesmos desejos e fraquezas; os pobres não são menos racionais do que ninguém — muito pelo contrário. Exatamente porque têm tão pouco, muitas vezes têm de pesar muito cuidadosamente suas escolhas: eles precisam ser economistas sofisticados apenas para sobreviver. No entanto, nossas vidas são tão diferentes quanto água e vinho. E isso tem muito a ver com aspectos de nossas próprias vidas que damos por garantidos e nos quais quase não pensamos.

Viver com 99 centavos por dia significa ter acesso limitado à informação —jornais, televisão e livros, tudo custa dinheiro —, portanto muitas vezes você simplesmente desconhece certos fatos que o restante do mundo considera óbvios, como, por exemplo, que vacinas podem impedir que seu filho pegue sarampo. Significa viver em um mundo cujas instituições não foram feitas para alguém como você. A maioria dos pobres não tem salário, muito menos um plano de aposentadoria que decorra automaticamente dele. Significa tomar decisões sobre coisas que vêm com muitas letras miúdas, quando você mal sabe ler as letras grandes. O que alguém que não sabe ler faz com um seguro-saúde que não cobre várias doenças impronunciáveis? Significa votar quando toda a sua experiência do sistema político é um monte de promessas não cumpridas; e não ter um lugar seguro para guardar seu dinheiro, porque o que o gerente do banco pode fazer com suas pequenas economias não cobre o custo de administrá-las. E assim por diante.

Tudo isso implica que aproveitar seu talento ao máximo e garantir o futuro de sua família exige muito mais habilidade, força de vontade e dedicação. E, por outro lado, os pequenos custos, as pequenas barreiras e os pequenos erros sobre os quais a maioria de nós não pensa duas vezes têm grande importância na vida dos pobres.

Não é fácil escapar da pobreza, mas um senso de possibilidade e um pouco de ajuda bem direcionada (um pouco de informação, um pequeno empurrão) às vezes podem ter efeitos surpreendentes. Por outro lado, expectativas equivocadas, falta de fé onde ela é necessária e obstáculos aparentemente menores podem ser devastadores. Ajustar a engrenagem certa pode fazer uma grande diferença, mas muitas vezes é difícil saber onde está essa engrenagem. Acima de tudo, está claro que nenhum ajuste isolado resolverá todos os problemas.

A economia dos pobres é um livro sobre a economia muito rica que emerge da compreensão da vida econômica dos pobres. É um livro sobre os tipos de teorias que nos ajudam a entender o que os pobres são capazes de realizar e onde e por qual motivo precisam de um empurrão. Cada capítulo deste livro descreve uma busca para descobrir quais são esses pontos críticos e como eles podem ser superados. Começamos com os aspectos essenciais da vida familiar das pessoas: o que compram; o que fazem a respeito da escolaridade dos filhos, de sua própria saúde ou da dos filhos ou pais; quantos filhos escolhem ter; e assim por diante. Em seguida, continuamos a descrever como os mercados e as instituições trabalham para os pobres: eles podem pedir emprestado, poupar, proteger-se contra os riscos que enfrentam? O que os governos fazem por eles e quando os abandonam? Ao longo do livro, voltamos às mesmas questões básicas. Existem maneiras de os pobres melhorarem suas vidas, e o que os impede de fazer isso? É o custo de começar, ou é fácil começar, mas é mais difícil continuar? O que torna isso caro? As pessoas percebem a natureza dos benefícios? Se não, o que dificulta essa compreensão?

A economia dos pobres trata, em última análise, do que as vidas e escolhas dos pobres nos dizem sobre como combater a pobreza global. Ajuda-nos a compreender, por exemplo, por que o microfinanciamento é útil sem ser o milagre que alguns esperavam que fosse; por que os pobres acabam muitas vezes com uma assistência médica que lhes faz mais mal do que bem; por que os filhos dos pobres podem ir à escola ano após ano e não aprender nada; por que os pobres não querem seguro-saúde. E revela por que tantas soluções milagrosas de ontem acabaram sendo as ideias fracassadas de hoje. O livro também fala muito sobre onde reside a esperança: por que subsídios simbólicos podem ter mais do que efeitos simbólicos; como melhorar o mercado de seguros; por que menos pode ser mais na educação; por que bons empregos são importantes para o crescimento. Acima de tudo, deixa claro por que a esperança é vital e o conhecimento é fundamental, por que temos de continuar tentando, mesmo quando o desafio parece esmagador. O sucesso nem sempre está tão longe quanto parece.

1. Pense de novo, novamente

TODOS OS ANOS, 9 milhões de crianças morrem antes de completar cinco anos de idade.[1] Uma mulher na África subsaariana tem uma chance em trinta de morrer durante o parto; no mundo desenvolvido, a chance é de uma em 5,6 mil. Há pelo menos 25 países, a maioria deles na África subsaariana, onde se espera que uma pessoa viva em média não mais que 55 anos. Somente na Índia, mais de 50 milhões de crianças em idade escolar não conseguem ler um texto muito simples.[2]

Esse é o tipo de parágrafo que pode fazer o leitor querer fechar este livro e, de preferência, esquecer todo esse negócio de pobreza mundial. O problema parece grande demais, incontornável demais. Mas nosso objetivo com este livro é o contrário, é persuadir o leitor a não fazer isso.

Um experimento recente realizado na Universidade da Pensilvânia ilustra bem como podemos facilmente nos sentir assombrados pela magnitude do problema.[3] Os pesquisadores deram aos alunos cinco dólares para que respondessem a um pequeno questionário. Depois mostraram a eles um panfleto e pediram que fizessem uma doação para a Save the Children, uma das instituições de caridade mais importantes do mundo. Havia dois folhetos diferentes. Alguns estudantes (selecionados aleatoriamente) leram o seguinte:

> A escassez de alimentos no Malaui está afetando mais de 3 milhões de crianças; na Zâmbia, severos déficits de chuvas resultaram numa queda de 42% na produção de milho em 2000. Em consequência, cerca de 3 milhões de zambianos enfrentam a fome; 4 milhões de angolanos — um terço da população

— foram forçados a abandonar suas casas; na Etiópia, mais de 11 milhões de pessoas precisam de ajuda alimentar imediata.

Outros estudantes receberam um panfleto com a foto de uma menina e estas palavras:

> Rokia, uma menina de sete anos do Mali, na África, é extremamente pobre e enfrenta a ameaça de fome severa ou mesmo inanição. A vida dela mudará para melhor graças a sua doação. Com o seu apoio e o apoio de outros patrocinadores, Save the Children trabalhará com a família de Rokia e outros membros da comunidade para ajudar a alimentá-la, proporcionar-lhe educação, cuidados médicos básicos e educação para a higiene.

O primeiro panfleto arrecadou em média 1,16 dólar de cada estudante. O segundo, em que a situação difícil de milhões se tornou a situação de uma única pessoa, arrecadou 2,83 dólares. Parece que os estudantes se sentiam dispostos a assumir alguma responsabilidade por ajudar Rokia, mas, quando confrontados com a escala do problema global, ficavam desanimados.

Outros estudantes, também escolhidos ao acaso, viram os mesmos dois panfletos depois de serem informados de que as pessoas têm maior probabilidade de doar dinheiro para uma vítima identificável do que quando recebem informações gerais. Os que viram o primeiro panfleto, a respeito da Zâmbia, de Angola e do Mali, doaram mais ou menos o que ele havia levantado sem a advertência — 1,26 dólar. Os que viram o segundo panfleto, sobre Rokia, doaram apenas 1,36 dólar, menos da metade do que seus colegas haviam doado sem a advertência. Incentivar os estudantes a pensar de novo levou-os a serem menos generosos com Rokia, mas não mais generosos com todos os outros no Mali.

A reação dos estudantes é típica de como a maioria de nós se sente quando confrontados com problemas como a pobreza. Nosso primeiro instinto é ser generoso, especialmente ao encarar uma menina de sete anos em perigo. Mas, como os estudantes da Pensilvânia, nosso segundo pensamento é muitas vezes que doar não faz sentido: nossa contribuição seria uma gota no balde, e o balde provavelmente vaza. Este livro é um convite a pensar de novo, *novamente*: afastar-se do sentimento de que o combate à pobreza é avassalador demais e passar a pensar na questão como um conjunto de problemas concretos que, devidamente identificados e compreendidos, podem ser resolvidos um de cada vez.

Infelizmente, não é assim que os debates sobre a pobreza costumam ser enquadrados. Em vez de discutir a melhor forma de combater a diarreia ou a dengue, muitos dos especialistas mais ativos tendem a se fixar nas "grandes questões": Qual é a maior causa da pobreza? Quanta fé devemos depositar no livre mercado? A democracia é boa para os pobres? A ajuda externa tem um papel a desempenhar?

Jeffrey Sachs, conselheiro das Nações Unidas e diretor do Earth Institute, da Universidade Columbia, em Nova York, é um desses especialistas que têm uma resposta para todas essas perguntas: países pobres são pobres porque são quentes, inférteis, infestados de malária, muitas vezes sem litoral; isso torna difícil para eles serem produtivos sem um grande investimento inicial que os ajude a enfrentar esses problemas endêmicos. Mas eles não podem pagar pelos investimentos justamente porque são pobres; estão no que os economistas chamam de "armadilha da pobreza". Até que se faça alguma coisa a respeito desses problemas, nem os mercados livres nem a democracia farão muito por eles. É por isso que a ajuda externa é fundamental: ela pode deflagrar um círculo virtuoso ao ajudar os países pobres a investirem nessas áreas críticas e torná-los mais produtivos. As rendas mais altas resultantes disso irão gerar mais investimentos e a espiral benéfica continuará. Em seu best-seller de 2005, *O fim da pobreza*,[4] Sachs argumenta que, se o mundo rico tivesse investido 195 bilhões de dólares em ajuda externa por ano entre 2005 e 2025, a pobreza poderia ter sido totalmente erradicada ao final desse período.

Mas há outros, igualmente ativos, que acreditam que todas as respostas de Sachs estão erradas. William Easterly, da Universidade de Nova York, na outra ponta de Manhattan, tornou-se uma das figuras públicas antiajuda mais influentes após a publicação de dois livros, *The Elusive Quest for Growth* [A busca elusiva do crescimento] e *The White Man's Burden* [O fardo do homem branco].⁵ Dambisa Moyo, uma economista que já trabalhara no Goldman Sachs e no Banco Mundial, juntou sua voz à de Easterly com o livro *Dead Aid* [Ajuda mortal].⁶ Ambos argumentam que a ajuda faz mais mal do que bem: ela evita que as pessoas busquem suas próprias soluções, ao mesmo tempo que corrompe e solapa as instituições locais e cria um lobby autorreprodutivo das agências de ajuda humanitária. A melhor aposta para os países pobres é confiar numa ideia simples: quando os mercados são livres e os incentivos são corretos, as pessoas podem encontrar maneiras de resolver seus problemas. Elas não precisam de esmolas, de estrangeiros nem dos próprios governos. Nesse sentido, os pessimistas da ajuda são, na verdade, bastante otimistas quanto à maneira como o mundo funciona. De acordo com Easterly, as tais armadilhas da pobreza não existem.

Em quem devemos acreditar? Nos que dizem que a ajuda pode resolver o problema? Ou naqueles que afirmam que ela só piora as coisas? O debate não pode ser resolvido em abstrato: precisamos de provas. Mas infelizmente, em geral, os dados usados para responder às grandes questões não inspiram confiança. Nunca faltam histórias convincentes e sempre é possível encontrar pelo menos uma para apoiar qualquer posição. Ruanda, por exemplo, recebeu muito dinheiro de ajuda nos anos imediatamente posteriores ao genocídio e prosperou. Agora que a economia está se desenvolvendo, o presidente Paul Kagame começou a desatrelar o país da ajuda externa. Devemos contar Ruanda como um exemplo do bem que auxílios podem fazer (como Sachs sugere), ou como um exemplo da autoconfiança (como Moyo o apresenta)? Ou ambos?

Como não é possível definir precisamente exemplos específicos, como o de Ruanda, a maioria dos pesquisadores que tentam responder às grandes questões filosóficas prefere comparações entre muitos países. Por exemplo, os dados de centenas de países do mundo mostram que aqueles que receberam mais ajuda não cresceram mais rápido do que os demais. Isso é frequentemente interpretado como prova de que isso não funciona, mas, na verdade, também pode significar o contrário. Talvez a ajuda os tenha auxiliado a evitar um desastre maior. Simplesmente não sabemos; estamos apenas especulando em grande escala.

MAS SE NÃO HÁ, de fato, provas a favor ou contra a ajuda, o que devemos fazer? Desistir dos pobres? Felizmente, não precisamos ser tão derrotistas. Na verdade, existem respostas — com efeito, este livro é todo ele uma resposta extensa. Acontece que não são o tipo de resposta abrangente que Sachs e Easterly preferem. Este livro não vai dizer se a ajuda é boa ou ruim, mas se casos particulares de ajuda fizeram algum bem ou não. Não podemos nos pronunciar sobre a eficácia da democracia, mas temos algo a dizer sobre se a democracia poderia ser mais eficaz na Indonésia rural caso se mudasse a forma como ela é organizada concretamente, e assim por diante.

De qualquer modo, não está claro que a resposta a algumas dessas grandes questões, como se a ajuda externa funciona, seja tão importante quanto muitas vezes somos levados a acreditar. A ajuda parece importante para quem está em Londres, Paris ou Washington e é apaixonado por ajudar os pobres (e para os menos apaixonados, que se ressentem de pagar por ela). Mas, na verdade, a ajuda é apenas uma pequena parte do dinheiro gasto com os pobres todos os anos. A maioria dos programas mundiais voltados para eles é financiada com recursos do próprio país. A Índia, por exemplo, praticamente não recebe ajuda. Em 2004-5, o país gastou 0,5 trilhão de rupias (31 bilhões de dólares ajustados pela paridade do poder de compra [PPC])[7] apenas em programas de educação primária para os pobres. Até mesmo na África, onde a ajuda externa tem um papel muito mais importante, ela representou apenas 5,7% do total dos orçamentos governamentais em 2003 (12%, se excluirmos a Nigéria e a África do Sul, dois países grandes que recebem muito pouca ajuda).[8]

O fato é que os debates intermináveis sobre os erros e acertos da ajuda muitas vezes obscurecem o que realmente importa: não tanto de onde vem o dinheiro, mas para onde vai. É uma questão de escolher o tipo certo de projeto para financiar — deve ser comida para os indigentes, pensões para os idosos ou clínicas para os enfermos? — e então descobrir a melhor forma de administrá-lo. As clínicas, por exemplo, podem ser administradas e providas de funcionários de muitas maneiras diferentes.

Ninguém que participa desse debate discorda realmente da premissa básica de que devemos ajudar os pobres quando podemos. Isso não é surpresa. O filósofo Peter Singer escreveu sobre o imperativo moral de salvar a vida daqueles que não conhecemos. Ele observa que a maioria das pessoas sacrificaria voluntariamente um terno de mil dólares para resgatar uma criança que estivesse se afogando em um lago[9] e argumenta que não deveria haver diferença entre aquela criança se afogando e os 9 milhões de crianças que morrem todos os anos antes de completar cinco anos. Muitas pessoas também concordariam com Amartya Sen, o economista-filósofo ganhador do prêmio Nobel, de que a pobreza leva a um desperdício intolerável de talento. Segundo ele, pobreza não é só falta de dinheiro: é não ter a capacidade de realizar todo o potencial de um ser humano.[10] Uma menina africana pobre provavelmente frequentará a escola por no máximo uns poucos anos, mesmo que seja genial, e certamente não receberá nutrição para ser a atleta de nível mundial que poderia ser ou terá dinheiro para abrir um negócio, se tiver uma ótima ideia.

É bem verdade que essa vida desperdiçada talvez não afete diretamente as pessoas no mundo desenvolvido, mas não é impossível que isso aconteça: ela pode acabar como uma prostituta soropositiva que infecta um viajante americano que depois leva a doença para casa, ou pode desenvolver uma cepa de tuberculose resistente a antibióticos que acabará por chegar à Europa. Se tivesse frequentado a escola, poderia acabar sendo a pessoa a descobrir a cura para o mal de Alzheimer. Ou talvez, como Dai Manju, uma adolescente chinesa que foi para a escola devido a um erro administrativo de um banco, acabaria como uma magnata dos negócios que emprega milhares de outras pessoas (Nicholas Kristof e Sheryl WuDunn contam essa história em *Metade do céu*).[11] E mesmo que isso não aconteça, o que poderia justificar não lhe dar uma chance?

A principal discordância surge quando nos voltamos para a pergunta: "Conhecemos maneiras eficazes de ajudar os pobres?". Implícita no argumento de Singer a favor de ajudar os outros está a ideia de que você sabe como fazê-lo: o imperativo moral de estragar seu terno é muito menos convincente se você não sabe nadar. É por isso que, em *The Life You Can*

Save [publicado no Brasil como *Quanto custa salvar uma vida?*], Singer se dá ao trabalho de oferecer a seus leitores uma lista de exemplos concretos de coisas que eles deveriam apoiar, periodicamente atualizada em seu site.[12] Kristof e WuDunn fazem o mesmo. A questão é simples: falar sobre os problemas do mundo sem falar sobre algumas soluções acessíveis é o caminho para a paralisia, e não para o progresso.

Por isso é muito útil pensar não em termos de ajuda externa em geral, mas de problemas concretos que podem ter respostas específicas: "ajuda" em vez de "Ajuda". Para dar um exemplo, de acordo com a Organização Mundial da Saúde (OMS), a malária causou quase 1 milhão de mortes em 2008, principalmente de crianças africanas.[13] Uma coisa que sabemos é que dormir sob mosquiteiros tratados com inseticida pode ajudar a salvar muitas dessas vidas. Estudos mostraram que em áreas onde a infecção por malária é comum dormir sob um mosquiteiro desse tipo reduz a incidência da doença pela metade.[14] Qual é, então, a *melhor* maneira de garantir que as crianças durmam debaixo de mosquiteiros?

Por aproximadamente dez dólares, é possível entregar um mosquiteiro tratado com inseticida para uma família e ensiná-la a usá-lo. O governo ou uma ONG deveria dar mosquiteiros gratuitos aos pais ou pedir-lhes que os comprem, talvez a um preço subsidiado? Ou devemos deixá-los comprar no mercado pelo preço normal? Essas perguntas podem ser respondidas, mas as respostas não são de forma alguma óbvias. No entanto, muitos "especialistas" adotam posições firmes que têm pouco a ver com evidências.

Uma vez que a malária é contagiosa, se Maria dorme debaixo de um mosquiteiro, João tem menos probabilidade de pegar malária; se pelo menos metade da população dormir debaixo de um mosquiteiro, então mesmo os que não usam a proteção terão muito menos risco de serem infectados.[15] O problema é que menos de um quarto das crianças em risco dorme debaixo de um mosquiteiro;[16] parece que o custo de dez dólares é muito alto para muitas famílias do Mali ou do Quênia. Tendo em vista os benefícios para o usuário e outras pessoas na vizinhança, vender mosquiteiros com desconto ou até doá-los parece uma boa ideia. Com efeito, a distribuição gratuita de mosquiteiros é uma coisa que Jeffrey Sachs defende. Easterly e Moyo objetam, argumentando que as pessoas não valorizarão (e, portanto, não usarão) os mosquiteiros se os obtiverem de graça. E mesmo que o façam, podem se acostumar a recebê-los de esmola e se recusar a comprar mais mosquiteiros no futuro, quando não forem gratuitos, ou se recusar a comprar outras coisas de que precisam, a menos que também sejam subsidiadas. Isso poderia destruir mercados em bom funcionamento. Moyo conta a história de um fornecedor de mosquiteiros que foi arruinado por um programa gratuito de distribuição de mosquiteiros. Quando a distribuição gratuita parou, não havia ninguém para vender mosquiteiros.

Para lançar luz sobre o debate, precisamos responder a três perguntas. Em primeiro lugar, se as pessoas tiverem de pagar o preço total (ou pelo menos uma fração significativa do preço) por um mosquiteiro, elas vão preferir ficar sem ele? Em segundo lugar, se os mosquiteiros forem dados gratuitamente ou por algum preço subsidiado, as pessoas os usarão ou eles serão desperdiçados? Terceiro, depois de obter o mosquiteiro subsidiado uma vez, elas ficarão mais ou menos dispostas a pagar pelo próximo se os subsídios forem reduzidos no futuro?

Para responder a essas perguntas, precisaríamos observar o comportamento de grupos comparáveis de pessoas diante de diferentes níveis de subsídio. A palavra-chave aqui é "comparável". Pessoas que pagam por mosquiteiros e pessoas que os obtêm de graça geralmente não são iguais: é possível que os que pagaram por seus mosquiteiros sejam mais ricos, mais bem instruídos e tenham um melhor entendimento de por que precisam de um mosquiteiro; os que os obtiveram de graça podem ter sido escolhidos por uma ONG justamente por serem pobres. Mas também pode haver o padrão oposto: aqueles que os obtiveram de graça são os bem conectados, enquanto os pobres e isolados tiveram de pagar o preço integral. De qualquer modo, não podemos tirar nenhuma conclusão a respeito de como eles usaram seu mosquiteiro.

Por esse motivo, a maneira mais justa de responder a essas perguntas é imitar os ensaios randomizados usados em medicina para avaliar a eficácia de novos medicamentos. Pascaline Dupas, da Universidade da Califórnia, em Los Angeles, realizou um experimento desse tipo no Quênia, e outros pesquisadores seguiram o exemplo com experimentos semelhantes em

Uganda e Madagascar.[17] No experimento de Dupas, os indivíduos foram selecionados aleatoriamente para receber diferentes níveis de subsídio para a compra de mosquiteiros. Ao comparar o comportamento de grupos equivalentes selecionados aleatoriamente aos quais foi oferecido um mosquiteiro a preços diferentes, ela conseguiu responder a todas as nossas três perguntas, pelo menos no contexto em que o experimento foi realizado.

No terceiro capítulo deste livro, teremos muito a dizer sobre o que ela descobriu. Embora permaneçam questões em aberto (os experimentos ainda não nos dizem se a distribuição de mosquiteiros importados subsidiados prejudica os produtores locais, por exemplo), essas descobertas ajudaram muito a fazer avançar o debate e influenciaram tanto o discurso quanto a direção das políticas públicas.

A mudança de questões gerais amplas para questões muito mais restritas tem outra vantagem. Quando ficamos sabendo se as pessoas pobres estão dispostas a pagar por mosquiteiros e se os usam caso os recebam de graça, aprendemos muito mais do que a melhor maneira de distribuir mosquiteiros: começamos a entender como os pobres tomam decisões. Por exemplo, o que impede uma adoção mais ampla de mosquiteiros? Pode ser a falta de informação sobre seus benefícios ou o fato de que os pobres não podem pagar por eles. Também pode ser que os pobres estejam tão absortos pelos problemas do presente que não têm espaço mental para se preocupar com o futuro, ou pode haver algo totalmente diferente acontecendo. Ao responder a essas perguntas, podemos entender o que há de especial — se é que há — em relação a essas pessoas: elas simplesmente vivem como todo mundo, exceto com menos dinheiro, ou há algo de fundamentalmente diferente em viver na pobreza extrema? E se há alguma coisa especial, é algo que poderia manter os pobres presos na pobreza?

Preso na pobreza?

Não é por acaso que Sachs e Easterly têm opiniões radicalmente opostas sobre se os mosquiteiros devem ser vendidos ou doados. As posições que a maioria dos especialistas de países ricos assume em questões relacionadas à ajuda ao desenvolvimento ou à pobreza tendem a ser influenciadas por suas visões de mundo específicas, mesmo quando parece haver, como no caso do preço dos mosquiteiros, questões concretas que deveriam ter respostas precisas. Para fazer uma caricatura muito ligeira, à esquerda do espectro político, Jeff Sachs (junto com a ONU, a OMS e boa parte do establishment da ajuda) quer gastar mais e, em geral, acredita que as coisas (fertilizantes, mosquiteiros, computadores na escola e assim por diante) devem ser doadas e as pessoas pobres devem ser induzidas a fazer o que nós (ou Sachs, ou a ONU) achamos que é bom para elas: por exemplo, as crianças devem receber refeições na escola para estimular seus pais a mandá-las para a escola habitualmente. Na direita, Easterly, junto com Moyo, o American Enterprise Institute e muitos outros se opõem à ajuda, não só porque corrompe os governos, mas também porque, num nível mais básico, acreditam que devemos respeitar a liberdade das pessoas — se não querem alguma coisa, não adianta forçá-las: se as crianças não querem ir à escola, deve ser porque não faz sentido ser educado.

Essas posições não são apenas reações ideológicas automáticas. Sachs e Easterly são economistas, e suas diferenças, em grande medida, derivam de uma resposta diferente a uma questão econômica: é possível cair na armadilha da pobreza? Sabemos que Sachs acredita que alguns países, em virtude da geografia ou do azar, estão presos na pobreza: eles são pobres porque são pobres. Eles têm potencial para se tornarem ricos, mas precisam ser arrancados de onde estão atolados e colocados no caminho da prosperidade, daí a ênfase de Sachs em um grande empurrão. Easterly, ao contrário, destaca que muitos países que costumavam ser pobres agora são ricos e vice-versa. Se o estado de pobreza não é permanente, argumenta ele, a ideia de uma armadilha da pobreza que inexoravelmente enreda os países pobres é falsa.

A mesma pergunta também pode ser feita sobre indivíduos. As pessoas podem ficar presas na pobreza? Se fosse esse o caso, um único estímulo poderia fazer uma enorme diferença na vida de uma pessoa, colocando-a numa nova trajetória. Essa é a filosofia subjacente ao Projeto Aldeias do Milênio, de Jeffrey Sachs. Os moradores das aldeias afortunadas recebem gratuitamente fertilizantes, merenda escolar, clínicas de saúde, computadores para as escolas e muito mais. Custo total: meio milhão de dólares por ano por aldeia. De acordo com o site do projeto, a esperança é que "as economias das Aldeias do Milênio possam fazer, ao longo de um período, a transição da agricultura de subsistência para a atividade comercial autossustentável".[18]

Em um vídeo que produziram para a MTV, Jeffrey Sachs e a atriz Angelina Jolie visitaram Sauri, no Quênia, uma das Aldeias do Milênio mais antigas. Lá eles conheceram Kennedy, um jovem agricultor. Ele recebeu fertilizante grátis e, como consequência, a colheita de seu campo foi vinte vezes maior do que nos anos anteriores. Com as economias dessa safra, concluía o vídeo, ele seria capaz de se sustentar para sempre. O argumento implícito era que Kennedy estava numa armadilha da pobreza, na qual não podia comprar fertilizantes: a doação de fertilizantes o libertou. Era a única maneira de escapar da armadilha.

Porém, os céticos poderiam argumentar que, se o fertilizante é realmente tão lucrativo, por que Kennedy não poderia ter comprado apenas um pouco dele e colocado na parte mais adequada de seu campo? Isso teria aumentado a produção e, com o dinheiro extra gerado, ele poderia ter comprado mais fertilizante no ano seguinte e assim por diante. Aos poucos, ele ficaria rico o suficiente para poder colocar fertilizante em todo o seu campo.

Então Kennedy está preso à pobreza?

A resposta depende da viabilidade da estratégia: compre apenas um pouco para começar, ganhe um pouco mais de dinheiro e reinvista os lucros para ganhar ainda mais dinheiro, e depois repita o processo. Mas talvez não seja fácil comprar fertilizantes em pequenas quantidades. Ou talvez sejam necessárias várias tentativas antes de conseguir fazer o esquema funcionar. Ou há problemas para reinvestir os ganhos. Pode-se pensar em muitas variáveis que fazem um agricultor achar difícil começar sozinho.

Vamos adiar a tentativa de chegar ao cerne da história de Kennedy até o capítulo 8. Mas essa discussão nos ajuda a ver um princípio geral. Existe uma armadilha da pobreza sempre que o âmbito para *aumentar a renda ou a riqueza a uma taxa muito rápida* for limitado para os que têm demasiado pouco para investir, mas muito maior para os que podem investir um pouco mais. Por outro lado, se o potencial de crescimento rápido é alto entre os pobres e se estreita à medida que se enriquece, não há armadilha da pobreza.

Os ECONOMISTAS ADORAM TEORIAS SIMPLES (alguns diriam simplistas) e gostam de representá-las em gráficos. Não somos exceção: a seguir, mostramos dois gráficos que consideramos ilustrações úteis desse debate sobre a natureza da pobreza. A coisa mais importante a se lembrar deles é a forma das curvas: retornaremos a elas várias vezes no livro.

Para aqueles que acreditam nas armadilhas da pobreza, o mundo se parece com a Figura 1.1. Sua renda atual influencia sua renda no futuro (o futuro pode ser amanhã, mês que vem ou até mesmo a próxima geração): o que temos hoje determina quanto comemos, quanto gastamos em remédios ou na educação dos filhos, se podemos comprar fertilizante ou sementes melhoradas para nossa fazenda, e tudo isso determina o que teremos amanhã.

A forma da curva é a chave: ela é muito plana no início e depois sobe rapidamente, antes de se achatar de novo. Vamos chamá-la, com algumas desculpas ao alfabeto latino, de *curva em S*.

A forma em S dessa curva é a origem da armadilha da pobreza. Na linha diagonal, a renda de hoje é igual à renda de amanhã. Para os muito pobres que estão na *zona da armadilha da pobreza*, a renda no futuro é menor do que a renda de hoje: a curva está abaixo da linha diagonal. Isso significa que, com o tempo, os que estão nessa zona ficam cada vez mais pobres, e acabam presos na pobreza, no ponto N. As setas que começam no ponto A1 representam uma trajetória possível: de A1, mova-se para A2, e então para A3 e assim por diante. Para aqueles que começam fora da zona da armadilha da pobreza, a renda de amanhã é

Pense de novo, novamente

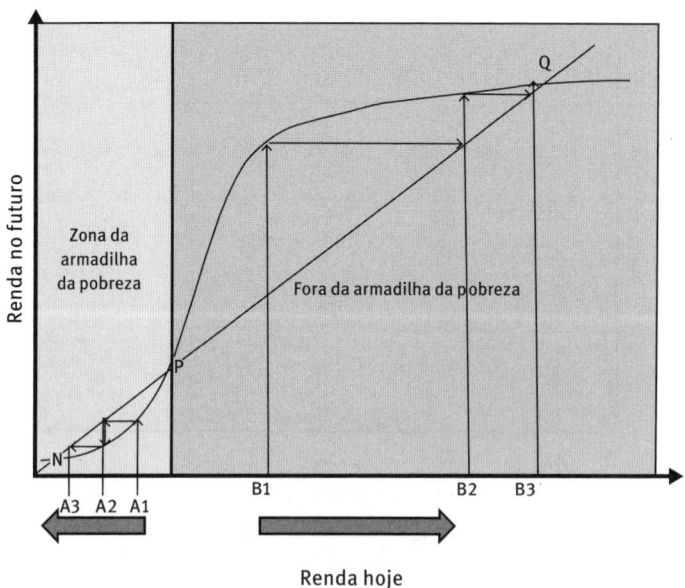

FIGURA 1.1 A curva em S e a armadilha da pobreza

maior do que a renda de hoje: com o tempo, eles se tornam cada vez mais ricos, pelo menos até certo ponto. Esse destino mais animador é representado pela seta que começa no ponto B1, passando para B2, B3 e assim por diante.

Muitos economistas (a maioria, talvez) acreditam, no entanto, que o mundo se parece mais com a Figura 1.2.

A Figura 1.2 se parece um pouco com o lado direito da Figura 1.1, sem o lado esquerdo plano. A curva sobe mais rápido no início, depois cada vez mais devagar. Não há armadilha da pobreza nesse mundo: como as pessoas mais pobres ganham mais do que a renda com que começaram, elas se tornam mais ricas com o tempo, até que por fim sua renda pare de crescer (as setas que vão de A1 a A2 a A3 mostram uma trajetória possível). Essa renda pode não ser muito alta, mas a questão é que há relativamente pouco que precisamos ou podemos fazer para ajudar os pobres. Nesse mundo, uma doação feita em um único momento (digamos, dar a alguém renda suficiente para que, em vez de começar com A1 hoje, ele comece com A2)

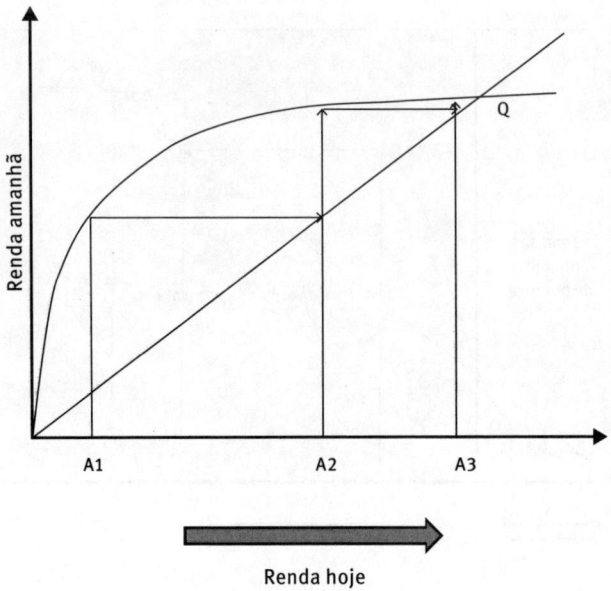

FIGURA 1.2 A curva em L invertido: não há armadilha da pobreza

não aumentará a renda de ninguém permanentemente. Na melhor das hipóteses, pode apenas ajudá-los a subir um pouco mais rápido, mas não pode mudar para onde eles estão indo.

ENTÃO, qual desses gráficos representa melhor o mundo de Kennedy, o jovem agricultor queniano? Para saber a resposta dessa pergunta, precisamos descobrir um conjunto de informações simples: é possível comprar fertilizante em pequenas quantidades? Há algo que dificulte economizar entre as estações de plantio, de modo que, mesmo que consiga ganhar dinheiro em uma safra, Kennedy não conseguirá transformá-lo em mais investimento? A mensagem mais importante da teoria embutida nesses gráficos simples é, portanto, que a teoria não é suficiente. Para realmente responder à questão sobre se existem armadilhas da pobreza, precisamos saber se o mundo real é mais bem representado por um dos gráficos ou pelo outro. E precisamos fazer essa avaliação caso a caso. Se nossa história se baseia em fertilizantes, precisamos saber alguns fatos sobre o mercado de fertilizantes. Se se trata de poupança, precisamos saber como os pobres economizam. Se a questão é nutrição e saúde, precisamos estudá-las. A falta de uma grande resposta universal pode parecer vagamente decepcionante, mas, na verdade, é exatamente o que um formulador de políticas deve querer saber — não que haja 1 milhão de maneiras de os pobres ficarem presos na armadilha, mas que existem alguns fatores-chave que criam a armadilha, e que sanar esses problemas particulares poderia libertá-los e direcioná-los para um círculo virtuoso de aumento de riqueza e investimento.

Essa mudança radical de perspectiva, longe das respostas universais, exigiu que saíssemos do escritório e olhássemos com mais atenção para o mundo. Ao fazer isso, estávamos seguindo uma longa tradição de economistas do desenvolvimento que enfatizaram a importância de coletar os dados certos para poder dizer algo útil sobre o mundo. Porém, tínhamos duas vantagens em relação às gerações anteriores. Em primeiro lugar, existem agora dados de alta qualidade de vários países pobres que não estavam disponíveis antes. Em segundo lugar, temos uma ferramenta nova e poderosa: os estudos randomizados controlados (ERCs), que dão aos pesquisadores, trabalhando com um parceiro local, uma chance de realizar experimentos em grande escala projetados para testar suas teorias. Em um ERC, como nos estudos sobre mosquiteiros, indivíduos ou comunidades são alocados aleatoriamente a diferentes "tratamentos" — diferentes programas ou diferentes versões do mesmo programa. Uma vez que os indivíduos alocados a tratamentos diferentes são exatamente comparáveis (porque foram escolhidos ao acaso), qualquer diferença entre eles é o efeito do tratamento.

Um único experimento não fornece uma resposta definitiva sobre se um programa "funcionaria" universalmente. Mas podemos realizar uma série de experimentos que diferem tanto no tipo de local em que são realizados quanto na intervenção exata que está sendo testada (ou ambos). Juntos, isso nos permite verificar a robustez de nossas conclusões (o que funciona no Quênia também funciona em Madagascar?) e estreitar o conjunto de teorias possíveis que podem explicar os dados (o que está detendo Kennedy: é o preço do fertilizante ou a dificuldade de economizar dinheiro?). A nova teoria pode nos ajudar a projetar intervenções e novos experimentos, além de entender resultados anteriores que talvez fossem enigmáticos. Progressivamente, obtemos uma imagem mais completa das condições em que os pobres realmente vivem e em que precisam de ajuda.

Em 2003, fundamos o Laboratório de Ação contra a Pobreza (que mais tarde se tornou o Laboratório de Ação contra a Pobreza Abdul Latif Jameel, ou J-PAL) para estimular e apoiar outros pesquisadores, governos e organizações não governamentais a trabalharem juntos nessa nova maneira de fazer ciência econômica e para ajudar a difundir o que aprenderam entre formuladores de políticas. A resposta tem sido extraordinária. Em 2010, os pesquisadores do J-PAL já haviam concluído ou estavam envolvidos em mais de 240 experimentos em quarenta países em todo o mundo, e um grande número de organizações, pesquisadores e formuladores de políticas abraçou a ideia de estudos randomizados.

A reação ao trabalho do J-PAL sugere que há muita gente que compartilha de nossa premissa básica — a de que é possível fazer um progresso muito significativo contra o maior problema do mundo a partir do acúmulo de um conjunto de pequenos passos, cada um bem planejado, cuidadosamente testado e judiciosamente implementado. Isso pode parecer óbvio, mas, como argumentaremos ao longo do livro, não é assim que se faz política em geral. A prática da política de desenvolvimento, bem como os debates que a acompanham, parece ter como premissa a impossibilidade de confiar em evidências: a prova verificável é uma quimera, na melhor das hipóteses, uma fantasia distante; na pior, uma distração. "Precisamos continuar com o trabalho, enquanto vocês se entregam à busca de provas" é o que muitas vezes ouvimos de formuladores de políticas obstinados e seus conselheiros ainda mais obstinados quando começamos nesse caminho. Mesmo hoje, muitos ainda sustentam essa opinião. Mas também há muitas pessoas que sempre se sentiram impotentes diante dessa urgência irracional. Elas sentem, como nós, que o melhor que se pode fazer é compreender profundamente os problemas específicos que afligem os pobres e tentar identificar as formas mais eficazes de intervir. Em alguns casos, sem dúvida, a melhor opção será não fazer nada, mas não existe uma regra geral nesse campo, assim como não existe um princípio geral de que gastar dinheiro sempre funciona. É o corpo de conhecimento que cresce a partir de cada resposta específica e a compreensão que entra nessas respostas que nos dão a melhor chance de, um dia, acabar com a pobreza.

Este livro se baseia nesse conjunto de conhecimentos. Grande parte do material sobre o qual falaremos vem de ERCs realizados por nós e outros estudiosos, mas também fazemos uso de muitos outros tipos de dados: descrições qualitativas e quantitativas de como vivem os pobres, investigações sobre o funcionamento de instituições específicas e uma variedade de evidências sobre quais políticas são de fato efetivas. No site (em inglês) que acompanha o livro, fornecemos links para todos os estudos que citamos, ensaios fotográficos que ilustram cada capítulo e extratos e gráficos de um conjunto de dados sobre os aspectos-chave da vida daqueles que vivem com menos de 99 centavos por dia em dezoito países, aos quais nos referiremos muitas vezes neste livro.

Os estudos que usamos têm em comum um alto nível de rigor científico, disposição para aceitar o veredicto dos dados e um foco em questões específicas e concretas de relevância para a vida dos pobres. Uma das questões para as quais usaremos esses dados é quando e onde devemos nos preocupar com as armadilhas da pobreza; vamos encontrá-las em algumas áreas, mas não em outras. Para elaborar uma política eficaz, é crucial obtermos as respostas certas a essas perguntas. Nos capítulos a seguir, veremos muitos casos em que foi escolhida a política errada, não por má intenção ou corrupção, mas simplesmente porque os formuladores de políticas tinham o modelo errado do mundo em mente: eles pensavam que havia uma armadilha da pobreza em algum lugar e não havia nenhuma, ou ignoravam outra que estava bem na frente deles.

A mensagem deste livro, no entanto, vai muito além das armadilhas da pobreza. Como veremos, ideologia, ignorância e inércia — os três Is — por parte do especialista, do trabalhador humanitário ou do formulador de políticas do lugar explicam com frequência por que as políticas fracassam e por que a ajuda não produz o efeito pretendido. É possível tornar o mundo um lugar melhor — provavelmente não amanhã, mas em algum futuro que esteja ao nosso alcance —, mas não chegaremos lá com suposições preguiçosas. Esperamos mostrar para você que nossa abordagem paciente e gradual é não só uma forma mais eficaz de combater a pobreza, como também aquela que torna o mundo um lugar mais interessante.

PARTE I

Vidas privadas

2. Um bilhão de pessoas famintas?

PARA MUITOS DE NÓS NO OCIDENTE, pobreza é quase sinônimo de fome. Afora as grandes catástrofes naturais, como o tsunami de 26 de dezembro de 2004, na Ásia, e o terremoto do Haiti, em 2010, nenhum evento que afetou os pobres do mundo capturou a imaginação do público e gerou generosidade coletiva como a fome na Etiópia, no início dos anos 1980, e o resultante concerto "We Are the World", em março de 1985. Mais recentemente, em junho de 2009, o anúncio da Organização das Nações Unidas para Alimentação e Agricultura (FAO, na sigla em inglês) de que mais de 1 bilhão de pessoas passam fome no mundo[1] ganhou as manchetes de uma maneira que a estimativa do Banco Mundial sobre o número de pessoas que vivem com menos de um dólar por dia nunca conseguiu.

Essa associação de pobreza e fome está institucionalizada no primeiro Objetivo de Desenvolvimento do Milênio (ODM) da ONU, que é "reduzir a pobreza e a fome". Com efeito, as linhas de pobreza em muitos países foram originalmente definidas para captar a noção de pobreza com base na fome — o orçamento necessário para comprar certo número de calorias, mais algumas outras compras indispensáveis (como moradia). Uma pessoa "pobre" era essencialmente definida como alguém sem o suficiente para comer.

Não é nenhuma surpresa, portanto, que grande parte dos esforços dos governos para ajudar os pobres se baseie na ideia de que eles precisam desesperadamente de comida, e é a quantidade que importa. Os subsídios aos alimentos são onipresentes no Oriente Médio: o Egito gastou 3,8 bilhões de dólares em subsídios alimentares em 2008-9 (2% do PIB).[2] A Indonésia tem o Programa Rakshin, que distribui arroz subsidiado. Muitos estados da Índia têm um programa semelhante. Em Orissa, por exemplo, os pobres têm direito a 25 quilos de arroz por mês a duas rupias o quilo, menos de 20% do preço de mercado. Atualmente, o parlamento indiano está debatendo a instituição de uma Lei do Direito à Alimentação, que permitiria que as pessoas processassem o governo se estivessem morrendo de fome.

A entrega de alimentos em grande escala é um pesadelo logístico. Na Índia, estima-se que mais da metade do trigo e mais de um terço do arroz se "perdem" ao longo do caminho, inclusive uma boa fração que é comida por ratos.[3] Se os governos insistem nesse tipo de política, apesar do desperdício, não é apenas porque se pressupõe que a fome e a pobreza andem juntas: a incapacidade dos pobres de se alimentarem adequadamente é também uma das causas de armadilha da pobreza citada com mais frequência. A intuição é poderosa: os pobres não têm recursos para comer o suficiente; isso os torna menos produtivos e os mantém pobres.

Pak Solhin, que mora num pequeno vilarejo na província de Java Ocidental, na Indonésia, certa vez nos explicou exatamente como funcionava essa armadilha da pobreza.

Os pais dele eram donos de um pedaço de terra, mas também tinham treze filhos e precisaram construir tantas casas para cada um deles e suas famílias que não sobrou nenhum terreno para cultivo. Pak Solhin era um trabalhador agrícola ocasional que recebia até dez rupias por dia (US$2 PPC) pelo trabalho nos campos. No entanto, uma recente alta no preço dos fertilizantes e dos combustíveis forçara os fazendeiros a economizar. De acordo com Pak Solhin, em vez de cortar salários, eles decidiram parar de contratar trabalhadores. Pak Solhin ficava desempregado a maior parte do tempo. Nos dois meses anteriores ao nosso encontro, em 2008, ele não havia conseguido trabalhar um único dia. Pessoas mais jovens nessa situação poderiam normalmente encontrar trabalho como operários de construção. Mas, como explicou, ele era muito fraco para o trabalho mais braçal, inexperiente demais para um trabalho mais qualificado e, aos quarenta anos, muito velho para ser aprendiz: ninguém o contrataria.

Em consequência, a família de Pak Solhin — ele, sua esposa e seus três filhos — foi forçada a tomar algumas medidas drásticas para sobreviver. Sua esposa foi para Jacarta, a cerca de 130 quilômetros de distância, onde, por intermédio de uma amiga, conseguiu trabalho como empregada doméstica. Mas ela não ganhava o suficiente para alimentar os filhos. O mais velho, um bom aluno, abandonou a escola aos doze anos e começou como aprendiz de pedreiro numa construção. Os dois filhos menores foram enviados para morar com os avós. O próprio Pak Solhin sobrevivia com cerca de quatro quilos de arroz subsidiado que recebia todas as semanas do governo e com peixes que pescava na beira de um lago (ele não sabia nadar). Seu irmão o alimentava de vez em quando. Na semana anterior à nossa última conversa, ele havia feito duas refeições por dia durante quatro dias e apenas uma nos outros três.

Pak Solhin parecia estar sem opções e atribuía seu problema à comida (ou, mais precisamente, à falta dela). Em sua opinião, os camponeses proprietários de terras haviam decidido demitir seus trabalhadores em vez de cortar os salários porque pensavam que, com os recentes aumentos rápidos nos preços dos alimentos, um corte nos salários levaria os trabalhadores à fome, o que os tornaria inúteis no campo. Foi assim que Pak Solhin explicou a si mesmo o porquê de estar desempregado. Embora estivesse evidentemente disposto a trabalhar, a falta de comida o deixava fraco e apático, e a depressão estava minando sua vontade de fazer alguma coisa para resolver o problema.

A ideia de uma armadilha da pobreza baseada na nutrição, que Pak Solhin descreveu, é muito antiga. Sua primeira declaração formal em economia data de 1958.[4]

A ideia é simples. O corpo humano precisa de um determinado número de calorias apenas para sobreviver. Portanto, quando uma pessoa é muito pobre, todos os alimentos pelos quais ela pode pagar mal dão para executar os movimentos necessários à vida e talvez para ganhar a escassa renda que ela usou originalmente para comprar esses alimentos. Essa é a situação em que Pak Solhin se via quando o conhecemos. A comida que conseguia mal dava para ter forças para pescar alguns peixes na margem do lago.

Conforme ficam mais ricas, as pessoas podem comprar mais alimentos. Depois que as necessidades metabólicas básicas do corpo são atendidas, todo o alimento extra é usado para ganhar força, permitindo que as pessoas produzam muito mais do que precisam para comer apenas para se manterem vivas.

Esse mecanismo biológico simples cria uma relação em forma de S entre a renda de hoje e a renda de amanhã, muito parecida com a Figura 1.1: os muito pobres ganham menos do que precisam para fazer um trabalho significativo, mas aqueles que têm o suficiente para comer podem fazer um trabalho agrícola sério. Isso cria uma armadilha da pobreza: os pobres ficam mais pobres, e os ricos ficam mais ricos e comem ainda melhor, e ficam mais fortes e mais ricos, e a diferença continua aumentando.

Embora a explicação lógica de Pak Solhin para o fato de alguém ficar preso à fome fosse impecável, havia algo vagamente perturbador em sua narrativa. Não o encontramos no Sudão assolado pela guerra nem em uma área inundada de Bangladesh, mas num vilarejo na próspera Java, onde, mesmo após o aumento dos preços dos alimentos em 2007-8, havia bastante comida disponível e uma refeição básica não custava muito. Estava claro que ele não comia o suficiente quando o conhecemos, mas comia o suficiente para sobreviver; por que não valeria a pena para alguém oferecer a ele a quantidade extra de nutrição que o tornaria produtivo em troca de um dia inteiro de trabalho? De modo mais geral, embora uma armadilha da pobreza baseada na fome seja certamente uma possibilidade lógica, quão relevante ela é na prática para a maioria das pessoas pobres de hoje?

Há realmente 1 bilhão de pessoas passando fome?

Uma pressuposição oculta em nossa descrição da armadilha da pobreza é que os pobres comem o quanto podem. E, de fato, isso seria a implicação óbvia de uma curva em S baseada num mecanismo fisiológico básico: se houvesse alguma chance de que, comendo um pouco mais, os pobres pudessem começar a fazer um trabalho significativo e sair da zona da armadilha da pobreza, então eles deveriam comer tanto quanto possível.

No entanto, não é isso que vemos. A maioria das pessoas que vivem com menos de 99 centavos por dia não parece agir como se estivesse morrendo de fome. Se estivessem, certamente investiriam cada centavo disponível na compra de mais calorias. Mas não fazem isso. Em nosso conjunto de dados de dezoito países sobre a vida dos pobres, os alimentos representam de 45 a 77% do consumo dos extremamente pobres rurais e de 52 a 74% de seus homólogos urbanos.[5]

Não é porque todo o resto seja gasto em outras necessidades; em Udaipur, por exemplo, descobrimos que uma típica família pobre poderia gastar até 30% mais em comida do que realmente gasta se cortasse completamente as despesas com álcool, tabaco e festivais. Os pobres parecem ter muitas opções e não optam por gastar tanto quanto podem com comida.

Isso fica evidente ao observarmos como as pessoas pobres gastam todo o dinheiro adicional com que se deparam. Embora tenham obviamente algumas despesas inevitáveis (roupas, remédios e assim por diante) que devem priorizar, se sua subsistência dependesse da obtenção de calorias extras, seria de imaginar que, quando há um pouco mais de dinheiro para gastar, todo ele fosse para a comida. O orçamento da alimentação deveria aumentar proporcionalmente mais rápido do que o gasto total (uma vez que ambos aumentam na mesma quantidade e a alimentação é apenas uma parte do orçamento total, ela aumenta numa proporção maior). No entanto, não parece ser esse o caso. No estado indiano de Maharashtra, em 1983 (muito antes dos recentes sucessos da Índia — a maioria das famílias vivia com 99 centavos por pessoa por dia ou menos), mesmo para o grupo mais pobre, um aumento de 1% nas despesas gerais se traduzia em cerca de 0,67% de aumento no gasto total com alimentos.[6] O notável é que a relação não era muito diferente para os indivíduos mais pobres da amostra (que ganhavam cerca de cinquenta centavos por dia por pessoa) e os mais ricos (que ganhavam cerca de três dólares por dia por pessoa). O caso de Maharashtra é bem típico da relação entre renda e gastos com alimentos em todo o mundo: mesmo entre os muito pobres, os gastos com alimentos aumentam muito menos do que um para um com o orçamento.

Igualmente notável é que até mesmo o dinheiro que as pessoas gastam com comida não é gasto para maximizar a ingestão de calorias ou micronutrientes. Quando pessoas muito pobres têm a chance de gastar um pouco mais em comida, elas não investem tudo para obter mais calorias. Em vez disso, compram calorias mais saborosas e *mais caras*. Em 1983, no grupo mais pobre de Maharashtra, de cada rupia adicional gasta em comida quando a renda aumentava cerca de metade ia para a compra de mais calorias, mas o resto ia para calorias mais caras. Em termos de calorias por rupia, os milhetos (*jowar* e *bajra*) eram claramente a melhor compra. No entanto, apenas cerca de dois terços do gasto total com grãos foram com esses grãos, enquanto outros 30% foram gastos com arroz e trigo, que custam em média cerca de duas vezes mais por caloria. Além disso, os pobres gastam quase 5% de seu orçamento total em açúcar, que é mais caro do que grãos como fonte de calorias e desprovido de valor nutricional.

Robert Jensen e Nolan Miller encontraram um exemplo particularmente notável da "fuga para a qualidade" no consumo de alimentos.[7] Em duas regiões da China, eles ofereceram a famílias pobres selecionadas aleatoriamente um grande subsídio no preço do alimento básico (macarrão de trigo numa região, arroz na outra). Normalmente, esperamos que quando o preço de alguma coisa cai, as pessoas comprem mais dela. Aconteceu o contrário. As famílias que receberam subsídios para arroz ou trigo consumiram *menos* desses dois itens e comeram mais camarão e carne, embora seus alimentos básicos custassem menos agora. De modo geral, a ingestão calórica daqueles que receberam o subsídio não aumentou (e pode até ter diminuído), apesar do fato de seu poder de compra ter aumentado. Tampouco o conteúdo nutricional melhorou em qualquer outro sentido. A explicação provável é que, como os produtos básicos constituíam uma parte tão grande do orçamento familiar, os subsídios os tornaram mais ricos. Se o consumo do alimento básico estiver associado a ser pobre (digamos, porque é barato, mas não particularmente saboroso), sentir-se mais rico pode, na verdade, tê-los feito consumir *menos* dele. Mais uma vez, isso sugere que, pelo menos entre essas famílias urbanas muito pobres, obter mais calorias não era uma prioridade, mas sim obter calorias mais saborosas.[8]

O que está acontecendo com a nutrição na Índia atualmente é outro quebra-cabeça. A mídia costuma dizer que o rápido aumento da obesidade e do diabetes acontece à medida que a classe média alta urbana fica mais rica. No entanto, Angus Deaton e Jean Dreze mostraram que a verdadeira história da nutrição na Índia no último quarto de século não é que os indianos estão ficando mais gordos: é que *eles estão, de fato, comendo cada vez menos*.[9] Apesar do rápido crescimento econômico, houve um declínio constante no consumo de calorias per capita; além disso, o consumo de todos os outros nutrientes, exceto gordura, também parece ter diminuído em todos os grupos, mesmo nos mais pobres. Hoje, mais de três quartos da população vivem em famílias cujo consumo de calorias per capita é inferior a 2,1 mil calorias em áreas urbanas e 2,4 mil em áreas rurais — números que são frequentemente citados como "requisitos mínimos" na Índia para indivíduos envolvidos em trabalho manual. Ainda acontece de as pessoas mais ricas comerem mais do que as pessoas mais pobres. Mas, em todos os níveis de renda, a parcela do orçamento destinada à alimentação diminuiu. Além disso, a composição da cesta básica mudou, de modo que a mesma quantia de dinheiro é gasta agora em comestíveis mais caros.

A mudança não foi impulsionada pelo declínio dos rendimentos; ao que tudo indica, a renda real está aumentando. No entanto, embora estejam mais ricos, os indianos comem tão menos em cada nível de renda que hoje comem menos em média do que antes. Tampouco a causa disso é o aumento do preço da comida: entre o início dos anos 1980 e 2005, os preços dos alimentos caíram em relação aos preços de outras coisas, tanto na Índia rural quanto na urbana. Embora o preço dos alimentos tenha aumentado novamente a partir de 2005, a queda no consumo de calorias aconteceu justamente quando esse preço estava caindo.

Portanto, os pobres, inclusive aqueles que a FAO classificaria como famintos com base no que comem, não parecem querer comer muito mais, mesmo quando podem. Com efeito, eles parecem estar comendo menos. O que poderia estar acontecendo?

O lugar natural para começar a desvendar o mistério é presumir que os pobres devem saber o que estão fazendo. Afinal, são eles que comem e trabalham. Se pudessem de fato ser tremendamente mais produtivos e ganhar muito mais comendo mais, provavelmente o fariam quando tivessem a chance. Então, poderia ser que comer mais não nos torne realmente mais produtivos e, em consequência, não exista uma armadilha da pobreza baseada na nutrição?

Uma razão pela qual a armadilha da pobreza pode não existir é que a maioria das pessoas tem o suficiente para comer.

Pelo menos em termos de disponibilidade de alimentos, vivemos atualmente num mundo capaz de alimentar todas as pessoas que vivem no planeta. Por ocasião da Cúpula Mundial da Alimentação, em 1996, a FAO estimou que a produção mundial de alimentos naquele ano era suficiente para fornecer pelo menos 2,7 mil calorias por pessoa por dia.[10] Trata-se do resultado de séculos de inovação no suprimento de alimentos, graças, sem dúvida, a grandes inovações na ciência agrícola, mas também atribuível a fatores mais mundanos como a adoção da batata na dieta depois que os espanhóis a descobriram no Peru, no século XVI, e a importaram para a Europa. Um estudo concluiu que as batatas podem ter sido responsáveis por 12% do aumento global da população entre 1700 e 1900.[11]

Existe fome no mundo de hoje, mas somente devido à maneira como a comida é compartilhada entre nós. Não há escassez absoluta. É verdade que se eu comer muito mais do que preciso ou, o que é mais plausível, transformar mais milho em biocombustíveis para que eu possa aquecer minha piscina, então haverá menos para todos os outros.[12] Mas apesar disso, parece que a maioria das pessoas, mesmo a maioria das pessoas muito pobres, ganha dinheiro suficiente para ter uma dieta adequada, simplesmente porque as calorias tendem a ser muito baratas, exceto em situações extremas. Usando dados de preços das Filipinas, calculamos o custo da dieta mais barata o suficiente para fornecer 2,4 mil calorias, incluindo 10% de calorias vindas de proteína e 15% vindas de gorduras. Custaria apenas 21 centavos ajustados pela PPC, muito acessível mesmo para alguém que vive com 99 centavos por dia. O problema é que isso significaria comer apenas bananas e ovos. Mas parece que, enquanto as pessoas estiverem dispostas a comer bananas e ovos quando necessário, encontraremos muito poucas pessoas presas na parte esquerda da curva em S, onde não podem ganhar o suficiente para serem funcionais.

Isso é consistente com a evidência de pesquisas indianas em que as pessoas foram questionadas se tinham o suficiente para comer (ou seja, se "todos na casa recebiam duas refeições regulares por dia" ou se todos comiam "comida suficiente todos os dias"). A porcentagem de pessoas que consideram que não têm comida suficiente caiu drasticamente ao longo do tempo: de 17% em 1983 para 2% em 2004. Portanto, talvez as pessoas comam menos porque têm menos fome.

E talvez estejam realmente com menos fome, apesar de comerem menos calorias. Pode ser que, devido às melhorias na água e no saneamento, elas estejam perdendo menos calorias em episódios de diarreia e outras doenças. Ou talvez estejam com menos fome devido ao declínio do trabalho físico pesado; com a disponibilidade de água potável na aldeia, as mulheres não precisam levar cargas pesadas por longas distâncias; melhorias no transporte reduziram a necessidade de viajar a pé; mesmo na aldeia mais pobre, a farinha é agora moída pelo moleiro da aldeia em um moinho motorizado, em vez de mulheres moendo à mão. Usando as necessidades calóricas médias calculadas pelo Conselho Indiano de Pesquisa Médica para pessoas envolvidas em atividades pesadas, moderadas ou leves, Deaton e Dreze observam que o declínio no consumo de calorias no último quarto de século pode ser inteiramente explicado por uma redução modesta no número de pessoas envolvidas em trabalhos fisicamente pesados durante grande parte do dia.

Se a maioria das pessoas já não está morrendo de fome, é possível que os ganhos de produtividade com o consumo de mais calorias sejam relativamente modestos para elas. Seria então compreensível que as pessoas decidissem fazer outra coisa com seu dinheiro, ou trocar os ovos e as bananas por uma dieta mais interessante. Muitos anos atrás, John Strauss estava procurando um caso claro para demonstrar o papel das calorias na produtividade. Ele escolheu agricultores autônomos em Serra Leoa, porque eles realmente tinham de trabalhar duro.[13] E descobriu que a produtividade de um trabalhador numa fazenda aumentava no máximo 4% quando sua ingestão de calorias aumentava em 10%. Assim, mesmo que as pessoas dobrassem o consumo de alimentos, sua renda aumentaria em apenas 40%. Além disso, a forma da relação entre calorias e produtividade não era a de um S, mas de um L invertido, como na Figura 1.2: os maiores ganhos são obtidos em baixos níveis de consumo alimentar. Não há aumento acentuado da renda depois que as pessoas começam a comer o suficiente. Isso sugere que os muito pobres se beneficiam mais comendo calorias adicionais do que os menos pobres. Esse é precisamente o tipo de situação em que não veríamos uma armadilha da pobreza. Portanto, não é porque não come o suficiente que a maioria das pessoas continua pobre.

Isso não quer dizer que a lógica da armadilha da pobreza baseada na fome seja falha. A ideia de que uma nutrição melhor impulsionaria alguém no caminho da prosperidade foi quase certamente muito importante em algum ponto da história, e ainda pode ser importante em algumas circunstâncias hoje. O ganhador do prêmio Nobel e historiador econômico Robert Fogel calculou que, na Europa, durante o Renascimento e a Idade Média, a produção de alimentos não fornecia calorias suficientes para sustentar uma população ativa plena. Isso talvez explique por que havia um grande número de mendigos — eles eram literalmente incapazes de qualquer trabalho.[14] A pressão de apenas obter comida suficiente para sobreviver parece ter levado algumas pessoas a tomar medidas extremas: houve uma epidemia de matança de "bruxas" na Europa, durante a "Pequena Era Glacial" (de meados do século XVI a 1800), quando perdas de colheita eram comuns e os peixes menos abundantes. As bruxas eram com muita probabilidade mulheres solteiras, principalmente viúvas. A lógica da curva em S sugere que, quando os recursos são escassos, faz "sentido econômico" sacrificar algumas pessoas a fim de que o restante tenha comida suficiente para poder trabalhar e ganhar o suficiente para sobreviver.[15]

Não é difícil encontrar indícios de que famílias pobres podem ser ocasionalmente forçadas a fazer essas escolhas horríveis, mesmo em tempos mais recentes. Durante as secas ocorridas na Índia na década de 1960, as meninas de famílias sem terras tinham probabilidade muito maior de morrer do que os meninos, mas as taxas de mortalidade de meninos e meninas não eram muito diferentes quando havia chuvas normais.[16] Numa reminiscência da caça às bruxas da Pequena Era Glacial, a Tanzânia experimenta uma onda de assassinatos de "bruxas" sempre que há uma seca — uma maneira conveniente de se livrar de uma boca improdutiva para alimentar em momentos em que os recursos são muito escassos.[17] Parece que as famílias descobrem subitamente que uma mulher mais velha que mora com eles (em geral uma avó) é uma bruxa, após o que ela é expulsa ou morta por outras pessoas na aldeia.

Portanto, não se trata de que a falta de comida não possa ser um problema ou não seja um problema de vez em quando, mas o mundo em que vivemos hoje é, em sua maior parte, muito rico para que a fome seja uma grande parte da história da persistência da pobreza. É óbvio que isso é diferente quando ocorrem desastres naturais ou provocados pelo homem, ou nas epidemias de fome que matam e enfraquecem milhões. Porém, como mostrou Amartya Sen, as fomes mais recentes não foram causadas pela indisponibilidade de alimentos, mas por falhas institucionais que levaram à má distribuição dos alimentos disponíveis, ou mesmo pelo acúmulo e armazenamento em face da fome em outros lugares.[18]

Devemos então parar por aqui? Podemos presumir que os pobres, embora possam comer pouco, comem o quanto precisam?

Os pobres estão realmente comendo bem e o suficiente?

É difícil evitar a sensação de que essa história não bate. Seria verdade que os indivíduos mais pobres da Índia estejam cortando alimentos porque não precisam das calorias, já que vivem em famílias que consomem cerca de 1,4 mil calorias per capita por dia? Afinal, 1,2 mil calorias é a famosa dieta da semi-inanição, recomendada para quem deseja emagrecer rapidamente; 1,4 mil não parece muito longe disso. De acordo com os Centros de Controle de Doenças, o homem americano médio consumiu 2475 calorias por dia em 2000.[19]

É verdade que os mais pobres da Índia também são mais baixos e, se alguém for suficientemente pequeno, não precisará de tantas calorias. Mas isso não empurra a questão um nível para trás? Por que os mais pobres da Índia são tão baixos? Com efeito, por que todos os sul-asiáticos são tão magricelas? O método padrão para medir o estado de nutrição é pelo Índice de Massa Corporal (IMC), que é essencialmente um modo de dimensionar o peso pela altura (ou seja, ajustar para o fato de que pessoas mais altas serão mais pesadas). O ponto de corte internacional para desnutrição é um IMC de 18,5, com 18,5 a 25 sendo a faixa normal e pessoas acima de 25 sendo consideradas obesas. Por essa medida, 33% dos homens e 36% das mulheres da Índia estavam subnutridos em 2004-2005, uma redução em relação aos 49% para ambos em 1989. Entre os 83 países que têm dados demográficos e de pesquisa sobre saúde, somente a Eritreia tem mais mulheres adultas subnutridas.[20] As mulheres indianas, ao lado das do Nepal e de Bangladesh, também estão entre as mais baixas do mundo.[21]

Isso é motivo de preocupação? Poderia ser uma característica puramente genética dos sul-asiáticos, como olhos escuros ou cabelo preto, mas irrelevante para seu sucesso no mundo? Afinal, mesmo os filhos de imigrantes do Sul da Ásia no Reino Unido ou nos Estados Unidos são menores do que crianças brancas ou negras. Acontece, no entanto, que viver duas gerações no Ocidente sem casamentos mistos com outras comunidades é o suficiente para tornar os netos de imigrantes do Sul da Ásia mais ou menos da mesma altura que outras etnias. Assim, embora a composição genética seja certamente importante no nível individual, acredita-se que as diferenças genéticas de altura entre as populações sejam mínimas. Se os filhos das mães da primeira geração ainda são pequenos é em parte porque as mulheres que foram elas mesmas desnutridas na infância tendem a ter filhos menores.

Portanto, se os sul-asiáticos são pequenos, é provavelmente porque eles e seus pais não receberam tanta nutrição quanto seus equivalentes em outros países. E, de fato, tudo sugere que as crianças são muito mal nutridas na Índia. A medida usual de como uma criança foi alimentada durante os anos de infância é a altura, em comparação com a altura média internacional para a idade. Por essa medida, os números para a Índia na Pesquisa Nacional de Saúde da Família (NFHS 3) são devastadores. Aproximadamente metade das crianças com menos de cinco anos é raquítica, o que significa que estão muito abaixo do normal. Um quarto delas é severamente raquítica, representando uma privação nutricional extrema.

As crianças também estão extraordinariamente abaixo do peso *dada a sua altura*: cerca de uma em cada cinco crianças com menos de três anos está emaciada, o que significa que estão abaixo da definição internacional de desnutrição grave. O que torna esses fatos mais impressionantes é que as taxas de raquitismo e emaciação na África subsaariana, sem dúvida a área mais pobre do mundo, são apenas cerca de metade daquelas da Índia.

Mas, mais uma vez, devemos nos preocupar? Ser pequeno é um problema por si só? Bem, há os Jogos Olímpicos. A Índia, um país com 1 bilhão de habitantes, ganhou em média 0,92 medalhas por Olimpíada, ao longo de 22 Olimpíadas, ficando logo abaixo de Trinidad e Tobago, com 0,93. Para colocar esses números em perspectiva, a China ganhou 386 medalhas em oito Olimpíadas, com uma média de 48,3, e há 79 países com média melhor do que a Índia. No entanto, a Índia tem dez vezes mais habitantes do que todos, exceto seis desses países.

É evidente que a Índia é pobre, mas não tão pobre como costumava ser, e não tão pobre quanto Camarões, Etiópia, Gana, Haiti, Quênia, Moçambique, Nigéria, Tanzânia e Uganda, cada um dos quais, per capita, tem mais de dez vezes o número de medalhas da Índia. Com efeito, nenhum país com menos medalhas por Olimpíada do que a Índia tem um décimo de seu tamanho, com duas notáveis exceções: Paquistão e Bangladesh. Bangladesh, em particular, é o único país com mais de 100 milhões de habitantes que nunca conquistou uma medalha olímpica. Depois dele, o maior país também sem medalhas é o Nepal.

Há claramente um padrão. Pode-se talvez culpar a obsessão do Sul da Ásia com o críquete — aquele primo colonial do beisebol que assombra a maioria dos norte-americanos —, mas se o críquete absorve todo o talento esportivo de um quarto da população mundial, os resultados não são tão impressionantes. Os sul-asiáticos nunca tiveram o domínio sobre o críquete que a Austrália, a Inglaterra e até mesmo as minúsculas Índias Ocidentais tiveram em seus dias de glória, apesar de sua intensa fidelidade ao esporte e sua enorme vantagem de tamanho; Bangladesh, por exemplo, é maior que Inglaterra, África do Sul, Austrália, Nova Zelândia e Índias Ocidentais juntas. Uma vez que a desnutrição infantil é outra área onde o Sul da

Ásia realmente se destaca, parece plausível que esses dois fatos — crianças emaciadas e fracasso olímpico — tenham algo a ver um com o outro.

As Olimpíadas não são o único lugar em que a altura desempenha um papel. Tanto nos países pobres como nos ricos, as pessoas mais altas ganham mais. Há muito tempo se debate se isso ocorre porque a altura realmente importa para a produtividade — poderia ser discriminação contra pessoas mais baixas, por exemplo. Mas um artigo recente de Anne Case e Chris Paxson fez algum progresso em descobrir o que explica essa relação. Eles mostram que no Reino Unido e nos Estados Unidos o efeito da altura é inteiramente explicado por diferenças no QI: quando comparamos pessoas que têm o mesmo QI, não há relação entre altura e ganho.[22] Na interpretação deles, isso mostra que o que importa é uma boa nutrição na primeira infância: em média, os adultos que foram bem nutridos quando crianças são mais altos e mais inteligentes. E é porque são mais inteligentes que ganham mais. Claro, existem muitas pessoas não tão altas que são geniais (porque atingiram a altura que deveriam atingir), mas, no geral, pessoas altas se saem melhor na vida, porque são visivelmente mais propensas a ter atingido seu potencial genético (tanto em altura quanto em inteligência).

O estudo, quando noticiado pela Reuters sob a manchete não tão sutil de "Pessoas mais altas são mais inteligentes, diz estudo", criou uma tempestade de fogo. Case e Paxson foram inundados por e-mails hostis. "Vocês deviam se envergonhar!", repreendeu um homem (1,44 metro). "Acho a hipótese de vocês insultuosa, prejudicial, inflamatória e intolerante", disse outro (1,67 metro). "Vocês carregaram uma arma e apontaram-na para a cabeça do homem com deficiência vertical" (nenhuma altura fornecida).[23]

Mas, na verdade, há muitas provas para a visão geral de que a desnutrição infantil afeta diretamente a capacidade dos adultos de funcionar com sucesso no mundo. No Quênia, as crianças que receberam remédios contra vermes na escola por dois anos frequentaram a escola por mais tempo e ganharam, quando jovens adultos, 20% mais do que crianças em escolas semelhantes que receberam esses remédios por apenas um ano: os vermes contribuem para a anemia e a desnutrição geral, essencialmente porque competem com a criança pelos nutrientes.[24] Uma revisão de estudos feita por alguns dos melhores especialistas em nutrição deixa poucas dúvidas de que a nutrição adequada na infância tem implicações de longo alcance. Eles concluem: "Crianças subnutridas têm maior probabilidade de se tornarem adultos baixos, terem baixo desempenho educacional e bebês menores. A subnutrição também está associada a um status econômico inferior na idade adulta".[25]

O IMPACTO DA SUBNUTRIÇÃO NAS CHANCES da vida futura começa antes do nascimento. Em 1995, o *British Medical Journal* cunhou o termo "hipótese de Barker" para se referir à teoria do dr. David Barker de que as condições no útero têm impacto de longo prazo nas chances de vida de uma criança.[26] Há um apoio considerável à hipótese de Barker; para citar apenas um exemplo, na Tanzânia, crianças que nasceram de mães que receberam quantidades suficientes de iodo durante a gravidez (graças a um programa governamental intermitente de distribuição de cápsulas de iodo para futuras mães) completaram entre um terço e meio ano de mais escolaridade, em comparação com seus irmãos mais novos e mais velhos que estavam no útero quando a mãe não estava recebendo essas cápsulas.[27] Embora meio ano de educação possa parecer um ganho pequeno, trata-se de um aumento substancial, uma vez que a maioria dessas crianças completará apenas quatro ou cinco anos de escolaridade. Com efeito, com base em suas estimativas, o estudo conclui que, se todas as mães tomassem cápsulas de iodo, haveria um aumento de 7,5% no desempenho educacional total das crianças na África central e meridional. Por sua vez, isso poderia afetar a produtividade da criança ao longo de sua vida.

Embora tenhamos visto que a influência na produtividade de somente aumentar as calorias pode não ser muito grande por si só, há algumas maneiras de melhorar a nutrição, mesmo para adultos, que não somente se pagam, mas também podem gerar muito retorno. A mais conhecida é o papel do ferro no tratamento da anemia. Em muitos países asiáticos, como a Índia e a Indonésia, a anemia é um grande problema de saúde. Na Indonésia, 6% dos homens e 38% das mulheres são anêmicos. Os números correspondentes na Índia são 24% e 56%. A anemia está associada a baixa capacidade aeróbica, fraqueza geral e letargia e, em alguns casos (especialmente em mulheres grávidas), pode ser fatal.

O estudo Trabalho e Avaliação do Estado do Ferro (Wise, na sigla em inglês) forneceu suplementos regulares de ferro a homens e mulheres escolhidos aleatoriamente na Indonésia rural por vários meses, enquanto o grupo de comparação recebia um placebo.[28] O estudo descobriu que os suplementos de ferro tornavam os homens capazes de trabalhar mais, e o aumento resultante na renda deles era muitas vezes maior que o custo de um suprimento anual de molho de peixe fortificado com ferro. O suprimento anual de molho de peixe custava US$7 PPC e, para um homem autônomo, o ganho anual era de US$46 PPC — um excelente investimento.

O enigma é que as pessoas não parecem querer mais comida e, no entanto, é provável que mais comida e, sobretudo, alimentos comprados de forma mais criteriosa as tornassem, e quase com certeza a seus filhos, significativamente mais bem-sucedidas na vida. Os principais investimentos para conseguir isso não são caros. A maioria das mães certamente poderia pagar por sal iodado, que agora é padrão em muitas partes do mundo, ou por uma dose de iodo a cada dois anos (a 51 centavos de dólar por dose). No Quênia, quando a International Child Support, ONG que dirige o programa de desparasitação, pediu aos pais de algumas escolas que pagassem alguns centavos para vermifugar seus filhos, quase todos se recusaram, o que os privou de centenas de dólares de ganhos extras ao longo da vida.[29] Quanto à comida, as famílias poderiam facilmente obter muito mais calorias e outros nutrientes gastando menos em grãos caros (como arroz e trigo), açúcar e alimentos processados e mais em hortaliças folhosas e grãos não refinados.

Por que os pobres comem tão pouco?

Quem poderia imaginar?

Por que os trabalhadores indonésios anêmicos não compravam por conta própria molho de peixe fortificado com ferro? Uma resposta é que não está claro que a produtividade adicional se traduza em ganhos mais altos se os empregadores não sabem que um trabalhador bem nutrido é mais produtivo. Os patrões podem não perceber que seus empregados são mais produtivos agora porque comeram mais ou melhor. O estudo indonésio encontrou um aumento significativo nos ganhos *somente* entre os trabalhadores autônomos. Se os empregadores pagam a todos o mesmo salário fixo, não há razão para comer mais para ficar mais forte. Nas Filipinas, um estudo descobriu que os operários que trabalhavam tanto por peça quanto por um salário fixo comiam 25% mais alimentos nos dias em que trabalharam por peça (quando o esforço era importante, pois quanto mais trabalhavam, mais recebiam).

Isso não explica por que todas as mulheres grávidas na Índia não usam apenas sal fortificado com iodo, que agora está disponível para compra em todos os lugares. Uma possibilidade é que as pessoas talvez não percebam o valor de alimentar melhor a si mesmas e a seus filhos. A importância dos micronutrientes não era totalmente compreendida, mesmo por cientistas, até recentemente. Embora os micronutrientes sejam baratos e às vezes possam levar a um grande aumento na renda ao longo da vida, é necessário saber exatamente o que comer (ou quais comprimidos tomar). Nem todo mundo tem essas informações, mesmo nos Estados Unidos.

Além disso, as pessoas tendem a desconfiar de estranhos que lhes dizem que devem mudar de dieta, provavelmente porque gostam do que comem. Quando os preços do arroz subiram drasticamente em 1966-7, o ministro-chefe de Bengala Ocidental sugeriu que comer menos arroz e mais vegetais seria bom para a saúde das pessoas e mais leve para seus orçamentos. Isso gerou uma onda de protestos, e o ministro-chefe foi saudado por manifestantes com guirlandas de vegetais onde quer que fosse. No entanto, ele provavelmente estava certo. Compreendendo a importância do apoio popular, Antoine Parmentier, um farmacêutico francês do século XVIII que foi um dos primeiros fãs da batata, prevendo que encontraria resistência, ofereceu ao público um conjunto de receitas que ele havia inventado com batatas, entre elas o clássico *Hachis Parmentier* (basicamente, um prato de carne moída coberta com purê de batatas que vai ao forno). Desse modo, ele deflagrou uma trajetória que levaria, por meio de muitas voltas e reviravoltas, à invenção das "freedom fries".*

Além disso, não é muito fácil aprender sobre o valor de muitos desses nutrientes com base na experiência pessoal. O iodo pode deixar os filhos mais inteligentes, mas a diferença não é grande (embora várias pequenas diferenças possam resultar em algo grande) e, na maioria dos casos, demorará muitos anos para se manifestar. O ferro, mesmo que torne a pessoa mais forte, não a transforma de repente em um super-herói: os quarenta dólares a mais por ano que o autônomo ganhava podem nem ter sido aparentes para ele, tendo em vista os muitos altos e baixos de sua renda semanal.

Por conseguinte, não é surpresa que, na escolha de seus alimentos, os pobres levem mais em conta o sabor do que preços baratos e valores nutricionais. George Orwell, em sua descrição magistral da vida dos trabalhadores britânicos pobres em *O caminho para Wigan Pier*, observa:

> Assim, vemos que a base da alimentação dos mineiros é pão branco, margarina, carne enlatada, chá com açúcar e batatas — uma alimentação péssima, paupérrima. Não seria melhor se eles gastassem mais dinheiro em coisas mais saudáveis, como laranjas e pão integral? Ou mesmo se fizessem como o autor da carta para o jornal e economizassem combustível comendo ce-

---

* Em inglês, as batatas fritas são chamadas de "French fries" (fritas francesas), embora admita-se que tenham sido os belgas que as inventaram. Em 2003, quando a França se recusou a apoiar a invasão do Iraque pelos Estados Unidos, o deputado republicano por Ohio Bob Ney, responsável pela administração da Câmara, mandou trocar o nome das batatas fritas nas cafeterias do Congresso americano para "freedom fries" (fritas da liberdade), medida que perdurou até 2006, quando Ney renunciou ao mandato após ser condenado por corrupção. (N. T.)

nouras cruas? Sim, seria, mas a questão é que nenhum ser humano comum jamais faria uma coisa dessas. O ser humano comum preferiria morrer de fome a viver de pão preto e cenoura crua. E o mal peculiar dessa situação é que quanto menos dinheiro você tem, menos inclinado você se sente a gastá-lo em comida saudável. Um milionário pode desfrutar de seu breakfast com suco de laranja e biscoitos integrais; o desempregado não. [...] Quando você está desempregado, ou seja, quando está subnutrido, escorraçado, entediado e muito infeliz, *não quer* comer uma comida saudável e sem graça. Quer alguma coisa um pouquinho "gostosa". Há sempre alguma tentação agradável e barata.[30]

Mais importante do que comida

Os pobres frequentemente resistem aos planos maravilhosos que elaboramos para eles, porque não concordam conosco que esses planos funcionam, ou que funcionam tão bem quanto afirmamos. Esse é um dos temas recorrentes neste livro. Outra explicação para seus hábitos alimentares é que existem coisas mais importantes na vida dos pobres do que comida.

Está amplamente documentado que pessoas pobres no mundo em desenvolvimento gastam grandes quantias em casamentos, dotes e batizados, provavelmente devido à compulsão de não perder prestígio. O custo dos casamentos na Índia é bem conhecido, mas há também ocasiões menos alegres em que a família é obrigada a dar uma festa suntuosa. Na África do Sul, as normas sociais sobre quanto gastar em funerais foram estabelecidas numa época em que a maioria das mortes ocorria na velhice ou na primeira infância.[31] A tradição exigia que os bebês fossem enterrados de forma muito simples, mas que os idosos tivessem funerais elaborados, pagos com o dinheiro que o falecido acumulara ao longo da vida. Em consequência da epidemia de HIV/aids, muitos adultos jovens começaram a morrer sem ter acumulado economias para o enterro, mas suas famílias se sentiam compelidas a honrar a norma para adultos. Uma família que acabara de perder um de seus principais provedores em potencial podia ter de gastar algo como 3,4 mil randes (cerca de US$825 PPC), ou 40% da renda familiar per capita anual, com a festa fúnebre. Depois de um funeral desse tipo, a família fica com menos para gastar, e mais parentes tendem a reclamar de "falta de comida", mesmo que o falecido não estivesse ganhando dinheiro antes de morrer, o que sugere que os custos do funeral são responsáveis pela situação. Quanto mais caro o funeral, mais deprimidos os adultos ficam um ano depois e mais provável que as crianças tenham abandonado a escola.

Não é de surpreender que tanto o rei da Suazilândia quanto o Conselho de Igrejas da África do Sul (SACC, na sigla em inglês) tenham tentado regular os gastos com funerais. Em 2002, o rei simplesmente proibiu funerais luxuosos[32] e anunciou que, se descobrisse que uma família havia abatido uma vaca para um funeral, eles teriam que dar uma vaca para o rebanho do chefe. O SACC, de forma mais comedida, pediu uma regulamentação da indústria funerária, pois percebeu que ela estava pressionando as famílias a gastarem mais do que podiam.

A decisão de gastar dinheiro em coisas que não sejam alimento pode não se dever inteiramente à pressão social. Perguntamos a Oucha Mbarbk, um homem que conhecemos numa aldeia remota do Marrocos, o que faria se tivesse mais dinheiro. Ele disse que compraria mais comida. Em seguida, perguntamos o que faria se tivesse ainda mais dinheiro. Ele disse que compraria comida mais saborosa. Estávamos começando a nos sentir muito mal por ele e sua família, quando notamos uma televisão, uma antena parabólica e um DVD player na sala onde estávamos sentados. Perguntamos por que ele havia comprado todas aquelas coisas se achava que a família não tinha o suficiente para comer. Ele riu e disse: "Ah, mas televisão é mais importante do que comida!".

Depois de um tempo na aldeia marroquina, entendemos por que ele pensava assim. A vida numa aldeia pode ser um tédio. Não tem cinema nem sala de concertos nem um lugar para sentar e ver o movimento na rua. E também não tem muito trabalho. Naquele ano, Oucha e dois de seus vizinhos, que estavam com ele durante a entrevista, trabalharam cerca de setenta dias na agricultura e cerca de trinta na construção civil. No restante do ano, cuidaram do gado e ficaram esperando algum emprego aparecer.

Isso deixava muito tempo para assistir televisão. Os três homens viviam em casas pequenas sem água nem esgoto. Eles tinham dificuldade de encontrar trabalho e dar uma boa educação aos filhos. Mas todos tinham uma televisão, uma antena parabólica, um DVD player e um telefone celular.

Em geral, é evidente que as coisas que tornam a vida menos entediante são uma prioridade para os pobres. Pode ser uma televisão, ou algo especial para comer — ou apenas uma xícara de chá açucarado. Até Pak Solhin tinha uma televisão, embora não estivesse funcionando quando o visitamos. As festas também podem ser vistas sob essa perspectiva. Onde não há televisão nem rádio, é fácil entender por que os pobres muitas vezes procuram a distração de algum tipo de celebração familiar especial, uma festa religiosa ou o casamento de uma filha. Em nosso conjunto de dados de dezoito países, é evidente que quanto menores as chances de ter um rádio ou televisão, mais os pobres gastam em festivais. Em Udaipur, na Índia, onde quase ninguém tem televisão, os extremamente pobres gastam 14% de seu orçamento em festas (tanto laicas quanto religiosas). Em contraste, na Nicarágua, onde 58% das famílias rurais pobres têm um rádio e 11% possuem uma televisão, muito poucas famílias relatam gastar alguma coisa em festas.[33]

A necessidade humana básica de uma vida agradável pode explicar por que os gastos com alimentos têm diminuído na Índia. Hoje, os sinais de televisão chegam a áreas remotas e há mais coisas para comprar, mesmo em aldeias remotas. Os telefones celulares funcionam em quase todos os lugares e o minuto de ligação é extremamente barato por padrões globais. Isso também explicaria por que países com uma grande economia interna, onde muitos bens de consumo estão disponíveis a baixo custo, como a Índia e o México, tendem a ter os menores gastos com alimentos. Todo vilarejo indiano tem pelo menos uma pequena loja (em geral, mais de uma), que vende xampu em sachês individuais, cigarros avulsos, pentes, canetas, brinquedos ou doces muito baratos, enquanto num país como Papua-Nova Guiné, onde a participação da comida no orçamento familiar está acima de 70% (na Índia, ela é de 50%), talvez haja menos coisas disponíveis para os pobres. Orwell captou esse fenômeno também em *O caminho para Wigan Pier*, quando descreveu como famílias pobres conseguiram sobreviver à depressão.

Em vez de invectivar contra o destino, tornam as coisas toleráveis diminuindo seu padrão de vida. Só que nem sempre elas diminuem o nível de vida eliminando os luxos e se concentrando nas necessidades; com frequência ocorre bem o contrário — e é a maneira mais natural, pensando bem. Daí vem o fato de que, em uma década de depressão sem paralelo, aumentou o consumo de todo tipo de luxos baratos.[34]

Essas "indulgências" não são compras impulsivas de pessoas que não pensam muito sobre o que estão fazendo. Elas são cuidadosamente pensadas e refletem fortes compulsões, sejam vindas do interior ou impostas externamente. Oucha Mbarbk não comprou sua TV a crédito, mas economizou muitos meses para juntar dinheiro suficiente, assim como a mãe indiana começa a economizar para o casamento da filha de oito anos, que só vai acontecer dali a dez anos ou mais, comprando uma pequena joia aqui e um balde de aço inoxidável ali.

Com frequência, tendemos a ver o mundo dos pobres como uma terra de oportunidades perdidas e nos perguntamos por que eles não adiam essas compras e investem no que realmente tornaria suas vidas melhores. Os pobres, por outro lado, podem ser mais céticos a respeito de supostas oportunidades e da possibilidade de qualquer mudança radical em suas vidas. Muitas vezes se comportam como se pensassem que qualquer mudança que seja significativa o suficiente para valer a pena levará tempo demais. Isso pode explicar por que eles se concentram no aqui e agora, em viver suas vidas da maneira mais agradável possível, celebrando quando a ocasião o exige.

Afinal, existe realmente uma armadilha da pobreza baseada na nutrição?

Iniciamos este capítulo com Pak Solhin e sua visão de que foi apanhado na armadilha da pobreza baseada na nutrição. No nível mais literal, o principal problema em seu caso provavelmente não era a falta de calorias. O Programa Rakshin lhe fornecia um pouco de arroz grátis e, entre isso e a ajuda que seu irmão estava lhe dando, ele provavelmente teria sido fisicamente capaz de trabalhar no campo ou numa construção. Nossa leitura dos dados sugere que a maioria dos adultos, mesmo os muito pobres, está fora da zona da armadilha da pobreza nutricional: eles podem comer facilmente o quanto precisam para ser fisicamente produtivos.

Esse era provavelmente o caso de Pak Solhin. Isso não quer dizer que ele não estava numa armadilha. Mas seu problema talvez derivasse do fato de que seu emprego havia desaparecido e ele era demasiado velho para ser aceito como aprendiz numa construção. Sua situação quase certamente piorou por ele estar deprimido, o que tornava difícil para ele fazer qualquer coisa.

O fato de que a mecânica básica de uma armadilha da pobreza baseada na nutrição não pareça funcionar para os adultos não significa que a nutrição não seja um problema para os pobres. Mas o problema pode ser menos a quantidade de alimentos do que sua qualidade e, em particular, a escassez de micronutrientes. Os benefícios de uma boa nutrição podem ser particularmente fortes para dois grupos de pessoas que não decidem o que comer: bebês por nascer e crianças pequenas. Na verdade, pode muito bem haver uma relação em forma de S entre a renda de seus pais e a renda eventual dessas crianças, causada pela nutrição infantil. Isso ocorre porque uma criança que recebeu os nutrientes adequados no útero ou durante a primeira infância ganhará mais dinheiro *todos os anos de sua vida*, o que resulta em grandes benefícios ao longo de uma vida. Por exemplo, o estudo do efeito de longo prazo da vermifugação de crianças no Quênia, mencionado anteriormente, concluiu que ser vermifugado por dois anos em vez de um (e, portanto, ser mais bem nutrido por dois anos em vez de um) conduziria a um ganho de renda na vida inteira de US$3269 PPC. Pequenas diferenças nos investimentos em nutrição infantil (no Quênia, a vermifugação custa US$1,36 PPC por ano; na Índia, um pacote de sal iodado é vendido por US$0,62 PPC; na Indonésia, o molho de peixe fortificado custa US$7 PPC por ano) provocam uma enorme diferença mais tarde. Isso sugere que os governos e as instituições internacionais precisam repensar completamente a política alimentar. Embora isso possa ser uma má notícia para os fazendeiros americanos, a solução não é simplesmente fornecer mais grãos alimentares, que é o que a maioria dos programas de segurança alimentar é projetada para fazer. Os pobres gostam de grãos subsidiados, mas, como discutimos antes, dar-lhes mais faz pouco para persuadi-los a comer melhor, especialmente porque o principal problema não são as calorias, mas outros nutrientes. É provável que também não seja suficiente simplesmente dar mais dinheiro aos pobres, bem como até mesmo um aumento da renda não leve a uma nutrição melhor no curto prazo. Como vimos na Índia, os pobres não comem mais nem melhor quando sua renda aumenta; existem muitas outras pressões e desejos competindo com a comida.

Em contraste, os retornos sociais de investir diretamente na nutrição de crianças e mães grávidas são enormes. Isso pode ser feito pela doação de alimentos fortificados para mães grávidas e pais de crianças pequenas, pelo tratamento das crianças com vermes na pré-escola ou na escola, pelo fornecimento de refeições ricas em micronutrientes, ou mesmo por incentivos aos pais para o consumo de suplementos nutricionais. Tudo isso já está sendo feito em alguns países. O governo do Quênia está agora vermifugando sistematicamente as crianças na escola. Na Colômbia, pacotes de micronutrientes são borrifados nas refeições das crianças na pré-escola. No México, os pagamentos da previdência social vêm com suplementos nutricionais gratuitos para a família. Tanto quanto o aumento da produtividade, a tecnologia de alimentos precisa priorizar o desenvolvimento de maneiras de enriquecer os *alimentos que as pessoas gostam de comer* com nutrientes adicionais e criar novas variedades de produtos agrícolas nutritivos e saborosos que possam ser cultivados numa ampla variedade de ambientes. Existem exemplos disso no mundo todo, impulsionados por organizações como a Micronutrient Initiative e a HarvestPlus: uma variedade de batata-doce laranja (mais rica em betacaroteno do que o inhame nativo), adequada para a África, foi recentemente introduzida em Uganda e em Moçambique.[35] Um novo sal, fortificado com ferro e iodo, está agora aprovado para uso em vários países, inclusive na Índia. Mas há demasiados casos em que a política alimentar permanece presa à ideia de que tudo de que os pobres precisam são grãos baratos.

3. Soluções fáceis para melhorar a saúde (mundial)?

A SAÚDE É UMA ÁREA DE GRANDES PROMESSAS, mas também de grandes frustrações. Parece haver um monte de "soluções fáceis" disponíveis, de vacinas a mosquiteiros, que poderiam salvar vidas a um custo mínimo, mas pouquíssimas pessoas fazem uso dessas tecnologias preventivas. Os profissionais da saúde pública, que são os responsáveis pela prestação de serviços básicos de saúde na maioria dos países, são frequentemente acusados por essa falha, o que não é de todo injusto, como veremos. Por outro lado, eles insistem que essas soluções não são tão fáceis quanto parecem.

No inverno de 2005, na bela cidade de Udaipur, no oeste da Índia, tivemos uma discussão animada com um grupo de enfermeiras do governo. Elas estavam muito irritadas conosco, porque fazíamos parte de um projeto que visava fazê-las trabalhar com mais frequência. Em algum ponto da discussão, uma delas ficou tão exasperada que decidiu ser direta e proclamou que o trabalho era, de qualquer modo, essencialmente inútil. Quando uma criança vinha com diarreia, tudo o que podiam oferecer à mãe era um pacote de solução de reidratação oral (SRO, uma mistura de sal, açúcar, cloreto de potássio e um antiácido para ser misturado com água e bebido pela criança). Mas a maioria das mães não acreditava que a SRO pudesse ajudar. Elas queriam o que achavam ser o tratamento certo — um antibiótico ou medicamento intravenoso. As enfermeiras nos contaram que, depois que ia embora do centro de saúde só com um pacote de SRO, a mãe nunca mais voltava. Todos os anos, elas viam dezenas de crianças morrerem de diarreia, mas se sentiam totalmente impotentes.

Dos 9 milhões de crianças que morrem a cada ano antes de completar cinco anos, a grande maioria é composta de crianças pobres do Sul da Ásia e da África subsaariana, e cerca de uma em cada cinco morre de diarreia. Esforços estão sendo feitos para distribuir a vacina contra o rotavírus, o vírus responsável por muitos casos de diarreia (embora não todos). Mas três "drogas milagrosas" já poderiam salvar a maioria dessas crianças: água sanitária para purificar a água, sal e açúcar, os ingredientes principais da SRO. Meros cem dólares gastos em cloro preparado para uso doméstico podem prevenir 32 casos de diarreia.[1] A desidratação é a principal causa de morte por diarreia, e a SRO, que é quase gratuita, é uma maneira maravilhosamente eficaz de evitá-la.

No entanto, nem cloro nem SRO são muito usados. Na Zâmbia, graças aos esforços da Population Service International (PSI), uma grande organização que o comercializa a preços subsidiados em todo o mundo, o cloro é barato e amplamente disponível. Ao custo de oitocentos kwachas (US$0,18 PPC), uma família de seis pessoas pode comprar água sanitária suficiente para purificar seu abastecimento de água, evitando a diarreia transmitida pela água. Mas apenas 10% das famílias a usam.[2] Na Índia, de acordo com o Fundo das Nações Unidas para a Infância (Unicef), apenas um terço das crianças menores de cinco anos que tiveram diarreia recebeu SRO.[3] Por que cerca de 1,5 milhão de crianças morrem a cada ano de diarreia, uma doença que muitas vezes poderia ser evitada ou ser tratada com água fervida, açúcar e sal?

Água sanitária e SRO não são exemplos isolados. Existem outras "soluções fáceis" com a promessa de melhorar a saúde e salvar muitas vidas. Trata-se de tecnologias simples e baratas que, se utilizadas de forma adequada, economizariam muitos recursos (em termos de dias adicionais de trabalho, menor uso de antibióticos, corpos mais fortes e assim por diante). Elas poderiam se pagar, além de salvar vidas. Mas muitas dessas soluções não são utilizadas. Não é que as pessoas não se importem com sua saúde. Elas se importam e dedicam recursos consideráveis a isso. O problema é que parece que gastam dinheiro com outras coisas: em antibióticos que nem sempre são necessários, em cirurgias que chegam tarde demais para ajudar. Por que tem de ser assim?

A armadilha da saúde

Em um vilarejo da Indonésia, conhecemos Ibu Emptat, esposa de um artesão de cestas. Alguns anos antes de nosso primeiro encontro (no verão de 2008), seu marido estava com problemas de visão e não conseguia mais trabalhar. Ela não teve outra escolha senão pedir dinheiro emprestado ao agiota local: 100 mil rupias (US$18,75 PPC) a fim de pagar os remédios para que seu marido pudesse trabalhar novamente, e 300 mil rupias (US$56 PPC) para alimentos durante o período em que seu marido estava se recuperando e não podia trabalhar (três de seus sete filhos ainda moravam com eles). Tinham de pagar 10% ao mês de juros sobre o empréstimo. No entanto, eles atrasaram o pagamento dos juros e, quando nos conhecemos, a dívida dela havia inflado para 1 milhão de rupias (US$187 PPC); o agiota estava ameaçando tomar tudo o que eles tinham. Para piorar as coisas, um de seus filhos mais novos fora diagnosticado recentemente com asma grave. Como já estava atolada em dívidas, a família não podia pagar pelos remédios necessários para tratar a doença do menino. Ele ficou sentado conosco durante toda a nossa visita, tossindo a cada poucos minutos; não podia mais frequentar a escola regularmente. A família parecia estar presa numa clássica armadilha da pobreza: a doença do pai os tornava pobres e por isso a criança continuava doente, e porque estava doente demais para receber uma educação adequada a pobreza assomava em seu futuro.

A saúde tem certamente o potencial de ser uma fonte de várias armadilhas diferentes. Por exemplo, trabalhadores que vivem num ambiente insalubre podem perder muitos dias de trabalho; as crianças podem ficar doentes com frequência e não conseguir ir bem na escola; mães que dão à luz nesses ambientes podem ter bebês doentes. Cada um desses canais é potencialmente um mecanismo para que os infortúnios atuais se transformem em pobreza futura.

A boa notícia é que, se algo assim está acontecendo, talvez seja necessário apenas um empurrão, uma geração que consiga crescer e trabalhar num ambiente saudável, para desmontar a armadilha. Essa é a visão de Jeffrey Sachs, por exemplo. A seu ver, uma grande proporção das pessoas mais pobres do mundo e, na verdade, países inteiros estão presos na armadilha da pobreza baseada na saúde. A malária é o seu exemplo preferido: os países em que uma grande parte da população está exposta à malária são muito mais pobres (em média, países como a Costa do Marfim ou a Zâmbia, onde 50% ou mais da população está exposta à malária, têm rendas per capita que são um terço daquelas de países onde hoje ninguém contrai malária).[4] E o fato de serem muito mais pobres faz com que lhes seja mais difícil tomar medidas de prevenção da malária, o que por sua vez os mantém pobres. Mas isso também significa, de acordo com Sachs, que os investimentos em saúde pública voltados para o controle da malária nesses países (como a distribuição de mosquiteiros para manter os mosquitos afastados durante a noite) poderiam ter retornos muito elevados: as pessoas adoeceriam com menos frequência e seriam capazes de trabalhar mais, e os ganhos de renda resultantes cobririam facilmente os custos dessas intervenções e muito mais. Em termos da curva em S do primeiro capítulo, os países africanos onde a malária é endêmica estão presos na parte esquerda da curva, em que sua força de trabalho enfraquecida pela malária é improdutiva demais e, portanto, pobre demais para poder pagar pela erradicação da malária. Mas se alguém lhes fizesse o favor de financiar a erradicação da malária, eles acabariam no lado certo da curva, no caminho da prosperidade. O mesmo argumento poderia ser apresentado em relação a outras doenças que prevalecem nos países pobres. Este é o cerne da mensagem otimista do livro de Sachs *O fim da pobreza*.

Os céticos logo apontaram que não está claro se os países infestados pela malária são pobres por causa da malária, como Sachs supõe, ou talvez a incapacidade deles de erradicar a malária seja um indicador do fato de que são mal governados. Se for esta última a razão, então a mera erradicação da malária pode alcançar muito pouco enquanto a governança permanecer fraca.

As evidências sustentam a narrativa dos ativistas ou dos céticos? Estudaram-se as campanhas bem-sucedidas para erradicar a malária em vários países. Cada um desses estudos compara regiões de alta prevalência de malária no país com regiões de baixa prevalência e verifica o que acontece com as crianças nascidas nessas áreas antes e depois da campanha. Todos concluem que os resultados para a vida (como educação ou rendimentos) das crianças nascidas após a campanha em áreas onde a malária era prevalente alcançam os das crianças nascidas em áreas de baixa incidência. Isso sugere fortemente que a erradicação da malária resulta realmente numa redução da pobreza de longo prazo, embora os efeitos não sejam tão grandes quanto os sugeridos por Jeffrey Sachs. Um estudo sobre a erradicação da malária no sul dos Estados Unidos (que tinha malária até 1951)[5] e em vários países da América Latina[6] sugere que *uma criança que cresceu sem malária ganha 50% mais por ano, durante toda a sua vida adulta*, em comparação com uma criança que contraiu a doença. Resultados qualitativamente semelhantes foram encontrados na Índia,[7] no Paraguai e em Sri Lanka, embora a magnitude do ganho varie de país para país.[8]

Esse resultado sugere que o retorno financeiro do investimento na prevenção da malária pode ser fantasticamente alto. Um mosquiteiro tratado com inseticida de longa duração custa no máximo US$14 PPC no Quênia e dura cerca de cinco anos. Suponha conservadoramente que uma criança queniana que dorme sob um mosquiteiro tratado tem 30% menos risco de ser infectada com malária entre o nascimento e os dois anos de idade, em comparação com uma criança que não goza desse benefício. No Quênia, um adulto ganha em média US$590 PPC por ano. Assim, se a malária reduz de fato os ganhos no Quênia em 50%, um investimento de catorze dólares aumentaria a renda em 295 dólares para os 30% da população que teriam contraído a malária sem o mosquiteiro. O retorno médio é de 88 dólares por ano durante toda a vida profissional adulta da criança — o suficiente para um pai comprar um estoque vitalício de mosquiteiros para todos os seus filhos e ainda sobrar troco.

Há outros exemplos de investimentos em saúde altamente eficazes. O acesso a água potável e saneamento básico é um deles. No geral, em 2008, de acordo com estimativas da OMS e do Unicef, aproximadamente 13% da população mundial não tinha acesso a fontes de água melhoradas (o que significa normalmente uma torneira ou um poço) e cerca de um quarto não tinha acesso a água segura para beber.⁹ E muitas dessas pessoas são os muito pobres. Em nosso conjunto de dados de dezoito países, o acesso à água encanada em casa entre os extremamente pobres rurais variava de menos de 1% (na zona rural do Rajastão e de Uttar Pradesh, na Índia) a 36,4% (na Guatemala). Os números tendem a ser muito melhores para famílias mais ricas, embora variem muito de país para país (de menos de 3,2% em Papua-Nova Guiné a 80% no Brasil, para a classe média rural). Eles são mais elevados nas áreas urbanas, tanto para os pobres quanto para a classe média. Instalações sanitárias decentes são ainda mais raras entre os pobres: 42% da população mundial vive sem banheiro em casa.

A maioria dos especialistas concorda que o acesso a água encanada e a saneamento pode ter um impacto dramático na saúde. Um estudo concluiu que a introdução de água encanada, saneamento melhor e cloração das fontes de água foi responsável por algo em torno de três quartos do declínio da mortalidade infantil entre 1900 e 1946 e por quase metade da redução total da mortalidade no mesmo período.¹⁰ Além disso, episódios repetidos de diarreia durante a infância prejudicam permanentemente o desenvolvimento físico e cognitivo. Estima-se que com a canalização de água não contaminada e clorada para as residências é possível reduzir a diarreia em até 95%.¹¹ A má qualidade da água e poças de água estagnada também são uma causa de outras doenças importantes, entre elas malária, esquistossomose e tracoma,¹² que podem matar crianças ou fazer delas adultos menos produtivos.

No entanto, a crença disseminada é que hoje, a vinte dólares por família por mês, fornecer água encanada e saneamento é caro demais para o orçamento da maioria dos países em desenvolvimento.¹³ A experiência da Gram Vikas, uma ONG que trabalha em Orissa, na Índia, mostra, no entanto, que é possível fazer isso de modo muito mais barato. Seu CEO, Joe Madiath, é um homem com senso de humor autodepreciativo, que comparece à reunião anual dos ricos e poderosos do mundo no Fórum Econômico Mundial em Davos, na Suíça, vestido com roupas de algodão fiado em casa, e que está acostumado a fazer as coisas de maneira diferente.

Sua carreira de ativista começou cedo: ele tinha doze anos quando teve problemas pela primeira vez, por organizar os trabalhadores da fazenda do pai. No início dos anos 1970, foi para Orissa com um grupo de estudantes de esquerda para oferecer ajuda após um ciclone devastador. Depois que o trabalho de socorro imediato acabou, decidiu ficar e ver se conseguia encontrar maneiras mais permanentes de ajudar os pobres aldeões de Oriya. Ele acabou optando por água e saneamento. O que o atraiu para o problema foi que era simultaneamente um desafio diário e uma oportunidade para iniciar uma mudança social de longo prazo. Ele nos explicou que em Orissa, água e saneamento são questões sociais. Madiath insiste que todas as famílias das aldeias em que a Gram Vikas atua devem estar conectadas à mesma rede de água: a água é canalizada para cada uma das casas, que contém um vaso sanitário, uma torneira e um banheiro, todos ligados ao mesmo sistema. Para as famílias de casta alta, isso significa compartilhar água com famílias de casta baixa, o que, para muita gente de Orissa, pareceu inaceitável quando proposto pela primeira vez. A ONG leva um tempo para obter o acordo de toda a aldeia e algumas aldeias às vezes recusam a proposta, mas ela sempre se manteve fiel ao princípio de que só começaria seu trabalho numa aldeia quando todos concordassem em participar. Quando finalmente se alcança um acordo, com frequência é a primeira vez que algumas das famílias da casta superior participam de um projeto que envolva o restante da comunidade.

Depois que uma aldeia concorda em trabalhar com a Gram Vikas, o trabalho de construção começa e continua por um a dois anos. Somente depois que todas as casas receberam sua torneira e banheiro é que o sistema é ligado. Nesse ínterim, a Gram Vikas coleta dados todos os meses sobre quem foi ao centro de saúde para se tratar de malária ou diarreia. Podemos, portanto, observar diretamente o que acontece numa aldeia assim que a água começa a fluir. Os efeitos são notáveis: quase da noite para o dia, e por anos no futuro, o número de casos de diarreia grave cai pela metade, e o número dos casos de malária cai em um terço. O custo mensal do sistema para cada família, incluindo a manutenção, é de 190 rupias, ou US$4 PPC, apenas 20% do que se presume convencionalmente ser o custo desse sistema.

Existem maneiras ainda mais baratas de evitar a diarreia, como adicionar cloro à água. Entre outras tecnologias médicas ou de saúde pública muito baratas com eficácia comprovada estão a sro, a imunização de crianças, vermífugos, amamentação exclusiva até os seis meses e alguns procedimentos pré-natais de rotina, como vacina antitetânica para a futura mãe. Vitamina B contra a cegueira noturna, pílulas de ferro e farinha fortificada com ferro contra a anemia são outros exemplos de soluções fáceis.

A existência dessas tecnologias é a fonte tanto do otimismo quanto da impaciência de Jeffrey Sachs. Segundo ele, existem armadilhas de pobreza baseadas na saúde, mas também existem soluções que podemos dar aos pobres para ajudá-los a escapar dessas armadilhas. Se os pobres não podem pagar essas soluções, o restante do mundo deve ajudá-los. É o que a Gram Vikas faz em Orissa, ajudando a organizar as aldeias e subsidiando o custo dos sistemas de água. Há alguns anos, Joe Madiath nos disse que se sentira obrigado a recusar o financiamento da Fundação Bill e Melinda Gates, pois o responsável pelas doações insistiu que os moradores deveriam pagar pelo custo total do que estavam recebendo (felizmente, a fundação posteriormente mudou sua posição sobre essa questão). Ele argumentou que os aldeões simplesmente não podem pagar 190 rupias por mês, embora seja verdade que os benefícios de saúde potencialmente valem muito mais. A Gram Vikas só pede que eles depositem o suficiente num fundo comunitário, a fim de manter o sistema em bom estado de conservação e ser capaz de adicionar novas famílias à medida que a aldeia cresce. O restante, a ong levanta junto a doadores de todo o mundo. Na opinião de Sachs, é assim que as coisas deveriam ser.

Por que essas tecnologias não são mais usadas?

Milagres subutilizados

Há um problema com a teoria de Sachs de que os pobres estão presos na armadilha da pobreza baseada na saúde e que o dinheiro pode tirá-los dela. Algumas dessas tecnologias são tão baratas que todos, mesmo os mais pobres, deveriam ter condições de comprá-las. A amamentação, por exemplo, não custa nada. E, no entanto, menos de 40% das crianças em todo o mundo são amamentadas exclusivamente por seis meses, como a OMS recomenda.[14] Outro bom exemplo é a água: a água encanada para as casas (combinada com o esgoto) custa 190 rupias por mês, ou 2280 rupias por ano, como vimos, o que em termos de poder de compra é equivalente a cerca de 300 mil kwachas zambianos. É provável que os aldeões pobres da Zâmbia não possam pagar esse tanto. Mas por menos de 2% disso, uma família zambiana de seis pessoas pode comprar água sanitária suficiente para purificar toda a ingestão de água potável durante um ano: uma garrafa de Chlorin (uma marca de cloro distribuída pela PSI) custa oitocentos kwachas (US$0,18 PPC) e dura um mês. Isso pode reduzir a diarreia em crianças pequenas em até 48%.[15] O povo da Zâmbia conhece os benefícios do cloro. Com efeito, quando solicitados a citar algo que limpe a água potável, 98% mencionaram o cloro. Embora a Zâmbia seja um país muito pobre, oitocentos kwachas por uma garrafa que dura um mês não é realmente muito dinheiro — a família média gasta 4800 kwachas (US$1,10 PPC) por semana somente com óleo de cozinha. No entanto, apenas 10% da população usa água sanitária para tratar a água. Em um experimento, quando algumas famílias receberam um voucher de desconto que lhes daria direito a uma garrafa de cloro por setecentos kwachas (US$0,16 PPC), apenas cerca de 50% quiseram comprá-la.[16] Essa fração aumentou acentuadamente quando o preço foi reduzido para trezentos kwachas (US$0,07 PPC), mas, mesmo com esse preço reduzido, um quarto das pessoas não comprou o produto.

A demanda é igualmente baixa por mosquiteiros. No Quênia, Jessica Cohen e Pascaline Dupas criaram uma ONG chamada TAMTAM (Together Against Malaria) para distribuir mosquiteiros gratuitos em clínicas de pré-natal.[17] Em algum momento, a PSI começou a distribuir mosquiteiros subsidiados, mas não gratuitos, nas mesmas clínicas. Cohen e Dupas queriam descobrir se sua organização ainda era necessária. Elas montaram um teste simples: ofereceram mosquiteiros a vários preços em diferentes clínicas, escolhidas ao acaso. O preço variava de gratuito em alguns locais ao preço (ainda subsidiado) cobrado pela PSI em outros. Tal como no caso do Chlorin, elas descobriram que a compra de mosquiteiros era de fato muito sensível ao preço. Quase todo mundo levou um gratuito para casa. Mas a procura por mosquiteiros caiu para muito perto de zero ao preço da PSI (cerca de US$0,75 PPC). Quando Dupas repetiu a experiência em diferentes centros urbanos, mas deu às pessoas tempo para irem em casa e pegar dinheiro (em vez de terem de comprar no ato), mais pessoas compraram ao preço da PSI, mas a demanda ainda aumentou várias vezes quando o preço caiu para perto de zero.[18]

Ainda mais preocupante é o fato relacionado de que a demanda por mosquiteiros, embora muito sensível ao preço, não é muito sensível à renda. Para entrar na parte certa da curva em S e iniciar um círculo virtuoso em que a melhoria da saúde e o aumento da renda se reforçam mutuamente, o aumento da renda de uma pessoa que evita a malária deve ser suficiente para tornar muito provável que seus filhos comprem um mosquiteiro e também evitem a malária. Argumentamos anteriormente que a compra de mosquiteiros para reduzir o risco de pegar malária tem o potencial de aumentar a renda anual em substanciais 15%, em média. No entanto, embora um aumento de 15% na renda seja muito mais do que o custo de um mosquiteiro, as pessoas que são 15% mais ricas têm apenas 5% de probabilidade maior de comprar um mosquiteiro do que outras.[19] Ou seja, longe de garantir que a próxima geração durma sob um mosquiteiro, distribuir mosquiteiros grátis uma vez só aumentaria o número de crianças na próxima geração que dormiriam sob um mosquiteiro de 47% para 52%. Isso não é nem de perto o suficiente para erradicar a malária.

O que a falta de demanda ressalta talvez seja a dificuldade fundamental do problema da saúde: existem soluções para se sair da armadilha da pobreza, mas elas nem sempre estão no lugar certo, e as pessoas parecem não saber como utilizá-las ou mesmo se querem fazer isso.

O desejo por uma saúde melhor

Uma vez que não parecem estar dispostos a sacrificar muito dinheiro ou tempo para obter água limpa, mosquiteiros ou, por falar nisso, vermífugos ou farinha fortificada, apesar de seus benefícios potencialmente grandes para a saúde, isso significa que os pobres não se importam com a saúde? Há indícios que sugerem o oposto. Quando perguntados sobre se houve um período de um mês no passado recente em que se sentiram "preocupados, tensos ou ansiosos", cerca de um quarto dos pobres, tanto na área rural de Udaipur quanto na área urbana da África do Sul, respondeu afirmativamente.[20] Isso é muito mais do que vemos nos Estados Unidos. E a fonte mais frequente desse estresse (44% das vezes em Udaipur) é a saúde própria ou a de parentes próximos. Em muitos dos países de nosso conjunto de dados de dezoito países, os pobres gastam uma quantia considerável de seu próprio dinheiro em cuidados de saúde. A média das famílias extremamente pobres gasta até 6% de seu orçamento mensal com saúde na Índia rural, e de 3% a 5% no Paquistão, Panamá e na Nicarágua. Na maioria dos países, mais de um quarto das famílias havia feito pelo menos uma visita a um profissional da saúde no mês anterior. Os pobres também gastam grandes quantias de dinheiro em eventos únicos de saúde: entre as famílias pobres em Udaipur, 8% das famílias registraram gastos totais com saúde de mais de 5 mil rupias (US$228 PPC) no mês anterior, dez vezes o orçamento mensal per capita da família média, e algumas famílias (os que gastam mais 1%) gastam até 26 vezes o orçamento mensal médio per capita. Quando confrontadas com um sério problema de saúde, as famílias pobres cortam gastos, vendem ativos ou pedem empréstimos, como Ibu Emptat, muitas vezes a taxas muito altas: em Udaipur, um terço das famílias que entrevistamos estava pagando um empréstimo contraído para pagar cuidados de saúde. Uma proporção substancial desses empréstimos vem de agiotas, a taxas que podem ser muito altas: a taxa de juros padrão é de 3% ao mês (42% ao ano).

Dinheiro por nada

A questão, portanto, não é quanto os pobres gastam com saúde, mas em que esse dinheiro é gasto, que muitas vezes é em curas caras, em vez de prevenção barata. Para tornar os cuidados de saúde menos caros, muitos países em desenvolvimento têm oficialmente um sistema de triagem para garantir que serviços curativos básicos (geralmente gratuitos) estejam disponíveis para os pobres relativamente perto de suas casas. O centro mais próximo normalmente não tem médico, mas o funcionário é treinado para tratar doenças simples e detectar as mais graves, caso em que o paciente é encaminhado para o nível seguinte. Existem países onde esse sistema está sob forte pressão por falta de mão de obra, mas em muitos outros, como a Índia, as instalações existem e as vagas são preenchidas. Mesmo no distrito de Udaipur, que é particularmente remoto e escassamente povoado, uma família precisa andar apenas um quilômetro e meio para encontrar um subcentro com uma enfermeira treinada. No entanto, coletamos dados que sugerem que esse sistema não está funcionando. A maioria dos pobres evita o sistema público de saúde gratuito. O adulto médio que entrevistamos numa família extremamente pobre consultava um provedor de saúde uma vez a cada dois meses. Dessas visitas, menos de um quarto foi a instituições públicas.[21] Mais da metade foi a instituições privadas. O restante foi a *bhopas* — curandeiros tradicionais que basicamente oferecem exorcismo de espíritos malignos.

Os pobres de Udaipur parecem escolher o plano duplamente caro: cura, em vez de prevenção, e cura com médicos particulares, em vez de enfermeiras e médicos formados que o governo fornece gratuitamente. Isso poderia fazer sentido se os médicos particulares fossem mais qualificados, mas não parece ser o caso: pouco mais da metade dos "médicos" particulares tem diploma de faculdade de medicina (isso inclui diplomas não convencionais como o BAMS [Bacharelado em Ciências Médicas Ayurvédicas] e o BUMS [Bacharel em Ciências Médicas Unani]), e um terço não tem educação universitária alguma. Quando olhamos para as pessoas que "ajudam o médico", a maioria das quais também atende pacientes, o quadro torna-se ainda mais sombrio: dois terços não têm qualquer qualificação formal em medicina.[22]

No jargão local, médicos não qualificados como esses são chamados de "médicos bengalis", porque uma das primeiras faculdades de medicina da Índia ficava em Bengala, e médicos de Bengala se espalhavam pelo norte da Índia em busca de lugares para praticar a medicina. Essa tradição ainda existe: indivíduos continuam a aparecer nos vilarejos com pouco mais do que um estetoscópio e uma mala de medicamentos comuns e se estabelecem como médicos bengalis, independentemente de serem bengalis ou não. Entrevistamos um deles, que explicou como se tornou médico: "Me formei no ensino médio e não consegui encontrar um emprego; foi quando decidi me estabelecer como médico". Ele nos mostrou muito gentilmente seu diploma do ensino médio. Suas qualificações eram em geografia, psicologia e sânscrito, a antiga língua indiana. Os médicos bengalis não são apenas um fenômeno rural. Um estudo descobriu que nas favelas de Delhi somente 34% dos "médicos" tinham um diploma formal de medicina.[23]

Não ter um diploma não é necessariamente sinônimo de incompetência: esses médicos poderiam muito bem ter aprendido a tratar casos fáceis e a encaminhar o restante para um hospital de verdade. Outro dos médicos bengalis com quem conversamos (que era realmente de Bengala) deixou muito claro que conhecia seus limites; ele distribuía paracetamol (como o Tylenol) e antimaláricos, talvez alguns antibióticos, quando parecia que a doença responderia a eles. Mas se o caso parecia difícil, ele encaminhava os pacientes para o Centro Básico de Saúde ou para um hospital privado.

Porém, esse tipo de autoconsciência infelizmente não é universal. Na área urbana de Delhi, os economistas do Banco Mundial Jishnu Das e Jeff Hammer resolveram descobrir o que os médicos realmente sabem.[24] Eles começaram com uma amostra de médicos de todos os tipos (públicos e privados, qualificados e não qualificados) e apresentaram a cada um deles cinco situações hipotéticas relacionadas à saúde. Por exemplo, uma criança paciente chega com sintomas de diarreia: a prática médica recomendada é que o médico faça primeiro perguntas suficientes para descobrir se a criança está com febre alta ou vômitos e, se a resposta for negativa, excluindo problemas mais graves, prescrever então SRO. Em outra situação, uma mulher grávida chega com os sintomas visíveis de pré-eclâmpsia, um problema potencialmente fatal que requer encaminhamento imediato para um hospital. As respostas dos médicos e as perguntas que eles escolheram fazer foram comparadas com as perguntas e respostas "ideais" para formar um índice da competência de cada médico. A competência média da amostra foi notavelmente baixa. Mesmo os melhores médicos (os vinte primeiros entre cem) fizeram menos da metade das perguntas que deveriam ter feito, e os piores (os vinte últimos) fizeram apenas um sexto dessas perguntas. Além disso, a grande maioria desses médicos teria recomendado uma linha de ação que, com base na avaliação de um painel de médicos especialistas, tinha mais probabilidade de fazer mal do que bem. Os médicos particulares não qualificados eram de longe os piores, especialmente aqueles que trabalhavam em bairros pobres. Os melhores eram os médicos particulares qualificados. Os médicos públicos estavam em algum lugar no meio.

Havia também um padrão claro nos erros: os médicos tendiam a subdiagnosticar e medicar demais. Em nossa pesquisa de saúde em Udaipur, descobrimos que um paciente recebia uma injeção em 66% das visitas a instituições privadas e um medicamento intravenoso em 12% das visitas. Em apenas 3% das visitas realizam-se exames. A forma usual de tratamento para diarreia, febre ou vômito é prescrever antibióticos ou esteroides, ou ambos, geralmente injetados.[25]

Isso não só é desnecessário na maioria dos casos como potencialmente perigoso. Primeiro, há a questão da esterilização das agulhas. Alguns amigos nossos dirigiam uma escola primária num pequeno vilarejo nos arredores de Delhi, onde havia um médico de credenciais desconhecidas, mas com prática florescente. Do lado de fora de seu dispensário, havia um enorme tambor que estava sempre cheio de água, com uma pequena torneira ligada a ele. Depois que cada paciente ia embora, o médico saía e fazia um espalhafato ao lavar a agulha com água do tambor. Essa era sua forma de sinalizar que estava sendo cuidadoso. Não sabemos se ele realmente infectou alguém com sua seringa, mas os médicos em Udaipur falam de um determinado médico que infectou uma aldeia inteira com hepatite B ao reutilizar a mesma agulha não esterilizada.

O uso indevido de antibióticos aumenta a probabilidade do surgimento de cepas de bactérias resistentes a medicamentos.[26] Isso é particularmente verdadeiro se, como muitos desses médicos costumam fazer para economizar dinheiro aos pacientes, o tratamento recomendado é mais curto do que o considerado padrão. Em todo o mundo em desenvolvimento, estamos vendo um aumento da resistência aos antibióticos. Da mesma forma, a dosagem incorreta e a baixa adesão do paciente explicam o surgimento, em vários países africanos, de cepas de parasitas da malária que são resistentes aos medicamentos convencionais, o que tem os ingredientes de um desastre de saúde pública.[27] No caso dos esteroides, os danos do uso excessivo são ainda mais insidiosos. Qualquer pesquisador com quarenta anos ou mais que tenha estudado os pobres em países como a Índia pode se lembrar de uma ocasião em que ficou surpreso ao descobrir que alguém que pensava ser muito mais velho do que ele era, na verdade, significativamente mais jovem. O envelhecimento prematuro pode resultar de muitas causas, mas o uso de esteroides é definitivamente uma delas — e os indivíduos afetados não só parecem mais velhos como também morrem mais cedo. Mas como o efeito imediato do medicamento é fazer o paciente se sentir melhor rapidamente e não o informam sobre o que pode acontecer depois, ele vai para casa feliz.

O que está acontecendo? Por que os pobres às vezes rejeitam o saneamento básico barato — a maneira fácil e barata de melhorar drasticamente a saúde das pessoas — em favor de gastar muito dinheiro em coisas que não ajudam e podem, na verdade, causar danos?

Os governos são os culpados?

Uma parte da resposta é que muitos dos ganhos baratos estão na prevenção, e a prevenção tem sido tradicionalmente a área em que o governo é o principal ator. O problema é que os governos têm uma maneira de tornar as coisas fáceis mais difíceis do que deveriam ser. As altas taxas de absentismo e a baixa motivação entre os provedores de saúde pública são certamente duas das razões pelas quais não vemos uma maior prestação de cuidados preventivos.

Os centros de saúde pública com frequência estão fechados quando deveriam estar abertos. Na Índia, os postos de saúde deveriam funcionar seis dias por semana, seis horas por dia. Mas em Udaipur, visitamos mais de cem deles uma vez por semana em algum horário aleatório durante o horário de trabalho por um ano. Descobrimos que estavam fechados 56% das vezes. E em apenas 12% dos casos isso ocorreu porque a enfermeira estava de plantão em outro lugar perto do posto. O resto do tempo ela estava simplesmente ausente. Essa taxa de ausência é semelhante em outros lugares. Em 2002-3, o Banco Mundial realizou uma Pesquisa Mundial de Absentismo em Bangladesh, no Equador, na Índia, na Indonésia, no Peru e em Uganda e descobriu que a taxa média de absentismo de trabalhadores da saúde (médicos e enfermeiras) era de 35% (43% na Índia).[28] Em Udaipur, descobrimos que essas ausências também são imprevisíveis, o que torna ainda mais difícil para os pobres depender dessas instalações. As instituições privadas oferecem a garantia de que o médico estará presente. Se ele não estiver, não será pago, enquanto o funcionário do governo ausente receberá seu salário normalmente.

Além disso, mesmo quando estão presentes, médicos e enfermeiras do governo não tratam seus pacientes muito bem. Trabalhando com o mesmo grupo de médicos que respondeu às perguntas das situações hipotéticas, um membro da equipe de pesquisa de Das e Hammer sentou-se com cada provedor durante um dia inteiro. Para cada paciente, o pesquisador registrava detalhes sobre a visita, como o número de perguntas que o médico fazia sobre o histórico do problema, os exames realizados, os medicamentos prescritos ou dados e (para o setor privado) os preços cobrados. A sensação geral que temos diante desse estudo sobre a saúde na Índia, tanto pública quanto privada, é assustadora. Das e Hammer a descrevem como a regra 3-3-3: a interação média dura *três minutos*; o provedor faz *três perguntas* e ocasionalmente realiza alguns exames. O paciente recebe, então, *três medicamentos* (em geral, os provedores dão os medicamentos diretamente em vez de prescrever receitas). Os encaminhamentos são raros (menos de 7% das vezes); os pacientes recebem instruções apenas cerca de metade das vezes e apenas cerca de um terço dos médicos oferece qualquer orientação sobre acompanhamento. Como se isso não bastasse, as coisas são muito piores no setor público do que no privado. Os provedores públicos gastam em média cerca de dois minutos por paciente. Eles fazem menos perguntas e, na maioria dos casos, nem tocam no paciente. Em geral, apenas pedem ao paciente um diagnóstico e, em seguida, tratam o autodiagnóstico do paciente. Descobertas semelhantes foram feitas em vários países.[29]

Portanto, a resposta talvez seja relativamente simples: as pessoas evitam o sistema público de saúde porque ele não funciona bem. Isso também pode explicar por que outros serviços fornecidos pelo governo, como imunizações e exames pré-natais para futuras mães, são subutilizados.

Mas sabemos que não pode ser só isso. Os mosquiteiros não são distribuídos exclusivamente pelo governo; nem o cloro para purificar a água. E mesmo quando enfermeiras públicas comparecem ao trabalho, o número de pacientes que exigem seus serviços não aumenta. Houve um período de cerca de seis meses em que um esforço colaborativo entre a Seva Mandir, uma ONG local, e as autoridades distritais foi eficaz em reduzir drasticamente o absentismo — a probabilidade de encontrar alguém no centro de saúde subiu de 40% para mais de 60%. Mas isso não teve nenhum efeito sobre o número de pacientes que compareceram aos postos de saúde.[30]

Em outra iniciativa da Seva Mandir, organizaram-se acampamentos mensais de imunização no mesmo conjunto de vilarejos. Era uma reação às taxas de imunização abissalmente baixas na região: antes do envolvimento da ONG, menos de 5% das crianças recebiam o pacote básico de vacinas (conforme definido pela OMS e o Unicef). Dados o amplo consenso de que a imunização salva vidas (estima-se que 2 a 3 milhões de pessoas morrem de doenças evitáveis por vacinação a cada ano) e o baixo custo (para os moradores, é grátis), isso parece algo que seria uma prioridade para todos os pais. Considerava-se que as baixas taxas de imunização se deviam à negligência das enfermeiras. As mães simplesmente se cansavam de caminhar até o posto de saúde com uma criança pequena e não encontrar a enfermeira.

Para resolver o problema, em 2003, a Seva Mandir decidiu abrir os seus próprios acampamentos, amplamente divulgados, realizados todos os meses na mesma data e que, como confirmam os nossos dados, ocorreram com uma regularidade impecável. Isso levou a um certo aumento na taxa de imunização: nas aldeias do acampamento, em média 77% das crianças receberam pelo menos uma vacina. Mas o problema estava em dar prosseguimento ao calendário de vacinação. No geral, em um conjunto de aldeias de controle, as taxas de imunização total aumentaram dos 6% para 17%, nas aldeias do acampamento. Mas mesmo com serviços de imunização gratuitos de alta qualidade fornecidos por particulares, disponíveis na porta dos pais, oito em cada dez crianças permaneceram sem imunização completa.

Devemos, portanto, aceitar a possibilidade de que as pessoas não vão aos centros de saúde pública também porque, em parte, não estão particularmente interessadas em receber os serviços que eles oferecem, inclusive vacinas. Por que as pessoas pobres demandam tantos cuidados (ruins) de saúde, mas mostram tanta indiferença em relação a serviços preventivos e, de modo geral, a todos os ganhos maravilhosos e baratos que a profissão médica inventou para elas?

Compreendendo o comportamento de busca de atendimento médico

Gratuito significa sem valor?

Será que as pessoas não aproveitam as vantagens de tecnologias preventivas baratas para melhorar sua saúde justamente porque as tecnologias baratas são baratas?

Isso não é tão implausível quanto pode parecer. A pura racionalidade econômica convencional dita que o custo, uma vez pago ou "incorrido", não deve ter nenhum efeito sobre o uso, mas muitos afirmam que, como costuma ser o caso, a racionalidade econômica se engana. Na verdade, há um efeito de "custo irrecuperável psicológico" — as pessoas são mais propensas a fazer uso de algo pelo qual pagaram muito. Além disso, elas podem julgar a qualidade pelo preço: as coisas podem ser consideradas sem valor precisamente porque são baratas.

Todas essas possibilidades são importantes porque a saúde é um lugar em que até mesmo os economistas do livre mercado tradicionalmente apoiam subsídios e, em consequência, a maioria desses ganhos baratos é disponibilizada a preços abaixo do mercado. A lógica é simples: um mosquiteiro protege não apenas a criança que dorme embaixo dele, mas também as outras crianças que não pegam malária dessa criança. Uma enfermeira que trata diarreia com SRO em vez de com antibióticos evita a disseminação da resistência ao medicamento. A criança imunizada que não pega caxumba também ajuda a proteger seus colegas de classe. Se baratear essas tecnologias garante que mais pessoas as usem, todos os outros vão ganhar também.

Por outro lado, se as pessoas estão sujeitas a um efeito de custo irrecuperável, por exemplo, esses subsídios podem sair pela culatra — o uso será baixo *porque* o preço é muito baixo. Em *The White Man's Burden*,[31] William Easterly parece sugerir que é isso que está acontecendo. Ele cita exemplos de mosquiteiros subsidiados usados como véu de noiva. Outros falam sobre o uso de vasos sanitários como vasos de flores ou, de forma mais gráfica, de preservativos sendo usados como balões.

No entanto, temos agora uma série de experimentos cuidadosos que sugerem que esses relatos específicos são exagerados. Vários estudos que testaram se as pessoas usam menos as coisas porque as obtiveram de graça não encontraram provas disso. Lembremos dos experimentos da TAMTAM, de Cohen e Dupas, que descobriram que as pessoas são muito mais propensas a comprar mosquiteiros quando são muito baratos ou gratuitos. Esses mosquiteiros subsidiados são realmente usados? Para descobrir isso, algumas semanas após o experimento inicial, a TAMTAM enviou agentes de campo às casas das pessoas que haviam comprado mosquiteiros pelos vários preços subsidiados. Eles descobriram que entre 60% e 70% das mulheres que os adquiriram estavam de fato usando o artefato. Em outro experimento, o uso aumentou com o tempo para cerca de 90%. Além disso, não encontraram diferenças nas taxas de uso entre aqueles que pagaram por eles e aqueles que não pagaram. Os mesmos tipos de resultados, que excluem a possibilidade de subsídios serem os culpados pelo baixo uso, foram encontrados depois em outros ambientes.

Mas se os subsídios não são a causa, então o que é?

Fé?

Abhijit cresceu numa família que vinha de duas partes diferentes da Índia. Sua mãe era de Mumbai, e em sua família nenhuma refeição poderia ser considerada completa sem os pães ázimos chamados *chapatis* e *bhakris*, feitos de trigo e milheto. Seu pai era de Bengala, onde as pessoas comem arroz com quase todas as refeições. As duas regiões também têm ideias muito diferentes sobre como tratar febre. Toda mãe maharashtriana sabe que arroz ajuda na recuperação rápida. Em Bengala, por outro lado, arroz é proibido: quando um bengali quer dizer que alguém se recuperou de uma febre, ele diz que "hoje lhe foi permitido comer arroz". Quando um confuso Abhijit de seis anos perguntou a sua tia bengali sobre essa aparente contradição, ela disse que tinha a ver com fé.

A fé, ou para usar os equivalentes mais seculares, uma combinação de crenças e teorias, é claramente uma parte muito importante de como todos nós utilizamos o sistema de saúde. De que outra forma sabemos que o medicamento que nos foi prescrito vai fazer a erupção melhorar e que não devemos aplicar sanguessugas em vez disso? Com toda a probabilidade, nenhum de nós observou um ensaio clínico randomizado em que algumas pessoas com, digamos, pneumonia foram tratadas com antibióticos e outras com sanguessugas. Com efeito, não temos nenhuma prova direta de que esse teste tenha ocorrido. O que nos tranquiliza é a crença na forma como os medicamentos são certificados pela Food and Drug Administration (FDA) ou entidade equivalente. Sentimos — às vezes erroneamente, tendo em vista os incentivos financeiros para manipular testes médicos — que um antibiótico não estaria no mercado se não tivesse passado por algum tipo de teste confiável; confiamos na FDA para garantir que o antibiótico seja seguro e eficaz.

A questão não é sugerir que nossa decisão de confiar nas receitas médicas esteja errada, mas sim sublinhar o fato de que muitas crenças e teorias para as quais temos pouca ou nenhuma prova direta contribuem para essa confiança. Sempre que essa confiança se desgasta por algum motivo nos países ricos, testemunhamos reações contra as melhores práticas convencionalmente aceitas. Apesar da garantia contínua de painéis médicos de alta competência de que as vacinas são seguras, há várias pessoas nos Estados Unidos e no Reino Unido, por exemplo, que se recusam a imunizar os filhos contra sarampo por causa de uma suposta ligação com o autismo. O número de casos de sarampo está crescendo nos Estados Unidos, embora esteja diminuindo no resto do mundo.[32] Pensemos nas circunstâncias da média dos cidadãos de um país pobre. Se as pessoas no Ocidente, com todas as informações dos melhores cientistas do mundo à sua disposição, acham difícil basear suas escolhas em provas concretas, quão difícil deve ser para os pobres, que têm muito menos acesso à informação? As pessoas fazem suas escolhas com base no que faz sentido para elas, mas como a maioria delas não estudou biologia básica no ensino médio e não tem motivo, como vimos, para confiar na competência e profissionalismo de seus médicos, sua decisão é essencialmente um tiro no escuro.

Por exemplo, em muitos países, os pobres parecem ter a teoria de que é importante que o medicamento seja administrado diretamente no sangue — é por isso que querem os injetáveis. Para rejeitar essa teoria (plausível), precisa-se saber alguma coisa sobre a maneira como o corpo absorve nutrientes pelo trato digestivo e algo sobre por que a esterilização adequada de agulhas requer altas temperaturas. Em outras palavras, precisa-se pelo menos de biologia do ensino médio.

Para piorar as coisas, aprender sobre cuidados de saúde é inerentemente difícil não só para os pobres, mas para todos.[33] Se os pacientes estão de alguma forma convencidos de que precisam de injeções para melhorar, há pouca chance de aprenderem que estão errados. Como a maioria das doenças que levam a visitas ao médico é autolimitada (ou seja, desaparecerão de qualquer maneira), há uma boa chance de que os pacientes se sintam melhor após uma injeção única de antibióticos. Isso naturalmente encoraja associações causais espúrias: mesmo que os antibióticos não tenham feito nada para curar a doença, é normal atribuir qualquer melhora a eles. Por outro lado, não é natural atribuir força causal à inação: se uma pessoa com gripe vai ao médico e ele não faz nada, e depois o paciente se sente melhor, ela inferirá corretamente que o médico não foi responsável pela cura. E em vez de agradecer ao médico por seu tempo, o paciente ficará tentado a pensar que teve sorte que tudo tenha dado certo dessa vez, mas que deve consultar um médico diferente para problemas futuros. Essa reação cria uma tendência natural à medicação excessiva num mercado privado e não regulamentado. Isso se agrava pelo fato de que, em muitos casos, quem prescreve e quem fornece os remédios são a mesma pessoa, seja porque as pessoas recorrem ao farmacêutico em busca de orientação médica, seja porque médicos particulares também estocam e vendem remédios.

É provável que seja ainda mais difícil aprender com a experiência a respeito de imunização, porque ela não resolve um problema existente, mas, em vez disso, protege contra possíveis problemas futuros. Quando uma criança é vacinada contra sarampo, ela não pega sarampo. Mas nem todas as crianças que não são imunizadas contraem sarampo (especialmente se outras pessoas ao seu redor, que são a fonte potencial de infecção, forem vacinadas), por isso é muito difícil estabelecer uma relação clara entre a imunização e a ausência de doença. Além disso, a imunização apenas previne algumas doenças — existem muitas outras —, e os pais sem instrução não entendem necessariamente contra o quê seu filho deve ser protegido. Assim, quando a criança adoece, apesar de ter sido vacinada, os pais se sentem enganados e provavelmente decidem não repetir a vacinação. Eles também podem não entender por que são necessárias todas as diferentes injeções do regime básico de imunização; depois de duas ou três injeções, os pais podem achar que já fizeram o necessário. É muito fácil ter crenças enganosas sobre o que pode funcionar na saúde.

Crenças fracas e a necessidade de esperança

Existe potencialmente outra razão pela qual os pobres podem se apegar a crenças que talvez pareçam indefensáveis: quando há pouco mais que eles possam fazer, a esperança se torna essencial. Um dos médicos bengalis com quem falamos explicou o papel que desempenha na vida dos pobres da seguinte maneira: "Os pobres não podem pagar para receber tratamento para coisas mais graves, porque isso envolve coisas caras, como exames e hospitalização, e é por isso que eles me procuram com suas pequenas doenças, e dou-lhes alguns pequenos remédios que os fazem se sentir melhor". Em outras palavras, é importante continuar fazendo algo em relação à sua saúde, mesmo que você saiba que não está fazendo nada a respeito do grande problema.

Na verdade, os pobres têm muito menos probabilidade de ir ao médico por doenças potencialmente fatais, como dores no peito e sangue na urina, do que por febre e diarreia. Os pobres de Delhi gastam tanto com doenças de curta duração quanto os ricos, mas os ricos gastam muito mais com doenças crônicas.[34] Portanto, a razão de as dores no peito serem um candidato natural a ser uma doença *bhopa* (uma mulher mais velha nos explicou certa vez os conceitos duplos de doenças *bhopa* e doenças médicas — doenças *bhopa* são causadas por fantasmas, insistiu ela, e precisam ser tratadas por curandeiros tradicionais), assim como os derrames, é precisamente porque a maioria das pessoas não pode pagar por tratamento médico.

É provavelmente pela mesma razão que, no Quênia, curandeiros e pregadores tradicionais têm sido particularmente procurados para curar HIV/aids (seus serviços são orgulhosamente anunciados em outdoors pintados à mão em todas as cidades). Não havia muito que os médicos alopatas pudessem fazer (pelo menos até que os antirretrovirais se tornassem mais acessíveis), então por que não tentar as ervas e os feitiços do curandeiro tradicional? Eram baratos e, no mínimo, davam ao paciente a sensação de estar fazendo alguma coisa. E como os sintomas e as infecções oportunistas vêm e vão, é possível acreditar, pelo menos por um tempo, que eles surtem efeito.

Essa tentativa de agarrar-se a alguma coisa não é específica dos países pobres. É o que também os poucos privilegiados nos países pobres e os cidadãos do Primeiro Mundo fazem quando enfrentam um problema que não sabem como remediar. Nos Estados Unidos, depressão e dores nas costas são dois males mal compreendidos e debilitantes. É por isso que os americanos se alternam constantemente entre psiquiatras e curandeiros espirituais, ou aulas de ioga e quiropráticos. Como os dois problemas vêm e vão, os sofredores passam por ciclos de esperança e decepção, cada vez querendo acreditar por um momento, pelo menos, que a nova cura deve estar funcionando.

As CRENÇAS QUE SÃO MANTIDAS por conveniência e conforto podem ser mais flexíveis do que crenças que são mantidas com base numa convicção verdadeira. Vimos sinais disso em Udaipur. As pessoas que em sua maioria vão ao *bhopa* também vão ao médico bengali e ao hospital do governo e não parecem parar para pensar no fato de que essas instâncias representam dois sistemas de crenças inteiramente diferentes e mutuamente inconsistentes. Eles falam sobre doenças *bhopa* e doenças médicas, mas quando uma doença persiste, eles parecem não insistir nessa distinção e estão dispostos a usar ambas.

A questão do que as crenças significam para as pessoas surgiu muito quando a Seva Mandir estava pensando no que poderia fazer para melhorar a imunização, depois de descobrir que mesmo seu sistema de acampamentos mensais bem administrados deixava quatro quintos das crianças não totalmente imunizadas. Alguns especialistas locais argumentaram que o problema estava enraizado no sistema de crenças das pessoas. Eles alegavam que a imunização não tinha lugar no sistema de crenças tradicional — na zona rural de Udaipur, entre outros lugares, a crença tradicional diz que as crianças morrem porque pegam mau-olhado, e a maneira de atrair o mau-olhado é ser exibida em público. É por isso que os pais não levam seus filhos para fora de casa no primeiro ano de vida. Diante disso, argumentaram os especialistas céticos, seria extremamente difícil convencer os aldeões a imunizar seus filhos sem primeiro mudar suas crenças.

Apesar dessas opiniões fortes, quando a Seva Mandir montou campos de imunização em Udaipur, conseguimos convencer a CEO da ONG, Neelima Khetan, a fazer uma experiência-piloto: oferecer um quilo de *dal* (grãos secos de leguminosas, um alimento básico da região) por cada imunização e um conjunto de pratos de aço inoxidável para quem completasse todas as doses da vacinação. De início, o médico responsável pelo programa de saúde da Seva Mandir relutou bastante em experimentar isso. De um lado, parecia errado subornar as pessoas para fazerem a coisa certa. Elas deveriam aprender por si próprias o que é bom para sua saúde. Por outro lado, o incentivo que propusemos parecia fraco demais. Se as pessoas não vacinam seus filhos, tendo em vista os enormes benefícios de fazê-lo, então elas devem ter um forte motivo para isso. Se acreditassem, por exemplo, que sair com seus filhos causaria danos, um quilo de *dal* (que custa apenas quarenta rupias, ou US$1,83 PPC, menos da metade do salário diário ganho por trabalhar numa obra pública) não iria persuadi-las. Mas já conhecíamos o pessoal da Seva Mandir havia tempo suficiente para persuadi-los de que ainda assim era uma ideia que valia a pena experimentar em pequena escala, e trinta acampamentos com incentivos foram estabelecidos. Foi um sucesso estrondoso. A taxa de imunização na aldeia onde os acampamentos foram montados aumentou sete vezes, para 38%. Em todas as aldeias vizinhas, num raio de dez quilômetros, ela também foi muito mais alta. A Seva Mandir descobriu que oferecer o *dal* paradoxalmente reduzia o custo por imunização ao aumentar a eficiência, porque a enfermeira, cujo tempo já estava pago, se mantinha ocupada.[35]

O programa de imunização da Seva Mandir é um dos mais impressionantes que já avaliamos e provavelmente aquele que mais salvou vidas. Estamos, portanto, trabalhando, com a Seva Mandir e outras ONGs para estimular a replicação dessa experiência em outros contextos. Curiosamente, estamos encontrando alguma resistência. Os médicos apontam que 38% estão longe dos 80% ou 90% necessários para alcançar a "imunidade de rebanho", a taxa na qual uma comunidade inteira está totalmente protegida; o alvo da OMS é de 90% de cobertura nacional para a imunização básica e de 80% em cada subunidade. Para alguns membros da comunidade médica, se a proteção total para a comunidade não for alcançada, não há razão para subsidiar algumas famílias para que façam o que deveriam estar fazendo de qualquer forma para o seu próprio bem. Embora fosse certamente excelente conseguir uma cobertura completa, esse argumento de "tudo ou nada" é apenas superficialmente sensato: mesmo que imunizar meu próprio filho não contribua para erradicar a doença, a vacina ainda protege não só o meu filho, mas também outras pessoas ao seu redor.[36] Portanto, ainda há um enorme benefício social em aumentar de 6% para 38% as taxas de imunização total contra doenças básicas.

No fim das contas, a desconfiança nos incentivos para a imunização se reduz a um artigo de fé tanto para os que estão à direita quanto para os que estão à esquerda do espectro político dominante: não tente subornar as pessoas para fazerem coisas que *você* acha que elas deveriam fazer. Para a direita, porque será um desperdício; para a esquerda convencional, que inclui grande parte da comunidade de saúde pública e o bom médico da Seva Mandir, porque degrada tanto o que é dado quanto a pessoa que o recebe. Em vez disso, deveríamos nos concentrar em tentar convencer os pobres dos benefícios da imunização.

Achamos que essas duas visões são maneiras um tanto equivocadas de pensar sobre esse e outros problemas semelhantes, por duas razões. Em primeiro lugar, o que os experimentos de um quilo de *dal* demonstram é que, pelo menos em Udaipur, os pobres podem parecer acreditar em todos os tipos de coisas, mas não há muita convicção por trás de muitas dessas crenças. Eles não temem tanto o mau-olhado a ponto de recusarem o *dal*. Isso deve significar que sabem realmente que não estão em posição de ter uma base sólida para avaliar os custos e os benefícios das vacinas. Quando realmente sabem o que querem — casar a filha com alguém da casta ou religião certa, para usar um exemplo infeliz, mas importante —, eles não são nada fáceis de subornar. Portanto, embora algumas crenças que os pobres têm sejam, sem dúvida, muito fortes, é um erro considerar que sempre é assim.

Há uma segunda razão pela qual isso está errado. Tanto a direita quanto a esquerda parecem supor que a ação segue a intenção: que se as pessoas estivessem convencidas do valor da imunização, as crianças seriam vacinadas. Isso nem sempre é verdade e as implicações são de longo prazo.

Resoluções de Ano-Novo

Um sinal óbvio de que a resistência à imunização não é muito profunda é que 77% das crianças receberam a primeira vacina nas aldeias onde os acampamentos não ofereciam *dal*. As pessoas parecem estar dispostas a iniciar o processo de imunização, mesmo sem quaisquer incentivos. O problema é fazê-las completá-lo. É também por isso que a taxa de imunização total não vai além de 38% — os incentivos fazem as pessoas virem mais algumas vezes, mas não o suficiente para tomar as cinco doses completas, apesar dos pratos de aço inoxidável gratuitos que as esperam se concluírem a vacinação.

Parece que isso pode ter muito a ver com o motivo de, ano após ano, termos dificuldade em cumprir nossa resolução de Ano-Novo de ir à academia regularmente, apesar de sabermos que isso pode nos salvar de um ataque cardíaco no futuro. Pesquisas de psicologia aplicadas recentemente a uma série de fenômenos econômicos mostram que pensamos sobre o presente de forma muito diferente da maneira como pensamos sobre o futuro (uma noção conhecida como "inconsistência de tempo").[37] No presente, somos impulsivos, governados em grande parte por emoções e desejos imediatos: pequenas perdas de tempo (ficar na fila para vacinar a criança) ou pequenos desconfortos (glúteos que precisam ser levantados) que precisam ser suportados de imediato parecem muito mais desagradáveis no momento do que quando pensamos neles sem um senso de imediatismo (digamos, depois de uma refeição de Natal que foi pesada o suficiente para se descartar todas as intenções de exercício imediato). O inverso vale evidentemente para pequenas "recompensas" (doces, um cigarro) que realmente desejamos no presente; quando planejamos o futuro, o prazer dessas guloseimas parece menos importante.

Nossa inclinação natural é adiar os pequenos custos, de modo que eles sejam suportados não por nosso eu de hoje, mas por nosso eu de amanhã. Essa é uma ideia que veremos novamente em capítulos futuros. Os pais pobres podem até estar totalmente convencidos dos benefícios da imunização — mas esses benefícios ocorrerão em algum momento no futuro, enquanto o custo é incorrido hoje. Faz sentido, da perspectiva de hoje, esperar pelo amanhã. Infelizmente, quando o amanhã se torna hoje, a mesma lógica se aplica. Da mesma forma, podemos adiar a compra de um mosquiteiro ou de uma garrafa de Chlorin para mais tarde, porque temos um uso melhor para o dinheiro agora (digamos que há alguém fritando deliciosos bolinhos de marisco do outro lado da rua). É fácil ver como isso poderia explicar por que um pequeno custo desestimula o uso de um dispositivo salva-vidas, ou por que pequenos incentivos o encorajam. O quilo de *dal* funciona porque é algo que a mãe recebe hoje, o que a compensa pelo custo que ela suporta para imunizar seu filho (as duas horas gastas levando seu filho para o acampamento ou a febre baixa que a vacina às vezes causa).

Se essa explicação estiver correta, ela sugere um novo argumento para exigir comportamentos de saúde preventivos específicos ou para fornecer incentivos financeiros que vão além do argumento econômico tradicional que já sugerimos: faz sentido para a sociedade subsidiar ou impor comportamentos que têm benefícios para os outros. Multas ou incentivos podem fazer com que os indivíduos realizem alguma ação que eles próprios consideram desejável, mas que adiam perpetuamente. De forma mais geral, a inconsistência de tempo é um forte argumento para tornar o mais fácil possível para as pessoas fazerem a coisa "certa", enquanto, talvez, lhes dê a liberdade de optar por esquivar-se. Em seu best-seller *Nudge: Como tomar melhores decisões sobre saúde, dinheiro e felicidade*, Richard Thaler e Cass Sunstein, um economista e um estudioso de direito da Universidade de Chicago, recomendam uma série de intervenções para fazer exatamente isso.[38] Uma ideia importante é a de opção-padrão: o governo (ou uma ONG bem-intencionada) deve optar pelo que pensa ser o melhor para a maioria das pessoas, de modo que elas tenham de se afastar ativamente dela, caso discordem. Assim, as pessoas têm o direito de escolher o que querem, mas há um pequeno custo para fazer isso e, em consequência, a maioria acaba escolhendo a opção-padrão. Pequenos incentivos, como distribuir *dal* em troca de vacinas, são outra forma de dar um pequeno empurrão nas pessoas, dando-lhes uma razão para agir hoje, em vez de adiar indefinidamente.

O principal desafio é criar "empurrões" adaptados ao ambiente dos países em desenvolvimento. Por exemplo, o principal desafio da cloração de água em casa é que a pessoa deve se lembrar de fazê-lo: a água sanitária deve ser comprada e o número certo de gotas deve ser colocado antes que alguém beba a água. Isso é o que há de tão bom na água encanada — ela já chega com cloro em nossas casas; nem precisamos pensar nisso. Como estimular as pessoas a clorar sua água potável onde não há água encanada? Michael Kremer e seus colegas criaram um método: instalar, próximo ao poço da vila, onde todos vão buscar água, um dispensador de cloro (gratuito), chamado de "um giro", que fornece a quantidade certa de cloro quando se gira um botão. Isso torna a cloração da água o mais fácil possível, e, porque isso leva muitas pessoas a adicionar cloro toda vez que coletam água, é a maneira mais barata de prevenir a diarreia entre todas as intervenções para as quais há evidências de ensaios randomizados.[39]

Tivemos menos sorte (ou, mais provavelmente, fomos menos competentes) quando elaboramos com a Seva Mandir um programa de fortificação de farinha com ferro para lidar com a anemia galopante. Tentamos projetar o programa com uma "opção-padrão" embutida: uma família tinha de decidir uma vez e apenas uma vez se queria participar. A farinha de uma família participante seria então sempre fortificada. Mas, infelizmente, o incentivo dos moleiros (que recebiam uma taxa fixa, independentemente de quanta farinha fortificassem) era começar com a opção-padrão oposta: não fortificar a menos que a família exigisse. Como descobrimos, o pequeno custo de ter de insistir na fortificação era grande o suficiente para desestimular a maioria das pessoas.[40]

Empurrar ou convencer?

Em muitos casos, a inconsistência de tempo é o que nos impede de passar da intenção à ação. No entanto, no caso específico da imunização, é difícil acreditar que essa inconsistência por si só seria suficiente para fazer as pessoas adiarem sempre a decisão se estivessem plenamente cientes de seus benefícios. Para que adiem continuamente a imunização dos filhos, as pessoas precisariam ser constantemente enganadas por si mesmas. Elas não apenas precisam pensar que preferem passar algum tempo indo ao acampamento no mês que vem, em vez de hoje, mas também precisam acreditar que realmente irão no mês que vem. Com certeza, somos um tanto ingênuos e confiantes em nossa própria capacidade de fazer a coisa certa no futuro. Mas se os pais acreditam de fato nos benefícios da imunização, parece improvável que continuem se enganando mês após mês, fingindo que o farão no mês que vem, até que toda a janela de dois anos se esgote e seja tarde demais. Como veremos mais adiante neste livro, os pobres encontram maneiras de se forçar a economizar apesar de si mesmos, o que requer muito pensamento financeiro sofisticado. Se eles realmente acreditassem que a imunização é tão maravilhosa quanto a OMS acredita que seja, provavelmente teriam descoberto uma maneira de superar sua tendência natural de procrastinar. A explicação mais plausível é que eles procrastinam *e* subestimam os benefícios.

Pequenos empurrões podem ser especialmente úteis quando, por qualquer motivo, as famílias têm alguma dúvida sobre os benefícios do que lhes é proposto. Isso faz do cuidado preventivo um candidato duplamente apropriado para tais políticas: os benefícios estão no futuro e, de qualquer modo, é difícil entender exatamente quais são. A boa notícia é que os empurrões também podem ajudar no convencimento, o que pode dar início a um ciclo de feedback positivo. Lembra dos mosquiteiros dados a uma família queniana pobre? Argumentamos anteriormente que, por si só, o ganho de renda do primeiro mosquiteiro não era grande o suficiente para fazer a criança comprar um mosquiteiro para seus próprios filhos. Ainda que o mosquiteiro levasse a um aumento na renda de 15% para uma criança, esse ganho de renda aumentaria sua probabilidade de comprar um mosquiteiro em apenas 5%. No entanto, a história não se resume ao efeito sobre a renda: a família pode observar que, quando usa um mosquiteiro, seus filhos adoecem com menos frequência. Além disso, eles também podem aprender que é mais fácil usar mosquiteiros e menos desagradável dormir sob eles do que haviam pensado inicialmente. Em um experimento, Pascaline Dupas testou essa hipótese fazendo uma segunda tentativa de vender mosquiteiros para as famílias às quais haviam sido oferecidos anteriormente mosquiteiros muito baratos ou gratuitos, bem como para as famílias às quais foram oferecidos mosquiteiros pelo preço total e que, em sua maioria, não os compraram.[41] Ela descobriu que as famílias às quais fora oferecido um mosquiteiro gratuito ou com preço muito reduzido eram mais propensas a comprar um segundo mosquiteiro (embora já tivessem um) do que as famílias que tiveram de pagar o preço integral pelo primeiro. Ademais, ela também descobriu que o conhecimento viaja: amigos e vizinhos daqueles que receberam um mosquiteiro gratuito também tinham maior probabilidade de comprar um para si próprios.

A vista do nosso sofá

Os pobres parecem estar presos aos mesmos tipos de problemas que afligem o restante de nós — entre eles, falta de informação, crenças fracas e procrastinação. É verdade que nós, que não somos pobres, somos um pouco mais instruídos e informados, mas a diferença é pequena porque, no fim das contas, sabemos realmente muito pouco, e quase certamente menos do que imaginamos.

Nossa verdadeira vantagem vem das muitas coisas que damos por certas. Vivemos em casas em que a água limpa é canalizada — não precisamos nos lembrar de acrescentar cloro ao abastecimento de água todas as manhãs. O esgoto vai embora por conta própria — nem sabemos realmente como. Podemos (em geral) confiar que nossos médicos farão o melhor que podem e podemos confiar que o sistema de saúde pública sabe o que devemos e o que não devemos fazer. Não temos escolha senão imunizar nossos filhos — as escolas públicas não os aceitarão se não estiverem vacinados —, e mesmo que, de algum modo, deixemos de imunizá-los, nossos filhos provavelmente estarão protegidos, porque todos os outros estão vacinados. Nossas seguradoras de saúde nos recompensam por frequentarmos a academia, porque temem que não o façamos de outra forma. E talvez o mais importante, a maioria de nós não precisa se preocupar de onde virá nossa próxima refeição. Em outras palavras, raramente precisamos nos valer de nosso dom limitado de autocontrole e determinação, enquanto os pobres são constantemente solicitados a fazê-lo.

Devemos reconhecer que ninguém é sábio, paciente ou instruído o suficiente para ser totalmente responsável por tomar as decisões certas para sua própria saúde. Pela mesma razão que aqueles que moram em países ricos vivem cercados de empurrões invisíveis, o objetivo principal da política de saúde nos países pobres deve ser tornar tão fácil quanto possível para o povo a obtenção de cuidados preventivos, ao mesmo tempo que regulamenta a qualidade do tratamento que as pessoas podem receber. Um lugar óbvio para começar, tendo em vista a alta sensibilidade aos preços, é fornecendo serviços preventivos gratuitamente ou até recompensando as famílias por recebê-los, e fazendo-as receber a opção-padrão natural, quando possível. Dispensadores de cloro gratuitos devem ser colocados perto das fontes de água; os pais devem ser recompensados por imunizar seus filhos; as crianças devem receber vermífugos e suplementos nutricionais gratuitos na escola; e deve haver investimento público em infraestrutura de água e saneamento, pelo menos em áreas densamente povoadas.

Como investimentos em saúde pública, muitos desses subsídios mais do que se pagam com o valor da redução de doenças e mortes e do aumento dos salários — crianças que ficam doentes com menos frequência vão mais à escola e ganham mais quando adultos. Mas não significa que podemos supor que isso acontecerá automaticamente sem intervenção. As informações imperfeitas sobre os benefícios e a forte ênfase que as pessoas colocam no presente imediato limitam o quanto de esforço e dinheiro elas estão dispostas a investir, mesmo em estratégias preventivas muito baratas. E quando não são baratas, há sempre a questão do dinheiro. No que diz respeito ao tratamento, o desafio é duplo: garantir que as pessoas possam pagar pelos medicamentos de que precisam (Ibu Emptat, por exemplo, obviamente não podia pagar pelos remédios para asma de que seu filho precisava), mas também restringir o acesso aos de que elas não precisam como forma de prevenir o crescimento da resistência aos medicamentos.

Uma vez que regulamentar quem monta uma clínica e decide chamar-se de médico parece estar além do controle da maioria dos governos nos países em desenvolvimento, a única maneira de reduzir a disseminação da resistência aos antibióticos e o uso excessivo de drogas de alta potência talvez seja maximizar o esforço de controlar a venda desses remédios.

Tudo isso soa paternalista e, de algum modo, certamente o é. Acontece que é fácil, fácil demais, fazer sermões sobre os perigos do paternalismo e a necessidade de assumir a responsabilidade por nossas próprias vidas do conforto de nosso sofá em nossa casa segura e higiênica. Não somos nós, que vivemos no mundo rico, os beneficiários constantes de um paternalismo agora tão profundamente embutido no sistema que mal o notamos? Ele não só garante que cuidemos de nós mesmos melhor do que se tivéssemos que estar no controle de todas as decisões, mas também, ao nos libertar de ter de pensar sobre essas questões, nos dá o espaço mental de que precisamos para nos focar no resto de nossas vidas. Isso não nos isenta da responsabilidade de educar as pessoas sobre saúde pública. Devemos a todos, inclusive os pobres, uma explicação tão clara quanto possível da importância da imunização e de por que eles precisam completar o tratamento com antibióticos. Mas devemos reconhecer — na verdade, supor — que a informação por si só não resolverá o problema. É assim que as coisas são, tanto para os pobres quanto para nós.

4. Melhores da classe

No verão de 2009, na aldeia de Naganadgi, no estado de Karnataka, na Índia, conhecemos Shantarama, uma viúva de quarenta anos e mãe de seis filhos. Seu marido morrera quatro anos antes, de maneira totalmente inesperada, de apendicite. Ele não tinha seguro de vida, e a família não tinha direito a pensão. Os três filhos mais velhos haviam frequentado a escola pelo menos até o oitavo ano, mas os dois seguintes — um menino de dez anos e uma menina de catorze — desistiram. A menina estava trabalhando no campo de um vizinho. Presumimos que a morte do pai forçara a família a retirar os filhos da escola e mandar todos os mais velhos para trabalhar.

Shantarama nos corrigiu. Depois que seu marido morreu, ela alugou os campos que possuíam e começou a trabalhar de diarista. Ganhava o suficiente para cuidar de suas necessidades básicas. A menina foi de fato enviada para trabalhar no campo, mas só depois que abandonou a escola, pois a mãe não a queria ociosa em casa. As outras crianças continuaram na escola; dos três filhos mais velhos, dois ainda eram estudantes quando os conhecemos (a mais velha, que era casada e tinha 22 anos, esperava o primeiro filho). Soubemos que o filho mais velho estava na faculdade em Yatgir, a cidade mais próxima, estudando para ser... professor. Os dois filhos do meio estavam fora da escola apenas porque se recusavam terminantemente a frequentá-la. Havia várias escolas perto da aldeia, inclusive uma do governo e algumas particulares. As duas crianças foram matriculadas na escola do governo, mas ambas fugiram inúmeras vezes antes que sua mãe abandonasse qualquer esperança de poder fazê-las frequentar as aulas. O menino de dez anos, que estava com a mãe quando a entrevistamos, resmungou algo sobre a escola ser chata.

Há escolas disponíveis. Na maioria dos países, elas são gratuitas, pelo menos no nível primário. A maioria das crianças está matriculada. Contudo, nas várias pesquisas que realizamos ao redor do mundo, as taxas de absentismo infantil variam entre 14% e 50%.[1] A ausência muitas vezes não parece ser motivada por uma necessidade óbvia de ficar em casa. Embora parte disso talvez se deva a problemas de saúde — por exemplo, no Quênia, quando eram tratadas para eliminar os vermes intestinais, as crianças perdiam menos dias de aula[2] —, grande parte se deve à falta de vontade das crianças de ir à escola (o que pode ser universal, como a maioria de nós deve lembrar de nossa infância), e também ao fato de que seus pais não parecem ser capazes, ou estar dispostos a fazê-los frequentar a escola.

Para alguns críticos, trata-se de um sinal do fracasso catastrófico de um esforço liderado pelo establishment para aumentar a educação de cima para baixo: construir escolas e contratar professores é inútil se não houver uma forte demanda subjacente por educação; por outro lado, se houver demanda real por qualificação, uma demanda por educação surgirá naturalmente e a oferta virá. No entanto, essa visão otimista parece não bater com a história dos filhos de Shantarama. Sem dúvida, não há falta de demanda por pessoas instruídas em Karnataka, cuja capital é Bangalore, o centro de TI da Índia. A família, com um futuro professor entre seus membros, tinha consciência do valor da educação e estava disposta a investir nela.

Portanto, se nos países em desenvolvimento o fracasso das escolas em atrair crianças não pode ser explicado por problemas de acesso, ou falta de demanda por mão de obra instruída, ou resistência dos pais em educar os filhos, então onde está o problema?

Guerras de oferta-demanda

A política educacional, assim como os subsídios, tem sido objeto de intensos debates políticos. Como no caso da ajuda, o debate não é sobre se a educação em si mesma é boa ou ruim (todos provavelmente concordam que é melhor ser educado do que não). Em vez disso, centra-se na questão de se os governos devem intervir ou se sabem como fazê-lo. E, embora as razões específicas invocadas sejam diferentes, a linha que divide o campo é essencialmente a mesma que o divide em matéria de ajuda, com os otimistas da ajuda sendo geralmente intervencionistas da educação e os pessimistas da ajuda sendo a favor do laissez-faire.

A grande maioria dos formuladores de políticas, pelo menos em círculos da política internacional, tem tradicionalmente assumido a visão de que o problema é simples: precisamos encontrar uma maneira de pôr as crianças dentro de uma sala de aula, onde terão idealmente um professor bem formado, e o resto cuidará de si. Chamaremos essas pessoas, que enfatizam a "oferta de escolaridade", de *"wallahs* da oferta", apropriando-nos do termo indiano que significa "fornecedor de" (como nos sobrenomes indianos ocidentais Lakdawala [fornecedor de madeira], Daruwala [fornecedor de bebidas] e Bandukwala [vendedor de armas]), para não os confundir com os adeptos da economia pelo lado da oferta, aqueles economistas que acreditam que Keynes entendeu tudo errado e, na verdade, se opõem em grande parte a qualquer forma de intervenção governamental.

A expressão mais visível da posição do *wallah* da oferta talvez se encontre nos Objetivos de Desenvolvimento do Milênio (ODM) da ONU, os oito objetivos que, em 2000, as nações do mundo concordaram em atingir até 2015. O segundo e o terceiro ODM são, respectivamente, "assegurar que, até 2015, todas as crianças, tanto meninos como meninas, estejam em condições de completar a educação primária" e "eliminar a disparidade de gênero na educação primária e secundária, preferencialmente até 2005 e em todos os níveis de educação no mais tardar em 2015". A maioria dos governos nacionais parece ter aderido a essa ideia. Na Índia, 95% das crianças têm agora uma escola a menos de um quilômetro de casa.[3] Vários países africanos (entre eles Quênia, Uganda e Gana) tornaram a educação primária gratuita e as crianças inundaram as escolas. De acordo com o Unicef, entre 1999 e 2006 as taxas de matrícula na escola primária na África subsaariana aumentaram de 54% para 70%. No Leste e Sul da Ásia, aumentaram de 75% para 88% no mesmo período. Em todo o mundo, o número de crianças em idade escolar que estavam fora da escola caiu de

103 milhões, em 1999, para 73 milhões, em 2006. Em nosso conjunto de dados de dezoito países, mesmo entre os extremamente pobres (aqueles que vivem com menos de 99 centavos de dólar por dia), as taxas de matrícula estão agora acima de 80% em pelo menos metade dos países para os quais temos dados disponíveis.

O acesso ao ensino médio não faz parte dos ODMS, mas mesmo assim houve progresso. Entre 1995 e 2008, as taxas de escolarização bruta no ensino médio aumentaram de 25% para 34% na África subsaariana, de 44% para 51% no Sul da Ásia e de 64% para 74% no Leste Asiático,[4] apesar de os custos das escolas secundárias serem muito mais altos: os professores são caros, porque precisam ser mais bem qualificados, e para pais e filhos o valor dos ganhos perdidos e da experiência de mercado de trabalho perdida é muito maior, porque filhos adolescentes podem trabalhar e ganhar dinheiro.

Pôr os filhos na escola é um primeiro passo muito importante: é onde começa a aprendizagem. Mas não é muito útil se eles aprendem pouco ou nada depois que estão lá. Estranhamente, a questão da aprendizagem *não* ocupa uma posição muito proeminente nas declarações internacionais. Os Objetivos de Desenvolvimento do Milênio não especificam que as crianças devem aprender alguma coisa na escola, apenas que devem completar um ciclo básico de educação. Na declaração final da Cúpula de Educação para Todos, realizada em Dakar, em 2000, sob o patrocínio da Organização das Nações Unidas para a Educação, a Ciência e a Cultura (Unesco), a meta de melhorar a qualidade da educação é mencionada apenas na sexta posição — entre seis objetivos. O pressuposto implícito talvez fosse que o aprendizado viria da matrícula. Mas infelizmente as coisas não são tão simples.

Em 2002 e 2003, a Pesquisa Mundial de Absentismo, realizada pelo Banco Mundial, enviou pesquisadores não anunciados a uma amostra nacionalmente representativa de escolas em seis países. Sua conclusão básica foi que os professores em Bangladesh, no Equador, na Índia, na Indonésia, no Peru e em Uganda perdem, em média, um dia de trabalho em cada cinco, e a proporção é ainda maior na Índia e em Uganda. Além disso, os dados da Índia sugerem que, mesmo quando estão na escola e deveriam estar nas aulas, os professores costumam ser encontrados bebendo chá, lendo o jornal ou conversando com um colega. No total, 50% dos professores das escolas públicas indianas não estão na frente de uma classe no horário em que deveriam.[5] Como as crianças podem aprender?

Em 2005, a Pratham, uma ONG indiana com foco na educação, decidiu dar um passo adiante e descobrir o que as crianças estavam realmente aprendendo. A Pratham foi fundada em 1994 por Madhav Chavan, um engenheiro químico formado nos Estados Unidos com uma crença inabalável de que todas as crianças deveriam e podem aprender a ler e ler para aprender. Ele transformou a Pratham, de uma pequena instituição de caridade patrocinada pela Unicef com sede em Mumbai, numa das maiores ONGs da Índia, talvez do mundo: os programas da Pratham alcançam cerca de 34,5 milhões de crianças em toda a Índia e agora estão se aventurando pelo resto do mundo. Sob a bandeira do Relatório Anual do Estado da Educação (ASER, na sigla em inglês), a Pratham formou equipes de voluntários em todos os seiscentos distritos indianos. Essas equipes testaram mais de mil crianças em aldeias escolhidas aleatoriamente em cada distrito — 700 mil crianças no total — e elaboraram um boletim escolar. Um dos principais expoentes do governo liderado pelo Partido do Congresso, Montek Singh Ahluwalia, lançou o boletim, mas o que leu não o deixou feliz. Quase 35% das crianças na faixa etária de sete a catorze anos não sabiam ler um parágrafo simples (nível de primeiro ano) e quase 60% das crianças não sabiam ler uma história simples (nível de segundo ano). Apenas 30% sabiam fazer operações matemáticas do segundo ano (divisão básica).[6] Os resultados em matemática são particularmente assombrosos, pois em todo o Terceiro Mundo meninos e meninas que ajudam seus pais na barraca ou loja da família fazem cálculos muito mais complicados o tempo todo, sem a ajuda de papel e caneta. As escolas estão, na verdade, fazendo com que eles desaprendam?

Nem todos os membros do governo foram tão dignos quanto o sr. Ahluwalia. O governo do estado de Tamil Nadu se recusou a acreditar que estava realmente indo tão mal quanto os dados do ASER pareciam sugerir e ordenou que suas próprias equipes realizassem um novo teste, o que infelizmente só serviu para reforçar as más notícias. Atualmente, na Índia, num ritual anual que ocorre em janeiro, os resultados do ASER são divulgados. Os jornais manifestam consternação com as notas baixas, os acadêmicos falam sobre as estatísticas em painéis de discussão e muito pouca coisa muda.

Infelizmente, a Índia não é uma exceção: resultados muito semelhantes foram encontrados no vizinho Paquistão, no distante Quênia e em vários outros países. No Quênia, a pesquisa Uwezo, que tomou o ASER como modelo, descobriu que 27% das crianças no quinto ano não sabiam ler um parágrafo simples em inglês, e 23% não sabiam ler em suaíli (as duas línguas de instrução na escola primária). Trinta por cento não sabiam fazer uma divisão básica.[7] No Paquistão, 80% das crianças no terceiro ano não sabiam ler um parágrafo do primeiro ano.[8]

O argumento dos wallahs da demanda

Para os *"wallahs* da demanda", um conjunto de críticos (entre eles William Easterly) que acreditam que não há sentido em oferecer educação a menos que haja uma demanda clara por ela, esses resultados resumem tudo o que há de errado com a política educacional nas últimas décadas. Na opinião deles, a qualidade da educação é baixa porque os pais não se importam o suficiente com ela, e eles não se importam porque sabem que os benefícios reais (o que os economistas chamam de "retornos" da educação) são baixos. Quando os benefícios de escolaridade se tornarem suficientemente altos, o número de matrículas aumentará, sem que o Estado tenha de forçá-las. As pessoas mandarão seus filhos para escolas particulares que serão criadas para elas ou, se isso for muito caro, exigirão que os governos locais criem escolas.

Com efeito, o papel da demanda é crítico. A matrícula escolar é sensível à taxa de retorno da educação. Durante a Revolução Verde na Índia, que elevou o nível de conhecimento técnico necessário para se ser um agricultor bem-sucedido e, desse modo, aumentou o valor do aprendizado, a educação cresceu com mais rapidez nas regiões que eram mais adequadas às novas sementes introduzidas pela Revolução Verde.[9] Mais recentemente, há o exemplo dos call centers offshore, que, na Europa e nos Estados Unidos, costumam ser atacados por tirar empregos nacionais, mas eles fizeram parte de uma pequena revolução social na Índia ao expandir imensamente as oportunidades de emprego para mulheres jovens. Em 2002, Robert Jensen, da Universidade da Califórnia em Los Angeles, juntou-se a alguns centros e organizou sessões de recrutamento para moças em aldeias selecionadas aleatoriamente em áreas rurais aonde os recrutadores normalmente não iriam, em três estados do norte da Índia. Não surpreende que, em comparação com outras aldeias escolhidas aleatoriamente que não viram nenhum desses esforços de recrutamento, tenha havido um aumento no emprego de mulheres jovens em centros de terceirização de processos de negócios (BPOS)* nessas aldeias. O que é mais notável ainda, tendo em vista que essa é a parte da Índia provavelmente mais conhecida pela discriminação contra as mulheres, três anos após o início do recrutamento, as meninas de cinco a onze anos tinham uma probabilidade cerca de 5% maior de estarem matriculadas na escola nas aldeias onde havia recrutamento. Elas também estavam com mais peso, sugerindo que os pais estavam cuidando melhor delas, pois descobriram que educar as meninas tinha valor econômico e ficaram felizes em investir.[10]

Uma vez que os pais são capazes de responder às mudanças na necessidade de uma força de trabalho instruída, a melhor política educacional, para os *wallahs* da demanda, é não ter nenhuma política educacional. Torne atraente o investimento em negócios que exijam mão de obra qualificada e haverá a necessidade de uma força de trabalho qualificada e, portanto, haverá pressão para fornecê-la. E então, continua o argumento, uma vez que vão começar a realmente se preocupar com a educação, os pais também vão pressionar os professores para que ofereçam o que eles precisam. Se as escolas públicas não puderem oferecer educação de qualidade, surgirá um mercado de escolas privadas. A competição nesse mercado, argumentam eles, garantirá que os pais tenham a qualidade de ensino de que precisam para os filhos.

---

* BPOS: Business Process Outsourcing Centers. (N. T.)

No CERNE DA VISÃO DOS *wallahs* da demanda está a ideia de que a educação é apenas outra forma de investimento: as pessoas investem em educação, da mesma forma que investem em qualquer outra coisa, para ganhar mais dinheiro — na forma de aumento de ganhos no futuro. O problema óbvio de pensar na educação como um investimento é que os pais investem e os filhos recebem os benefícios, às vezes muito mais tarde. E, embora muitas crianças de fato "retribuam" aos pais pelo investimento, cuidando deles na velhice, muitas outras o fazem apenas com relutância, ou simplesmente "dão um calote", abandonando os pais ao longo do caminho. Mesmo quando os filhos acabam sendo conscienciosos, nem sempre fica claro que o pouco de dinheiro adicional que eles ganham porque passaram aquele ano extra na escola se traduza em tanto a mais para os pais; encontramos certamente pais que lamentam o dia em que seus filhos ficaram ricos o suficiente para se mudarem para suas próprias casas, abandonando-os a suas vidas solitárias de idosos. T. Paul Schultz, economista de Yale, conta a história de seu pai, o famoso economista Theodore Schultz, ganhador do Nobel, cujos pais eram contra educá-lo, porque queriam que ele ficasse na fazenda.

É verdade que muitos pais sentem orgulho e prazer ao verem os filhos bem-sucedidos (e ao compartilharem as novidades com os vizinhos). Nesse sentido, eles podem se sentir mais do que adequadamente remunerados, mesmo quando não recebem um centavo dos filhos. Portanto, do ponto de vista dos pais, a educação é um investimento, mas é também um "presente" que oferecem aos filhos. Mas há também o outro lado: a maioria dos pais está numa posição de poder em relação aos filhos — eles decidem quem vai à escola, quem fica em casa ou sai para trabalhar e como seus ganhos são gastos. Pais céticos em relação a quanto ganhariam com o salário de um filho depois que ele tiver idade suficiente para se opor a eles, e que não valorizam a educação por si mesma, podem preferir tirá-lo da escola e mandá-lo para o trabalho quando ele fizer dez anos de idade. Em outras palavras, embora o retorno econômico da educação (medido pelos ganhos adicionais de uma criança educada) seja obviamente importante, muitas outras coisas provavelmente importam também, coisas como nossas esperanças em relação ao futuro, nossas expectativas em relação a nossos filhos, até mesmo o quão generosos nos sentimos em relação a eles.

"Exatamente", diz o *wallah* da oferta. "É por isso que alguns pais precisam de um empurrão. Uma sociedade civilizada não pode permitir que o direito de uma criança a uma infância normal e uma educação decente seja refém dos caprichos ou ganância dos pais." Construir escolas e contratar professores é um primeiro passo necessário para reduzir o custo de mandar uma criança à escola, mas pode não ser suficiente. Esse raciocínio explica por que a maioria dos países ricos simplesmente não dá escolha aos pais: as crianças devem ser mandadas para a escola até certa idade, a menos que os pais possam provar que as estão educando em casa. Mas isso claramente não funciona onde a capacidade do Estado é mais limitada e a educação obrigatória não pode ser aplicada. Nesses casos, o governo deve tornar financeiramente vantajoso para os pais o envio de seus filhos à escola. Essa é a ideia por trás da nova ferramenta preferida na política educacional: a transferência condicional de renda.

A curiosa história das transferências condicionais de renda

Santiago Levy, ex-professor de economia da Universidade de Boston, foi vice-ministro das Finanças do México de 1994 a 2000, encarregado de reformar o intrincado sistema de bem-estar social do país, que era composto de vários programas distintos. Ele acreditava que, ao vincular o recebimento de pagamentos de previdência ao investimento em capital humano (saúde e educação), poderia garantir que o dinheiro gasto hoje contribuiria para a erradicação da pobreza, não só no curto prazo, mas também no longo prazo, promovendo uma geração saudável e bem instruída. Isso inspirou o projeto Progresa, um programa de transferência "com condições". O Progresa foi o primeiro programa de transferência condicional de renda (TCR). Ele oferecia dinheiro a famílias pobres, mas apenas se seus filhos frequentassem a escola regularmente e a família procurasse cuidados de saúde preventivos. As famílias ganhavam ainda mais dinheiro se as crianças estivessem na escola secundária e se fosse uma menina que ia para a escola em vez de um menino. Para torná-los politicamente aceitáveis, os pagamentos eram apresentados como "compensação" à família pelo salário perdido quando o filho ia à escola em vez de trabalhar. Mas, na realidade, o objetivo era dar um empurrão na família, tornando caro para ela não mandar os filhos à escola, independentemente do que a família pensasse a respeito da educação.

Santiago Levy tinha outro objetivo: assegurar que o programa sobrevivesse à mudança de governo a cada poucos anos, uma vez que todo novo presidente costumava cancelar todos os programas de seus antecessores antes de lançar o seu próprio. Levy calculou que se o programa fosse comprovadamente um grande sucesso, não seria fácil para o novo governo se livrar dele. Então, montou um projeto-piloto, oferecido apenas a um grupo de vilarejos escolhidos aleatoriamente, tornando possível comparar rigorosamente os resultados em lugares escolhidos e não escolhidos. O piloto demonstrou para além de qualquer dúvida razoável que um programa desse tipo aumenta substancialmente a matrícula escolar, em particular no nível médio. A matrícula no ensino médio aumentou de 67% para cerca de 75% para as meninas e de 73% para cerca de 77% para os meninos.[11]

Foi também uma das primeiras demonstrações do poder persuasivo de um experimento randomizado bem-sucedido. Quando o governo mudou, o programa sobreviveu, embora rebatizado de Oportunidades. Mas Levy provavelmente não previu que havia gerado duas novas tradições. Primeiro, os TCRS se espalharam rapidamente por toda a América Latina e, depois, pelo resto do mundo. O prefeito Michael Bloomberg até o experimentou em Nova York. E em segundo lugar, quando outros países lançam seus próprios TCRS, costumam agora realizar também um conjunto de ensaios randomizados para avaliá-los. Em alguns desses experimentos, as características do programa são variadas, para tentar entender como projetá-lo melhor.

Paradoxalmente, foi uma dessas réplicas, no Malaui, que nos levou a repensar o sucesso do Progresa. A condicionalidade desse programa baseia-se no princípio de que o aumento da renda não é suficiente e que os pais precisam receber um incentivo. Pesquisadores e profissionais começaram a se perguntar se um programa *incondicional* poderia ter o mesmo efeito que uma transferência condicional. Um estudo do Banco Mundial concluiu, provocativamente, que a condicionalidade não parece ter importância alguma: os pesquisadores ofereceram às famílias de meninas em idade escolar uma transferência entre US$5 e US$20 PPC por mês. Em um grupo, a transferência estava condicionada à matrícula, em outro não. Um terceiro grupo (o grupo de controle) não recebeu transferências. Os efeitos foram grandes (depois de um ano, a evasão foi de 11% no grupo de controle e de apenas 6% entre aqueles que se beneficiaram da transferência), mas eram os mesmos entre aqueles que receberam a transferência condicional e aqueles que obtiveram a transferência incondicional, sugerindo que os pais não precisavam ser *forçados* a mandar seus filhos para a escola, mas precisavam ser ajudados financeiramente.[12] Mais tarde, outro estudo que comparou transferências condicionais e incondicionais no Marrocos chegou a resultados semelhantes.[13]

Vários fatores podem explicar por que a transferência financeira fez a diferença no Malaui: talvez os pais não pudessem pagar as taxas escolares, ou não pudessem abrir mão do dinheiro que seus filhos ganhavam. Evidentemente, pedir emprestado para financiar a escola da filha de dez anos com base no que ela vai ganhar aos vinte é uma quimera total. A transferência de renda, ao tirar os pais da pobreza extrema, pode também ter dado espaço mental para se formar uma visão mais ampla da vida; a escolaridade é uma coisa cujos custos são pagos agora (é preciso empurrar — ou arrastar — os filhos para dentro da escola agora) e cuja recompensa só vem quando eles são mais velhos.

Por todas essas razões, a renda em si é importante para as decisões educacionais: Jamal receberá menos educação do que John porque seus pais são mais pobres, mesmo que os ganhos com a educação sejam iguais para ambos. Com efeito, em nosso conjunto de dados de dezoito países, descobrimos que a parcela de gastos com educação aumenta à medida que subimos dos que vivem com menos de 99 centavos de dólar por dia para os que estão na categoria de seis a dez dólares por dia. Tendo em vista que o número de filhos nascidos em cada família diminui drasticamente com o aumento da renda, isso significa que os gastos com educação por criança crescem muito mais rápido do que o consumo total. É o oposto do que esperaríamos em um mundo em que a educação fosse um investimento como qualquer outro, a menos que estejamos dispostos a acreditar que os pobres são simplesmente incapazes de obter educação.

Isso é importante, porque, se a renda dos pais desempenha um papel tão vital na determinação do investimento educacional, as crianças ricas receberão mais educação, mesmo que não sejam particularmente talentosas, e as crianças pobres talentosas podem ficar privadas de educação. Portanto, deixar a questão exclusivamente para o mercado decidir não permitirá que todas as crianças, de onde quer que venham, sejam educadas de acordo com sua capacidade. A menos que possamos eliminar totalmente as diferenças de renda, uma intervenção do lado da oferta pública que torne a educação mais barata seria necessária para chegar perto do resultado socialmente eficiente: garantir que todas as crianças tenham uma chance.

A política educacional de cima para baixo funciona?

A questão, porém, é se esse tipo de intervenção pública, mesmo que seja desejável em princípio, é realmente viável. Se os pais não se importam com a educação, não há o risco de esse tipo de iniciativa de educação de cima para baixo resultar em desperdício de recursos? Em *The Elusive Quest for Growth*, Easterly argumenta, por exemplo, que o investimento em educação nos países africanos não ajudou esses países a crescerem.

Mais uma vez, a melhor maneira de responder a essa pergunta é estudar o que aconteceu quando países específicos tentaram essa política. A boa notícia é que, apesar da baixa qualidade da educação, as escolas ainda são úteis. Na Indonésia, após o primeiro boom do petróleo, em 1973, o então ditador do país, general Suharto, decidiu sair construindo escolas.[14] Era o clássico programa de cima para baixo voltado para a oferta: as escolas foram construídas conforme uma regra predeterminada que dava estrita precedência a áreas onde o número de crianças não escolarizadas era o mais alto. Se a falta de escolas nessa área refletia a falta de interesse pela educação, esse programa deveria ser um fracasso miserável.

Na verdade, o programa Inpres (Instruksi Presiden, ou Instrução Presidencial) foi um grande sucesso. Para avaliá-lo, Esther comparou os salários de adultos que, quando crianças, eram jovens o suficiente para se beneficiar das escolas recém-construídas com o que a geração imediatamente mais velha (pessoas com idade acima da requerida para frequentar essas escolas) estava ganhando. Ela descobriu que, em relação à geração mais velha, os salários dos mais novos eram significativamente mais altos nas áreas onde mais escolas foram construídas. Juntando o efeito na educação e nos salários, ela concluiu que cada ano a mais na escola primária devido à nova escola aumentava os salários em cerca de 8%. Essa estimativa dos retornos da educação é muito semelhante ao que é comumente encontrado nos Estados Unidos.[15]

Outro programa clássico de cima para baixo é a escolaridade obrigatória. Em 1968, Taiwan instituiu uma lei que tornava obrigatório para todas as crianças completar nove anos de escolaridade (a lei anterior exigia apenas seis anos de frequência escolar). Essa lei teve um importante efeito positivo na escolaridade de meninos e meninas, bem como em suas perspectivas de emprego, especialmente para meninas.[16] Os benefícios da educação não são apenas monetários: o programa de Taiwan teve um grande efeito na mortalidade infantil.[17] No Malaui, as meninas que não abandonaram a escola devido à transferência de renda também tiveram menor probabilidade de engravidar. Os mesmos resultados foram encontrados no Quênia.[18] Atualmente, há um corpo significativo de evidências rigorosas que atestam os efeitos de longo alcance da educação.

Além disso, essa pesquisa também conclui que qualquer pequena quantidade de educação ajuda. As pessoas com alguma facilidade de leitura têm maior probabilidade de ler jornais e quadros de avisos e de descobrir quando há um programa governamental disponível para elas. As pessoas que passam ao ensino médio têm maior probabilidade de conseguir um emprego no setor formal, mas mesmo aquelas que não dão esse passo conseguem administrar melhor seus negócios.

Parece, então, que mais uma vez o debate polarizado entre estratégias filosoficamente opostas erra em grande parte o alvo. Não há razão para que as estratégias de oferta e demanda sejam mutuamente excludentes. A oferta por si só traz algum bem, mas a demanda também é importante. Com efeito, existem pessoas que encontram de algum modo maneiras de obter educação sem qualquer ajuda de cima para baixo quando os empregos certos chegam à cidade, mas para muitas outras o empurrão propiciado pela construção de uma escola em sua área pode ser crítico.

Nada disso significa que as estratégias de cima para baixo proporcionem tanto quanto poderiam ou deveriam. Afinal, como vimos, a qualidade da educação oferecida nas escolas públicas pode ser péssima. O fato de os alunos obterem *alguma coisa* das escolas públicas não significa que elas não possam funcionar significativamente melhor. Será que as abordagens baseadas na demanda funcionariam melhor? O ensino particular é a estratégia canônica orientada para a demanda — os pais devem gastar seu próprio dinheiro suado para colocar seus filhos nele, embora haja escolas públicas gratuitas disponíveis. As escolas particulares resolveram o problema da qualidade da educação?

Escolas particulares

Existe um consenso surpreendente de que as escolas privadas devem desempenhar um papel importante no processo de preencher as lacunas do sistema educacional. Na Índia, a Lei do Direito à Educação, aprovada recentemente com forte apoio de todo o espectro político (inclusive da esquerda, que, em todo o mundo, costuma se opor ao papel do mercado), é uma versão do que é chamado de privatização por vouchers: o governo dá aos cidadãos vouchers para pagar taxas de escolas particulares.

Mesmo antes do alerta dos especialistas em educação, muitos pais ambiciosos de baixa renda em todo o mundo decidiram que deveriam matricular seus filhos em escolas particulares, ainda que tivessem de apertar os cintos. Isso causou o fenômeno surpreendente das escolas particulares com preços reduzidos em todo o Sul da Ásia e na América Latina. A mensalidade dessas escolas pode ser tão baixa quanto 1,50 dólar. Elas tendem a ser bastante modestas, ocupando somente alguns cômodos da casa de alguém, e os professores são muitas vezes pessoas do lugar que não conseguiram encontrar outro emprego e decidiram abrir uma escola. Um estudo[19] descobriu que um excelente indicador da oferta de escolas privadas num vilarejo do Paquistão era o fato de uma escola secundária para meninas ter-se instalado na área uma geração antes. Meninas instruídas que procuravam uma oportunidade de ganhar algum dinheiro sem precisar sair da aldeia estavam cada vez mais entrando no negócio da educação como professoras.

Apesar das credenciais às vezes duvidosas, com frequência as escolas particulares funcionam melhor do que as públicas. A Pesquisa Mundial de Absentismo descobriu que, na Índia, era mais provável encontrar escolas privadas em lugares onde as escolas públicas eram particularmente ruins. Além disso, em média, era 8% mais provável que os professores de escolas privadas estivessem na escola em um determinado dia do que os da escola pública do mesmo lugar. As crianças que frequentam escolas privadas também apresentam um desempenho melhor. Na Índia, em 2008, de acordo com o ASER, 47% dos alunos de escolas públicas no quinto ano não conseguiam ler no nível do segundo ano, em comparação com 32% dos alunos de escolas particulares. Na pesquisa de Aprendizagem e Desempenho Educacional nas Escolas do Paquistão, no terceiro ano, as crianças em escolas privadas estavam um ano e meio à frente em inglês e dois anos e meio em matemática em relação às crianças das escolas públicas. É verdade que as famílias que decidem mandar seus filhos para escolas particulares podem ser diferentes. Mas isso não pode ser inteiramente explicado pelo fato de as escolas privadas atraírem crianças de famílias mais ricas: a distância do desempenho entre os alunos das escolas públicas e privadas era quase dez vezes a distância média entre as crianças das categorias socioeconômicas mais altas e mais baixas. E, embora não seja tão grande, ainda há uma distância considerável entre as crianças matriculadas em escolas públicas e privadas, mesmo dentro da mesma família[20] (isso ainda pode ser uma superestimativa do verdadeiro benefício se os pais enviarem seu filho mais talentoso para uma escola particular ou também ajudarem essa criança de outras maneiras).[21]

Portanto, as crianças de escolas particulares aprendem mais do que as de escolas públicas. Isso não significa, no entanto, que as escolas privadas sejam tão eficientes quanto poderiam ser. Vemos que não quando comparamos o efeito de estar numa escola particular com o efeito de intervenções simples.

Pratham versus escolas particulares

Pratham, a notável ONG educacional que organiza o ASER, não só expõe as deficiências do sistema educacional, mas também tenta corrigi-las. Trabalhamos com ela nos últimos dez anos, avaliando quase todas as novas edições de seu programa de ensino de aritmética e leitura para crianças. Nossa associação começou no ano 2000, no oeste da Índia, nas cidades de Mumbai e Vadodara, onde a Pratham mantinha o que chamavam de programa Balsakhi (que significa "amiga das crianças"). O programa pegava as vinte crianças de cada classe que mais precisavam de ajuda e as enviava para trabalhar com a *balsakhi*, uma jovem da comunidade, nas áreas em que eram mais fracas. Apesar de um terremoto e de tumultos na comunidade, o programa gerou melhorias muito grandes nas pontuações dos exames dessas crianças; em Vadodara, cerca de duas vezes a magnitude dos ganhos médios da escola privada na Índia.[22] No entanto, essas *balsakhis* eram muito menos instruídas do que a professora média de escolas privadas (ou públicas) — muitas delas mal tinham dez anos de escolaridade, mais uma semana de treinamento com a Pratham.[23]

Diante desses resultados, muitas organizações teriam deitado sobre os louros. Não a Pratham. A ideia de descansar em qualquer lugar, muito menos sobre os louros, é totalmente estranha à personalidade de Madhav ou de Rukmini Banerji, a mulher que é a força motriz por trás da expansão espetacular da Pratham. Uma maneira pela qual a Pratham poderia alcançar mais crianças era fazendo com que as comunidades assumissem o programa. No distrito de Jaunpur, na parte oriental de Uttar Pradesh, o maior estado da Índia e um dos mais pobres, os voluntários da Pratham foram de aldeia em aldeia testando crianças e encorajando a comunidade a se envolver no teste para ver por si mesmos o que suas crianças sabiam e não sabiam. Os pais não ficaram felizes com o que viram — com frequência, seu primeiro instinto era tentar bater nos filhos —, mas por fim surgiu um grupo de voluntários da comunidade disposto a assumir o trabalho de ajudar as crianças da aldeia. A maioria eram jovens estudantes universitários que davam aulas à noite em seus bairros. A Pratham deu-lhes uma semana de treinamento, mas nenhuma outra compensação.

Avaliamos esse programa também, e os resultados foram bem impressionantes: ao final, *todas* as crianças participantes que, anteriormente, não sabiam ler se tornaram capazes pelo menos de reconhecer letras (em contraste, apenas 40% das crianças das aldeias de comparação conseguiam ler letras no final do ano). Aquelas que, no início, conseguiam ler apenas letras e haviam participado do programa tinham no final uma probabilidade 26% maior de ler um conto do que as que não haviam participado.[24]

Mais recentemente, a Pratham mudou seu foco para trabalhar com o sistema escolar público. Em Bihar, o estado mais pobre da Índia e aquele com a maior taxa medida de absentismo de professores, a Pratham organizou um conjunto de acampamentos de verão de reforço para crianças em idade escolar, nos quais os professores do sistema escolar do governo foram convidados a dar aulas. Os resultados dessa avaliação foram surpreendentes: os muito difamados professores do governo realmente sabiam ensinar, e os ganhos eram comparáveis aos ganhos das aulas noturnas em Jaunpur.

Os resultados da Pratham são tão notáveis que muitos sistemas escolares da Índia e em todo o mundo estão entrando em contato com a organização. Uma versão do programa está sendo testada agora em Gana, em um estudo randomizado controlado de grande escala, executado como colaboração entre uma equipe de pesquisa e o governo. Jovens que buscam uma experiência de primeiro emprego serão treinados para fornecer educação de reforço na escola. Delegações do Ministério da Educação do

Senegal e de Mali visitaram as operações da Pratham e estão pensando em replicar o programa.

Esses dados resultam num conjunto de quebra-cabeças: se professores voluntários e semivoluntários podem gerar ganhos tão grandes, as escolas privadas podem adotar os mesmos tipos de práticas e devem se sair ainda melhor. No entanto, sabemos que na Índia um terço dos alunos do quinto ano em escolas particulares não consegue ler no nível de primeiro ano. Por que não? Se os professores do governo podem ensinar tão bem, por que não vemos isso no sistema escolar? Se esses grandes ganhos de aprendizagem estão tão facilmente disponíveis, por que os pais não os exigem? Com efeito, por que no programa Jaunpar da Pratham apenas 13% das crianças que não conseguiam ler frequentavam as aulas noturnas?

Sem dúvida, alguns dos motivos usuais pelos quais os mercados não funcionam tão bem quanto deveriam estão em jogo aqui. Talvez não haja pressão competitiva suficiente entre as escolas privadas ou os pais não estejam suficientemente informados sobre o que elas fazem. Questões mais amplas de economia política que discutiremos mais tarde podem explicar o fraco desempenho dos professores do governo. Mas uma questão fundamental é exclusiva da educação: a maneira peculiar como *as expectativas sobre o que a educação deve oferecer* distorcem o que os pais exigem, o que as escolas públicas e privadas oferecem e o que as crianças alcançam — e o desperdício colossal que se segue disso.

A maldição das expectativas

A ilusória curva em S

Há alguns anos, organizamos uma sessão de colagem entre pais e filhos numa escola informal administrada pela Seva Mandir, na zona rural de Udaipur. Levamos uma pilha de revistas coloridas e pedimos aos pais que recortassem algumas fotos para representar o que achavam que a educação traria para seus filhos. A ideia era que construíssem uma colagem com a ajuda dos filhos.

Todas as colagens acabaram parecidas: as fotos foram cravejadas de joias de ouro e diamantes e vários modelos recentes de carros. Havia outras imagens disponíveis nas revistas — paisagens rurais tranquilas, barcos de pesca, coqueiros —, mas, de acordo com as colagens, não é disso que trata a educação. Os pais parecem ver a educação principalmente como uma forma de seus filhos adquirirem riqueza (considerável). O caminho previsto para essas riquezas é, para a maioria dos pais, um emprego público (de professor, por exemplo) ou, na falta disso, algum tipo de trabalho de escritório. Em Madagascar, perguntou-se aos pais de crianças de 640 escolas o que eles achavam que uma criança que concluísse o ensino primário faria para viver e o que faria uma criança que concluísse o ensino médio: 70% achavam que quem terminasse o ensino médio certamente conseguiria um emprego no governo quando, na realidade, 33% deles conseguiriam esses cargos.[25]

Na verdade, muito poucas dessas crianças conseguirão chegar ao sexto ano, muito menos passar no exame que, hoje em dia, é normalmente a qualificação mínima para qualquer tipo de trabalho que requeira educação. E os pais sabem disso: em Madagascar, onde se perguntou aos pais sua opinião sobre o retorno da educação, descobriu-se que os pais acertam *em média*. Mas eles exageram muito tanto o lado positivo quanto o negativo. Para eles, a educação é como um bilhete de loteria, não um investimento seguro.

Pak Sudarno, um coletor de sucata que mora na favela de Cica Das, em Bandung, na Indonésia, e que, com muita naturalidade, nos disse que era conhecido como a "pessoa mais pobre do bairro", explicou isso de forma sucinta. Quando o conhecemos, em junho de 2008, seu filho mais moço (o mais novo de nove filhos) estava prestes a entrar na escola secundária. Ele achava que o resultado mais provável era que, depois de concluir o ensino médio, o menino conseguiria um emprego no shopping próximo, onde seu irmão já estava trabalhando. Tratava-se de um emprego que ele já poderia ter, mas Pak Sudarno pensava que valia a pena para ele concluir o ensino médio, mesmo que isso significasse três anos de salário perdido. Sua esposa achava que o menino talvez pudesse entrar numa universidade. Para Pak Sudarno, isso era uma utopia, mas via alguma chance de ele conseguir emprego num escritório, o melhor possível, pela segurança e respeitabilidade que oferecia. Para ele, valia a pena arriscar.

Os pais também tendem a acreditar que os primeiros anos de educação pagam muito menos do que os seguintes. Por exemplo, em Madagascar, eles acreditavam que cada ano de ensino fundamental I aumentaria a renda de uma criança em 6%, cada ano de ensino fundamental II em 12% e cada ano de ensino médio em 20%. Encontramos um padrão muito semelhante no Marrocos. Lá, os pais acreditavam que cada ano de educação primária aumentaria a renda de um menino em 5%, e cada ano de educação secundária em 15%. O padrão era ainda mais extremado para as meninas. Na visão dos pais, cada ano do ensino fundamental não valia quase nada para elas: 0,4%. Mas cada ano de ensino médio aumentava os ganhos em 17%.

Na realidade, as estimativas disponíveis mostram que cada ano de educação aumenta os ganhos mais ou menos proporcionalmente.[26] E mesmo para as pessoas que não conseguem um emprego no setor formal a educação parece ajudar: por exemplo, agricultores instruídos ganhavam mais durante a Revolução Verde do que os sem instrução.[27] Além disso, há também todos os outros benefícios não financeiros. Em outras palavras, os pais veem uma forma de S onde ela realmente não existe.

Essa crença na curva em S significa que, a menos que os pais não estejam dispostos a tratar seus filhos de maneira diferente uns dos outros, faz sentido para eles apostar todas as fichas educacionais na criança que eles percebem ser a mais promissora, certificando-se de que ela receba educação suficiente, em vez de distribuir o investimento igualmente por todos os filhos. Algumas casas adiante da de Shantarama (a viúva cujos dois filhos não estavam na escola), na aldeia de Naganadgi, encontramos uma família de agricultores com sete filhos. Nenhum deles havia estudado além do segundo ano, exceto o mais novo, um menino de doze anos. Eles não estavam satisfeitos com a qualidade do colégio público, onde ele havia passado um ano. Então, o menino estava cursando o sétimo ano em um internato particular da vila. Um ano na escola custava à família mais de 10% de sua renda total da agricultura, um comprometimento considerável para apenas uma criança e obviamente uma despesa impossível para sete. A mãe do menino sortudo nos explicou que ele era a única criança inteligente da família. A disposição de usar palavras como "burro" e "inteligente" para se referir aos próprios filhos, muitas vezes na presença deles, é coerente com uma visão de mundo que coloca uma grande ênfase em escolher um vencedor (e em fazer com que todos os outros membros da família apoiem o vencedor). Essa crença cria uma estranha forma de rivalidade entre irmãos. Em Burkina Faso, um estudo descobriu que os adolescentes tinham maior probabilidade de serem matriculados na escola quando pontuavam alto num teste de inteligência, mas tinham *menor probabilidade* disso quando seus irmãos tinham pontuações altas.[28]

Um estudo de transferência condicional de renda na cidade de Bogotá, na Colômbia, encontrou provas convincentes da propensão de concentrar recursos em apenas uma criança. O programa tinha recursos limitados, e os pais tinham a opção de inscrever qualquer um de seus filhos em idade escolar numa loteria. Os pais dos ganhadores receberiam uma transferência mensal, desde que a criança frequentasse a escola regularmente. Os ganhadores da loteria eram mais propensos a comparecer, mais propensos a se matricular de novo a cada ano letivo e, na versão do programa em que parte da transferência estava condicionada à matrícula na faculdade, tinham muito maior probabilidade de frequentar a faculdade. A descoberta perturbadora foi que, nas famílias que inscreviam duas ou mais crianças e uma ganhava, a que perdia na loteria tinha menos chance de ser matriculada na escola do que as crianças de famílias em que ambas haviam perdido. Isso apesar do aumento na renda familiar, que deveria ter ajudado a outra criança. Um vencedor era escolhido e os recursos eram concentrados nele (ou nela).[29]

O erro de percepção pode ser crítico. Na realidade, não deveria haver uma armadilha da pobreza baseada na educação, pois ela é valiosa em todos os níveis. Mas o fato de os pais *acreditarem* que os benefícios da educação obedecem a uma curva em S os leva a se comportarem como se houvesse uma armadilha da pobreza e, portanto, inadvertidamente, a criarem-na.

Sistemas escolares elitistas

Os pais não estão sozinhos ao concentrar suas expectativas no sucesso no exame de graduação: todo o sistema educacional é conivente com eles. O currículo e a organização das escolas remontam muitas vezes ao passado colonial, quando as escolas deviam treinar uma elite local para serem aliadas efetivas do Estado colonial, e o objetivo era maximizar a distância entre elas e o restante da população. Apesar do afluxo de novos alunos, os professores ainda partem da premissa de que sua função continua sendo a de preparar os melhores alunos para os difíceis exames que, na maioria dos países em desenvolvimento, funcionam como uma porta de entrada para os últimos anos do ensino médio ou para a faculdade. Associada a isso há uma pressão persistente para "modernizar" o currículo, no sentido de torná-lo mais científico e orientado para a ciência e utilizar livros didáticos mais gordos (e sem dúvida mais pesados), a ponto de o governo indiano estabelecer agora um limite de três quilos para o peso total da mochila que os alunos do primeiro e do segundo ano podem carregar.

Certa vez, acompanhamos alguns funcionários da Pratham até uma escola na cidade de Vadodara, no oeste da Índia. A visita fora anunciada previamente e o professor queria claramente causar uma boa impressão. Sua ideia foi desenhar uma figura extremamente complexa no quadro-negro, representando uma das provas diabolicamente inteligentes pelas quais a geometria euclidiana é famosa, acompanhada por uma longa palestra sobre o diagrama. Todas as crianças (alunos do terceiro ano) estavam dispostas ordenadamente em fileiras no chão e sentadas em silêncio. Algumas podem ter tentado desenhar um simulacro da figura em suas lousas minúsculas, mas a qualidade do giz era tão baixa que era impossível saber. Estava claro que nenhum aluno tinha ideia do que estava acontecendo.

Esse professor não era uma exceção. Vimos inúmeros exemplos desse tipo de viés de elite entre os professores em países em desenvolvimento. Em colaboração com Pascaline Dupas e Michael Kremer, Esther ajudou a projetar uma reorganização das salas de aula do Quênia, aproveitando a vantagem de um professor extra para dividir a classe em duas. Cada turma foi separada por desempenho anterior, para ajudar as crianças a aprender o que ainda não sabiam. Os professores foram então designados aleatoriamente para a faixa "superior" ou "inferior" por uma loteria pública. Os professores que "perderam" na loteria e foram designados para a faixa inferior ficaram chateados, explicando que não ganhariam nada com o ensino e seriam culpados pelas notas baixas de seus alunos. E eles ajustaram seu comportamento de acordo com isso: durante as visitas aleatórias, os professores designados para a faixa inferior eram menos propensos a dar aula, e em vez disso, mais propensos a tomar chá na sala dos professores do que aqueles designados para a faixa superior.[30]

O problema não é a grande ambição em si; o que a torna realmente prejudicial é que ela se combina com a baixa expectativa do que os alunos podem alcançar. Certa vez, fomos ver alguns testes de crianças em Uttarakand, no sopé do Himalaia indiano. Fazia um dia esplêndido de outono e era difícil não sentir que o teste era uma espécie de intrusão. O menino que estávamos tentando testar certamente pensava assim. Ele assentiu vigorosamente quando perguntamos se frequentava a escola e pareceu bastante cordato quando dissemos que faríamos algumas perguntas, mas quando o entrevistador lhe entregou uma folha para ler, ele olhou resolutamente para o outro lado, como somente uma criança de sete anos é capaz de fazer. O entrevistador tentou muito persuadi-lo a apenas dar uma olhada na folha, prometendo belas imagens e uma história divertida, mas ele estava decidido; sua mãe murmurou palavras de encorajamento, mas uma certa indiferença em seus esforços sugeria que ela não esperava que ele mudaria de ideia. Enquanto caminhávamos em direção ao carro após a "entrevista", um homem idoso com um *dhoti* curto e empoeirado (o tipo de tanga que os agricultores usam na região) e uma camiseta amarelada acompanhou nossos passos. "Crianças de lares como os nossos...", disse ele, deixando que adivinhássemos o resto. Tínhamos visto o mesmo pessimismo no rosto da mãe e no de muitas mães como ela: ela não ia dizer isso, mas estávamos perdendo nosso tempo.

As referências a um certo determinismo sociológico antiquado, seja baseado em casta, classe ou etnia, são abundantes em conversas envolvendo os pobres. No final da década de 1990, uma equipe liderada por Jean Dreze preparou um relatório sobre o estado da educação na Índia, o Relatório Público sobre a Educação Básica na Índia (PROBE, na sigla em inglês). Eis uma das conclusões:

> Muitos professores não querem ser lotados em aldeias remotas ou "atrasadas". Uma razão prática é a inconveniência de se deslocar para o trabalho ou de morar num vilarejo remoto com instalações precárias. [...] Outro motivo comum é o seu distanciamento em relação aos moradores do lugar, que são às vezes considerados pessoas que desperdiçam dinheiro com bebidas alcoólicas, que não têm potencial para a educação ou que simplesmente "se comportam como macacos". Áreas remotas ou atrasadas também são vistas como terreno infértil para os esforços de um professor.

Um jovem professor disse simplesmente à equipe que era impossível se comunicar com "filhos de pais toscos".[31]

Em um estudo projetado para descobrir se esse preconceito influenciava o comportamento dos professores com os alunos, pediu-se aos professores para avaliar uma série de exames. Os professores não conheciam os alunos, mas metade deles, escolhidos aleatoriamente, foi informada do nome completo da criança (que inclui o nome da casta). Os demais receberam exames totalmente anônimos. O estudo descobriu que, em média, os professores davam notas significativamente mais baixas aos alunos de casta inferior quando podiam ver sua casta do que quando não podiam. Mas, curiosamente, não eram os professores das castas superiores que faziam isso. Os professores de casta inferior eram, na verdade, *mais* propensos a atribuir notas piores aos alunos de casta inferior. Eles deviam estar convencidos de que essas crianças não podiam se sair bem.[32]

A combinação de expectativas elevadas e pouca fé pode ser bastante letal. Como vimos, a crença na curva em S leva as pessoas a desistirem. Se os professores e os pais não acreditam que a criança pode cruzar o limiar e entrar na parte íngreme da curva em S, é melhor não tentar; o professor ignora as crianças que ficaram para trás e os pais param de se interessar em sua educação. No entanto, esse comportamento *cria* uma armadilha de pobreza, mesmo onde ela não existe. Se desistirem, nunca descobrirão que a criança talvez pudesse ter vencido. E, ao contrário, famílias que presumem que seus filhos podem vencer, ou famílias que não querem aceitar que um filho permaneça sem educação, as quais tendem mais a ser, por razões históricas óbvias, famílias de elite, acabam tendo confirmadas suas "grandes" esperanças. Como um de seus primeiros professores gosta de lembrar, quando Abhijit estava ficando para trás em seus trabalhos escolares no primeiro ano, todo mundo conseguiu de alguma forma se convencer de que isso acontecia porque ele estava muito à frente da classe e entediado. Em consequência, ele foi encaminhado para o ano seguinte, quando, mais uma vez, ficou imediatamente para trás, a ponto de o professor passar a esconder o dever de casa para que os superiores não questionassem a sensatez de tê-lo promovido. Se, em vez de ser filho de dois acadêmicos, ele fosse filho de dois operários fabris, quase certamente teria sido encaminhado para uma educação de recuperação ou teriam pedido que deixasse a escola.

As próprias crianças usam essa lógica ao avaliar suas capacidades. O psicólogo social Claude Steele demonstrou o poder do que ele chama de "ameaça do estereótipo" no contexto dos Estados Unidos: as mulheres se saem melhor em testes de matemática quando são explicitamente informadas de que o estereótipo de que as mulheres são piores em matemática não se aplica àquele teste específico; os afro-americanos se saem pior nos testes se tiverem de começar indicando sua raça na folha de rosto.[33] Seguindo o trabalho de Steele, dois pesquisadores do Banco Mundial fizeram crianças de casta inferior no estado indiano de Uttar Pradesh competir com crianças de casta alta na resolução de labirintos.[34] Eles descobriram que as crianças de casta inferior competiam bem com as de casta alta, desde que a casta não fosse evidente, mas, depois que as crianças de casta inferior são lembradas de que estão competindo com as de casta superior (pelo simples artifício de perguntar-lhes seus nomes completos antes de o jogo começar), elas se saem muito pior. Os autores argumentam que isso pode ser motivado em parte pelo medo de não ser avaliado com justiça pelos organizadores obviamente de elite do jogo, mas também poderia ser a internalização do estereótipo. Uma criança que espera encontrar dificuldades na escola provavelmente culpará a si mesma, e não aos professores, quando não consegue entender o que está sendo ensinado, e pode acabar decidindo que ela não foi feita para a escola — é "burra", como a maioria de sua laia — e desistir totalmente da educação, sonhar acordada na aula ou, como os filhos de Shantarama, simplesmente recusar-se a ir à escola.

Por que as escolas fracassam

Uma vez que, em muitos países em desenvolvimento, tanto o currículo quanto o ensino são planejados para a elite, e não para as crianças comuns que frequentam a escola, as tentativas de melhorar o funcionamento das escolas fornecendo insumos extras costumam ser decepcionantes. No início da década de 1990, Michael Kremer estava procurando um caso de teste simples para realizar uma das primeiras avaliações aleatórias de uma intervenção política num país em desenvolvimento. Para essa primeira tentativa, ele queria um exemplo que não fosse controverso, no qual a intervenção tivesse provavelmente um grande efeito. Os livros-texto pareciam perfeitos: as escolas do oeste do Quênia (onde o estudo seria realizado) tinham muito poucos deles, e o consenso quase universal era de que livros eram insumos essenciais. Entre cem escolas, escolheram-se aleatoriamente 25 para receber livros didáticos (oficialmente aprovados para essas classes). Os resultados foram decepcionantes. Não houve diferença nas pontuações médias dos testes dos alunos que receberam livros didáticos e dos que não receberam. No entanto, Kremer e seus colegas descobriram que as crianças que estavam inicialmente indo muito bem (aquelas que tinham pontuações perto do topo no teste aplicado antes do início do estudo) tiveram uma melhora significativa nas escolas em que receberam livros. A história começou a fazer sentido. O idioma da educação no Quênia é o inglês, e os livros didáticos eram, naturalmente, em inglês. Mas, para a maioria das crianças, o inglês é apenas a terceira língua (depois de sua língua local e do suaíli, o idioma do Quênia), e elas o falam muito mal. Os livros didáticos em inglês nunca seriam muito úteis para a maioria das crianças.[35] Essa experiência foi repetida em muitos lugares com outros insumos (de blocos para cavaletes a melhores proporções de professores). Contudo, se não forem acompanhados por uma mudança na pedagogia ou nos incentivos, novos insumos não ajudam muito.

A essa altura, deve estar claro por que as escolas privadas não se saem melhor em educar a criança média: todo o seu objetivo é preparar as crianças com melhor desempenho para algum exame público difícil, que é o trampolim para coisas maiores, o que exige avançar e cobrir um amplo programa de estudos. O fato de a maioria das crianças ficar para trás é triste, mas inevitável. A escola que Abhijit frequentou em Calcutá tinha uma política mais ou menos explícita de expulsar os últimos da turma todos os anos, de modo que, quando chegasse o exame de graduação, ela pudesse reivindicar um recorde de aprovação perfeito. As escolas primárias quenianas adotam a mesma estratégia, pelo menos a partir do sexto ano. Como os pais compartilham essas preferências, eles têm poucos motivos para pressionar as escolas a se comportarem de outra forma. Os pais, como todo mundo, querem que as escolas ofereçam o que eles entendem ser uma educação de "elite" para os filhos — apesar de não estarem em posição de monitorar se isso é realmente o que está sendo ministrado ou de se perguntar se seus filhos vão se beneficiar com isso. Por exemplo, o ensino da língua inglesa é particularmente popular entre os pais no Sul da Ásia, mas os pais que não falam inglês não têm como saber se os professores são mesmo capazes de dar aula em inglês. O outro lado disso é que os pais têm pouco interesse pelos acampamentos de verão e as aulas noturnas: as crianças que precisam dessas aulas não vão ganhar na loteria, então de que adianta?

Também podemos entender por que as escolas de verão da Pratham funcionavam. O professor da escola pública parece saber como ensinar as crianças mais fracas e está até disposto a colocar algum esforço nisso durante o verão, mas durante o ano letivo regular esse não é o seu trabalho —

ou ele foi levado a acreditar nisso. Recentemente, também em Bihar, avaliamos uma iniciativa da Pratham para integrar totalmente programas de educação e reforço a escolas públicas, treinando os professores para trabalharem com seus materiais e também treinando voluntários para trabalharem como assistentes de professores nessas salas de aula. O resultado foi notável. Nas escolas (escolhidas de forma aleatória) que tiveram o treinamento tanto de professores quanto de voluntários os ganhos foram substanciais, espelhando todos os resultados da Pratham que vimos antes. Por outro lado, onde houve apenas treinamento de professores, nada mudou essencialmente. Os mesmos professores que se saíram tão bem durante os acampamentos de verão falharam completamente em fazer a diferença; as restrições impostas pela pedagogia oficial e o foco particular em cobrir todo o programa parecem ser uma barreira grande. Não podemos culpar os professores por isso. Terminar o currículo é uma exigência da nova Lei de Direito à Educação.

No NÍVEL SOCIAL MAIS AMPLO, esse padrão de crenças e comportamentos significa que a maioria dos sistemas escolares é injusta e ineficaz. Os filhos dos ricos vão para escolas que não só ensinam mais e melhor, mas onde são tratados com compaixão e ajudados a atingir seu verdadeiro potencial. Os pobres acabam em escolas que deixam bem claro que eles não são bem-vindos, a menos que mostrem alguns dons excepcionais, e espera-se que sofram em silêncio até que caiam fora.

Isso cria um enorme desperdício de talento. De todas as pessoas que abandonam a escola em algum ponto entre a escola primária e a faculdade e aquelas que nunca começam a estudar, muitos, talvez a maioria, são vítimas de algum erro de julgamento em algum lugar: pais que desistem cedo demais, professores que nunca tentaram ensiná-los, a timidez dos próprios alunos. Algumas dessas pessoas quase certamente tinham potencial para ser professores de economia ou empreendedores. Em vez disso, tornaram-se trabalhadores diaristas ou comerciários, ou, se tiveram sorte, conseguiram algum cargo administrativo menor. As posições que deixaram vagas foram agarradas, com toda probabilidade, por filhos medíocres de pais que podiam pagar para oferecer a seus filhos todas as oportunidades possíveis de se dar bem.

Os casos de grandes cientistas, desde Albert Einstein até o gênio da matemática indiano Ramanujam, ambos os quais não conseguiram concluir o sistema educacional, são bem conhecidos. A história da empresa Raman Boards sugere que essa experiência pode não estar limitada apenas a algumas pessoas extraordinárias. A Raman Boards fui fundada em Mysore, no final da década de 1970, por um engenheiro tâmil chamado V. Raman. A empresa fabricava produtos de papel de qualidade industrial, como as folhas de papelão usadas em transformadores elétricos. Um dia, V. Raman encontrou o jovem Rangaswami na porta da fábrica, pedindo um emprego. Ele disse que era de uma família muito pobre e tinha alguma formação em engenharia, mas só um curso técnico, não um diploma universitário adequado. Impelido por sua insistência de que era capaz de fazer um bom trabalho, Raman aplicou-lhe um teste rápido de inteligência. Impressionado com o resultado, colocou o jovem sob sua proteção. Quando havia um problema, Rangaswami recebia a tarefa e, trabalhando inicialmente com Raman, mas cada vez mais sozinho, ele apresentava uma solução criativa para o problema. A empresa de Raman acabou sendo comprada pela gigante multinacional sueca ABB e é agora a mais eficiente das muitas fábricas que a ABB administra em todo o mundo, inclusive na Suécia. Rangaswami, o homem que não conseguiu se formar em engenharia, é o chefe da engenharia. Seu colega Krishnachari, outro achado de Raman — um ex-carpinteiro com pouca educação formal —, é um gerente importante da divisão de componentes.

Aroon, filho de Raman, que dirigia a empresa antes de ela ser vendida, comanda agora uma pequena unidade de pesquisa e desenvolvimento com algumas pessoas que estavam com ele na Raman Boards. Sua equipe principal de pesquisa de quatro pessoas inclui duas que nunca concluíram o ensino médio e nenhum engenheiro qualificado. Eles são brilhantes, diz ele, mas no início o problema era que não tinham confiança para falar, então como alguém poderia saber? Foi só porque se tratava de uma empresa pequena, mas que fazia muito P&D, que eles foram descobertos. E mesmo assim foi necessário muito trabalho e paciência para descobrir suas capacidades, e eles precisavam de incentivo constante.

Esse modelo obviamente não é fácil de replicar. O problema é que não existem maneiras diretas de identificar talentos, a menos que alguém esteja disposto a gastar muito tempo fazendo o que deveria estar sendo feito pelo sistema educacional: dar às pessoas oportunidades suficientes para mostrar no que são boas. Contudo, a Raman Boards não é a única empresa que acredita que há muitos talentos desconhecidos por aí. A Infosys, um dos gigantes de TI da Índia, montou centros de teste onde as pessoas, inclusive aquelas sem muita qualificação formal, podem entrar e fazer um teste cujo foco é a inteligência e as habilidades analíticas, em vez do aprendizado de livros didáticos. Aqueles que se saem bem tornam-se trainees, e trainees de sucesso conseguem um emprego. Essa rota alternativa é uma fonte de esperança para aqueles que caíram nos buracos do sistema educacional. Quando a Infosys fechou seus centros de testes durante a recessão global, isso foi notícia de primeira página na Índia.

Uma combinação de objetivos irrealistas, expectativas desnecessariamente pessimistas e incentivos errados para os professores contribui para o fracasso dos sistemas educacionais nos países em desenvolvimento em suas duas tarefas principais: dar a todos um conjunto básico de capacidades e identificar talentos. Além disso, de certa forma, o trabalho de fornecer educação de qualidade está se tornando mais difícil. Em todo o mundo, os sistemas educacionais estão sob pressão. As matrículas aumentaram mais rápido do que os recursos, e, com o crescimento dos setores de alta tecnologia, há um aumento mundial na demanda pelo tipo de pessoa que costumava se tornar professor. Agora, eles estão se tornando programadores, gerentes de sistemas de computação e banqueiros. Isso criará um problema particularmente sério para encontrar bons professores no nível médio e além.

Existe uma saída ou o problema é simplesmente difícil demais?

A reengenharia da educação

A boa notícia — e, de fato, uma notícia muito boa — é que todos os indícios que temos sugerem fortemente que garantir que todas as crianças aprendam bem o básico na escola não só é possível como também bastante fácil, contanto que nos concentremos em fazer exatamente isso.

Um experimento social notável de Israel mostra o quanto as escolas podem fazer. Em 1991, num único dia, 15 mil judeus etíopes mais ou menos indigentes, entre eles muitas crianças, foram levados de avião de Adis Abeba para comunidades espalhadas por todo Israel. Lá, essas crianças, cujos pais haviam concluído em média entre um e dois anos de escolaridade, ingressaram na escola primária com outras crianças israelenses, tanto colonos de longa data quanto imigrantes recentes da Rússia, cujos pais tinham em média 11,5 anos de escolaridade. Os antecedentes familiares dos dois grupos não poderiam ser mais diferentes. Anos mais tarde, quando aqueles que entraram na escola em 1991 estavam prestes a se formar no ensino médio, as diferenças haviam diminuído consideravelmente: 65% das crianças etíopes haviam atingido o último ano do ensino médio sem repetição de ano, em comparação com uma porcentagem ligeiramente maior de 74% dos emigrantes russos. Acontece que mesmo a desvantagem mais grave em termos de antecedentes familiares e condições iniciais de vida pode ser amplamente compensada, pelo menos nas escolas israelenses, nas quais se atendem as condições certas.[36]

Experimentos bem-sucedidos nos deram várias ideias sobre como criar essas condições. Um primeiro fator é o foco nas capacidades básicas e o comprometimento com a ideia de que *toda criança* pode dominá-las, desde que ela e seu professor se esforcem o suficiente para fazê-lo. Este é o princípio fundamental por trás do programa da Pratham, mas é também uma atitude que está sintetizada nas escolas charter "sem desculpa"* nos Esta-

---

* *Charter school*: escola particular independente, criada por professores, pais ou grupos comunitários, mas subvencionada por fundos públicos. "Sem desculpa" refere-se, entre outros aspectos, à disciplina rígida implantada nesse tipo de escola. (N. T.)

dos Unidos.³⁷ Essas escolas, como as do Programa Conhecimento É Poder (KIPP, na sigla em inglês), o Harlem Children's Zone e outras, atendem principalmente alunos de famílias pobres (em particular, crianças negras), com um currículo que se concentra na aquisição sólida de capacidades básicas e medições contínuas do que as crianças realmente sabem. Sem esse diagnóstico, é impossível avaliar o progresso delas.

Vários estudos baseados na comparação de ganhadores e perdedores nas loterias de admissão mostram que essas escolas são extremamente eficazes e bem-sucedidas. Um estudo das escolas charter de Boston sugere que quadruplicar a capacidade das escolas charter e manter o mesmo perfil demográfico dos alunos teria o potencial de eliminar até 40% da defasagem nas pontuações dos testes de matemática entre crianças brancas e negras da cidade.³⁸ O mecanismo em jogo é exatamente o que vemos nos programas da Pratham: crianças que estão completamente perdidas no sistema escolar normal (suas pontuações nos testes estão muito aquém das de outras crianças quando entram nas escolas charter) ganham uma chance de se recuperar, e muitas conseguem.

Uma segunda boa notícia advinda do trabalho da Pratham é que é preciso relativamente pouco treinamento para ser um professor de reforço eficaz, pelo menos nos anos iniciais. Os voluntários que causaram efeitos tão incríveis eram, em sua maioria, estudantes universitários e outras pessoas com uma semana ou dez dias de treinamento em pedagogia. Ademais, isso vai além do ensino apenas de leitura e aritmética básica. O mesmo programa em Bihar que coloca voluntários nas salas de aula também os faz ensinar as crianças que sabiam ler bem a usar suas habilidades de leitura para aprender — a Pratham chama isso de Ler para Aprender, a continuação do mais básico Aprender a Ler —, e os ganhos no aprendizado foram substanciais. As escolas charter usam principalmente professores jovens e entusiasmados, e eles são capazes de ajudar de forma significativa as crianças de todo o ensino fundamental.

Em terceiro lugar, há grandes ganhos potenciais a serem obtidos com a reorganização do currículo e das salas de aula para permitir que as crianças aprendam em seu próprio ritmo e, em particular, para garantir que as que estão ficando para trás possam se concentrar no básico. Agrupar as crianças de acordo com seu desempenho é uma maneira de fazer isso. No Quênia, o estudo mencionado anteriormente comparou dois modelos para designar alunos do primeiro ano a duas turmas separadas. Em um modelo, as crianças foram designadas aleatoriamente para uma sala de aula. No outro, foram separadas com base no que já sabiam. Quando foram distribuídos de acordo com seu nível inicial, para que os professores pudessem atender melhor às suas necessidades, os alunos em todos os níveis de desempenho inicial se saíram melhor. E os ganhos foram persistentes: no final do terceiro ano, os alunos que foram agrupados dessa forma no primeiro e no segundo ano continuavam se saindo melhor do que os que haviam sido distribuídos de maneira aleatória.[39] Alternativamente, pode-se encontrar outras maneiras de adaptar o ensino às necessidades de cada aluno. Uma possibilidade é tornar os limites entre os anos mais fluidos, de modo que uma criança cuja idade a coloque no quinto ano, mas que precise fazer o segundo em algumas matérias, possa fazê-lo sem estigma adicional.

De forma mais geral, muito poderia ser feito para mudar as expectativas irrealistas de todos. Um programa em Madagascar que simplesmente informava os pais sobre os ganhos médios de renda de passar mais um ano na escola *para crianças de origens semelhantes às deles* teve um efeito positivo considerável nas pontuações dos testes, e, no caso dos pais que descobriram que subestimavam os benefícios da educação, os ganhos foram duas vezes maiores.[40] Um estudo anterior na República Dominicana produziu resultados semelhantes com alunos do ensino médio.[41] Como o simples repasse de informações aos pais pelos professores é essencialmente gratuito, trata-se da maneira mais barata conhecida até hoje de melhorar os resultados dos testes entre todas as intervenções que foram avaliadas.

Também pode ser uma boa ideia tentar estabelecer metas mais imediatas para crianças e professores. Desse modo, todos podem parar de se concentrar tanto naquele resultado elusivo no final de muitos anos. Um programa no Quênia que oferecia uma bolsa de US$20 PPC no ano seguinte para meninas que pontuassem entre os 15% melhores em um exame não só fez com que as meninas se saíssem muito melhor como também pressionou os professores a trabalharem mais (para ajudar as meninas), o que significou que os meninos também se saíram melhor, embora não houvesse bolsa para eles.[42] Nos Estados Unidos, recompensar crianças por atingirem objetivos de longo prazo (como tirar notas altas) não teve sucesso, mas recompensá-las pelo esforço na leitura mostrou-se extremamente eficaz.[43]

Por fim, tendo em vista que é difícil encontrar bons professores e que a tecnologia da informação está cada vez melhor e mais barata, parece racional usá-la mais. No entanto, a visão atual que a comunidade educacional tem do uso da tecnologia no ensino não é particularmente positiva. Mas isso se baseia sobretudo na experiência dos países ricos, onde a alternativa ao ensino por computador é, em grande parte, ser ministrado por um professor bem formado e motivado. Como vimos, nem sempre é assim nos países pobres. E, na verdade, os indícios do mundo em desenvolvimento, embora esparsos, são bastante positivos. No início da década de 2000, fizemos a avaliação de um programa de aprendizado assistido por computador executado em colaboração com a Pratham nas escolas públicas de Vadodara. O programa era simples. Pares de alunos do terceiro e quarto anos tinham de jogar no computador. O jogo envolvia resolver problemas matemáticos cada vez mais difíceis; o sucesso em resolvê-los dava ao vencedor a chance de jogar um pouco de lixo no espaço sideral (tratava-se de um jogo politicamente correto). Embora eles só pudessem jogar duas horas por semana, os ganhos desse programa em termos de notas em matemática foram tão grandes quanto aqueles de algumas das intervenções educacionais mais bem-sucedidas que foram tentadas em vários contextos ao longo dos anos — e isso era verdade para todos: as crianças mais fortes se saíram melhor, e também as mais fracas. Isso ressalta o que é particularmente bom no computador como ferramenta de aprendizagem: cada criança é capaz de definir seu próprio ritmo ao longo do programa.[44]

A MENSAGEM DE REDUZIR as expectativas das escolas, focar nas competências essenciais e usar a tecnologia para complementar ou, se necessário, substituir os professores não agrada alguns especialistas em educação. A reação deles talvez seja compreensível — parece que estamos sugerindo um sistema educacional de dois níveis, um para os filhos dos ricos, que sem dúvida serão ensinados segundo os mais altos padrões de escolas particulares, e um para os demais. Essa objeção não é de todo infundada, mas, infelizmente, a divisão já existe, com a diferença de que o sistema atual não oferece essencialmente nada a uma grande fração de crianças. Se o currículo fosse simplificado de forma radical, se a missão do professor fosse claramente definida como a de fazer todos dominarem cada parte dele e se as crianças pudessem aprender em seu próprio ritmo, repetindo se necessário, a grande maioria das crianças obteria algo dos anos que passam na escola. Além disso, os talentosos teriam a chance de descobrir seus próprios dons. É verdade que daria bastante trabalho colocá-los em condições de igualdade com aqueles que frequentaram escolas de elite, mas se eles tiverem aprendido a acreditar em si mesmos talvez tenham uma chance, especialmente se houver disposição do sistema de ajudá-los a chegar lá.[45] Reconhecer que as escolas devem servir aos alunos que têm, em vez daqueles que talvez gostariam de ter, pode ser o primeiro passo para um sistema escolar que dê uma chance a todas as crianças.

5. A grande família de Pak Sudarno

SANJAY GANDHI, o filho mais moço da primeira-ministra indiana Indira Gandhi e seu herdeiro natural até morrer num acidente de avião, em 1981, estava convencido de que o controle populacional precisava ser uma parte essencial do plano de desenvolvimento da Índia. Era o tema central de suas muitas aparições públicas durante o período denominado Emergência (meados de 1975 até o início de 1977), quando os direitos democráticos foram temporariamente suspensos, e Sanjay Gandhi, apesar de não ocupar um cargo oficial, dirigia as coisas abertamente. O programa de planejamento familiar deve receber "a máxima atenção e importância", disse ele numa citação caracteristicamente discreta, "porque todo o nosso progresso industrial, econômico e agrícola seria inútil se a população continuasse a crescer à taxa atual".[1]

A Índia teve uma longa história de planejamento familiar, a partir de meados da década de 1960. Em 1971, o estado de Kerala experimentou serviços de esterilização móveis, o método dos "acampamentos de esterilização", que seria a base do plano de Sanjay Gandhi durante a Emergência. Embora a maioria dos políticos antes dele tivesse identificado o controle populacional como uma questão importante, Sanjay Gandhi trouxe para o problema um nível de entusiasmo sem precedentes e a capacidade (e disposição) de usar quantas armas fossem necessárias para implementar as políticas escolhidas. Em abril de 1976, o Gabinete Indiano aprovou uma declaração formal de política populacional nacional que pedia uma série de medidas para estimular o planejamento familiar, notadamente grandes incentivos financeiros para aqueles que concordassem em ser esterilizados (como o salário de um mês ou prioridade numa lista de moradia), e, mais assustadoramente, autorização para cada estado elaborar leis de esterilização obrigatória (para, digamos, todos com mais de dois filhos). Embora apenas um estado tenha proposto uma lei desse tipo (e que nunca foi aprovada), os estados foram explicitamente pressionados a estabelecer cotas de esterilização e cumpri-las, e todos, exceto três, escolheram "voluntariamente" metas maiores do que as propostas pelo governo central. As metas totalizaram 8,6 milhões de esterilizações para 1976-7.

Uma vez estabelecidas, as cotas foram levadas a sério. O chefe da burocracia de Uttar Pradesh escreveu por telégrafo aos seus principais subordinados em campo: "Informe todos que não cumprimento das metas mensais resultará não só interrupção salários, mas também suspensão e penalidades mais severas. Galvanize toda máquina administrativa imediatamente repito imediatamente e continue relatar progresso diário por meio de rádio para mim e secretário ministro-chefe". Cada funcionário do governo, até o nível da aldeia, sem exclusão dos inspetores ferroviários e professores de escolas, deveria conhecer o público-alvo local. Os pais de crianças em idade escolar foram visitados por professores que lhes disseram que, no futuro, seus filhos poderiam ter a matrícula negada se não concordassem com a esterilização. Pessoas que viajavam de trem sem passagem — uma prática amplamente aceita entre os pobres até então — pagavam pesadas multas, a menos que optassem pela esterilização. Não surpreende que a pressão tenha ocasionalmente ido muito mais longe. Em Uttawar, um vilarejo muçulmano perto de Delhi, todos os moradores do sexo masculino foram detidos uma noite pela polícia, enviados às delegacias sob acusações falsas e de lá mandados para a esterilização.

A política parece ter alcançado sua meta imediata, embora os incentivos provavelmente também tenham levado a algum exagero na notificação do número de esterilizações. Em 1976-7, consta que 8,25 milhões de pessoas foram esterilizadas, 6,5 milhões delas apenas durante o período de julho a dezembro de 1976. No final de 1976, ao todo, 21% dos casais indianos já tinham sido esterilizados. Mas as violações das liberdades civis que eram parte integrante da implementação do programa foram amplamente afetadas, e em 1977, quando a Índia finalmente realizou eleições, as discussões sobre a política de esterilização constituíram uma parte fundamental do debate, conforme captado de forma mais memorável pelo slogan *"Indira hatao, indiri bachao"* (livre-se de Indira e salve seu pênis). É amplamente aceito que a derrota de Indira Gandhi nas eleições de 1977 foi em parte motivada pelo ódio popular a esse programa. O novo governo reverteu imediatamente a política.

Em uma dessas reviravoltas irônicas que deliciam os historiadores, não é inconcebível que, a longo prazo, Sanjay Gandhi tenha, na verdade, contribuído para o crescimento mais rápido da população indiana. Manchadas pela Emergência, as políticas de planejamento familiar na Índia recuaram para as sombras e lá permaneceram; alguns estados, como o Rajastão, continuam a promover a esterilização de forma voluntária, mas ninguém, exceto a burocracia da saúde, parece ter algum interesse nisso. Porém, a suspeita generalizada das motivações do Estado parece ser um dos resíduos mais duráveis da Emergência; por exemplo, ainda se ouve falar rotineiramente de pessoas em favelas e aldeias que recusam a vacina contra a pólio porque acreditam que é uma forma de esterilizar secretamente as crianças.

Esse episódio em particular e a política draconiana do filho único na China são os exemplos mais conhecidos de medidas de controle da população aplicadas com severidade, mas a maioria dos países em desenvolvimento tem alguma forma de política populacional. Em artigo publicado na *Science*, em 1994, John Bongaarts, do Population Council, estimou que, em 1990, 85% da população do mundo em desenvolvimento vivia em países cujo governo tinha a concepção explícita de que sua população era grande demais e precisava ser controlada por meio de planejamento familiar.[2]

Há certamente muitas razões para o mundo em geral se preocupar com o crescimento populacional hoje. Jeffrey Sachs fala sobre isso em seu livro *Common Wealth*.[3] O mais óbvio é seu impacto potencial no meio ambiente. O crescimento populacional contribui para as crescentes emissões de dióxido de carbono e, portanto, para o aquecimento global. A água potável está ficando mais escassa a cada dia em alguns lugares do mundo, em parte porque há mais pessoas bebendo e em parte porque ter mais pessoas significa cultivar mais alimentos e, portanto, usar mais água para irrigação (70% da água doce é usada para irrigação). A OMS estima que um quinto da população mundial vive em áreas onde a água potável é escassa.[4] Trata-se, sem dúvida, de questões de vital importância, e é provável que cada família que decide quantos filhos terá não as leve totalmente em consideração, razão pela qual uma política populacional pode ser necessária. O problema é que é impossível desenvolver uma política populacional razoável sem entender por que algumas pessoas têm tantos filhos: elas são incapazes de controlar sua própria fecundidade (devido à falta de acesso a anticoncepcionais, por exemplo), ou é uma escolha? E quais são os motivos dessa escolha?

O que há de errado com famílias grandes?

Os países mais ricos têm menor crescimento populacional. Por exemplo, um país como a Etiópia, onde a taxa de fecundidade total é de 6,12 filhos por mulher, é 51 vezes mais pobre do que os Estados Unidos, onde a taxa de fecundidade total é de 2,05.

Essa correlação convenceu muita gente, inclusive acadêmicos e formuladores de políticas, da validade de um antigo argumento popularizado pela primeira vez pelo reverendo Thomas Malthus, professor de história e economia política no East India Company College, perto de Londres, na virada do século XVIII. Malthus acreditava que os recursos que os países têm são mais ou menos fixos (seu exemplo favorito era a terra) e, portanto, pensava que o crescimento populacional iria deixá-los mais pobres.[5] Por essa lógica, a Peste Negra, que se acredita ter matado metade da população da Grã-Bretanha entre 1348 e 1377, deveria receber crédito pelos anos de altos salários que se seguiram. Alwyn Young, economista da London School of Economics, repetiu recentemente esse argumento no contexto da atual epidemia de HIV/aids, na África. Em um artigo intitulado "O presente da morte", ele sustentou que essa epidemia melhoraria a situação das gerações futuras de africanos ao reduzir a fecundidade.[6] Essa redução ocorre tanto diretamente, por meio da relutância em praticar sexo desprotegido, quanto indiretamente, porque a escassez de mão de obra resultante torna mais atraente para as mulheres trabalhar em vez de ter filhos. Young calculou que, na África do Sul, nas próximas décadas, a "dádiva" de uma população reduzida seria grande o suficiente para superar o fato de que muitos dos órfãos da aids não receberiam uma educação adequada; a África do Sul poderia ficar 5,6% mais rica para sempre em consequência direta do HIV. Ele concluiu observando, sem dúvida para o benefício de seus leitores mais sensíveis: "Não se pode lamentar indefinidamente o flagelo do alto crescimento populacional no mundo em desenvolvimento e depois concluir que uma reversão desse processo é um desastre econômico igual".

O artigo de Young gerou uma controvérsia acalorada sobre se a epidemia de HIV/aids causa de fato um declínio na fecundidade. Um acompanhamento cuidadoso refutou desde então essa alegação.[7] No entanto, as pessoas estavam mais dispostas a admitir sua outra premissa: a de que um corte na fecundidade tornaria todos mais ricos.

Contudo, isso é menos óbvio do que parece. Afinal, há muitas vezes mais pessoas no planeta hoje do que quando Malthus formulou pela primeira vez sua hipótese, e a maioria de nós é mais rica do que os contemporâneos do reverendo. O progresso tecnológico, que não figurava nas teorias de Malthus, tem um jeito de fazer os recursos aparecerem do nada; quando há mais gente por perto, há mais pessoas em busca de novas ideias e, portanto, os avanços tecnológicos talvez sejam mais prováveis. Com efeito, durante a maior parte da história humana (a partir de 1 milhão a.C.), regiões ou países que tinham mais pessoas cresceram *mais rápido* do que o resto.[8]

Portanto, é improvável que o caso seja resolvido em terreno puramente teórico. E o fato de que hoje os países com maiores taxas de fecundidade sejam mais pobres não nos diz que eles são mais pobres em virtude da alta fecundidade: talvez tenham alta fecundidade porque são pobres, ou algum terceiro fator poderia causar alta fecundidade e pobreza. Mesmo o "fato" de que períodos de rápido crescimento econômico coincidem frequentemente com quedas acentuadas na fecundidade, como na Coreia e no Brasil na década de 1960, é, na melhor das hipóteses, ambíguo. As famílias começaram a ter menos filhos quando o crescimento se acelerou, talvez porque tivessem menos tempo para cuidar deles? Ou a redução da fecundidade liberou recursos para outros investimentos?

Como já tivemos de fazer muitas vezes, se quisermos ter alguma esperança de progredir nessa questão precisamos mudar de perspectiva, deixar a grande questão de lado e nos concentrar nas vidas e escolhas das pessoas pobres. Uma maneira de começar é ver o que acontece dentro da família: as famílias grandes são mais pobres porque são grandes? Elas têm menos condições de investir na educação e saúde dos filhos?

Um dos slogans favoritos de Sanjay Gandhi era "Uma família pequena é uma família feliz". Acompanhado por uma imagem de desenho animado de um casal sorridente com seus dois filhos gordinhos, era um dos cartazes mais universais no final da década de 1970, na Índia. Poderia ter sido a ilustração de um argumento influente apresentado pelo ganhador do prêmio Nobel de economia Gary Becker. As famílias, sustentava ele, enfrentam o que chamou de "trade-off qualidade-quantidade". Ou seja, quando há mais filhos, cada um deles será de "qualidade" inferior, porque os pais vão dedicar menos recursos para alimentar e educar todos adequadamente.[9] Isso seria particularmente verdadeiro se os pais acreditassem, de forma correta ou equivocada, que vale a pena investir mais nos filhos mais "dotados", o que, como já discutimos, é o que acontece no mundo em forma de S. Algumas crianças podem acabar tendo suas chances na vida totalmente negadas. Se as crianças nascidas em famílias grandes têm menos probabilidade de receber educação, nutrição e cuidados de saúde adequados (o que os economistas chamam de investimento em capital humano), e se as famílias pobres têm maior probabilidade de serem grandes (digamos, porque não podem pagar por contracepção), isso cria um mecanismo para a transmissão intergeracional da pobreza, no qual pais pobres geram (muitos) filhos pobres. Essa armadilha da pobreza poderia fornecer uma justificativa para uma política populacional, argumento que Jeffrey Sachs apresenta em *Common Wealth*.[10] Mas isso é realmente verdade? As crianças que crescem em famílias maiores têm desvantagens óbvias? Em nosso conjunto de dados de dezoito países, crianças nascidas em famílias numerosas tendem a ter menos educação, embora isso não seja verdade em todos os lugares — a Indonésia rural,[11] a Costa do Marfim e Gana[12] estão entre as exceções. Porém, mesmo quando é verdade, não há presunção de que seja *porque* os filhos têm muitos irmãos que eles são pobres e menos instruídos. Pode ser que famílias pobres que optam por ter muitos filhos também não valorizem tanto a educação.

Para testar o modelo de Becker e descobrir se um aumento no tamanho da família leva à redução do investimento no capital humano das crianças, alguns pesquisadores tentaram examinar casos em que o aumento estava em parte fora do controle da família. Seus resultados são surpreendentes: em tais casos, eles não encontraram indícios de que as crianças nascidas em famílias menores são realmente mais educadas.

Um exemplo de situação em que uma família acaba com mais filhos do que o esperado, visto que a maioria dos pobres do mundo não usa terapias para aumentar a fertilidade, é o nascimento de gêmeos: se a família planejava ter dois filhos, por exemplo, mas os gêmeos nascem no segundo nascimento, o primeiro filho tem então mais um irmão do que teria de outra forma. A composição sexual da prole é outro fator. Muitas vezes, as famílias desejam ter um menino e uma menina. Isso significa que um casal cujo segundo filho é do mesmo sexo do primeiro tem maior probabilidade de planejar um terceiro do que uma família que já tem um menino e uma menina.[13] Em muitos países em desenvolvimento, os pais também têm maior probabilidade de ter um filho adicional se ainda não tiveram um menino. Compare-se uma menina que é o primeiro filho e tem uma irmã com outra que tem um irmão mais novo: a primeira tem probabilidade maior de crescer com dois ou mais irmãos do que a última, pelo motivo puramente acidental (pelo menos até o advento das tecnologias de seleção de sexo infantil) de que tinha uma irmã mais nova, em vez de um irmão mais novo. Um estudo em Israel que se concentrou nessas fontes de variação no tamanho da família descobriu, surpreendentemente, que o tamanho grande da família parece não ter tido efeitos adversos na educação dos filhos, mesmo entre os árabes israelenses, que são em sua maioria muito pobres.[14]

Nancy Qian encontrou um resultado ainda mais provocativo quando examinou o efeito da política do filho único na China. Em algumas áreas, a política foi relaxada para permitir que uma família cujo primeiro filho era uma menina tivesse um segundo filho. Ela descobriu que as meninas que, por causa dessa política, tinham um irmão que de outra forma não teriam receberam *mais* educação, não menos,[15] em aparente contestação ao teorema de Becker.

Outro dado revelador vem de Matlab, em Bangladesh. A região foi o cenário de uma das experiências mais impressionantes de planejamento familiar voluntário do mundo. Em 1977, uma amostra de metade de 141 aldeias foi selecionada para receber um programa intensivo de planejamento familiar denominado Programa de Planejamento Familiar e Saúde Materno-Infantil. A cada duas semanas, uma enfermeira treinada levava serviços de planejamento familiar às casas de todas as mulheres casadas em idade fértil que estivessem dispostas a recebê-la. Ela também oferecia ajuda com cuidados pré-natais e imunizações. Talvez não seja surpreendente que o programa tenha levado a uma redução acentuada no número de crianças. Em 1996, as mulheres das áreas do programa com idades entre trinta e 55 anos já tinham cerca de 1,2 crianças a menos do que as das áreas que não receberam o programa. Essa mudança foi acompanhada pela queda em um quarto da mortalidade infantil, mas, como o programa também interveio diretamente para melhorar a saúde infantil, não há razão para atribuir o aumento da sobrevivência infantil à mudança na fecundidade. Contudo, apesar do fato de que a fecundidade diminuiu e muito mais dinheiro foi gasto para tornar as crianças mais saudáveis, em 1996 não havia diferença significativa na altura, peso, matrícula escolar ou anos de educação alcançados por meninos ou meninas. Mais uma vez, a relação qualidade-quantidade parece estar ausente.[16]

É evidente que esses três estudos sozinhos não podem ser a última palavra, e certamente há necessidade de mais pesquisas, mas, por enquanto, nossa leitura dos indícios, ao contrário do que Sachs argumenta em *Common Wealth*, é que não há uma prova flagrante de que famílias maiores são ruins para as crianças. Desse modo, é difícil justificar o planejamento familiar de cima para baixo como meio de proteger as crianças de terem de crescer em famílias numerosas.

No ENTANTO, que o tamanho da família não afete adversamente as crianças parece contrário ao senso comum: se os mesmos recursos tiverem de ser compartilhados entre mais pessoas, pelo menos algumas delas deverão ficar com menos. Se não são as crianças que sofrem, quem é? Uma resposta possível é a mãe.

O programa Profamilia, na Colômbia, sugere que isso é definitivamente algo com que se preocupar. Lançado por um jovem obstetra chamado Fernando Tamayo, em 1965, o Profamilia foi o principal fornecedor de anticoncepcionais na Colômbia nas décadas seguintes e é um dos programas de planejamento familiar mais antigos do mundo. Em 1986, 53% das mulheres colombianas em idade reprodutiva usavam anticoncepcionais, obtidos principalmente por meio do Profamilia. E as mulheres que tiveram acesso ao planejamento familiar na adolescência por meio desse programa tinham mais escolaridade e eram 7% mais propensas a trabalhar no setor formal do que aquelas que não o fizeram.[17]

De forma semelhante, as mulheres de Bangladesh que se beneficiaram do programa em Matlab eram mais pesadas e altas do que as do grupo de comparação e também ganhavam mais. A disponibilidade de anticoncepcionais dá às mulheres mais controle sobre suas vidas reprodutivas — elas podem decidir não apenas quantos bebês terão, mas também quando tê-los. E há evidências claras de que engravidar muito cedo na vida é muito ruim para a saúde da mãe.[18] Além disso, uma gravidez precoce, ou até mesmo o casamento, resulta geralmente em abandono da escola.[19] Mas situar a defesa do planejamento familiar no desejo da sociedade de proteger a mãe levanta uma questão óbvia: se engravidar na hora errada não é do interesse dela, por que isso acontece? De maneira mais geral, como as famílias tomam decisões a respeito de fecundidade e quanto controle as mulheres têm sobre essas decisões?

Os pobres controlam suas decisões sobre fecundidade?

Uma razão pela qual os pobres podem não ser capazes de controlar sua fecundidade é que talvez não tenham acesso a métodos anticoncepcionais modernos. De acordo com o relatório oficial da ONU sobre o progresso em direção aos Objetivos de Desenvolvimento do Milênio, o atendimento da "demanda não atendida" por anticoncepcionais modernos poderia "resultar numa queda de 27% nas mortes maternas a cada ano, reduzindo o número anual de gravidezes indesejadas de 75 milhões para 22 milhões".[20] Mulheres pobres e sem instrução têm probabilidade muito menor de usar anticoncepcionais do que mulheres mais ricas e instruídas. Além disso, na última década, não houve aumento do uso de contraceptivos modernos entre as mulheres pobres.

No entanto, *baixo* uso não é necessariamente um sinal de *falta de acesso*. Os mesmos tipos de guerras de oferta e demanda que animaram o campo da educação têm seus equivalentes na arena do planejamento familiar e, de modo talvez não surpreendente, os *wallahs* da oferta e da demanda são muitas vezes as mesmas pessoas. Os *wallahs* da oferta (como Jeffrey Sachs) enfatizam a importância do acesso à contracepção, observando que as pessoas que usam métodos anticoncepcionais modernos têm taxas de fecundidade muito mais baixas; os *wallahs* da demanda replicam que essa relação só reflete o fato de que aqueles que desejam reduzir a fecundidade encontram geralmente o caminho para o tipo certo de contracepção sem qualquer ajuda externa; portanto, apenas disponibilizar a contracepção não adianta muito.

Para descobrir se era esse o caso, Donna Gibbons, Mark Pitt e Mark Rosenzweig compararam meticulosamente os dados sobre o número de clínicas de planejamento familiar disponíveis em três momentos (1976, 1980 e 1986) em cada um dos milhares de subdistritos indonésios com dados de pesquisa em nível de aldeia sobre fecundidade.[21] Como era de imaginar, eles descobriram que as regiões que tinham mais clínicas tinham fecundidade mais baixa. Porém, descobriram também que o declínio na fecundidade ao longo do tempo não estava relacionado ao aumento no número de clínicas. Concluíram então que as instalações de planejamento familiar eram fornecidas onde as pessoas as desejavam, mas não tinham efeito direto sobre a fecundidade. *Wallahs* da demanda 1 × *wallahs* da oferta 0.

O programa de Matlab é há muito tempo o garoto-propaganda dos *wallahs* da oferta. Aqui, pelo menos, argumentam eles, há provas incontestáveis de que a disponibilidade de anticoncepcionais faz a diferença. Como vimos, em 1996, as mulheres de trinta a 55 anos tinham em média 1,2 menos filhos nas áreas do programa do que nas áreas de controle. Mas o programa de Matlab fazia muito mais do que apenas disponibilizar anticoncepcionais. Um de seus componentes principais era a visita quinzenal de uma trabalhadora de saúde a domicílios onde as mulheres estavam em *purdah** e, portanto, com mobilidade limitada, levando a discussão sobre contracepção a lugares onde ela costumava ser tabu. (Isso também tornou o programa caro; Lant Pritchett, então economista do Banco Mundial, estimou que o programa de Matlab custava 35 vezes mais por mulher fértil e por ano do que o programa de planejamento familiar típico na Ásia.)[22] Assim, é plausível que o programa alterasse diretamente o número desejado de filhos das famílias, em vez de apenas dar-lhes algumas ferramentas que pudessem usar para controlar a fecundidade. Além disso, desde cerca de 1991, a fecundidade parou de cair nas áreas do programa e a diferença entre as áreas do programa e outras áreas de controle começou a diminuir. Em 1998, o último ano para o qual temos dados, a taxa de fecundidade total era de 3,0 nas áreas do programa, 3,6 nas áreas de controle e 3,3 no restante de Bangladesh.[23] O programa de Matlab pode ter simplesmente acelerado uma tendência de redução da fecundidade que estava acontecendo no restante do país. Então, na melhor das hipóteses, parece que temos um empate.

O estudo do programa Profamilia colombiano também concluiu que ele teve muito pouco efeito na fecundidade geral. O acesso ao Profamilia levou as mulheres a terem apenas cerca de 5% menos filhos em suas vidas, o que é menos de um décimo do declínio total da fecundidade desde os anos 1960. *Wallahs* da demanda 2 × *wallahs* da oferta 0.

Assim, os dados parecem dar a vitória aos *wallahs* da demanda: o acesso aos contraceptivos pode deixar as pessoas felizes, pois lhes dá uma maneira muito mais conveniente de controlar sua fecundidade do que a alternativa disponível. Mas parece fazer, por si só, pouco para reduzir a fecundidade.

---

* *Purdah*: costume de algumas culturas islâmicas ou hindus de impedir que as mulheres sejam vistas por homens que não sejam seus parentes diretos. (N.T.)

Sexo, uniformes escolares e sugar daddies

O que o melhor acesso a anticoncepcionais pode fazer, no entanto, é ajudar as adolescentes a adiar a gravidez. O programa Profamilia fez isso na Colômbia e ajudou as mulheres a conseguirem empregos melhores no futuro. Infelizmente, em muitos países, as adolescentes são proibidas de acessar os serviços de planejamento familiar, a menos que seus pais deem consentimento oficial. As adolescentes podem ser as mais propensas a ter uma necessidade não atendida de contracepção, principalmente porque muitos países não reconhecem a legitimidade de seus desejos sexuais ou presumem que têm tão pouco controle que não seriam capazes de usar a contracepção adequadamente. O resultado é que as taxas de gravidez na adolescência são extremamente altas em muitos países em desenvolvimento, especialmente na África subsaariana e na América Latina. De acordo com a OMS, a taxa de gravidez na adolescência está acima de 10% na Costa do Marfim, no Congo e na Zâmbia; e México, Panamá, Bolívia e Guatemala têm taxas entre 8,2 e 9,2 nascimentos por cem mulheres adolescentes (nos Estados Unidos, que têm uma das maiores taxas de gravidez na adolescência do mundo desenvolvido, há 4,5 nascimentos por cem mulheres adolescentes).[24] Além disso, o pouco que parece ser feito a respeito dessa questão ou da questão relacionada da propagação de doenças sexualmente transmissíveis (inclusive HIV/aids) tende a errar completamente o alvo.

Esther encontrou um exemplo claro das consequências desse tipo de esforço equivocado no Quênia. Com Pascaline Dupas e Michael Kremer, ela acompanhou meninas escolares, inicialmente com idades de doze a catorze anos, que nunca haviam engravidado.[25] Um, três e cinco anos depois, as taxas médias de gravidez entre elas foram de 5%, 14% e 30%, respectivamente. A gravidez precoce não é apenas indesejável por si só, mas também um marcador de sexo de risco, o que no Quênia significa um risco maior de contrair HIV/aids. A estratégia oficial para lidar com o problema nesse país, resultado de um delicado compromisso negociado entre grupos civis, várias igrejas, organizações internacionais e o governo, enfatiza principalmente que a abstinência sexual é a única solução infalível. A mensagem padrão apresenta uma hierarquia clara de estratégias: Abstenha-se, seja fiel, use preservativo... ou você morre (ou em outras palavras, ABCD*). Nas escolas, as crianças são ensinadas a evitar sexo até o casamento, e os preservativos não são discutidos. Por muitos anos, essa tendência foi encorajada pelo governo americano, que concentrou seu dinheiro de prevenção da aids somente em programas de abstinência.²⁶

A estratégia presume que os adolescentes não são responsáveis ou inteligentes o suficiente para pesar os custos e benefícios da atividade sexual e do uso de preservativo. Se esse fosse realmente o caso, afastá-los totalmente do sexo (ou pelo menos do sexo fora do casamento) seria a única maneira de protegê-los. Mas vários experimentos simultâneos que Esther, Pascaline Dupas e Michael Kremer realizaram no Quênia sugerem que, muito pelo contrário, os adolescentes fazem escolhas cuidadosamente calculadas, se não totalmente informadas, sobre com quem fazer sexo e em que condições.

No primeiro estudo, a estratégia ABCD foi avaliada por meio de professores de 170 escolas escolhidas aleatoriamente que foram treinados no ensino do currículo ABCD. Não é de surpreender que esse treinamento tenha aumentado o tempo gasto na educação sobre a aids nas escolas, mas não houve mudanças no comportamento sexual relatado ou mesmo no conhecimento sobre a aids. Além disso, quando medidas um, três e cinco anos após a intervenção, as taxas de gravidez entre adolescentes foram as mesmas nas escolas em que os professores foram treinados e naquelas em que não foram, sugerindo que não houve mudança na quantidade de sexo de risco.

Os efeitos das duas outras estratégias experimentadas nas mesmas escolas não poderiam ser mais diferentes. A segunda estratégia envolvia apenas contar às meninas algo que elas não sabiam: o fato de que homens mais velhos têm maior probabilidade de estarem infectados pelo HIV do que os mais jovens. Uma característica marcante do HIV é que as mulheres de quinze a dezenove anos são cinco vezes mais propensas a serem infec-

---

* ABCD: Abstain, Be faithful, use a Condom... or you Die. (N. T.)

tadas do que os homens jovens da mesma coorte. A causa disso parece ser que as mulheres jovens fazem sexo com homens mais velhos, que apresentam taxas de infecção comparativamente altas. O programa *"sugar daddies"* simplesmente informava às alunas que tipo de pessoa tem maior probabilidade de ser infectada. Seu efeito foi reduzir drasticamente o sexo com homens mais velhos (os *"sugar daddies"*), mas, também curiosamente, promover o sexo protegido com meninos da sua idade. Depois de um ano, as taxas de gravidez eram de 5,5% nas escolas que não receberam o programa e de 3,7% nas escolas que o receberam. Essa redução foi atribuída principalmente a uma redução de dois terços nas gravidezes em que um parceiro mais velho do sexo masculino estava envolvido.[27]

O terceiro programa apenas tornou mais fácil para as meninas permanecerem na escola ao pagar por um uniforme escolar. As taxas de gravidez na adolescência nas escolas onde o uniforme foi oferecido caíram de 14% para 11% após um ano. Em outras palavras, para cada três meninas que permaneceram na escola por causa do uniforme gratuito, duas atrasaram a primeira gravidez. Curiosamente, esse efeito estava inteiramente concentrado nas escolas onde os professores não haviam sido treinados no novo currículo de educação sexual. Em escolas que tinham programas de HIV/aids e uniformes, as meninas não tiveram probabilidade menor de engravidar do que aquelas das escolas que não tinham nada. O currículo de educação em HIV/aids, em vez de reduzir a atividade sexual entre adolescentes, na verdade *desfez* o efeito positivo da distribuição de uniformes.

Ao juntarmos esses diferentes resultados, uma história coerente começa a emergir. As meninas no Quênia sabem muito bem que o sexo desprotegido leva à gravidez. Mas se elas acham que o futuro pai se sentirá obrigado a cuidar delas assim que derem à luz, engravidar pode, no fim das contas, não ser algo tão ruim. Com efeito, para as meninas que não podem pagar por um uniforme escolar e, portanto, não podem permanecer na escola, ter um filho e constituir família pode ser uma opção relativamente atraente, em comparação com apenas ficar em casa, resultado comum para adolescentes solteiras fora da escola. Isso faz dos homens mais velhos parceiros mais atraentes do que os meninos que ainda não têm dinheiro para se casar (pelo menos quando as meninas não sabem que eles têm maior probabilidade de portar o HIV). Os uniformes reduzem a fecundidade ao dar às meninas a possibilidade de permanecer na escola e, desse modo, um motivo para não engravidar. Já o programa de educação sexual, por desencorajar o sexo extraconjugal e promover o casamento, faz com que as meninas se concentrem na busca por marido (que tem de ser mais ou menos um *sugar daddy*), desfazendo o efeito dos uniformes.

Uma coisa está relativamente clara: na maioria das vezes, os pobres, mesmo as adolescentes, fazem escolhas conscientes a respeito de sua fecundidade e sexualidade e encontram maneiras — embora talvez não agradáveis — de controlá-las. Se mulheres jovens engravidam, mesmo que seja extremamente caro para elas, isso deve refletir a decisão ativa de alguém.

Escolha de quem?

Uma questão que surge imediatamente quando pensamos sobre a escolha da fecundidade, entretanto é: escolha de quem? As decisões a respeito da fecundidade são tomadas por um casal, mas as mulheres acabam pagando a maior parte dos custos físicos de ter filhos. Não é de surpreender que suas preferências de fecundidade acabem sendo bem diferentes das dos homens. Em pesquisas sobre o tamanho desejado da família em que homens e mulheres são entrevistados separadamente, os homens falam geralmente de um tamanho ideal de família maior e consistentemente uma demanda menor por anticoncepcionais do que suas esposas. Tendo em vista o potencial de desacordo, o quanto uma mulher tem de autoridade dentro da casa certamente fará diferença. É plausível, por exemplo, que uma mulher muito mais jovem ou muito menos instruída (ambas consequências do casamento precoce) tenha mais dificuldade em enfrentar o marido. Mas também depende de ela conseguir encontrar um emprego, de sua liberdade para se divorciar e de suas opções de sobrevivência em caso de divórcio. Essas contingências, por sua vez, dependem do ambiente legal, social, político e econômico em que ela e seu marido habitam, o qual pode ser afetado por políticas públicas. No Peru, por exemplo, quando ex-posseiros receberam direitos de propriedade, a fecundidade diminuiu nas famílias que obtiveram um título (em comparação com aquelas que não obtiveram nada), mas somente se o nome da mulher fosse incluído no título junto com o do homem.[28] Uma explicação provável é que, com seu nome num título de propriedade, a mulher adquiriu mais poder de barganha na família e, portanto, foi capaz de pesar mais na decisão sobre o tamanho da família.

O conflito entre maridos e esposas também implica que, embora a disponibilidade de anticoncepcionais por si só não possa fazer muito para reduzir a fecundidade, pequenas mudanças na *maneira* como são disponibilizados podem ter efeitos potencialmente maiores. Nava Ashraf e Erica Field forneceram a 836 mulheres casadas em Lusaka, na Zâmbia, um voucher que garantia o acesso gratuito e imediato a uma variedade de anticoncepcionais modernos por meio de uma consulta particular com uma enfermeira de planejamento familiar. Algumas mulheres receberam o voucher em privado. Algumas o receberam na presença dos maridos. Ashraf e Field descobriram que isso fez uma grande diferença: em comparação com os casos em que os maridos estavam envolvidos, as mulheres que foram sozinhas tinham uma probabilidade 23% maior de visitar uma enfermeira de planejamento familiar, 38% maior de pedir uma forma relativamente ocultável de contracepção (anticoncepcionais injetáveis ou implantes anticoncepcionais), e 57% menor de relatar um nascimento indesejado nove a catorze meses depois.[29] Uma das prováveis razões pelas quais o programa de Matlab mudou as opções de fecundidade mais do que outros programas de planejamento familiar é também porque, ao visitar as mulheres em suas casas, presumivelmente quando os maridos estavam fora, a trabalhadora de saúde pode ter permitido que algumas delas adotassem o planejamento familiar sem o conhecimento dele. Em contraste, as mulheres cuja mobilidade era restrita pelo costume da *purdah* teriam de estar acompanhadas de seus maridos para ir receber os serviços em um local central, e isso pode ter mudado a decisão delas.

Uma possível explicação para os efeitos relativamente grandes do programa de Matlab, especialmente no início, é que ele acelerou a mudança social. Um dos motivos pelos quais a transição da fecundidade leva tempo é que outras pessoas, além da esposa e do marido, opinam sobre ela. A fecundidade é, em parte, uma norma social e religiosa, e desvios dela são punidos (com ostracismo, humilhação ou sanções religiosas). Portanto, importa o que a comunidade considera ser um comportamento adequado. Nas áreas de tratamento de Matlab, essa mudança foi mais rápida do que em outros lugares — o agente comunitário de saúde, que tendia a ser uma mulher relativamente bem instruída e assertiva, era ao mesmo tempo a personificação da nova norma e a portadora de notícias sobre a mudança de normas no resto do mundo.

Kaivan Munshi estudou o papel das normas sociais nas decisões sobre contracepção em Matlab. Ele cita uma jovem que contou como seu grupo de colegas discutia "quantos filhos teríamos, que método seria adequado para nós [...] se devemos adotar o planejamento familiar ou não, todos esses temas. Costumávamos saber das pessoas que elas usavam (anticoncepcionais). Se um casal usa um método desses, a notícia de alguma forma se espalha".[30]

Munshi descobriu que nas aldeias de Matlab onde havia um agente comunitário de saúde as mulheres eram mais propensas a adotar anticoncepcionais se os membros de seu próprio grupo religioso tivessem usado mais anticoncepcionais nos seis meses anteriores. Mesmo que hindus e muçulmanos da aldeia tivessem acesso ao mesmo profissional de saúde e tivessem exatamente o mesmo acesso a anticoncepcionais, os hindus adotavam o uso de anticoncepcionais quando outros hindus o faziam e os muçulmanos adotavam anticoncepcionais quando outros muçulmanos o faziam. A adoção de anticoncepcionais pelos hindus não teve efeito sobre a adoção por seus vizinhos muçulmanos e vice-versa. Esse padrão, conclui Munshi, deve significar que as mulheres estavam aprendendo progressivamente sobre o que era um comportamento aceitável em suas comunidades.

Negociar mudanças nas normas sociais dentro de sociedades tradicionais pode ser uma coisa muito complexa. Não é fácil, por exemplo, fazer certas perguntas (A contracepção é contra a religião? Será que me tornará permanentemente estéril? Onde posso encontrá-la?), porque o próprio ato de perguntar revela suas inclinações. Em consequência, as pessoas frequentemente pegam coisas das fontes mais improváveis. No Brasil, um país católico, o Estado evitou cuidadosamente o incentivo ao planejamento familiar. Porém, a televisão é muito popular, em especial as telenovelas que vão ao ar em horário nobre em um dos principais canais, a Rede Globo. Da década de 1970 à de 1990, o acesso aos canais da Globo expandiu-se enormemente e, com ele, a audiência das telenovelas. No auge da popularidade das novelas, na década de 1980, suas personagens tendiam a ser muito diferentes do brasileiro médio em termos de classe e atitudes sociais: enquanto a mulher brasileira média tinha quase seis filhos em 1970, nas novelas, a maioria das personagens femininas com menos de cinquenta anos não tinha nenhum, e as demais tinham um. Logo depois que as novelas se tornavam disponíveis numa região, o número de nascimentos caía drasticamente; além disso, as mulheres que tinham filhos nessas regiões batizavam seus filhos com os nomes das principais personagens da novela.[31] As telenovelas acabaram por projetar uma visão de vida bem diferente daquela a que os brasileiros estavam acostumados, com consequências históricas. Isso não foi totalmente acidental — na sociedade moralista do Brasil, a novela acabou sendo a válvula de escape preferida de muitos artistas criativos e progressistas.

Correndo o risco de parecer, talvez em demasia, com os "economistas de duas mãos" que irritavam Harry Truman, a resposta à pergunta "os pobres controlam suas decisões familiares?" parece avançar em duas etapas. No nível mais óbvio, eles controlam: suas decisões sobre fecundidade são produto de uma escolha e até mesmo a falta de anticoncepcionais à disposição não parece ser um grande obstáculo. Ao mesmo tempo, o que os leva a fazer essas escolhas pode ser, em parte, fatores que estão fora de seu controle imediato: as mulheres, em particular, podem ser pressionadas por seus maridos, suas sogras ou pelas normas sociais a terem mais filhos do que gostariam. Isso sugere um conjunto de políticas muito diferente daquelas adotadas por Sanjay Gandhi ou pelas bem-intencionadas organizações internacionais de hoje: não basta disponibilizar anticoncepcionais. Influir nas normas sociais pode ser mais difícil, embora o exemplo da televisão no Brasil mostre que isso pode ser feito. Mas as normas sociais também podem refletir os interesses econômicos de uma sociedade. Em que medida os pobres querem muitos filhos simplesmente porque é um investimento econômico sólido?

Filhos como instrumentos financeiros

Para muitos pais, os filhos são seu futuro econômico: uma apólice de seguro, um produto de poupança e alguns bilhetes de loteria, tudo em um conveniente pacote pequeno.

Pak Sudarno, o catador de sucata da favela Cica Das, na Indonésia, que mandava o filho mais novo para o ensino médio porque isso lhe parecia uma aposta vantajosa, tinha nove filhos e muitos netos. Quando lhe perguntamos se estava feliz por ter tantos filhos, ele disse "sem dúvida". Ele explicou que, com nove filhos, podia ter certeza de que pelo menos alguns deles se dariam bem na vida e cuidariam dele em sua velhice. Obviamente, ter mais filhos também aumenta o risco de que algo dê errado com pelo menos um deles. Com efeito, um dos nove filhos de Pak Sudarno sofria de depressão severa e havia desaparecido três anos antes. Ele estava triste com isso, mas pelo menos tinha os outros oito para consolá-lo.

Muitos pais nos países ricos não precisam pensar exatamente nesses termos porque têm outras maneiras de lidar com a velhice — existem a previdência social, os fundos de investimento e planos de aposentadoria, e o seguro-saúde, público ou privado. Nos próximos capítulos, discutiremos mais detalhadamente o motivo de muitas dessas opções não estarem disponíveis para alguém como Pak Sudarno. Por enquanto, vamos apenas observar que, para a maioria dos pobres do mundo, a ideia de que os filhos (e os outros membros da família — irmãos, primos e assim por diante) cuidarão dos pais na velhice e em momentos de necessidade é a coisa mais natural. Na China, por exemplo, em 2008, mais da metade dos idosos vivia com os filhos, e essa fração aumentava para 70% para aqueles que tinham sete ou oito filhos (isso foi antes do planejamento familiar, quando ter muitos filhos era na verdade politicamente favorecido).³² Os pais idosos também recebiam ajuda financeira regular dos filhos, principalmente dos homens.

Se os filhos são uma forma de economizar para um futuro distante, esperaríamos que, quando a fecundidade caísse, a economia financeira aumentasse. A China, com sua restrição imposta pelo governo ao tamanho da família, nos fornece o exemplo mais claro desse fenômeno. Depois de estimular altas taxas de fecundidade imediatamente após a revolução, a China começou a encorajar o planejamento familiar em 1972 e então introduziu a política do filho único em 1978. Abhijit, com duas coautoras nascidas na China, Nancy Qian (filha única nascida na era da política de um único filho) e Xin Meng (uma de quatro filhos nascidos antes dessa política), examinou o que aconteceu com as taxas de poupança após a introdução do planejamento familiar.³³ Famílias que tiveram seu primeiro filho depois de 1972 têm um filho a menos em média do que aquelas que tiveram essa criança antes de 1972 e suas taxas de poupança são aproximadamente 10% mais altas. Esses resultados sugerem que até um terço do aumento fenomenal nas taxas de poupança da China nas últimas três décadas (a taxa de poupança familiar aumentou de 5%, em 1978, para 34%, em 1994) pode ser explicado pela redução na fecundidade induzida pelas políticas de planejamento familiar; o efeito foi particularmente significativo para as famílias que tiveram uma filha em vez de um filho no primeiro nascimento, condizente com a visão de que os filhos homens devem cuidar dos pais.

Trata-se de um efeito enorme, mas é claro que o "experimento" chinês é um tanto extremado: foi uma redução grande, repentina e involuntária do tamanho da família. Mas algo semelhante aconteceu na região de Matlab, em Bangladesh. Em 1996, as famílias das aldeias onde se facilitou o acesso a anticoncepcionais já tinham significativamente mais bens de todos os tipos (joias, terras, animais, melhorias na casa) do que as famílias de aldeias comparáveis onde não havia esse acesso. Em média, uma família na área do programa tinha 55 mil tacas a mais em ativos (US$3600 PPC, mais de duas vezes o PIB per capita de Bangladesh) do que as das áreas de controle. Há também uma ligação entre a fecundidade e a quantidade de dinheiro dada aos pais por seus filhos: os das áreas do programa recebiam em média 2146 tacas a menos em transferências de seus filhos todos os anos.[34]

A relação inversa muito forte entre tamanho da família e poupança pode nos ajudar a explicar a descoberta surpreendente de que ter menos filhos não se traduz em filhos mais saudáveis ou com mais educação. Se os pais que têm menos filhos esperam transferências de renda menores no futuro, eles também precisam economizar mais antecipadamente, e isso reduz os fundos disponíveis para investir nos filhos que têm. Com efeito, se investir em filhos tende a ter um retorno muito maior do que investir em ativos financeiros (afinal, alimentar uma criança não é tão caro), as famílias podem na verdade ser mais pobres ao longo da vida quando têm menos filhos.

A mesma lógica também nos diz que, se os pais não esperam que suas filhas sejam tão úteis para cuidar deles quanto seus filhos — digamos, porque têm de pagar um dote para casar as filhas, ou porque esperam que as mulheres se casem e, uma vez casadas, seus maridos têm controle econômico sobre elas —, eles investirão menos na vida delas. As famílias escolhem não só um número ideal de filhos, mas também a composição de gênero. Costumamos pensar no gênero de nossos filhos como algo que não podemos decidir, mas isso não é verdade: os abortos seletivos de sexo, que agora estão amplamente disponíveis e são extremamente baratos, permitem que os pais escolham se preferem abortar um feto feminino. Como dizem os adesivos colados nas divisórias da principal estrada de Delhi que anunciam serviços (ilegais) de determinação de sexo: "Gaste quinhentas rupias agora e economize 50 mil rupias depois" (em dotes). E mesmo antes que o aborto seletivo por sexo fosse uma opção, em ambientes onde muitas doenças infantis podem facilmente ser fatais se não forem tratadas adequadamente, sempre houve negligência, deliberada ou não, o que pode ser uma maneira eficaz de se livrar de crianças indesejadas.

Mesmo que seus filhos não morram antes ou depois do nascimento, quando os pais preferem meninos, eles podem ter filhos até que tenham o número de meninos que querem. Isso significa que as meninas tendem a crescer em famílias maiores, e muitas delas nascerão numa família que, na verdade, queria meninos. Na Índia, as meninas param de ser amamentadas mais cedo do que os meninos, o que significa que começam a beber água mais cedo e são expostas a doenças potencialmente fatais transmitidas pela água, como a diarreia.[35] Isso é principalmente uma consequência não intencional do fato de a amamentação funcionar como contraceptivo. Após o nascimento de uma menina (especialmente se ela não tiver irmãos), os pais tendem a querer parar de amamentar mais cedo para aumentar as chances de a esposa engravidar de novo.

Qualquer que seja o mecanismo exato da discriminação contra meninas (ou meninas em potencial), o fato é que o mundo tem muito menos meninas do que a biologia humana poderia prever. Na década de 1980, em um artigo agora clássico publicado na *New York Review of Books*, Amartya Sen calculou que havia 100 milhões de "mulheres desaparecidas" no mundo.[36] Isso foi antes de o aborto seletivo de sexo estar disponível — e as coisas só pioraram desde então. Em algumas regiões da China, existem hoje 124 meninos para cada cem meninas. Entre 1991 e 2001 (a data do último censo na Índia), o número de meninos com menos de sete anos para cada cem meninas da mesma idade aumentou de 105,8 para 107,8 na Índia como um todo. No Punjab, em Haryana e em Gujarat, três dos estados mais ricos da Índia, mas também três dos estados onde se considera que a discriminação contra meninas é maior, havia respectivamente 126,1, 122,0 e 113,8 meninos por cem meninas, em 2001.[37] Mesmo de acordo com autoinformes, que quase certamente subestimam o fenômeno, o número de abortos é particularmente alto nesses estados: em famílias com duas filhas, 6,6% das gravidezes terminaram em aborto induzido e 7,2% em aborto "espontâneo".

Mas isso é menos problemático quando as meninas são mais valiosas no mercado de casamento ou no mercado de trabalho. Na Índia, as meninas não devem se casar dentro de suas próprias aldeias. Normalmente, existem áreas designadas, não muito perto da aldeia, mas não distantes demais, nas quais a maioria das meninas se casará e para onde se mudará. Em consequência, é possível ver o que acontece quando há crescimento econômico nessa área de "captação" do casamento, o que provavelmente torna mais fácil encontrar um jovem de família próspera para casar com uma filha. Andrew Foster e Mark Rosenzweig estudaram essa questão e descobriram que o diferencial de mortalidade entre meninos e meninas diminui quando as perspectivas de casamento de uma menina são melhores; em contraste, o crescimento econômico *na aldeia*, que aumenta o valor de investir em meninos (porque eles ficam em casa), leva a um aumento da diferença de mortalidade entre meninos e meninas.[38]

A ilustração mais impressionante de como o tratamento de meninas numa família responde aos valores relativos de meninos e meninas talvez venha da China, que tem um dos maiores desequilíbrios entre os sexos. Durante a era maoista, as metas de produção agrícola planejadas de maneira centralizada se concentravam nas safras básicas. No início da era da reforma (1978-80), as famílias tinham permissão para cultivar produtos comerciais, como chá e frutas. As mulheres tendem a ser mais úteis do que os homens na produção de chá, cujas folhas precisam ser arrancadas com dedos delicados. Em contrapartida, os homens são mais úteis do que as mulheres na produção de pomares, que envolve o levantamento de cargas pesadas. Nancy Qian mostrou que, quando comparamos as crianças nascidas nos períodos pós e pré-reforma, o número de meninas nas regiões de plantação de chá (montanhosas e chuvosas) aumentou, mas diminuiu nas regiões mais adequadas a pomares.[39] Em regiões que não eram particularmente adequadas para chá ou pomares, onde a renda agrícola aumentou em geral sem favorecer nenhum dos gêneros, a composição de gênero das crianças não mudou.

O que tudo isso ressalta é a violência, ativa e passiva, incorporada ao funcionamento da família tradicional. Isso foi, até bem recentemente, ignorado pela maioria dos economistas (embora não por todos), que preferiam deixar a caixa-preta fechada. No entanto, a maioria das sociedades depende da boa vontade dos pais para garantir que as crianças sejam alimentadas, escolarizadas, socializadas e cuidadas de maneira mais geral. Visto que esses são os mesmos pais que planejam deixar suas filhas morrerem, quanta fé devemos depositar na capacidade deles de fazer isso com eficácia?

A família

Em virtude de seus modelos, os economistas muitas vezes ignoram o fato inconveniente de que a família não é o mesmo que apenas uma pessoa. Tratamos a família como uma "unidade", supondo que a família toma decisões como se fosse um indivíduo. O *pater familias*, o chefe da dinastia, decide em nome da esposa e dos filhos o que a família consome, quem recebe educação e por quanto tempo, quem recebe que tipo de legado, e assim por diante. Ele pode ser altruísta, mas é claramente onipotente. Mas, como qualquer pessoa que já fez parte de uma família sabe, não é bem assim que as famílias funcionam. Essa simplificação é enganosa, e há consequências políticas importantes ao se ignorar a dinâmica complicada dentro da família. Já vimos, por exemplo, que dar às mulheres acesso a um título de propriedade formal é importante para as escolhas de fecundidade, não porque mude sua ideia sobre quantos filhos ela quer, mas porque faz com que suas opiniões tenham mais importância.

A constatação de que o modelo mais simples estava deixando de lado aspectos importantes de como a família funciona levou a uma reavaliação, nas décadas de 1980 e 1990.[40] A tomada de decisão familiar passou a ser vista como resultado de um processo de negociação entre os membros da família (ou pelo menos entre pai e mãe). Ambos os parceiros negociam sobre o que comprar, onde passar as férias, quem deve trabalhar quantas horas e quantos filhos ter, mas fazem isso de uma forma que atenda a ambos os interesses da melhor maneira possível. Em outras palavras, mesmo que discordem sobre como o dinheiro deve ser gasto, se um deles puder ficar mais feliz sem prejudicar o bem-estar do outro, eles tomarão uma decisão nesse sentido. Essa visão da família é geralmente chamada de modelo do "lar eficiente". Ela reconhece que há algo especial na família: afinal seus membros não se encontraram ontem e estão presumivelmente ligados por um longo prazo. Portanto, deve ser possível (e no interesse deles) negociar todas as suas decisões para garantir que façam o melhor que puderem como família. Por exemplo: se a família tem uma pequena empresa (seja um sítio ou um pequeno negócio), ela deve sempre tentar ganhar o máximo possível com o negócio, e só depois encontrar uma forma de dividir os ganhos entre seus membros.

Christopher Udry testou essa previsão na zona rural de Burkina Faso, onde cada membro da família (o marido e a esposa, ou esposas) trabalha num lote separado.[41] Em um lar eficiente, todos os insumos (trabalho familiar, fertilizantes e assim por diante) devem ser alocados aos vários lotes de forma a maximizar os rendimentos familiares totais. Os dados rejeitaram categoricamente essa visão: aos lotes cultivados por mulheres eram alocados sistematicamente menos fertilizantes, menos trabalho masculino e menos trabalho infantil do que aos lotes cultivados por homens. Em consequência, essas famílias produziam sistematicamente menos do que poderiam. Usar um pouco de fertilizante em um terreno aumenta muito sua produtividade, mas aumentar a quantidade além desse nível inicial não adianta muito: é mais eficaz usar um pouco de fertilizante em todos os lotes do que muito fertilizante em apenas um deles. Mas a maior parte do fertilizante das famílias de Burkina Faso era usada no terreno do marido; se realocassem parte do fertilizante e um pouco mais de trabalho para os campos das esposas, a família poderia aumentar sua produção em 6% sem gastar um centavo a mais. As famílias estavam literalmente jogando dinheiro fora porque não conseguiam chegar a um acordo sobre a melhor maneira de usar os recursos de que dispunham.

O motivo pelo qual faziam isso também parece claro: embora façam parte da mesma família, o que o marido cultiva em seu próprio terreno parece determinar o que ele consegue consumir, e do mesmo modo no caso de sua esposa.[42] Na Costa do Marfim, mulheres e homens cultivam tradicionalmente produtos diferentes. Os homens cultivam café e cacau, enquanto as mulheres cultivam bananas, vegetais e outros alimentos básicos. Culturas diferentes são afetadas de maneira diferente pelo clima: um padrão de chuva específico pode resultar em um ano bom para as culturas masculinas e um ano ruim para as femininas. Em um estudo com Udry, Esther descobriu que em bons anos "masculinos" gasta-se mais em bebidas alcoólicas, tabaco e itens pessoais de luxo para homens (como roupas tradicionais). Em bons anos "femininos", gastam-se mais recursos em pequenos prazeres para as mulheres, mas também na compra de alimentos para o lar. O que é particularmente estranho nesses resultados é que os cônjuges não parecem estar "garantindo" um ao outro. Sabendo que ficarão juntos por um longo tempo, o marido poderia presentear suas esposas com algumas guloseimas a mais em um bom ano masculino em troca de alguns extras quando o tempo favorecesse o lado feminino. Acordos informais de seguro desse tipo *entre famílias* do mesmo grupo étnico não são incomuns na Costa do Marfim.[43] Então, por que eles não funcionam dentro da família?

Uma descoberta na Costa do Marfim nos dá uma pista útil sobre o motivo da diferença entre as famílias. Há um terceiro "ator" no drama familiar — o modesto inhame, nutritivo e fácil de armazenar, um alimento básico na região. O inhame é tipicamente uma cultura "masculina". Mas, como explica o antropólogo francês Claude Meillassoux, não é um produto que o marido possa vender e gastar livremente.[44] Os inhames destinam-se ao sustento básico da casa. Eles podem ser vendidos, mas apenas para pagar as taxas escolares ou assistência médica para os filhos, não para comprar uma blusa nova ou um pouco de tabaco. E, com efeito, quando há um bom ano para o inhame, a família consome mais inhame, o que talvez não seja surpreendente, mas os gastos com alimentos comprados no mercado e com a educação também aumentam. O inhame garante que todos na família sejam devidamente alimentados e educados.

Assim, o que torna a família especial não é que seus membros sejam eficazes na negociação uns com os outros. Muito pelo contrário: eles operam observando regras simples e socialmente aplicáveis, como "Não venderás o inhame do seu filho para comprar novos Nikes", que salvaguardem seus interesses básicos, sem ter de negociar o tempo todo. Outros resultados também fazem mais sentido vistos sob essa luz. Vimos que quando as mulheres ganham mais dinheiro com seus lotes a família come mais. Isso pode ser produto de outra regra que Meillassoux descreve: é a mulher que se encarrega de alimentar a família; seu marido lhe dá uma quantia fixa de dinheiro para isso, mas depois é trabalho dela descobrir como fazer isso da melhor forma.

A família está unida então, não em perfeita harmonia ou pela habilidade de sempre dividir recursos e responsabilidades de forma eficiente, mas por um "contrato" muito incompleto, muito grosseiro e muitas vezes muito frouxo que define as responsabilidades de cada membro para com os outros membros. É provável que o contrato tenha de ser imposto socialmente, porque os filhos não podem negociar com os pais, ou esposas com os maridos, em igualdade de condições, mas a sociedade ganha com todos os membros da família tendo algo como uma parte justa dos recursos. A natureza incompleta do contrato reflete provavelmente a dificuldade de fazer cumprir qualquer coisa mais sofisticada. Não há como alguém garantir que os pais alimentem os filhos com a quantidade certa de inhame, mas a sociedade pode punir ou mostrar desaprovação aos pais que são vistos vendendo inhames para comprar tênis.

Um problema com as regras que dependem de normas sociais para sua aplicação é que essas normas mudam lentamente e, portanto, há sempre o risco de que as regras estejam totalmente fora de sincronia com a realidade, às vezes com consequências trágicas. Na Indonésia, em 2008, conhecemos um casal de meia-idade em sua casa, uma pequena estrutura de bambu branco e verde construída sobre pilares. Bem ao lado dela havia outra casa branca e verde, muito maior, arejada, feita de concreto. Pertencia à filha deles, que era empregada doméstica no Oriente Médio. O casal era obviamente muito pobre: o marido tinha uma tosse persistente e uma dor de cabeça que parecia nunca passar, o que lhe tornava difícil trabalhar. Mas ele não tinha dinheiro para consultar um médico. Seu filho mais novo abandonara a escola após o fundamental, porque eles não podiam pagar sua passagem de ônibus para a cidade. De repente, uma menina de quatro anos entrou na sala: ela estava visivelmente saudável, bem alimentada e bem-vestida, com um vestido bonito e sapatos com pequenas luzes que acendiam e apagavam enquanto ela corria pela sala. Descobrimos que seus avós estavam cuidando da neta, enquanto a filha deles estava fora. A mãe mandava dinheiro para a criança, mas nada para os pais. Era como se eles fossem vítimas de alguma norma que ainda não havia mudado: ainda não se esperava que as filhas casadas cuidassem dos pais, apesar da óbvia iniquidade que isso implicava, mas os avós continuavam a se sentir obrigados a cuidar das netas.

Apesar das muitas limitações óbvias da família, a sociedade não tem outro modelo viável para criar os filhos, e, embora um dia os programas de previdência social e seguro-saúde possam libertar os idosos dos países pobres de hoje de depender dos cuidados dos filhos na velhice, não é totalmente óbvio que isso os deixaria (ou seus filhos) mais felizes. O espaço certo para a política pública não é tanto substituir a família, mas completar sua ação e, às vezes, nos proteger de seus abusos. Começar com a compreensão correta de como as famílias funcionam é crucial para poder tomar medidas eficazes.

Hoje, reconhece-se amplamente que programas de apoio público que põem o dinheiro nas mãos das mulheres, como o programa mexicano Progresa, por exemplo, podem ser muito mais eficazes no direcionamento de recursos para as crianças. Na África do Sul, com o fim do apartheid, todos os homens com mais de 65 anos e mulheres com mais de sessenta anos que não tinham uma pensão privada tornaram-se qualificados para uma pensão pública generosa. Muitos desses idosos moravam com os filhos e netos e o dinheiro era dividido com as famílias. Mas só quando uma avó morava com uma neta é que a neta se beneficiava: essas meninas tinham uma probabilidade significativamente menor de serem raquíticas. As pensões recebidas por um avô não tinham esse efeito. E mais: somente se a pensão fosse recebida pela avó *materna* da menina é que se via esse efeito.[45]

Ao menos um de nós dois está inclinado a interpretar esse fato como indício de que os homens são muito mais egoístas do que as mulheres. Mas também pode ser que se trate de onde entrem em ação as normas e expectativas sociais, que dissemos que desempenham um papel importante na tomada de decisões familiares. Talvez se espere que as mulheres façam coisas pela família quando recebem algum dinheiro inesperado e os homens não. Se for esse o caso, será importante também não só quem recebe o dinheiro, mas como ele é ganho: as mulheres podem não achar que o dinheiro que ganharam com seu próprio trabalho ou pequeno negócio "pertença" à sua família ou seus filhos. Paradoxalmente, talvez seja graças ao papel tradicional das mulheres na família que as políticas públicas podem ganhar algum destaque ao empoderá-las.

VOLTAMOS AGORA À QUESTÃO de saber se os pobres realmente querem famílias tão grandes. Pak Sudarno queria nove filhos. Sua grande família não era consequência da falta de autocontrole, da falta de acesso a anticoncepcionais, ou mesmo de uma norma imposta pela sociedade (embora o fato de ele ter tomado essa decisão possa ter sido; sua esposa não nos contou o que ela mesma queria). Ao mesmo tempo, ele acreditava que ter nove filhos o tornava pobre. Então, ele realmente não "queria" tantos filhos. Ele só precisava de nove filhos porque não havia outra maneira de ter certeza de que pelo menos um deles o sustentaria mais tarde em sua vida. Em um mundo ideal, ele teria menos filhos e tentaria criá-los o melhor que pudesse, mas não precisaria depender deles mais tarde.

Nos Estados Unidos, embora muitos idosos prefiram passar mais tempo com seus filhos e netos (pelo menos se os seriados de televisão forem verdadeiros), o fato de que eles têm a opção de sobreviver por conta própria — graças em parte à Seguridade Social e ao Medicare — talvez seja muito importante para sua dignidade e seu senso de identidade. Significa também que não precisam ter muitos filhos a fim de garantir que haverá alguém para cuidar deles. Eles podem ter o número de filhos que realmente desejam, e se, no fim das contas, nenhum deles estiver disposto ou for capaz de cuidar deles, sempre haverá o último recurso público.

A política populacional mais eficaz pode, portanto, tornar desnecessário ter tantos filhos (em particular, do sexo masculino). Redes eficazes de segurança social (como seguro-saúde ou pensões na velhice) ou mesmo o tipo de desenvolvimento financeiro que permite às pessoas economizar para a aposentadoria poderiam levar a uma redução substancial da fecundidade e talvez também a menos discriminação contra as meninas. Na segunda parte do livro, veremos como isso pode ser feito.

PARTE II

Instituições

6. Gestores de fundos de hedge de pés descalços

O RISCO É UM FATO CENTRAL da vida dos pobres, que muitas vezes administram pequenos negócios ou fazendas, ou têm trabalhos temporários, sem garantia de emprego regular. Nesse tipo de vida, uma interrupção ruim pode ter consequências desastrosas.

No verão de 2008, Ibu Tina morava com a mãe deficiente, os dois irmãos e os quatro filhos, que tinham entre três e dezenove anos, numa pequena casa em Cica Das, a enorme favela urbana de Bandung, na Indonésia. As três crianças mais novas estavam pelo menos nominalmente na escola, mas a filha mais velha desistira. Seus dois irmãos solteiros, um motorista de táxi e um trabalhador da construção civil que recebia por dia trabalhado, impediam a família de afundar totalmente, mas nunca parecia haver dinheiro suficiente para as taxas escolares, comida, roupas para os filhos e cuidados para sua mãe idosa.

No entanto, sua vida nem sempre fora assim. Quando jovem, Ibu Tina trabalhava numa confecção. Depois que se casou, passou a trabalhar no negócio de roupas do marido. Eles tinham quatro empregados e o negócio estava indo bem. Seus problemas começaram quando um conhecido dos negócios em quem confiavam lhes deu um cheque sem fundos no valor de 20 milhões de rupias (US$3750 PPC). Eles foram à polícia. Os policiais exigiram 2,5 milhões de rupias em suborno para sequer concordar em começar a investigar; depois de serem pagos, conseguiram prender o devedor. Ele acabou passando uma semana na prisão antes de ser libertado, com a promessa de pagar o que devia. Depois de pagar 4 milhões de rupias a Ibu Tina (dos quais a polícia reivindicou outros 2 milhões) e prometer devolver o restante ao longo do tempo, desapareceu e não se soube mais dele desde então. Ibu Tina e seu marido pagaram 4,5 milhões de rupias em subornos para recuperar 4 milhões.

Nos três ou quatro anos seguintes, eles tentaram arduamente se reerguer e acabaram conseguindo um empréstimo de 15 milhões de rupias (US$2800 PPC) do PUKK, um programa de empréstimos do governo. Eles usaram o dinheiro para abrir um atacado de roupas. Um de seus primeiros grandes pedidos foi de shorts. Eles compraram os shorts dos fabricantes de roupas e mandaram passá-los e embalá-los para venda, mas então os varejistas recuaram, deixando-os com milhares de shorts que ninguém queria.

A sequência de desastres exerceu enorme tensão no casamento, e logo após o segundo desastre eles se divorciaram. Ibu Tina foi morar com a mãe, levando os quatro filhos e as pilhas de shorts. Quando a conhecemos, ela ainda estava tentando se recuperar do trauma e disse que não tinha forças para começar de novo. Ela achava que quando se sentisse melhor abriria uma pequena mercearia em parte da casa da mãe e talvez venderia alguns dos shorts para o Idur Fitri, o feriado muçulmano.

Para piorar as coisas, a filha mais velha precisava de muita atenção. Quatro anos antes, quando tinha cerca de quinze anos, fora sequestrada por um morador de rua que vivia perto de sua casa. Ele a libertou depois de alguns dias, mas a menina ficou traumatizada com o episódio e desde então permanecia em casa, incapaz de trabalhar ou ir à escola.

Ibu Tina era particularmente azarada? Até certo ponto, com certeza. Ela achava que o sequestro da filha havia sido um incidente inusitado (embora mesmo esse caso tivesse algo a ver com o fato de que sua casa ficava perto da linha ferroviária, onde viviam muitos moradores de rua), mas ela também acreditava firmemente que seus infortúnios nos negócios eram sintomáticos da vida dos donos de pequenos negócios.

Os riscos de ser pobre

Um amigo nosso do mundo das altas finanças sempre diz que os pobres são como administradores de fundos de hedge — eles vivem com enormes riscos. A única diferença está nos níveis de renda. Com efeito, ele minimiza grosseiramente o caso: nenhum administrador de fundos de hedge é responsável por 100% de suas perdas, ao contrário de quase todos os proprietários de pequenos negócios e pequenos agricultores. Além disso, os pobres muitas vezes precisam levantar todo o capital para os seus negócios, seja com a "riqueza" acumulada de suas famílias ou tomando empréstimos em algum lugar, uma circunstância que a maioria dos administradores de fundos de hedge nunca terá de enfrentar.

Uma grande parte dos pobres tem pequenos negócios ou sítios. Em nosso conjunto de dados de dezoito países, uma média de 44% dos pobres urbanos têm um negócio não agrícola, enquanto a fração dos pobres rurais que relatam administrar um negócio agrícola varia entre 25% e 98% (a única exceção é a África do Sul, onde a população negra foi historicamente excluída da agricultura). Além disso, uma fração substancial dessas famílias também tem um negócio não agrícola. E a maior parte das terras cultivadas pelos pobres não é irrigada. Isso torna os rendimentos agrícolas altamente dependentes do clima: uma seca, ou mesmo um atraso nas chuvas, pode causar perda de safra em terras não irrigadas e metade da renda anual pode sumir.

Os donos de negócios ou sítios não são os únicos expostos ao risco da renda. A outra principal forma de emprego para os pobres é o trabalho ocasional, pago por dia: mais de metade dos extremamente pobres nas áreas rurais que estão empregados são trabalhadores temporários. Nas áreas urbanas, são cerca de 40%. Quando têm sorte, os diaristas encontram empregos que duram várias semanas ou mesmo alguns meses, em um canteiro de obras ou numa fazenda, mas muitas vezes um trabalho pode durar apenas alguns dias ou algumas semanas. Um trabalhador ocasional nunca sabe se haverá emprego quando o atual terminar. Se houver um problema com o negócio, esses empregos são os primeiros a serem eliminados. Não demorou muito para Pak Solhin, que conhecemos no capítulo 2, perder o emprego quando os preços dos fertilizantes e do petróleo subiram e os fazendeiros cortaram a mão de obra. Em consequência, os trabalhadores ocasionais tendem a trabalhar menos dias por ano do que os trabalhadores regulares, e uma boa parte deles trabalha poucos dias por ano. Uma pesquisa em Gujarat, na Índia, descobriu que os trabalhadores ocasionais trabalhavam em média 254 dias por ano (em comparação com 354 para os assalariados e 338 para os autônomos), e que o terço inferior trabalhava apenas 137 dias.[1]

Grandes desastres agrícolas, como a seca de 1974 em Bangladesh (quando os salários caíram 50% em termos de poder de compra e, de acordo com algumas estimativas, até 1 milhão de pessoas morreu),[2] ou crises alimentares na África (como a seca de 2005-6, no Níger), atraem naturalmente atenção especial da mídia, mas mesmo em anos "normais" os rendimentos agrícolas variam tremendamente de ano para ano. Em Bangladesh, em qualquer ano normal, os salários agrícolas podem ser até 18% acima ou abaixo de seus níveis médios.[3] E quanto mais pobre o país, maior essa variabilidade. Por exemplo, os salários agrícolas na Índia são 21 vezes mais variáveis do que nos Estados Unidos.[4] Isso não é nenhuma surpresa: os fazendeiros americanos têm seguro, recebem subsídios e se beneficiam dos programas de seguro social padrão; eles não precisam demitir trabalhadores ou cortar salários quando têm uma colheita ruim.

Como se os caprichos dos elementos não fossem ruins o suficiente, os preços agrícolas flutuam enormemente. Houve um aumento sem precedentes dos preços dos alimentos de 2005 a 2008. Eles entraram em colapso durante a crise financeira global e só voltaram ao nível anterior à crise a partir de 2010. Os preços altos dos alimentos deveriam, em princípio, favorecer os produtores (os pobres rurais) e prejudicar os consumidores (os pobres urbanos). No verão de 2008, no entanto, um ano recorde para os preços de alimentos e fertilizantes, todos com quem conversamos em países como a Indonésia e a Índia sentiram que estavam levando a pior: os agricultores achavam que seus custos haviam aumentado mais do que seus preços; os trabalhadores reclamavam que não conseguiram encontrar trabalho porque os agricultores estavam economizando dinheiro; ao mesmo tempo, os moradores da cidade lutavam para pagar pela comida. O problema não era apenas o nível dos preços, mas também a incerteza. Os agricultores, por exemplo, que estavam pagando altos preços por fertilizantes não tinham certeza se o preço de seus produtos ainda seria alto quando eles estivessem prontos para a colheita.

Para os pobres, o risco não se limita à renda ou à alimentação: a saúde, que discutimos em um capítulo anterior, é uma das principais fontes de risco. Há também a violência política, a criminalidade (como no caso da filha de Ibu Tina) e a corrupção.

Há tanto risco na vida cotidiana dos pobres que, de forma um tanto paradoxal, eventos que são percebidos como cataclísmicos nos países ricos muitas vezes parecem que quase não são registrados por eles. Em fevereiro de 2009, o presidente do Banco Mundial, Robert Zoellick, alertou os líderes mundiais: "A crise econômica global [desencadeada pelo colapso do Lehman Brothers, em setembro de 2008] ameaça se tornar uma crise humanitária em muitos países em desenvolvimento, a menos que eles possam tomar medidas específicas para proteger as pessoas vulneráveis de suas comunidades. Embora grande parte do mundo esteja focada em resgates bancários e pacotes de estímulo, não devemos esquecer que os pobres nos países em desenvolvimento ficam muito mais expostos se suas economias vacilarem".[5] A nota do Banco Mundial sobre o assunto acrescentava que, com a queda na demanda global, os pobres perderiam o mercado para seus produtos agrícolas, seus empregos ocasionais em canteiros de obras e seus empregos em fábricas. Orçamentos governamentais para escolas, instalações de saúde e programas de socorro seriam cortados sob a pressão simultânea de receitas fiscais reduzidas e de um colapso na assistência internacional.

Em janeiro de 2009, fomos a Maldah, um distrito rural de Bengala Ocidental, com Somini Sengupta, então correspondente do *New York Times* na Índia. Ela queria escrever uma matéria sobre como os pobres foram afetados pela crise mundial. Sengupta, que cresceu na Califórnia, mas fala bengali perfeitamente, foi informada de que muitos dos trabalhadores em muitos canteiros de obra de Delhi eram de Maldah, e ela sabia que a construção civil estava em declínio em Delhi. Então, fomos de aldeia em aldeia, perguntando aos jovens sobre suas experiências de migração.

Todos conheciam alguém que havia migrado. Muitos dos próprios migrantes estavam em casa durante o mês do muarrã, observado por muitos muçulmanos indianos. Todos conversaram abertamente conosco sobre experiências de migração. As mães nos contaram sobre cidades distantes no sul ou no norte da Índia, lugares como Ludhiana, Coimbatore e Baroda, onde seus filhos e sobrinhos agora viviam e trabalhavam. Havia evidentemente algumas tragédias — uma mulher falou que o filho morrera em Delhi, de alguma doença misteriosa —, mas o tom era tremendamente otimista. "Existem empregos na cidade?", perguntava Sengupta. Sim, muitos empregos. "Você já ouviu falar de cortes?" Não, não há cortes em Mumbai, as coisas estão ótimas. E assim por diante. Fomos à estação de trem para ver se alguém havia voltado depois de ter perdido o emprego. Lá encontramos três jovens a caminho de Mumbai. Um deles nunca estivera lá; os outros, veteranos, garantiam-lhe que encontrar um emprego não seria problema. No fim das contas, Sengupta nunca escreveu a matéria sobre como os pobres sofreram com a crise global.

A questão não é que empregos na construção não tenham sido perdidos durante a crise em Mumbai — alguns certamente foram —, mas, para a maioria desses jovens, o fato importante por enquanto era a oportunidade. Ainda havia empregos a serem conseguidos, empregos que pagavam mais do que o dobro do que poderiam ganhar por dia na aldeia. Em comparação com o que haviam suportado — a ansiedade rotineira de não conseguir nenhum trabalho, a espera aparentemente interminável pela chegada das chuvas —, a vida de um trabalhador da construção civil migrante ainda parecia muito atraente.

É claro que a crise global aumentou os riscos para os pobres, mas acrescentou pouco ao risco geral com o qual eles têm de lidar diariamente, mesmo quando não há uma crise com a qual o Banco Mundial esteja preocupado. Durante a crise indonésia de 1998, a rupia perdeu 75% do seu valor, os preços dos alimentos subiram 250% e o PIB caiu 12%, mas os produtores de arroz, que tendem a estar entre as pessoas mais pobres, na verdade ganharam em termos de poder de compra.[6] Foram os funcionários públicos e outras pessoas com rendas em dinheiro relativamente fixas que ficaram em situação pior. Mesmo em 1997-8, o ano da grande crise financeira tailandesa, quando a economia encolheu 10%, dois terços das quase mil pessoas pesquisadas disseram que a principal razão para a queda em sua renda foi uma seca.[7] Apenas 26% mencionaram as perdas de empregos, as quais quase certamente não foram todas consequência da crise. Na maioria das vezes, parece que, mais uma vez, as coisas não foram muito piores para os pobres do que em qualquer outro ano, justamente porque a situação deles é sempre muito ruim. Eles estavam lidando com problemas que eram bastante familiares. Para os pobres, é como se estivessem no meio de uma crise financeira colossal todos os anos.

Não só os pobres levam vidas mais arriscadas do que os menos pobres, mas uma interrupção feia da mesma magnitude provavelmente os prejudicará mais. Em primeiro lugar, um corte no consumo é mais doloroso para quem consome muito pouco. Quando uma família não tão pobre precisa reduzir o consumo, os membros podem falar menos no celular, comprar carne com menos frequência ou mandar as crianças para um colégio mais barato. É claro que é um sacrifício. Mas para os pobres, um grande corte na renda pode significar um corte em despesas essenciais; os adultos de 36% das famílias extremamente pobres que pesquisamos no distrito rural de Udaipur tiveram de cortar o tamanho de suas refeições em algum momento do ano anterior à pesquisa. E cortar refeições é uma coisa que os pobres odeiam: entrevistados que tiveram de cortar o tamanho de suas refeições relataram estar muito mais infelizes do que aqueles que não precisaram fazer isso.

Em segundo lugar, quando a relação entre a renda de hoje e a renda futura é em forma de S, o efeito de um período ruim sobre os pobres pode, na verdade, ser muito pior do que a infelicidade temporária. Na Figura 6.1, traçamos a relação entre a renda de hoje e a renda futura de Ibu Tina, a empresária indonésia.

No primeiro capítulo deste livro, vimos que existe a possibilidade de uma armadilha da pobreza quando os investimentos rendem relativamente pouco para aqueles que podem investir pouco, e mais se puderem investir o suficiente. Ibu Tina estava claramente nessa situação. No caso

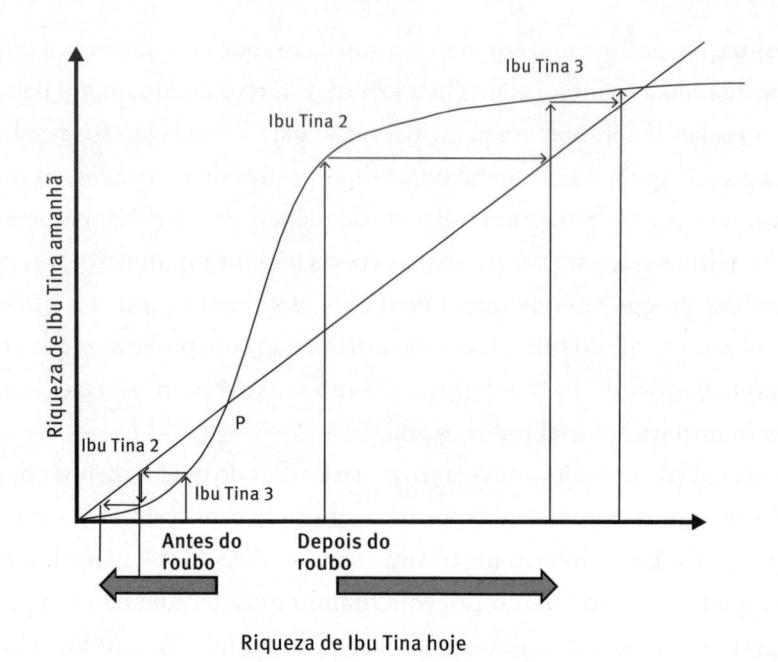

FIGURA 6.1 O efeito de um choque na sorte de Ibu Tina

dela, a relação entre a renda de amanhã e a renda de hoje tinha uma forma de S, porque seu negócio precisava de uma escala mínima para ser lucrativo (no capítulo 9, veremos que esta é uma característica central dos negócios dos pobres, portanto o caso dela não era único). Antes do roubo, ela e o marido tinham quatro empregados e dinheiro suficiente para comprar matéria-prima e usar suas máquinas de costura e funcionários para fazer roupas. Isso era muito lucrativo. Depois, tudo que eles conseguiram foi comprar shorts prontos e empacotá-los, uma atividade muito menos lucrativa (ou nada lucrativa). Antes do desastre do cheque sem fundos, Ibu Tina e seu marido estavam fora da zona da armadilha da pobreza. Se seguirmos a trajetória deles ao longo do tempo, veremos que estavam a caminho de um dia chegar a um rendimento decente. Mas o roubo acabou com todos os seus ativos, o que teve o efeito de movê-los para a zona da armadilha da pobreza. Depois disso, eles ganharam tão pouco dinheiro que foram ficando mais pobres com o tempo. Quando a conhecemos, Ibu Tina estava reduzida a viver da caridade dos irmãos. Um golpe de azar nesse mundo em forma de S pode ter consequências permanentes. Quando a relação entre a renda de hoje e a renda de amanhã for em forma de S, uma família pode deixar de estar no caminho da classe média e cair na rota de ser permanentemente pobre.

Esse processo costuma ser reforçado por um processo psicológico. A perda de esperança e a sensação de que não existe uma saída fácil podem tornar muito mais difícil ter o autocontrole necessário para tentar voltar a subir a colina. Vimos isso no capítulo 2, com Pak Solhin, o antigo trabalhador rural e hoje pescador ocasional, e com Ibu Tina. Eles não pareciam estar na forma mental necessária para se recompor e recomeçar. Em Udaipur, conhecemos um homem que disse, em resposta a uma pergunta padrão da pesquisa, estar tão "preocupado, tenso ou ansioso" que havia mais de um mês que isso interferia nas atividades normais, como dormir, trabalhar e comer. Perguntamos por quê. Ele disse que seu camelo havia morrido, e ele chorava e estava tenso desde então. Talvez um tanto ingenuamente, perguntamos se ele havia feito algo a respeito de sua depressão (como conversar com um amigo, um profissional de saúde ou um curandeiro tradicional). Ele ficou irritado: "Perdi o camelo. Claro que eu deveria estar triste. Não há nada a fazer".

Pode haver também outras forças psicológicas em ação: enfrentar o risco (não apenas o risco da renda, mas também o risco de morte ou de doença) nos deixa preocupados, e a preocupação nos deixa estressados e deprimidos. Os sintomas de depressão são muito mais prevalentes entre os pobres. Estar estressado torna mais difícil nos concentrarmos, o que, por sua vez, pode nos tornar menos produtivos. Em particular, existe uma forte associação entre pobreza e o nível de cortisol produzido pelo organismo, um indicador de estresse. E, inversamente, os níveis de cortisol diminuem quando as famílias recebem alguma ajuda. Por exemplo: os filhos dos beneficiários do Progresa, o programa mexicano de transferência de renda, têm níveis significativamente mais baixos de cortisol do que crianças comparáveis cujas mães não se beneficiaram do programa. Isso é importante, porque o cortisol prejudica diretamente a capacidade cognitiva e de tomada de decisão. A liberação de cortisol induzida pelo estresse afeta áreas cerebrais como o córtex pré-frontal, a amígdala e o hipocampo, que são importantes no funcionamento cognitivo; em particular, o córtex pré-frontal é importante na supressão de respostas impulsivas. Portanto, não é nenhuma surpresa que os sujeitos experimentais, quando artificialmente colocados sob condições estressantes no laboratório, apresentem menor probabilidade de tomar a decisão economicamente racional diante da escolha entre diferentes alternativas.[8]

A proteção contra o risco

O que os pobres podem fazer para lidar com esses riscos? Uma reação natural diante de uma queda nos salários ou ganhos é tentar trabalhar mais. Mas isso às vezes pode ser contraproducente. Se todos os trabalhadores pobres quiserem trabalhar mais em tempos difíceis (por exemplo, porque houve uma seca ou os preços dos insumos subiram), eles competem entre si, o que reduz os salários. A situação se agrava se eles não conseguirem encontrar trabalho fora da aldeia. O resultado é que o mesmo tipo de seca tem um efeito mais negativo sobre os salários nas aldeias da Índia que estão mais isoladas, onde é mais difícil para os trabalhadores sair de casa para procurar trabalho. Nesses lugares, trabalhar mais não é necessariamente uma forma eficaz de lidar com o fato de ganhar menos.[9]

Se trabalhar mais depois do choque não for realmente uma boa opção, a melhor aposta é muitas vezes tentar limitar a exposição ao risco criando, como um gestor de fundos de hedge, uma carteira diversificada, e é óbvio que os pobres investem muita engenhosidade nisso. A única diferença é que diversificam atividades, não apenas instrumentos financeiros. Um fato notável a respeito dos pobres é o grande número de ocupações em que uma única família parece se envolver; numa pesquisa em 27 aldeias de Bengala Ocidental, mesmo as famílias que afirmavam cultivar um pedaço de terra gastavam apenas 40% de seu tempo no cultivo.[10] Nessa pesquisa, a família mediana tinha três membros trabalhadores e sete ocupações. Em geral, embora a maioria das famílias rurais tenha algo a ver com a agricultura, é raro que essa seja sua única ocupação. Isso pode ser uma maneira de reduzir o risco — se uma atividade fraquejar, outras podem mantê-la funcionando —, embora, como veremos, possa haver também outros motivos.

Manter vários lotes em diferentes partes da aldeia, em vez de um único lote grande, também proporciona alguma diversificação de risco. Quando uma praga ou infestação ataca uma parte da aldeia, outras áreas podem escapar; quando as chuvas escasseiam, as lavouras em terrenos com melhor acesso à água subterrânea têm mais chance de sobreviver; e o mais surpreendente é que diferentes partes da mesma aldeia podem ter microclimas diferentes, determinados pela exposição, declive, elevação e umidade.

A migração temporária também pode ser interpretada sob essa luz. É relativamente incomum que uma família inteira se mude para a cidade. Normalmente, alguns membros — a maioria homens e meninos adolescentes na Índia ou no México, mas as filhas mais velhas na China, nas Filipinas e na Tailândia — migram, enquanto o restante fica para trás. Isso garante que a sorte da família não dependa inteiramente do emprego de uma pessoa na cidade, ao mesmo tempo que permite que a família mantenha suas conexões na aldeia, as quais, como veremos, muitas vezes acabam sendo úteis.

Outra forma de os pobres limitarem o risco é sendo muito conservadores na maneira como gerenciam suas terras ou negócios. Por exemplo, eles podem saber que uma variedade nova e mais produtiva de sua cultura principal está disponível, mas optam por não a adotar. Uma vantagem de manter-se fiel à tecnologia tradicional é que os agricultores não precisam comprar novas sementes — eles apenas guardam sementes suficientes da safra anterior para replantar, enquanto as novas sementes costumam custar uma quantia significativa de dinheiro. Mesmo se as novas sementes pagarem o investimento quando as coisas vão bem, sempre há uma pequena chance de que a safra fracasse (porque as chuvas não chegam, por exemplo) e o agricultor perca o investimento adicional que fez na nova semente.

A família também é usada de maneiras criativas para distribuir o risco. As famílias agricultoras na Índia usam o casamento como uma forma de diversificar a "carteira de risco" de suas famílias extensas. Quando uma mulher se muda para a aldeia dos sogros após o casamento, isso cria um vínculo entre a família de onde ela veio e aquela na qual se casou, e as duas famílias podem apelar uma para a outra quando estão em apuros.[11] Famílias agrícolas tendem a casar suas filhas em aldeias que são próximas o suficiente para manter uma relação, mas distantes o suficiente para ter um padrão de clima ligeiramente diferente. Desse modo, se a chuva cair em uma aldeia, mas não na outra, eles podem ajudar uns aos outros. Outra forma de comprar segurança é ter muitos filhos. Lembre-se de que Pak Sudarno teve nove filhos para garantir que pelo menos um deles cuidaria dele.

TODAS ESSAS MANEIRAS QUE OS POBRES têm de lidar com o risco tendem a ser muito caras. Isso foi bem documentado na agricultura: na Índia, os agricultores pobres usam os insumos agrícolas de uma forma mais conservadora, mas menos eficiente, quando vivem em áreas onde as chuvas são mais erráticas.[12] As taxas de lucro dos agricultores pobres sobem em até 35% quando vivem em áreas cujo padrão de precipitação anual é muito previsível. Além disso, o risco afeta somente os pobres dessa maneira; no caso dos mais ricos, não há relação entre as taxas de lucro agrícola e a variabilidade na precipitação, presumivelmente porque eles podem se permitir uma perda de colheita e, portanto, estão dispostos a correr riscos.

Outra estratégia que os agricultores pobres costumam adotar é tornar-se meeiro, o que significa que o proprietário paga uma parte do custo do cultivo e fica com uma parte da produção. Isso limita a exposição do agricultor ao risco à custa de incentivos: sabedor de que o proprietário ficará com metade (por exemplo) de tudo o que sair do solo, ele tem menos razão para trabalhar muito. Um estudo na Índia mostrou que os agricultores colocam 20% menos de seu próprio esforço na terra alheia em comparação com a terra na qual eles têm direito a toda a colheita.[13] Em consequência, esses lotes são cultivados com menos intensidade e eficiência.

Ter múltiplas ocupações, como acontece com muitas pessoas pobres, é também ineficiente. É difícil se tornar um especialista em qualquer coisa sem se especializar nela. Mulheres que dirigem três negócios diferentes e homens que não podem se comprometer com um emprego fixo na cidade porque querem manter a opção de retornar à aldeia a cada poucas semanas abrem mão da oportunidade de adquirir proficiência e experiência em suas ocupações principais. Ao perder essas oportunidades, também perdem os ganhos de se especializarem naquilo em que são realmente bons.

Portanto, o risco suportado pelos pobres não é caro somente quando acontece um choque: o medo de que algo ruim possa acontecer tem um efeito debilitante na capacidade dos pobres de alcançarem totalmente seu potencial.

Ajuda mútua

Outra maneira, talvez muito melhor, de lidar com o risco é a ajuda mútua entre as pessoas. A maioria dos pobres vive em vilarejos ou bairros e tem acesso a uma ampla rede de pessoas que os conhecem bem: famílias extensas, comunidades baseadas na religião ou na etnia. Enquanto alguns choques podem atingir todos de uma rede (uma monção ruim, por exemplo), outros são mais específicos. Se os que estão indo bem hoje ajudarem os que estão passando por um momento difícil, em troca de ajuda semelhante quando os papéis forem invertidos, todos podem ganhar com isso: ajudar uns aos outros não precisa ser caridade.

Um estudo de Christopher Udry mostra o poder e os limites desse seguro informal. Ao longo de um ano inteiro que passou na Nigéria rural, Udry conseguiu que os moradores da região registrassem todos os presentes ou empréstimos informais que deram uns aos outros, bem como os termos sob os quais eles pagaram esses empréstimos.[14] Ele também perguntou a eles todos os meses se algo ruim lhes havia acontecido. Udry descobriu que, em qualquer momento, a família média devia ou era credora de 2,5 outras famílias. Além disso, os termos dos empréstimos eram ajustados para refletir as situações do credor e do devedor. Quando o devedor sofria um choque, ele pagava menos (com frequência, menos do que o montante do empréstimo original), mas quando era o credor que passava por uma fase difícil o devedor pagava *mais do que devia*. A densa rede de empréstimos reduzia muito o risco para os indivíduos. No entanto, essa solidariedade informal tinha um limite. As famílias ainda tinham uma queda no consumo quando sofriam um choque, mesmo que a renda total de todos em sua rede não tivesse mudado.

Uma grande quantidade de pesquisas sobre seguro informal, que investigou esse fenômeno em lugares que vão da Costa do Marfim à Tailândia, descobriu a mesma coisa: embora as redes tradicionais de solidariedade ajudem a absorver choques, o seguro que oferecem está longe de ser perfeito. Se o risco estivesse bem segurado, deveria ser possível para uma família consumir sempre mais ou menos a mesma quantidade, ditada por sua capacidade média de ganho: nos tempos bons, ajudariam os outros, e nos maus, outros os ajudariam por sua vez. Isso não é o que vemos em geral.

Choques de saúde, em particular, estão muito mal segurados. Na Indonésia, o consumo cai 20% quando um membro da família fica gravemente doente.[15] Um estudo nas Filipinas documenta que a solidariedade dentro da aldeia funciona particularmente mal no caso de doenças graves não fatais.[16] Quando uma família tem uma colheita ruim, ou quando alguém perde o emprego, outras famílias da aldeia vêm em socorro. A família afetada recebe presentes, empréstimos sem juros e várias outras formas de assistência. Mas, quando os indivíduos sofrem um choque de saúde, isso aparentemente não ocorre. A família fica sozinha para lidar com a situação.

A falta de seguro para choques de saúde é muito surpreendente, visto que as famílias se ajudam de outras maneiras. Em capítulo anterior, falamos sobre Ibu Emptat, uma mulher que conhecemos numa pequena aldeia em Java, cujo marido tinha um problema nos olhos. Seu filho precisou abandonar a escola, porque ela não tinha como pagar os remédios para sua asma. Ibu Emptat havia tomado emprestadas 100 mil rupias (US$18,75

PPC) do agiota local para pagar a cura dos olhos do marido e, quando a conhecemos, com juros acumulados, ela devia 1 milhão de rupias. Estava muito preocupada porque o agiota ameaçava tirar tudo o que eles tinham. No entanto, no decorrer da entrevista, descobrimos que uma de suas filhas lhe dera recentemente uma televisão. A filha acabara de comprar uma nova para si por cerca de 800 mil rupias (US$150 PPC) e decidira dar a antiga (que ainda estava muito boa) para os pais. Ficamos um pouco surpresos com a troca: não faria sentido que a filha tivesse ficado com a televisão velha e dado aos pais o dinheiro para pagar o agiota? Perguntamos a ela: "Um de seus filhos não pode ajudá-la com a dívida?". Ibu Emptat balançou a cabeça e respondeu que eles tinham seus próprios problemas, suas próprias famílias para cuidar, e deu a entender que não cabia a ela questionar a forma do presente. Ela parecia pensar que era normal que ninguém se oferecesse para ajudar em suas despesas de saúde.

O que impede as pessoas de fazerem mais para se ajudarem? Por que algumas formas de risco não são cobertas, ou não são bem cobertas?

Existem boas razões para não estarmos dispostos a oferecer ajuda incondicional a nossos amigos e vizinhos. Por um lado, podemos temer que a garantia de ajuda possa criar uma tentação de relaxar — é o que as seguradoras chamam de *risco moral*. Ou que as pessoas possam alegar que sofrem necessidade mesmo quando não é o caso. Ou simplesmente que a promessa de ajuda mútua não se cumpra: eu lhe ajudo, mas quando chega a sua vez você está ocupado demais.

Todas essas são explicações do motivo de querermos atrasar um pouco a nossa ajuda, mas não está claro se isso poderia explicar o fato de não oferecermos ajuda àqueles que acabaram de ficar muito doentes, porque se presume que adoecer não é uma escolha. A outra possibilidade é que a maneira como a maioria dos economistas pensa sobre seguro informal, como situações em que ajudamos outras pessoas porque podemos precisar da ajuda delas no futuro, pode não explicar tudo. Talvez ajudemos nossos vizinhos em situações extremas, mesmo quando não temos expectativa de estar em situação semelhante, por exemplo, apenas porque é imoral deixar os vizinhos morrerem de fome. O livro de Betsey Hartman e Jim Boyce sobre a vida na zona rural de Bangladesh em meados da década de 1970[17] descreve duas famílias vizinhas, uma hindu e uma muçulmana, que não eram particularmente próximas uma da outra. A família hindu perdeu seu provedor principal e ficou passando fome; em desespero, a mulher daquela família se esgueirava pela cerca para o quintal da outra e roubava algumas verduras de vez em quando. Hartman descobriu que a família muçulmana sabia o que estava acontecendo, mas decidiu fazer vista grossa. "Eu sei que o caráter dela não é ruim", disse o homem. "Se eu estivesse no lugar dela, provavelmente roubaria também. Quando pequenas coisas desaparecem, tento não ficar com raiva. Acho que 'a pessoa que roubou isso está com mais fome do que eu'."

O fato de as pessoas poderem ajudar umas às outras em tempos difíceis por um senso de obrigação moral, e não porque necessariamente esperam ser ajudadas no futuro, pode explicar por que as redes informais não estão equipadas para lidar com choques de saúde. Quando até mesmo uma família muito pobre que tem o suficiente para se alimentar vê um vizinho que não tem, ela simplesmente compartilha o que tem. Mas ajudar as pessoas a pagar por hospitalização, por exemplo, requer ir além desse ato básico de compartilhamento. Muitas famílias precisariam contribuir, já que a hospitalização pode ser muito cara. Em consequência, faz sentido excluir eventos caros de saúde do imperativo moral básico de ajudar os vizinhos necessitados, porque seria necessário um contrato social muito mais elaborado para tanto.

Essa visão do seguro como sendo principalmente um dever moral de ajudar alguém em necessidade explica por que, nas aldeias nigerianas, os moradores ajudavam uns aos outros individualmente, em vez de todos contribuírem para um bolo comum, embora compartilhar o risco dessa outra maneira fosse mais eficiente. Também pode explicar por que a filha de Ibu Emptat deu uma televisão para a mãe, mas não cobriu seus custos de saúde. Ela não queria ser a única filha responsável pelos cuidados de saúde dos pais (e não queria presumir a generosidade de seus irmãos). Então escolheu fazer algo de bom para eles sem dar o passo maior do que as pernas.

Onde estão as seguradoras para os pobres?

Tendo em vista o alto custo do risco e a limitação do seguro que qualquer pessoa pode obter nas redes informais de solidariedade, deve-se perguntar por que os pobres não têm mais acesso a seguro formal, isto é, seguro fornecido por uma seguradora. Seguro formal de qualquer tipo é uma raridade entre os pobres. Seguro-saúde, seguro contra o mau tempo e seguro contra a morte do gado, que são produtos básicos na vida dos fazendeiros nos países ricos, estão mais ou menos ausentes no mundo em desenvolvimento.

Agora que o microcrédito é algo que todos conhecem, o seguro para os pobres parece um alvo óbvio de oportunidade para o capitalista criativo de mente elevada (um artigo de opinião publicado na *Forbes* chamou-o de "mercado natural não penetrado").[18] Os pobres encaram uma quantidade de risco enorme e devem estar dispostos a pagar um prêmio razoável para segurar suas vidas, sua saúde, seu gado ou sua colheita. Com bilhões de pessoas pobres esperando para serem seguradas, mesmo um pequeno lucro por apólice poderia torná-la uma grande proposta de negócio e, ao mesmo tempo, também seria uma grande ajuda para os pobres do mundo. Só falta alguém para organizar esse mercado. Isso levou organizações internacionais (como o Banco Mundial) e grandes fundações (como a Fundação Gates) a investir centenas de milhões de dólares para estimular o desenvolvimento de opções de seguro para os pobres.

Há evidentemente uma série de dificuldades óbvias em oferecer seguros. São problemas que não são específicos dos pobres. São problemas fundamentais, mas amplificados em países pobres, onde é mais difícil regulamentar as seguradoras e monitorar os segurados. Já mencionamos o "risco moral": as pessoas podem mudar seu comportamento (cultivar com menos cuidado, gastar mais dinheiro com saúde e assim por diante), uma vez que sabem que não arcarão com todas as consequências. Considere alguns dos problemas de fornecer seguro-saúde, por exemplo. Vimos que, mesmo sem esse seguro, os pobres consultam alguns tipos de provedores de saúde o tempo todo. O que eles farão se as visitas forem gratuitas? E os médicos também não teriam motivos para prescrever exames e medicamentos desnecessários, especialmente se também possuíssem um laboratório (o que muitos médicos têm, tanto nos Estados Unidos quanto na Índia), ou receberiam propinas da farmácia? Parece que tudo vai na mesma direção: os pacientes querem ver ação, então tendem a preferir médicos que gostam de receitar, e os médicos geralmente ganham mais dinheiro se prescrevem mais. Oferecer seguro-saúde com base em reembolso para atendimento ambulatorial em um país onde os cuidados de saúde são, na melhor das hipóteses, fracamente regulamentados e onde qualquer pessoa pode se estabelecer como "médico" parece ser o primeiro passo para a falência.

Outro problema é a "seleção adversa". Se o seguro não for obrigatório, aqueles que sabem que provavelmente terão problemas no futuro têm maior probabilidade de querer seguro. Isso seria ótimo, desde que a seguradora também soubesse disso, porque poderia ser contabilizado no prêmio. Mas se a seguradora não for capaz de identificar aqueles que estão entrando porque querem cuidados agora, tudo o que podem fazer é aumentar o prêmio para todos. O preço mais alto, porém, piora as coisas, pois afasta quem sabe que provavelmente não vai precisar do seguro, agravando o problema original. Por isso, nos Estados Unidos, conseguir seguro-saúde a preços razoáveis é muito difícil para aqueles que não podem obtê-lo por meio de seus empregadores. E é por isso que programas de seguro-saúde acessíveis tendem a ser obrigatórios — se todos são obrigados a aderir, a seguradora não fica atolada apenas com os tipos de alto risco.

Um terceiro problema é a fraude descarada: o que impede um hospital de apresentar à seguradora um grande número de cobranças falsas ou cobrar do paciente substancialmente mais do que o custo do atendimento recebido? E se um agricultor comprar seguro para seu búfalo, o que o impedirá de alegar que o búfalo morreu? Nachiket Mor e Bindu Ananth, da Icici Foundation, são as duas pessoas no setor financeiro indiano mais dedicadas a projetar melhores serviços financeiros para os pobres. Eles nos contaram, com humor autodepreciativo, sua primeira tentativa desastrosa, muitos anos atrás, de oferecer seguro pecuário. Depois que o primeiro lote inteiro de segurados alegou ter perdido seus animais, eles decidiram que, para alegar que um animal havia morrido, o dono precisaria mostrar a orelha da vaca morta. O resultado foi um mercado robusto de orelhas de vacas: qualquer vaca que morresse, segurada ou não, tinha sua orelha cortada e vendida para aqueles que tivessem segurado uma vaca. Desse modo, podiam reivindicar o seguro e manter a vaca. No verão de 2009, fomos a uma reunião em que Nandan Nilekani, fundador e ex-CEO da gigante de software indiana Infosys, que havia sido encarregado pelo governo de fornecer a todos os indianos uma "carteira de identidade única", estava explicando seu plano para a identificação única. Ele garantiu aos ouvintes que dez impressões digitais e uma imagem das íris são essencialmente o suficiente para identificar qualquer pessoa. Mor estava ouvindo com atenção. Quando Nilekani fez uma pausa, ele disse: "É uma pena que o gado não tenha dedos."

Alguns tipos de risco devem ser mais fáceis de segurar do que outros. Pense no clima, por exemplo. O agricultor deve avaliar uma apólice que lhe pague um valor fixo (com base no prêmio que ele pagou) quando a precipitação medida na estação meteorológica próxima cair abaixo de um determinado nível crítico. Como ninguém controla o clima e não há como julgar o que deve ser feito (ao contrário do atendimento médico, em que alguém deve decidir quais exames ou tratamento são necessários), não há espaço para risco moral ou fraude.

Na área da saúde, segurar eventos de saúde catastróficos — doenças graves, acidentes — parece muito mais fácil do que cobrir o atendimento ambulatorial. Ninguém quer fazer cirurgia ou quimioterapia sem motivo, e o tratamento é facilmente verificado. O perigo de tratamento excessivo permanece, mas a seguradora pode limitar o valor que pagará por cada tratamento. A grande questão que persiste é a seleção: a seguradora não quer que apenas doentes a contratem.

Para evitar a seleção adversa, o truque é começar com um grande grupo de pessoas que se reuniram por alguma outra razão que não a saúde — funcionários de uma grande empresa, clientes de microcrédito, comunistas de carteirinha... e tentar segurar todos eles.

É por isso que muitas instituições de microfinanciamento (IMFs) pensaram em oferecer seguro-saúde. Elas têm um grande grupo de mutuários aos quais poderiam ser oferecidos produtos de seguro. E como os problemas de saúde catastróficos às vezes levam clientes de microcrédito muito cumpridores de seus compromissos à inadimplência, o seguro-saúde serviria um pouco também como seguro para a IMF. Além disso, seria fácil cobrar prêmios dos clientes, uma vez que os agentes de crédito já se encontram com eles todas as semanas; na verdade, poderiam simplesmente incluir o prêmio no empréstimo.

Em 2007, a SKS Microfinance, então a maior instituição de microfinanciamento da Índia, lançou o Swayam Shakti, um programa-piloto de seguro-saúde que oferecia maternidade, hospitalização e benefícios contra acidentes e que se tornou obrigatório para os grupos aos quais foi oferecido, a fim de evitar a seleção adversa. Para lidar com o potencial de fraude, os benefícios foram limitados e os clientes foram fortemente encorajados a usar os hospitais com os quais a SKS tinha um acordo de rede de longo prazo. Para melhorar o negócio, os clientes que iam a esses hospitais recebiam um "serviço sem dinheiro": não precisavam pagar nada, desde que o tratamento fosse para uma doença coberta — a SKS pagaria diretamente aos hospitais.

Quando apresentou o produto pela primeira vez, a empresa tentou torná-lo obrigatório para os clientes. Mas os clientes se rebelaram, então a SKS decidiu tornar o produto obrigatório apenas na primeira renovação. O resultado foi que alguns clientes decidiram não renovar os empréstimos e a SKS começou a perder clientes nas áreas onde oferecia o seguro. Após alguns meses, as taxas de renovação de seus empréstimos caíram de cerca de 60% para cerca de 50%. Uma CEO de uma instituição de microfinanciamento concorrente nos perguntou sobre nosso trabalho com a SKS, e quando dissemos que estávamos trabalhando para avaliar o impacto de oferecer seguro-saúde obrigatório a clientes do microcrédito ela riu e disse: "Ah, eu sei o efeito! Em todos os lugares em que a SKS tornou esse produto obrigatório, conquistamos muito mais clientes. As pessoas estão deixando a SKS para entrar na nossa organização!". Cerca de um quarto dos clientes, desejosos de continuar tomando emprestado da sks ao mesmo tempo que evitavam ser segurados, encontrou uma brecha. Eles pagavam antecipadamente o empréstimo antes do final do prêmio de um ano. Dessa forma, quando renovavam o empréstimo, ainda tinham tecnicamente cobertura e, portanto, não precisavam pagar o novo prêmio. Diante dessa resistência, a sks decidiu tornar o produto voluntário. Mas um produto voluntário tomado por apenas alguns clientes é novamente suscetível a seleção adversa e risco moral. Os encargos por cliente coberto explodiram e a Icici Lombard, a empresa em nome da qual a sks estava oferecendo o seguro, decidiu que estava perdendo dinheiro e pediu à sks que parasse de segurar novos clientes. Outras organizações que tentaram esquemas semelhantes encontraram problemas muito parecidos com a resistência do cliente à adesão obrigatória.

O microsseguro-saúde não é a única forma de seguro que tem problemas. Um grupo de pesquisadores, entre eles nosso colega no mit, Robert Townsend, tentou medir o impacto do acesso a um esquema de seguro meteorológico muito simples. Muito parecido com o que descrevemos anteriormente, ele paga uma determinada quantia de dinheiro quando chove menos do que uma quantidade específica.[19] O produto foi comercializado em duas regiões da Índia — Gujarat e Andhra Pradesh —, ambas áridas e propensas à seca. Nos dois casos, foi vendido por meio de uma organização de microfinanciamento bem conhecida e respeitada. A empresa tentou várias formas de oferecer e apresentar o seguro aos agricultores. No geral, as taxas de inscrição eram extremamente baixas, mas no máximo 20% dos agricultores compraram algum seguro, e esse nível de adesão só ocorreu quando alguém dessas imfs muito conhecidas foi de porta em porta vender o produto. Além disso, mesmo aqueles que aderiram a algum seguro compraram muito pouco: a maioria dos agricultores comprou apólices que cobririam apenas 2% a 3% de suas perdas se as chuvas diminuíssem.

Por que as pessoas pobres não querem seguro?

Uma primeira possibilidade para a baixa demanda por seguro é que o governo estragou o mercado. Trata-se do familiar argumento do *wallah* da demanda: quando os mercados não funcionam, o excesso de provisão por parte do governo ou de instituições internacionais é provavelmente o culpado. O argumento específico é que, quando ocorre um desastre, essas almas bondosas intervêm para ajudar e, em consequência, as pessoas na verdade não precisam de seguro.

É fato que, durante os anos de monção ruim, os distritos indianos competem para serem designados como "afetados pela seca", porque isso abre a porta para a ajuda governamental. Providenciam-se empregos em canteiros de obras do governo, distribui-se comida e assim por diante. Mas é preciso deixar claro que se trata de uma parte muito pequena do que os pobres precisam. Para começar, o governo intervém apenas em casos de desastres de grande escala, não quando um búfalo morre ou alguém é atropelado por um automóvel. E mesmo a ajuda humanitária em desastres é, na maioria dos casos, muito insuficiente quando chega aos pobres.

Outra possibilidade é que os pobres não entendam muito bem o conceito de seguro. É verdade que ele difere da maioria das transações a que os pobres estão acostumados. É algo pelo qual você paga, na esperança de nunca precisar usar. Ao conversar com clientes da SKS, encontramos muitas pessoas que ficaram aborrecidas quando seus prêmios de seguro-saúde não foram reembolsados, embora não tivessem acionado o seguro nenhuma vez no ano anterior. É certamente possível explicar melhor o conceito de seguro, mas é difícil imaginar que uma população que encontrou engenhosamente uma brecha no sistema da SKS não pudesse compreender o princípio básico do seguro. Townsend, em seu esforço de vender seguro meteorológico, realizou um exercício para descobrir se as pessoas entendem como ele funciona. Ao visitar cada agricultor, o vendedor lia em voz alta uma breve descrição de um produto de seguro hipotético (seguro de temperatura) e, em seguida, fazia ao cliente potencial várias perguntas hipotéticas simples sobre quando a apólice pagaria. Os entrevistados acertaram três quartos das vezes. Não sabemos se o americano ou francês médio se sairia muito melhor. Portanto, não é surpresa que as tentativas de explicar melhor o seguro de chuva não tenham tido influência sobre a vontade de compra dos agricultores.[20]

Os agricultores conseguiam entender o conceito principal de seguro e como ele funciona, mas simplesmente não estavam interessados em comprá-lo. No entanto, foram influenciados em sua decisão por coisas relativamente pequenas. Uma simples visita domiciliar, sem nenhum esforço particular de marketing, quadruplica a fração de pessoas que compram seguro meteorológico. Nas Filipinas, as famílias que foram selecionadas aleatoriamente para preencher uma pesquisa preliminar que continha muitas perguntas sobre saúde eram mais propensas a acabar comprando um seguro-saúde do que famílias comparáveis que não haviam preenchido a pesquisa. Presume-se que responder a todas essas perguntas sobre a possibilidade de problemas de saúde as lembrou do que poderia acontecer.[21]

Tendo em vista os riscos muito altos, por que os pobres não ficam mais entusiasmados com as vantagens de ser segurado, mesmo sem esses pequenos empurrões?

Acreditamos que o principal entrave seja que, devido aos problemas que mencionamos anteriormente, o tipo de seguro que o mercado pode oferecer cobre apenas as pessoas contra cenários catastróficos. Isso cria uma série de questões.

A credibilidade é sempre um problema com produtos de seguro. Como o contrato de seguro exige que a família pague adiantado, a ser reembolsado no futuro a critério da seguradora, a família deve confiar totalmente na seguradora. No caso do seguro meteorológico, a equipe de marketing do produto ia às vezes com alguém da Basix, uma organização que os agricultores conheciam bem, e às vezes iam por conta própria. Eles descobriram que a presença de um membro da Basix tinha um efeito bastante grande nas taxas de inscrição, sugerindo que a confiança é uma questão.

Infelizmente, essa falta de credibilidade pode ser endêmica, dadas a natureza dos produtos e a maneira como as seguradoras reagem a qualquer possibilidade de fraude. No inverno de 2009, visitamos alguns clientes da SKS que haviam decidido não renovar o seguro-saúde. Uma mulher disse que tomou a decisão depois que a empresa se recusou a reembolsá-la quando ela foi para o hospital com uma infecção estomacal. Visto que a apólice cobria apenas eventos catastróficos, uma infecção estomacal, por mais horrível que fosse, não se qualificava. Mas não estava claro se ela entendia a distinção — afinal, ela foi para o hospital e foi tratada lá. Ela também falou sobre uma mulher de outro grupo de empréstimos (como a maioria das IMFS, a SKS tem seus clientes organizados em grupos) cujo marido morreu de uma infecção grave, mas não antes de sua esposa gastar um bom dinheiro em remédios e médicos. Após sua morte, ela apresentou suas contas à seguradora, mas esta se recusou a pagar, alegando que ele nunca havia passado uma noite no hospital. Chocado com o incidente, todo um grupo de mulheres decidiu parar de pagar o prêmio. De um ponto de vista puramente jurídico, a seguradora estava claramente dentro do seu direito de recusar o pagamento. Por outro lado, o que poderia ser mais catastrófico?

O seguro meteorológico tem muitos dos mesmos problemas. A safra pode ter secado e os agricultores podem estar morrendo de fome, mas se a chuva estiver acima do limite na estação chuvosa ninguém naquela área receberá qualquer pagamento. No entanto, há muitos microclimas: em qualquer ano, quando a média das chuvas na área está logo acima do limite para a seca, muitos agricultores individuais devem enfrentar condições semelhantes às da seca, apenas pelas leis do acaso. Não é fácil para os agricultores atingidos aceitar o veredicto da estação meteorológica, especialmente num ambiente em que a corrupção não é desconhecida.

A segunda questão é o problema da inconsistência do tempo, que já encontramos em nosso capítulo sobre saúde. Ao decidir se compramos ou não o seguro, precisamos pensar agora (e pagar o prêmio), mas o reembolso, se houver, ocorrerá no futuro. Já vimos que esse é um tipo de raciocínio que os seres humanos têm dificuldades para fazer. O problema fica ainda mais difícil quando o seguro é contra um evento catastrófico: o pagamento ocorreria não apenas no futuro, mas em um futuro particularmente desagradável em que ninguém realmente quer pensar. Não gastar muito tempo antecipando esses eventos pode ser uma reação protetora natural, e isso pode explicar por que as pessoas estavam mais propensas a comprar seguro depois de serem forçadas a pensar sobre isso respondendo a uma pesquisa.

Por essas razões, o microsseguro pode não se tornar a próxima oportunidade de mercado de 1 bilhão de clientes. Parece haver motivos profundos para que a maioria das pessoas ainda não se sinta muito confortável com os tipos de produtos de seguro que o mercado está disposto a oferecer. Por outro lado, os pobres obviamente arcam com níveis de risco inaceitáveis.

Há, portanto, um papel claro para a ação governamental. Isso não significa que o governo precise substituir o mercado de seguro privado, mas para que um verdadeiro mercado tenha uma chance de surgir o governo provavelmente precisará intervir. As companhias privadas podem continuar a vender os tipos de seguro que estão dispostas a vender (cuidados catastróficos com um limite estrito, seguro meteorológico indexado e assim por diante). Mas, por enquanto, o governo deveria pagar uma parte dos prêmios de seguro para os pobres. Já há indícios de que isso pode funcionar: em Gana, quando o seguro meteorológico foi oferecido aos agricultores com um grande subsídio ao prêmio, quase todos os agricultores a quem ele foi oferecido o aceitaram. Como o medo de choques graves leva os pobres a estratégias de mitigação caras, o seguro subsidiado pode se pagar em termos de renda mais alta para os pobres. Em Gana, os agricultores que receberam seguro mais barato estavam mais propensos a usar fertilizantes em suas culturas do que aqueles que não o haviam recebido e, em consequência, estavam em melhor situação. Eles relataram, por exemplo, ter muito menos probabilidade de não ter uma refeição.[22] É possível que, com o tempo, à medida que as pessoas comecem a ver como o seguro funciona e o mercado comece a crescer, o subsídio possa ser eliminado. Mas mesmo que isso não seja possível, dados os enormes ganhos potenciais que poderiam ser alcançados se os pobres não precisassem ser os gerentes de fundos de hedge de suas próprias vidas, este parece ser um ótimo lugar para usar fundos públicos a fim de promover o bem comum.

7. Os homens de Cabul e os eunucos da Índia: A economia (não tão) simples de emprestar aos pobres

A PRESENÇA DE INÚMEROS VENDEDORES de frutas e verduras lado a lado nas esquinas é comum nas cidades da maioria dos países em desenvolvimento. Cada um dos vendedores (geralmente uma mulher) tem um pequeno carrinho ou apenas uma lona sobre a calçada em que empilha tomates, cebolas ou o que quer que esteja vendendo. Os vendedores compram seu estoque de um atacadista pela manhã, geralmente a crédito, e vendem durante o dia, pagando ao atacadista à noite. Às vezes, o carrinho que usam para carregar e expor os legumes também é alugado por dia.

É assim que muitas empresas atuam nos países ricos: elas obtêm um empréstimo de capital de giro para produzir e comprar bens e depois quitam os empréstimos com suas receitas. O que impressiona é o quanto os pobres pagam, em comparação com os ricos. Em Chennai, na Índia, quando a vendedora de frutas típica paga ao atacadista à noite o valor de mil rupias (US$51 PPC) de produtos que pegou pela manhã, ela dá a ele 1046,90 rupias em média. Esse pagamento de juros é de 4,69% ao dia.[1] Para entender o que isso significa, tente o seguinte cálculo: se você tomou emprestadas cem rupias (US$5,10 PPC) hoje e guardou até amanhã, precisaria pagar 104,69 rupias. Se mantivesse esse valor por mais 24 horas e o pagasse no dia seguinte, precisaria devolver 109,6 rupias. Depois de trinta dias, você deveria quase quatrocentas rupias e, depois de um ano, 1 842 459 409 rupias (US$93,5 milhões PPC). Portanto, o equivalente a um empréstimo de cinco dólares, se não for pago por um ano, deixa uma dívida de quase 100 milhões de dólares.

Essas taxas de juros altíssimas foram o chamado à ação para os fundadores do microfinanciamento. Por exemplo, Padmaja Reddy, CEO da Spandana, uma das maiores instituições de microfinanciamento (IMF) da Índia, nos disse que a inspiração para abrir a Spandana veio de uma conversa com uma catadora de papel na cidade de Guntur, em Andhra Pradesh. Ela percebeu que se a catadora conseguisse fundos para comprar um carrinho, poderia comprar "dezenas de carrinhos" em apenas algumas semanas com o dinheiro economizado por não ter de pagar a taxa diária de aluguel. Mas a catadora não tinha dinheiro suficiente para comprar um carrinho. Por que, Padmaja se perguntou, *ninguém lhe empresta dinheiro para comprar um carrinho?* De acordo com Padmaja, a catadora explicou que o banco não emprestaria para alguém como ela. Ela poderia conseguir um empréstimo de um agiota, mas as taxas seriam tão altas que não valeria a pena. No final, Padmaja decidiu lhe dar um empréstimo. A catadora de papel o pagou fielmente e prosperou. Pouco depois, as pessoas estavam fazendo fila na porta de Padmaja para pedir empréstimo, e ela decidiu deixar o emprego para começar a Spandana. Treze anos depois, em julho de 2010, a Spandana tinha 4,2 milhões de clientes de empréstimos, com uma impressionante carteira de 42 bilhões de rupias.

A história que Padmaja conta não é muito diferente daquela contada por Muhammad Yunus, aclamado como o pai do microfinanciamento moderno. Os bancos não querem nada com os pobres e nesse vazio bancário entram os agiotas e negociantes exploradores, que cobram taxas de juros absurdamente altas. O microfinanciamento, nessa narrativa, constitui uma ideia maravilhosamente simples. Alguém que não pretende ganhar dinheiro com os pobres pode entrar no mercado, cobrando deles o suficiente em juros para ser financeiramente sustentável e talvez ter um lucro modesto, mas nada mais. Pelo poder da composição, uma pequena diminuição na taxa de juros pode transformar a vida dos clientes. Pense nas vendedoras de frutas. Imagine que elas pudessem obter um empréstimo de mil rupias (US$51 PPC), mesmo a uma taxa relativamente elevada de, digamos, 10% ao mês. Elas podem então comprar as frutas em dinheiro, em vez de a crédito. Em um mês, cada uma delas já teria economizado 4 mil rupias (US$203 PPC) em juros pagos ao atacadista, mais do que o suficiente para reembolsar a agência de microfinanciamento. Elas poderiam expandir seus negócios e escapar da pobreza em questão de meses, pelo menos em teoria.

No entanto, até mesmo essa história simples levanta questões. Existem muitos atacadistas de frutas em Chennai. Por que nenhum deles, ou um agiota empreendedor, decidiu baixar um pouco a taxa de juros cobrada das mulheres? Esse indivíduo poderia capturar todo o mercado, ainda mantendo uma margem razoável. Por que os vendedores de frutas tiveram de esperar por pessoas como Muhammad Yunus ou Padmaja Reddy?

Nesse sentido, os defensores do microfinanciamento estão sendo modestos demais: eles devem estar fazendo mais do que só introduzir competição onde havia um monopólio. Por outro lado, eles também podem ser muito otimistas sobre o potencial de pequenos empréstimos para tirar as pessoas da pobreza. Apesar de todas as histórias de vendedores de frutas transformando-se em magnatas que podem ser encontradas em vários sites de instituições de microfinanciamento, ainda existem muitas vendedoras de frutas pobres em Chennai. Muitas delas não pedem empréstimos a instituições de microfinanciamento, embora existam várias em sua cidade. Elas estão abrindo mão de suas passagens para sair da pobreza ou o microcrédito não é o milagre que nos contaram?

Emprestar aos pobres

Muito poucas famílias pobres obtêm empréstimos de uma instituição de crédito adequada, como um banco comercial ou uma cooperativa. Na pesquisa que realizamos em Udaipur, na Índia rural, cerca de dois terços dos pobres tinham um empréstimo. Destes, 23% eram de um parente, 18% de um agiota, 37% de um lojista e apenas 6,4% de uma fonte formal. A baixa participação do crédito bancário não se deve à falta de acesso físico aos bancos, porque um padrão semelhante ocorre na Hyderabad urbana, onde as famílias que vivem com menos de dois dólares por dia tomam empréstimos principalmente de agiotas (52%), amigos ou vizinhos (24%)

e membros da família (13%). Apenas 5% de seus empréstimos são feitos em bancos comerciais. Em todos os dezoito países de nosso conjunto de dados, menos de 7% dos pobres rurais têm um empréstimo bancário e menos de 10% dos pobres urbanos o têm.

O crédito de fontes informais tende a ser caro. Na pesquisa de Udaipur, aqueles que vivem com menos de 99 centavos de dólar por dia pagam em média 3,84% ao mês (o que equivale a uma taxa anual de 57%) pelo crédito que recebem de fontes informais. Até mesmo a dívida de cartão de crédito nos Estados Unidos, que é notoriamente cara, empalidece em comparação com isso. O cartão de crédito padrão do Bank of America tem uma taxa de juros de cerca de 20% ao ano. Quem gasta entre 99 centavos e dois dólares por dia per capita paga um pouco menos: 3,13% ao mês. Existem duas razões para essa diferença nas taxas de juros. Em primeiro lugar, os ligeiramente menos pobres apelam menos para fontes informais de crédito e mais para fontes formais do que os extremamente pobres, e as fontes formais são mais baratas. Mas, em segundo lugar, as taxas de juros cobradas por fontes informais tendem a ser mais altas para os pobres do que para os menos pobres. A taxa média de juros de uma fonte informal cai 0,4% ao mês para cada hectare adicional de terra de propriedade da pessoa que está tomando o empréstimo.

As taxas de juros variam entre setores e países, mas o resultado final é sempre o mesmo: taxas de juros anuais na faixa de 40% a 200% (ou até mais) são a norma, e os pobres pagam mais do que os ricos. As implicações do fato de muitas pessoas tomarem emprestado a essas taxas são espantosas. Existem milhões de pessoas dispostas a tomar empréstimos a uma taxa que o poupador médio americano adoraria receber. Por que os investidores não correm para eles com sacos de dinheiro?

Não é por falta de tentativa. Da década de 1960 até o final da década de 1980, muitos países em desenvolvimento tinham programas de crédito patrocinados pelo governo, geralmente com taxas de juros subsidiadas, voltados para os pobres das áreas rurais. Por exemplo, na Índia, a partir de 1977, para cada agência que um banco abrisse em uma cidade, ele tinha de abrir quatro outras em locais rurais que não tinham um banco.

Além disso, os bancos foram orientados a emprestar 40% de suas carteiras ao "setor prioritário": pequenas empresas, agricultura, cooperativas e assim por diante. Robin Burgess e Rohini Pande mostraram que onde mais agências bancárias foram abertas graças a essa política a pobreza diminuiu mais rapidamente.[2]

O problema era que esses programas de empréstimo forçado não funcionavam muito bem como programas de empréstimo. As taxas de inadimplência eram incrivelmente altas (40% durante os anos 1980). Os empréstimos eram muitas vezes direcionados mais por prioridades políticas do que por necessidades econômicas (muitos empréstimos eram feitos aos agricultores pouco antes das eleições em distritos onde a disputa deveria ser acirrada).[3] E o dinheiro tendia a acabar nas mãos das elites locais. Mesmo o estudo em geral favorável de Burgess e Pande concluiu que custa muito mais do que uma rupia para aumentar a renda dos pobres em uma rupia por meio da abertura de agências bancárias. Além disso, trabalhos posteriores sugeriram que, a longo prazo, as regiões que tinham mais agências podem de fato ter ficado mais pobres.[4] Em 1992, na onda de reformas que liberalizou a Índia, a exigência de abrir filiais em áreas rurais foi abandonada, e uma tendência semelhante de reduzir o apoio governamental a programas de empréstimos públicos pode ser observada na maioria dos outros países em desenvolvimento.

Talvez o experimento de banco social tenha fracassado porque o governo não deveria estar no negócio de empréstimos subsidiados. Os políticos acham muito atraente usar os empréstimos como brindes, e não há oferta melhor do que um empréstimo que não se precisa pagar. Mas por que os banqueiros privados não querem emprestar para pequenos empreendedores? Tendo em vista que eles estão dispostos a pagar até 4% ao mês, que é muitas vezes o que um banco ganha em sua média de empréstimos, não faria sentido tentar emprestar para eles? Alguns sites nos Estados Unidos permitem agora que credores em potencial em países ricos emprestem para empresários em países pobres. Será que eles finalmente entenderam algo que ninguém mais percebeu?

Ou então, talvez haja algo que os credores informais possam fazer e os bancos não. O que pode ser isso? E por que é mais barato emprestar para pessoas mais ricas?

A economia (não tão) simples de emprestar aos pobres

Uma explicação comum para a razão pela qual algumas pessoas têm de pagar taxas de juros altas é que elas têm maior probabilidade de inadimplência. Isso é aritmética simples: se um agiota deve receber em média 110 rupias por cada cem rupias que empresta apenas para permanecer no negócio (por exemplo, porque esse é o custo dos fundos), sem inadimplência ele poderia cobrar uma taxa de juros de 10%. Mas, se metade dos tomadores de empréstimo é inadimplente, ele deve receber de volta pelo menos 220 rupias da metade que realmente paga e, portanto, cobrar uma taxa de juros geral de 120%. No entanto, as taxas de inadimplência em empréstimos informais, ao contrário das taxas de empréstimos bancários patrocinados pelo governo, não são muito altas. Esses empréstimos costumam ser pagos com algum atraso, mas na verdade o não pagamento é raro. Um estudo com agiotas rurais no Paquistão descobriu que a taxa média de inadimplência entre agiotas é de apenas 2%, embora os juros médios que cobram sejam de 78%.[5]

O problema é que essas baixas taxas de inadimplência são tudo menos automáticas; elas exigem muito trabalho por parte do credor. Fazer cumprir contratos de crédito nunca é fácil. Se o mutuário puder gastar mal os recursos do empréstimo ou, de alguma forma, for azarado e não tiver dinheiro disponível, não terá com que pagar. Nesse ponto, há muito pouco que o credor pode fazer para cobrar o empréstimo. Diante disso, é tentador para o mutuário fingir que não tem dinheiro mesmo quando tem, o que piora as coisas para o credor. Se isso não for checado, o credor nunca será reembolsado, mesmo quando o projeto do mutuário é bem-sucedido.

No mundo todo, a maneira como os credores se protegem contra as diferentes formas de inadimplência intencional é pedindo um adiantamento, alguma garantia ou o que às vezes é chamado de contribuição do promotor, que é a parte do capital da companhia que vem do bolso do empresário. Se o tomador do empréstimo não pagar, o credor pode puni-lo ficando com a garantia. Quanto mais o tomador tiver em jogo, menos tentador será não pagar o dinheiro emprestado. Mas isso significa que quanto mais o tomador pode prometer, maior o empréstimo que o credor pode fazer. E, portanto, temos a regra usual (pelo menos antes dos dias agressivos das hipotecas sem entrada) que vincula o tamanho do empréstimo à quantia de dinheiro que o mutuário já possui. Como dizem os franceses, *"On ne prête qu'aux riches"* ("Empresta-se somente aos ricos").

Isso significa que os tomadores de empréstimo mais pobres serão capazes de tomar menos empréstimos, mas não explica, por si só, por que os pobres deveriam pagar taxas de juros tão altas ou por que os bancos se recusariam a emprestar para eles. Mas há algo mais em jogo. Para poder cobrar o empréstimo, o credor precisa saber muitas coisas sobre o devedor. Algumas são coisas que o credor gostaria de saber antes de decidir emprestar, como se o tomador do empréstimo é confiável. Outras, como o paradeiro do mutuário e a natureza do negócio do mutuário, ajudam na cobrança do empréstimo, caso haja um problema. O credor também pode querer ficar de olho no mutuário, visitá-lo de vez em quando para ter certeza de que o dinheiro está sendo usado como prometido e empurrar o negócio na direção desejada, se necessário. Todos esses esforços levam tempo, e tempo é dinheiro. A taxa de juros precisa subir para cobri-los.

Além disso, muitas dessas despesas não se adaptam ao tamanho do empréstimo. Não há como evitar a coleta de algumas informações básicas sobre o mutuário, mesmo que o empréstimo seja muito pequeno. Em consequência, quanto menor o empréstimo, maiores serão os custos de monitoramento e triagem como uma fração do tamanho do empréstimo, e, como esses custos têm de ser cobertos pelos juros cobrados, maior será a taxa de juros.

Para piorar as coisas, isso cria o que os economistas chamam de *efeito multiplicador*. Quando a taxa de juros sobe, o tomador tem mais motivos para tentar encontrar uma maneira de não pagar o empréstimo. Isso significa que ele precisa ser monitorado e checado com mais cuidado, o que aumenta o custo do empréstimo. Isso empurra a taxa de juros ainda mais para cima, o que exige mais escrutínio e assim por diante. A pressão de alta se autoalimenta e as taxas de juros podem disparar. Ou, como costuma acontecer na prática, o credor pode decidir que não é viável emprestar aos pobres: seus empréstimos seriam pequenos demais para valer a pena.

Depois que entendemos isso, muitas coisas se encaixam. Como a principal restrição de empréstimos aos pobres é o custo da coleta de informações sobre eles, faz sentido que eles peçam emprestado principalmente de pessoas que já os conhecem, como seus vizinhos, seus empregadores, as pessoas com quem negociam ou um dos agiotas do lugar, e é exatamente isso o que acontece. Por mais estranho que possa parecer, essa ênfase na execução de contratos também pode levar os pobres a pedir dinheiro emprestado àqueles que têm o poder de realmente prejudicá-los se eles ficarem inadimplentes, uma vez que tais credores não precisariam gastar tanto tempo monitorando (seus tomadores de empréstimo não ousariam se afastar) e os empréstimos seriam mais baratos. Em Calcutá, nas décadas de 1960 e 1970, muitos dos agiotas eram *Kabuliwalas* (homens de Cabul) — homens altos vestidos com roupas afegãs, com uma sacola de pano pendurada nos ombros, que iam de porta em porta e supostamente vendiam frutas secas e nozes, mas, na verdade, usavam isso como cobertura para realizar suas operações de empréstimo. Mas por que alguém do lugar não poderia fazer o empréstimo? A resposta mais provável é que esses homens tinham a reputação de serem ferozes e implacáveis, um estereótipo selado por uma história que todos os alunos bengalis trazem em seus livros didáticos, em que um *Kabuliwala* de bom coração, mas violento, mata alguém que estava tentando enganá-lo. A mesma lógica também explica por que a máfia nos Estados Unidos era para muitas pessoas o "credor de última instância".

Uma ilustração mais barroca do poder da ameaça pode ser vista numa matéria do *Sunday Telegraph*, de Londres, datada de 22 de agosto de 1999, intitulada "Pague — ou enviaremos os eunucos para visitá-lo".[6] A reportagem descreve cobradores de dívidas na Índia fazendo uso do antigo preconceito social contra os eunucos para cobrar dos inadimplentes de longa data.

Como as pessoas acreditam que ver os órgãos genitais de um eunuco traz má sorte, eles foram instruídos a aparecer na casa do devedor e ameaçá-lo com uma "exibição" se continuasse a não cooperar.

Os altos custos da coleta de informações sobre um tomador de empréstimo também ajudam a explicar por que, mesmo quando há vários agiotas num mesmo vilarejo, a competição não reduz o preço do crédito. Depois que o credor pagou o custo de checar o tomador do empréstimo, e este tenha estabelecido uma boa reputação com ele, é difícil sair. Se o mutuário buscasse crédito em outro lugar, o novo credor teria que fazer a devida diligência novamente, o que seria caro e aumentaria ainda mais as taxas de juros. Além disso, os credores suspeitariam desse novo cliente: por que alguém sentiu a necessidade de abandonar um relacionamento existente, quando é obviamente caro fazê-lo? O credor seria então duplamente cuidadoso, o que poderia aumentar ainda mais as taxas de juros. Assim, apesar da aparente escolha dos credores, os tomadores de empréstimo estão um tanto presos àquele que já conhecem. E os agiotas podem explorar essa vantagem para aumentar as taxas de juros.

Isso também explica por que os bancos não emprestam aos pobres. Os funcionários do banco não estão muito bem posicionados para fazer toda a devida diligência necessária: eles não moram no lugar, não conhecem as pessoas e há rotatividade frequente entre eles. Os bancos respeitáveis não estão em posição de competir com *Kabuliwalas*. Não podem ameaçar quebrar as rótulas das pessoas ou mesmo mandar eunucos para fazer a cobrança. A filial indiana do Citibank teve sérios apuros quando se descobriu que estava usando *goondas* (valentões locais) para ameaçar os mutuários que não quitavam os empréstimos para compra de veículos. E os tribunais também não são uma opção. Em 1988, a Comissão de Direito da Índia relatou que 40% dos casos de liquidação de ativos (de devedores falidos) estavam pendentes havia mais de oito anos.[7] Pense no que isso significa do ponto de vista dos credores: eles sabem que até se tiverem certeza de que ganharão o caso contra uma empresa inadimplente só poderão reivindicar os ativos penhorados dentro de vários anos (com muitas oportunidades para o mutuário desviar os ativos). Isso significa evidentemente que, do ponto de vista dos credores, o valor dos ativos do mutuário no momento em que o empréstimo começa será muito menor. Nachiket Mor, que na época era um dos vice-presidentes do Banco Icici, certa vez nos descreveu o que considerava uma maneira absolutamente brilhante de fazer com que os agricultores pagassem seus empréstimos agrícolas. Antes de desembolsar cada empréstimo, ele pedia um cheque pré-datado no mesmo valor. A grande sacada era que, se o agricultor não pagasse, o banco poderia enviar a polícia para cobrar o cheque, porque não honrar um cheque é crime. Isso funcionou por um tempo, mas depois começou a desandar. Quando a polícia percebeu que tinha centenas de cheques devolvidos para rastrear, educadamente disse ao banco que, na verdade, aquele não era seu trabalho.

Mesmo quando o banco consegue recuperar seu dinheiro, o tiro pode sair pela culatra: os bancos não gostam que as manchetes os associem a "suicídios de agricultores". E, para coroar tudo, quando as eleições se aproximam, os governos adoram considerar perdidos os empréstimos pendentes. Diante de tudo isso, não é surpresa que os bancos achem mais fácil evitar empréstimos aos pobres, deixando o campo para os agiotas. No entanto, embora os agiotas tenham uma vantagem em obter seu dinheiro de volta, eles têm de pagar muito mais pelo dinheiro que emprestam do que os bancos. Isso ocorre porque não vemos problema em guardar nossas economias no banco, mesmo que isso nos pague pouco ou nada em juros, mas poucas pessoas pensariam em depositar suas economias com um agiota. Isso, combinado com o efeito multiplicador e o poder de monopólio de que os agiotas frequentemente desfrutam, explica por que os pobres encaram taxas de juros tão altas.

Desse modo, a inovação de pessoas como Muhammad Yunus e Padmaja Reddy não foi apenas a ideia de emprestar aos pobres a taxas mais razoáveis. Foi descobrir *como* fazê-lo.

Micro insights para um programa macro

Desde seu início modesto, em meados da década de 1970, em Bangladesh, com o Comitê de Assistência à Reabilitação de Bangladesh (universalmente conhecido como BRAC) e o Grameen Bank, o microcrédito é hoje um fenômeno global. Ele atingiu algo entre 150 e 200 milhões de mutuários, principalmente mulheres, e está disponível para muitos mais. Às vezes é descrito, quase como um personagem de um mito grego, como uma fera com duas tetas — uma missão lucrativa e uma missão social —, e, segundo todos os relatos, obteve sucessos impressionantes em ambas as frentes. Por um lado, o prêmio Nobel da paz, concedido a Muhammad Yunus e ao Grameen Bank, coroou uma série de elogios públicos; por outro lado, o IPO da Compartamos, uma grande IMF mexicana, na primavera de 2007, foi um triunfo (controverso) do lado comercial. A oferta arrecadou 467 milhões de dólares para a Compartamos, embora também tenha chamado a atenção para as taxas de juros de mais de 100% que cobra. (Yunus expressou publicamente seu descontentamento, chamando os CEOs da Compartamos de novos usurários, mas outras IMFs já estão seguindo seus passos: em julho de 2010, o IPO da SKS Microfinance, a maior instituição de microfinanciamento da Índia, levantou 354 milhões de dólares.)

 Pode-se compreender por que Yunus não gosta da associação com a usura, mas em um (bom) sentido o microcrédito é o empréstimo de dinheiro reinventado para um propósito social. Como os agiotas tradicionais, as IMFS confiam em sua capacidade de controlar de perto o cliente, mas o fazem em parte envolvendo outros mutuários que por acaso conhecem o cliente. O contrato típico de IMF envolve empréstimos a um grupo de mutuários, que são responsáveis pelos empréstimos uns dos outros e, portanto, têm um motivo para tentar garantir que os outros paguem. Algumas organizações esperam que os mutuários se conheçam quando vierem pedir um empréstimo, enquanto outras os reúnem fazendo com que compareçam às reuniões semanais. O próprio ato de reunir-se todas as semanas faz com que os clientes se conheçam melhor e fiquem mais dispostos a ajudar um membro do grupo que enfrente uma dificuldade temporária.[8]

 Tal como o agiota, as IMFS ameaçam cortar todos os empréstimos futuros para quem ficar inadimplente e não hesitam em usar suas conexões dentro das redes sociais das aldeias para pressionar os mutuários recalcitrantes. Ao contrário dos agiotas, sua política oficial é nunca usar ameaças físicas concretas.⁹ No entanto, o poder da vergonha parece ser suficiente. Uma mutuária que conhecemos em Hyderabad estava com dificuldade de pagar os empréstimos de várias IMFs. Mas ela disse que nunca perdia um pagamento, mesmo que isso significasse pegar dinheiro emprestado dos filhos ou ficar sem comer por um dia: odiava a ideia de ver o oficial de crédito chegar à sua porta e "fazer um escândalo" na frente do bairro inteiro.

O aspecto em que as IMFs divergem claramente do empréstimo de dinheiro tradicional é na remoção de quase toda a flexibilidade. Os agiotas permitem que seus mutuários escolham como tomar emprestado e como pagar; alguns pagam uma vez por semana, outros pagam sempre que tiverem dinheiro em mãos. Alguns reembolsam apenas os juros até que estejam prontos para pagar todo o principal. Já um cliente de IMF precisa normalmente pagar um valor fixo toda semana, a partir de uma semana após o empréstimo ser concedido, e, pelo menos para os primeiros empréstimos, todos recebem geralmente o mesmo valor. Além disso, o mutuário deve efetuar o pagamento na reunião semanal, que é sempre em horário fixado para cada grupo. A vantagem disso é que o controle dos pagamentos é muito fácil: o agente de crédito só conta para ver se tem o valor total que deveria receber daquele grupo e se tiver, o que quase sempre é o caso, o assunto está resolvido, e ele pode passar para o próximo grupo. Isso permite que um agente de crédito receba o pagamento de cem a duzentas pessoas todos os dias, enquanto um agiota tem de esperar sem saber quando o dinheiro entrará. Além disso, como a transação é tão simples, o agente de crédito não precisa ser particularmente bem instruído ou treinado, o que também mantém os custos baixos. Ademais, os agentes de crédito são pagos sobre contratos de alto incentivo, baseados no recrutamento de novos clientes e na garantia de que todos paguem.

Todas essas inovações contribuem para reduzir os custos administrativos dos empréstimos, que, como argumentamos anteriormente, aumentam pelo efeito multiplicador e tornam os empréstimos aos pobres muito caros. É assim que a maioria das IMFs do Sul da Ásia consegue ganhar dinheiro emprestando aos pobres a taxas de juros de cerca de 25% ao ano, enquanto os agiotas locais costumam cobrar duas a quatro vezes mais. As taxas de juros são mais altas em outras partes do mundo (uma explicação provável é que os salários dos agentes de crédito são mais altos), às vezes até mais do que 100% ao ano, mas permanecem muito mais baixas do que as demais alternativas para os pobres. No Brasil urbano, por exemplo, as IMFS oferecem microcrédito a uma taxa de cerca de 4% ao mês (60% ao ano), e a alternativa mais fácil, que é o refinanciamento da dívida de cartão de crédito, custa entre 12% e 20% ao mês (289% a quase 800% ao ano). A inadimplência é famosa por ser extremamente rara, pelo menos fora de crises politicamente motivadas. Em 2009, a "carteira em risco" (empréstimos que *podem* entrar em inadimplência, mas nem todos entrarão) era inferior a 4% no Sul da Ásia e não mais do que de 7% na maioria dos países latino-americanos e africanos.[10] E assim, o microfinanciamento, com seus 150 a 200 milhões de clientes, conquistou seu lugar como uma das políticas contra a pobreza mais visíveis. Mas ele funciona?

O microcrédito funciona?

A resposta depende obviamente do que se entende por "funciona". De acordo com os apoiadores mais entusiastas do microfinanciamento, ele significa uma transformação na vida das pessoas. O Grupo Consultivo para Assistir os Pobres (CGAP, na sigla em inglês), uma organização sediada no Banco Mundial e dedicada a promover o microcrédito, relatou em algum ponto na seção de perguntas mais frequentes de seu site que "há provas crescentes que mostram que a disponibilidade de serviços financeiros para famílias pobres — microfinanciamento — pode ajudar a alcançar os Objetivos de Desenvolvimento do Milênio"[11] (como, por exemplo, educação primária universal, menor mortalidade infantil e saúde materna). A ideia básica é que ele põe o poder econômico na mão das mulheres, e as mulheres cuidam mais dessas coisas do que os homens.

Infelizmente, ao contrário das afirmações do CGAP, até muito recentemente, havia na verdade muito poucas provas para ambos os lados a respeito dessas questões. O que o CGAP chamou de provas eram estudos de caso, muitas vezes produzidos pelas próprias IMFS. Para muitos apoiadores do microcrédito, isso parece ser suficiente. Conhecemos um importante capitalista de risco do Vale do Silício, investidor e apoiador do microcrédito (foi um dos primeiros patrocinadores da SKS), que nos disse que não precisava de mais provas. Ele tinha visto "indícios" suficientes para saber a verdade. Mas os indícios não ajudam os céticos, inclusive grandes setores de governos em todos os lugares que temem que o microcrédito possa ser a "nova usura". Em outubro de 2010, apenas dois meses após o IPO bem-sucedido da SKS, o governo de Andhra Pradesh culpou-a pelo suicídio de 57 agricultores, que supostamente foram submetidos a uma pressão insuportável pelas práticas coercitivas de cobrança dos agentes de crédito. Alguns desses agentes da SKS e da Spandana foram presos, e o governo aprovou uma lei que dificulta a cobrança semanal de empréstimos — entre outras coisas, exigindo que o pagamento ocorra na presença de um funcionário eleito —, enviando assim um sinal claro de que os mutuários não precisam pagar. No início de dezembro, todos os agentes de crédito das maiores IMFS (SKS, Spandana, Share) ainda estavam parados e as perdas aumentavam. As histórias e a garantia de Vikram Akula, o CEO da SKS, de que os 57 agricultores que cometeram suicídio não estavam inadimplentes e, portanto, não poderiam ter sido levados à morte por agentes de crédito da SKS, pouco fizeram para ajudá-los.

Uma razão pela qual as IMFS não tinham um argumento poderoso em sua defesa é que elas relutavam em reunir provas rigorosas para provar seu impacto. Quando as abordamos (por volta de 2002) para propor um trabalho conjunto numa avaliação, a reação comum foi: "Por que precisamos ser avaliados mais do que um vendedor de maçãs?". Com isso, queriam dizer que, enquanto os clientes voltassem para obter mais crédito, o microcrédito teria de ser benéfico para eles. E, uma vez que as IMFS são financeiramente sustentáveis e não dependem da generosidade dos doadores, não é necessário avaliar exatamente o *quão* benéficas elas são. Isso é um pouco falso. A maioria delas é subsidiada pela generosidade dos doadores e pelos esforços entusiásticos de seus funcionários, amplamente baseados na crença de que o microcrédito é *melhor do que outras formas de ajudar os pobres*. Às vezes, eles também são subsidiados por políticas públicas. Na Índia, as microfinanciadoras são qualificadas como um "setor prioritário", o que dá aos bancos poderosos incentivos financeiros para emprestar a elas a taxas concessionais, o que é um grande subsídio implícito.

Além disso, não é óbvio que as pessoas sejam totalmente racionais quando tomam decisões de longo prazo, como pegar um empréstimo — a imprensa americana está cheia de histórias sobre pessoas que se meteram em problemas por abusar do cartão de crédito. Talvez as pessoas precisem de proteção contra credores, como muitos reguladores parecem acreditar. A posição do governo em Andhra Pradesh era precisamente que os mutuários não sabiam em que estavam se metendo quando tomaram empréstimos que não podiam pagar.

Em parte como resultado dessas críticas, e em parte porque muitos líderes de IMFS desejam genuinamente saber se estão ajudando os pobres, várias IMFS começaram a avaliar seus próprios programas. Estivemos envolvidos numa dessas avaliações, do programa da Spandana, em Hyderabad. A Spandana é considerada uma das organizações mais lucrativas do setor e um dos principais alvos do ativismo governamental em Andhra Pradesh. Padmaja Reddy, fundadora e CEO da Spandana, é uma mulher pequena, animada e de inteligência aguçada. Ela vem de uma próspera família de agricultores da área de Guntur. Seu irmão foi a primeira pessoa da aldeia a concluir o ensino médio e se tornou um médico de muito sucesso. Ele persuadiu seus pais a deixar Padmaja ir para a faculdade e depois fazer um MBA. Ela queria ajudar os pobres, então começou a trabalhar numa ONG. Foi quando conheceu a catadora de papéis que descrevemos anteriormente, o que a levou a iniciar uma operação de microcrédito. Quando a ONG para a qual trabalhava se recusou a fazer isso, ela abriu a Spandana. Apesar do sucesso e de seu compromisso com o microfinanciamento, Padmaja Reddy descreve os benefícios potenciais de forma modesta. Para ela, o acesso ao microfinanciamento é importante porque dá aos pobres uma forma de mapear o futuro de uma maneira que não era possível para eles, e este é o primeiro passo para uma vida melhor. Quer comprem máquinas, utensílios ou uma televisão para sua casa, a diferença importante é que estão trabalhando para tornar realidade a visão de uma vida que desejam, economizando, se virando e trabalhando muito duro quando necessário, em vez de simplesmente ficarem à deriva.

Talvez seja porque ela sempre teve o cuidado de não prometer demasiado que concordou em trabalhar conosco numa avaliação do programa da Spandana. A avaliação aproveitou a expansão da Spandana em algumas áreas da cidade de Hyderabad.[12] De 104 bairros, foram escolhidos 52 aleatoriamente para a entrada da Spandana. Os demais foram deixados como grupo de comparação.

Quando comparamos as famílias nesses dois conjuntos de bairros, cerca de quinze a dezoito meses depois que a Spandana começou a oferecer empréstimos, havia provas claras de que o microfinanciamento estava funcionando. As pessoas nos bairros da Spandana eram mais propensas a iniciar um negócio e a comprar bens duráveis grandes, como bicicletas, geladeiras ou televisores. As famílias que não abriram um novo negócio estavam consumindo mais nesses bairros, mas as que haviam iniciado um novo negócio na verdade consumiam menos, apertando o cinto para aproveitar ao máximo a nova oportunidade. Não havia nenhum indício claro dos gastos imprudentes que alguns observadores temiam. Na verdade, vimos exatamente o oposto; as famílias começaram a gastar menos dinheiro no que elas próprias consideravam pequenas despesas "inúteis", como chá e lanches, talvez um sinal de que, como Padmaja previra, elas agora tinham uma noção melhor de para onde estavam indo.

Por outro lado, não havia sinal de uma transformação radical. Não encontramos evidências de que as mulheres estavam se sentindo mais capacitadas, pelo menos em dimensões mensuráveis. Elas não estavam, por exemplo, exercendo maior controle sobre como a família gastava seu dinheiro. Tampouco vimos diferenças nos gastos com educação ou saúde, ou na probabilidade de que as crianças fossem matriculadas em escolas particulares. E mesmo quando houve impacto detectável, como no caso de novos negócios, o efeito não foi enorme. A fração de famílias que iniciaram um novo negócio no período de quinze meses aumentou de cerca de 5% para pouco mais de 7% — não é pouca coisa, mas não chega a ser uma revolução.

Como economistas, ficamos bastante satisfeitos com os resultados: o objetivo principal das microfinanciadoras parecia ter sido alcançado. Não era milagroso, mas estava funcionando. Precisava-se de mais estudos para ter certeza de que não se tratava de um acaso feliz, e seria importante ver como as coisas correriam a longo prazo, mas até então estava tudo bem. Em nossa mente, o microcrédito conquistou seu lugar de direito como *um* dos instrumentos essenciais na luta contra a pobreza.

Curiosamente, não foi assim que os principais resultados foram exibidos na mídia e na blogosfera. Eles foram citados principalmente para tirarem conclusões negativas e como prova de que o microfinanciamento não era o que fora criado para ser. E, embora algumas IMFs aceitassem os resultados pelo que eram (principalmente Padmaja Reddy, que disse que era exatamente o que esperava e financiou uma segunda onda de trabalho para estudar os impactos de longo prazo), os grandes atores internacionais em microfinanciamento decidiram partir para a ofensiva.

Os representantes das "seis grandes" (Unitus, Accion International, Foundation for International Community Assistance [Finca], Grameen Foundation, Opportunity International e Women's World Banking), as maiores IMFs do mundo, realizaram uma reunião em Washington, DC, logo depois que nosso estudo se tornou público. Eles nos convidaram a participar, e nosso colega Iqbal Dhaliwal foi, pensando que haveria uma conversa sobre o significado dos resultados. Em vez disso, descobrimos que as seis grandes queriam saber quando sairiam os resultados de outros estudos de impacto randomizados, para que pudessem reunir uma equipe SWAT que estaria em posição de reagir (estavam aparentemente convencidos de que todos os estudos seriam negativos). Algumas semanas depois, a equipe SWAT produziu sua primeira tentativa de controle de danos. As IMFs reagiram aos dados dos dois estudos (o nosso e outro de Dean Karlan e Jonathan Zinman, com resultados ainda mais mornos)[13] com seis histórias sobre mutuários bem-sucedidos. Em seguida, um artigo de opinião no *Seattle Times*, escrito por Brigit Helms, CEO da Unitus, simplesmente declarou: "Esses estudos estão dando a impressão incorreta de que aumentar o acesso a serviços financeiros básicos não traz nenhum benefício verdadeiro".[14]

Foi algo surpreendente de ler, visto que nossos dados mostravam, muito pelo contrário, que o microfinanciamento é um produto financeiro útil. Mas isso aparentemente não bastava. Enredados por décadas de promessas exageradas, muitos dos principais atores do mundo do microfinanciamento aparentemente decidiram que preferem confiar no poder da negação do que avaliar a situação, reorganizar-se e admitir que o microfinanciamento é apenas uma das armas possíveis na luta contra a pobreza.

Felizmente, não é nessa direção que o resto do setor parece estar indo. No outono de 2010, numa conferência realizada em Nova York em que resultados semelhantes foram apresentados, todos os participantes concordaram que o microcrédito como o conhecemos tem seus pontos fortes e seus limites, e que o próximo passo dos negócios era ver o que as organizações de microfinanciamento podem fazer para oferecer mais aos seus clientes.

Os limites do microcrédito

Por que o microcrédito não gerou mais do que isso? Por que mais famílias não abriram novos negócios, já que agora têm acesso a capital a taxas acessíveis? Em parte, a resposta é que muitas pessoas pobres não estão dispostas ou não conseguem abrir um negócio, mesmo quando podem pedir emprestado (o motivo disso é um dos temas centrais do capítulo 9, sobre empreendedorismo). Muito mais intrigante é o fato de que, embora três ou mais IMFs estivessem oferecendo crédito nas favelas de Hyderabad, apenas cerca de um quarto das famílias tomou emprestado delas, enquanto mais da metade se valeu de agiotas a taxas muito mais altas, e essa fração não foi mais ou menos afetada pela introdução do microcrédito. Não afirmamos ser capazes de explicar completamente por que o microcrédito não é mais popular, mas é provável que tenha algo a ver precisamente com o que o torna capaz de emprestar de maneira relativamente barata e eficaz, ou seja, suas regras rígidas e os custos de tempo que impõe aos clientes.

A rigidez e a especificidade do modelo padrão de microcrédito significam, por um lado, que, uma vez que os membros do grupo são responsáveis uns pelos outros, as mulheres que não gostam de se intrometer nos negócios de outras pessoas não querem entrar. Os membros do grupo talvez relutem em incluir em seus grupos aqueles que não conhecem bem, o que deve discriminar os recém-chegados. A responsabilidade conjunta trabalha contra os que querem correr riscos: como membro do grupo, você sempre deseja que todos os outros membros joguem o mais seguro possível.

Os reembolsos semanais a partir de uma semana após o pagamento do empréstimo também não são ideais para pessoas que precisam de dinheiro com urgência, mas não têm certeza de quando poderão começar a pagar. As IMFs reconhecem isso e, às vezes, abrem exceções para despesas de assistência médica de emergência, mas essa é apenas uma das muitas razões possíveis para a necessidade de um empréstimo de emergência. O que acontece, por exemplo, quando seu filho recebe repentinamente a oportunidade de fazer um curso que realmente ajudaria em sua carreira, mas a taxa do curso é de 1 milhão de rupias (US$179 PPC), a ser paga no próximo domingo? Presume-se que você pede emprestado ao agiota local, paga o curso e começa a procurar um emprego extra que lhe permita pagar o empréstimo. O microcrédito não ofereceria essa flexibilidade.

A mesma exigência também deve desencorajar a aceitação de projetos que só se pagam depois de algum tempo, já que é necessário haver fluxo de caixa suficiente todas as semanas para fazer os pagamentos programados. Rohini Pande e Erica Field persuadiram a Village Welfare Society, uma IMF indiana sediada em Calcutá, a permitir que um conjunto de clientes escolhidos aleatoriamente iniciasse seus pagamentos devidos dois meses após a obtenção do empréstimo, em vez de uma semana. Quando compararam os clientes que deviam começar a pagar mais tarde com aqueles que seguiram o cronograma de pagamento padrão, descobriram que os primeiros eram mais propensos a iniciar negócios maiores e mais arriscados como, por exemplo, comprar uma máquina de costura em vez de apenas comprar alguns sáris para revender.[15] Presume-se que isso significa que, no futuro, eles seriam capazes de ganhar mais dinheiro. Porém, apesar de um claro aumento na satisfação do cliente, a IMF decidiu voltar ao seu modelo tradicional, porque as taxas de inadimplência nos novos grupos, embora ainda muito baixas, eram 8% mais altas do que no plano original.

Uma forma de resumir todos esses resultados é observar que, de muitas maneiras, o foco na "inadimplência zero" que caracteriza a maioria das IMFs é muito restritivo para muitos tomadores de empréstimo em potencial. Em particular, há uma tensão clara entre o espírito do microcrédito e o verdadeiro empreendedorismo, que está normalmente associado à assunção de riscos e, sem dúvida, ao fracasso ocasional. Argumentou-se, por exemplo, que o modelo americano, no qual a falência é (ou pelo menos foi) relativamente fácil e não acarreta muito estigma (ao contrário do modelo europeu, em particular), tem muito a ver com a vitalidade de sua cultura empresarial. Em contraste, as regras das IMFs são estabelecidas para não tolerar qualquer fracasso.

As IMFs estão certas em insistir na inadimplência zero? Elas poderiam obter resultados melhores, tanto social quanto comercialmente, estabelecendo regras que deixassem margem para alguma inadimplência? A maioria dos líderes da comunidade das IMFs acredita firmemente que esse não é o caso, e que relaxar a guarda em caso de inadimplência pode ter consequências desastrosas. E eles podem estar absolutamente certos. Afinal, ainda atuam em ambientes em que têm pouquíssimos recursos se um cliente decidir não os reembolsar, o que significa que, exatamente como os bancos, teriam de contar com o lento e frágil sistema judiciário. De muitas maneiras, seu sucesso vem de fazer do reembolso um pacto social implícito, no qual a comunidade garante que os empréstimos serão pagos e a instituição continua a fornecer mais empréstimos. Essa construção gradual de confiança pode ser uma das razões pelas quais muitas IMFs se afastaram aos poucos da exigência formal de responsabilidade solidária. E, com efeito, um estudo não encontrou nenhuma diferença no pagamento se os clientes estão formalmente sob contratos de responsabilidade solidária ou não, desde que continuem a se reunir periodicamente (quando não se reúnem toda semana, mas uma vez por mês, outro estudo descobriu que as conexões sociais dentro do grupo não aumentam com tanta rapidez e as taxas de inadimplência acabam por crescer).[16]

Mas um equilíbrio social baseado na combinação de responsabilidade coletiva e relacionamento contínuo é necessariamente um pouco frágil. Se as duas razões pelas quais eu pago são porque todos estão pagando e eu vou conseguir um novo empréstimo no futuro, então o fato de eu pagar ou não fica vinculado ao que eu acredito sobre o que todos os outros estão fazendo e o futuro da organização. Com efeito, se eu estivesse convencido de que todos os demais estavam prestes a entrar em inadimplência, presumiria que a organização estaria prestes a falir e, portanto, desistiria de obter quaisquer fundos adicionais dela. Em consequência, a situação pode se desfazer rapidamente quando há uma mudança nas crenças.

Foi o que aconteceu com a Spandana no distrito de Krishna, em Andhra Pradesh, o epicentro do movimento de microfinanciamento da Índia. Alguns burocratas e políticos do distrito estavam ansiosos para promover sua própria marca de microcrédito e decidiram que precisavam se livrar da competição. De repente, em algum momento de 2005, os jornais de língua local (ou, segundo alguns relatos, jornais falsos feitos para se parecerem com a coisa real) se encheram de histórias sobre Padmaja Reddy. Em algumas, ela teria fugido para os Estados Unidos; em outras, teria matado o marido. A implicação era que a Spandana não tinha futuro e, portanto, não havia sentido em pagar um empréstimo que a empresa pudesse ter feito. Vimos uma página de "jornal" alegar que a própria Padmaja havia sugerido que eles não pagassem, já que ela havia ganhado bastante dinheiro e estava fechando o negócio.

Foi um esforço magistral para mudar as crenças de uma maneira que poderia minar totalmente a organização: convencer as pessoas de que uma IMF não tem futuro é o jeito mais fácil de garantir que ela de fato não o tenha, uma vez que é do interesse de todos não pagar. Padmaja ficou transtornada (embora risse da ideia de que fugiria para os Estados Unidos para evitar cumprir suas obrigações — afinal, eram os mutuários que estavam com seu dinheiro, não o contrário), mas ela estava determinada a lutar. Ela percorreu todo o estado e compareceu a reuniões em todas as pequenas cidades e grandes vilarejos, dizendo: "Ainda estou aqui, não vou a lugar nenhum".

Essa crise específica foi assim evitada. Mas alguns meses depois, em março de 2006, estourou um novo "escândalo" que expôs uma dimensão diferente de fragilidade. Dessa vez, a Spandana e a Share, uma de suas concorrentes, foram acusadas de serem o motivo do suicídio de vários agricultores. De acordo com uma nova série de artigos na imprensa, os agentes de crédito pressionaram os clientes a pedirem empréstimos excessivos e, em seguida, colocaram uma pressão injusta sobre eles para pagar. As IMFs negaram obviamente as acusações, mas antes que qualquer coisa pudesse ser resolvida o comissário distrital de Krishna (o chefe administrativo do distrito) decretou que pagar o empréstimo à Spandana ou à Share era... *ilegal*. Dentro de alguns dias, *quase todos* os clientes de Krishna pararam de pagar. Na época da crise, a Spandana tinha aproximadamente 590 milhões de rupias (US$34,5 milhões PPC) do principal em dívida no distrito de Krishna, o que representava 15% da carteira de empréstimos brutos da Spandana na Índia, em 2006.

Os chefes das várias IMFs foram aos superiores do comissário e conseguiram rescindir a ordem rapidamente, mas o estrago estava feito. As pessoas pagam porque outras pessoas fazem o mesmo, então, quando elas param de pagar, é difícil fazer com que reiniciem. Um ano depois, 70% dos empréstimos pendentes ainda não haviam sido pagos. Desde então, os agentes de crédito da Spandana voltaram a cada uma das aldeias afetadas e ofereceram a seus clientes novos empréstimos se eles pagassem apenas os antigos (sem juros extras). Essas ofertas funcionaram em algumas aldeias, e eles agora conseguiram recuperar metade dos empréstimos pendentes, mas a pressão para agir como os outros é evidente.[17] Em algumas aldeias, todos pagam. Em outras, todos se recusam, até os que estavam a apenas alguns pagamentos de conseguir um novo empréstimo. Mesmo entre os que tinham apenas mais um pagamento a fazer para obter outro empréstimo (de modo que um pagamento de cerca de 150 rupias renderia a eles 8 mil rupias a mais, que poderiam reembolsar ou mesmo embolsar, deixando de pagar de novo), um quarto não pagou. Esses inadimplentes tendem a ser membros de grupos nos quais ninguém mais estava pagando.

A crise de reembolso de Krishna se repetiu, embora sem interferência política óbvia, em Karnataka e em Orissa, respectivamente em 2008 e 2009, provocando a falência da KAS, outra grande instituição de microcrédito. Todos pararam de pagar depois que a KAS perdeu o acesso à liquidez e não pôde oferecer novos empréstimos. A crise do outono de 2010, em Andhra Pradesh, foi quase uma repetição, em maior escala, da crise de 2006. Mais uma vez, usaram-se suicídios de agricultores como argumento para os políticos atacarem as IMFS e, mais uma vez, os pagamentos pararam totalmente assim que o governo entrou em ação. Isso levou algumas das maiores instituições de microfinanciamento (SKS, Spandana e Share) à beira da falência. Esses episódios sugerem que as IMFS podem estar certas em se concentrar na administração de crenças e, portanto, pode fazer sentido para elas insistir em priorizar a disciplina de pagamento acima de tudo. Abrir as portas para a inadimplência, mesmo como forma de estimular a assunção de riscos necessária, pode levar a um desmoronamento do contrato social que lhes permite manter as taxas de pagamento altas e as taxas de juros relativamente baixas.

O enfoque necessário na disciplina de pagamento implica que o microfinanciamento não é a maneira natural ou melhor de financiar os empreendedores que desejam ir além de microempresas. Para cada empreendedor de sucesso no Vale do Silício ou em outro lugar, muitos tiveram de fracassar. O modelo de microcrédito, como vimos, simplesmente não é bem projetado para colocar grandes somas de dinheiro nas mãos de pessoas que podem falir. Isso não é um acidente, nem se deve a alguma deficiência na concepção do microcrédito. Trata-se do subproduto necessário das regras que permitiram que o microcrédito emprestasse a um grande número de pessoas pobres a juros baixos.

Ademais, o microcrédito pode nem mesmo ser uma forma eficaz de descobrir empreendedores que depois abrirão grandes negócios. O microfinanciamento dá a seus clientes todos os incentivos para agir com cautela, por isso não é adequado para descobrir quem tem apetite para correr riscos. É claro que sempre há contraexemplos: toda agência de microfinanciamento se gaba em seu site sobre lojas de esquina que se transformaram em redes de varejo, mas os casos são poucos e isolados. O empréstimo médio concedido pela Spandana aumenta somente de 7 mil rupias (US$320 PPC) no primeiro ciclo para 10 mil rupias (US$460 PPC) após três anos, e quase não há empréstimos superiores a 15 mil rupias (US$686 PPC). Depois de mais de trinta anos de operação, os empréstimos do Grameen Bank permanecem, em sua maioria, muito pequenos.

Como financiar empresas maiores?

Mas talvez não importe que o microcrédito não seja projetado para emprestar a mutuários maiores. Como vimos, as restrições de crédito serão provavelmente muito mais rígidas para tomadores de empréstimos muito pobres do que para aqueles um pouco mais ricos. Talvez haja um processo natural de gradação — começar pedindo um empréstimo de uma IMF, expandir o negócio e depois ir para um banco.

Infelizmente, parece que os negócios mais estabelecidos não acham muito mais fácil obter crédito. Em particular, eles correm o risco de ser grandes demais para os agiotas tradicionais e agências de microcrédito, mas muito pequenos para os bancos. No verão de 2010, Miao Lei era um próspero empresário na cidade de Hangzhou, na China. Engenheiro de formação, ele se dedicou à criação de sistemas de computador em várias firmas da cidade. O problema era que precisava primeiro comprar o hardware e o software e só era pago depois de configurar o sistema. Ninguém lhe concedia um empréstimo. Certa vez, ele teve a chance de entrar na licitação de um contrato particularmente lucrativo, mas estava claro que aquilo exigiria mais dinheiro do que ele tinha em mãos. No entanto, a tentação era forte e ele foi em frente e licitou. Miao Lei lembra dos dias depois que sua empresa ganhou o contrato, correndo por toda parte para tentar levantar o dinheiro, mas nada parecia funcionar. Deixar de cumprir o contrato seria o fim de sua carreira. Em desespero, decidiu tentar uma aposta ainda maior. Havia outro contrato em licitação, de uma estatal, e ele sabia que se ganhasse receberia um adiantamento, que poderia usar para financiar o primeiro contrato. Então, talvez, pudesse usar o dinheiro do primeiro para pagar o segundo. Decidiu fazer uma oferta muito agressiva — sem se importar de perder algum dinheiro para ganhar o contrato. Ele ainda se lembra da noite em que esperava para saber se sua oferta havia sido aceita. Mandou a equipe para casa mais cedo e passou horas andando pelo escritório vazio. No final, sua licitação venceu e, de alguma forma, deu tudo certo. O dinheiro entrou e os banqueiros com empréstimos vieram em seguida (quando suas receitas ultrapassaram 20 milhões de yuans, os banqueiros começaram a bater em sua porta). Quando o conhecemos, ele administrava quatro negócios diferentes.

Miao Lei, com um bom diploma e um modelo de negócio razoável, teve de arriscar para sobreviver. Narayan Murthy e Nandan Nilekani, apesar de seus diplomas no extremamente prestigioso Instituto Indiano de Tecnologia, não conseguiram um empréstimo para abrir a empresa Infosys, porque o banqueiro objetou que o banco não podia ver nenhum estoque que servisse de garantia. A Infosys hoje é uma das maiores empresas de software do mundo. É difícil não presumir que há muito mais pessoas como essas três, mas que simplesmente não conseguiram ir adiante porque não obtiveram o financiamento certo na hora certa.

Até mesmo as empresas que conseguem começar, sobreviver e crescer até um certo tamanho não parecem capazes de escapar da limitação do acesso ao capital. A cidade de Tirupur, no sul da Índia, é a capital das camisetas da Índia (70% das roupas de malha da Índia são produzidas lá). As empresas que atuam na região têm reputação mundial: compradores de todo o mundo vão até lá para fazer grandes pedidos de suas coleções. Naturalmente, a cidade atraiu talentosos empresários têxteis de toda a Índia. Há também muitos empresários locais, descendentes de famílias ricas de agricultores (da casta Gounder). Não surpreende que os de fora sejam os especialistas nessa linha de negócios. As empresas que dirigem são muito mais eficientes do que as iniciadas por membros da casta Gounder. Para qualquer nível de capital, eles produzem e exportam mais. O que é mais surpreendente, porém, é que a empresa média de propriedade de um Gounder começa com cerca de três vezes mais capital do que aquelas iniciadas por pessoas de fora.[18] Em vez de emprestar dinheiro para pessoas de fora que são especialistas nesse ramo de negócios, os Gounder ricos abriram suas próprias firmas, apesar do fato de não terem experiência alguma. Por que fizeram isso? A propósito, por que os bancos não intervieram e ajudaram os estranhos a abrir negócios maiores? A resposta é que mesmo empresas maiores como essas (a empresa média de propriedade de um não Gounder tinha um estoque de capital de 2,9 milhões de rupias, ou US$347 mil PPC) estão sujeitas aos problemas que descrevemos anteriormente. Os Gounder abriram suas próprias firmas porque confiavam em sua própria comunidade e não tinham certeza de que estranhos lhes pagariam.

Reconhecendo esse problema, os países em desenvolvimento tentaram usar regulamentações para fazer com que os bancos emprestassem a essas empresas um pouco maiores. A Índia tem uma regulamentação de "setor prioritário", que obriga os bancos a emprestar 40% de suas carteiras ao setor prioritário, que consiste em agricultura, microcrédito e pequenas e médias empresas, que podem incluir empresas bastante grandes (as maiores empresas qualificadas são maiores que 95% das empresas indianas). E as empresas foram claramente capazes de investir alguns desses fundos de forma produtiva. Em 1998, quando o setor prioritário foi expandido para incluir empresas um pouco maiores, as empresas recém-qualificadas investiram os empréstimos adicionais que obtiveram por estar no setor prioritário e ganharam muito dinheiro. Um aumento de 10% nos empréstimos levou a um aumento nos lucros de 9%, *após o pagamento do empréstimo*.[19] É uma taxa de retorno fantástica. No entanto, a moda hoje em dia é eliminar esse tipo de empréstimo obrigatório, em parte porque os bancos reclamam que emprestar para essas empresas é caro e muito arriscado.

Existem algumas pessoas que estão tentando identificar novos negócios promissores e financiá-los. Miao Lei, o empresário chinês, faz exatamente isso, talvez por causa da própria experiência. Ele compra ações de empresas jovens e promissoras. Mas estamos longe de ver o equivalente da revolução do microfinanciamento para pequenas e médias empresas; ninguém ainda descobriu como fazê-lo em grande escala de forma lucrativa. Mudanças no ambiente de negócios, como melhorias no funcionamento dos tribunais, podem fazer a diferença. Na Índia, a introdução de ações judiciais mais rápidas levou a uma recuperação de empréstimos muito mais ágil, a empréstimos maiores e taxas de juros mais baixas. No entanto, isso também não é uma fórmula mágica. Quando se criaram os tribunais de recuperação de dívidas, os empréstimos para as maiores empresas aumentaram, mas os empréstimos para as empresas menores diminuíram.[20] O motivo disso parece ser que o gerente do banco acha relativamente mais lucrativo emprestar para as empresas maiores agora que o banco pode ter certeza de que pode cobrar os ativos que a empresa havia prometido.

Em última análise, esse problema decorre da estrutura dos bancos. Por serem, por natureza, organizações grandes, é difícil para eles oferecer incentivos aos funcionários para selecionar as empresas, monitorar projetos e fazer investimentos valiosos. Por exemplo, se decidirem punir os agentes de crédito por inadimplência (o que, até certo ponto, eles devem fazer), os agentes começam a procurar os projetos mais seguros, que provavelmente não serão pequenas empresas desconhecidas. Um *futuro* Miao Lei ou Narayan Murthy pode muito bem ficar sem financiamento.

O MOVIMENTO DE MICROCRÉDITO DEMONSTROU QUE, apesar das dificuldades, é possível emprestar aos pobres. Embora se possa questionar até que ponto os empréstimos das IMFS transformam a vida dos pobres, o simples fato de terem atingido sua escala atual é um feito notável. Existem poucos programas direcionados aos pobres que conseguiram alcançar tantas pessoas. No entanto, a estrutura do programa, que é a fonte de seu sucesso em emprestar aos pobres, é tal que não podemos contar com ele como um trampolim para a criação e o financiamento de empresas maiores. Encontrar maneiras de financiar empresas de médio porte é o próximo grande desafio para as finanças em países em desenvolvimento.

8. Economizando tijolo por tijolo

EM QUASE TODOS OS PAÍSES EM DESENVOLVIMENTO, sempre que nos afastamos do centro da cidade em direção aos subúrbios menos ricos ficamos impressionados com o número de casas inacabadas. Existem casas com quatro paredes, mas sem telhado, casas com telhado, mas sem janelas, possíveis casas que podem ter uma ou duas paredes inacabadas, casas com vigas saindo do telhado, paredes que alguém começou a pintar, mas nunca terminou. No entanto, não há betoneiras ou pedreiros à vista. Há meses que ninguém trabalha na maioria dessas casas. Em alguns dos bairros mais novos de Tânger, no Marrocos, isso é tão endêmico que as casas acabadas e recém-pintadas são as que se destacam.

Se perguntarmos aos proprietários por que eles mantêm uma casa inacabada, eles terão em geral uma resposta simples: é assim que economizam. A história é comum. Sempre que ganhava algum dinheiro extra, o avô de Abhijit acrescentava um cômodo à casa. Foi assim que, mais ou menos um cômodo de cada vez, foi construída a casa onde sua família mora até hoje. As pessoas mais pobres não podem pagar por um cômodo inteiro. A família de Abhijit costumava ter um motorista que ocasionalmente pedia licença de um dia. Ele comprava um saco de cimento, um saco de areia e uma pilha de tijolos e tirava um dia de folga para colocar alguns tijolos. Sua casa foi construída ao longo de muitos anos, cem tijolos de cada vez.

À primeira vista, as casas inacabadas não parecem ser o instrumento de poupança mais atraente. Não se pode viver numa casa sem telhado; uma casa semiconstruída pode desabar com a chuva; e se, por força de uma emergência, a casa tiver de ser vendida antes de estar concluída, a construção parcial pode valer menos do que o custo original da compra dos tijolos. Por todas essas razões, pareceria mais prático economizar dinheiro (digamos, em um banco) até que se acumulasse o suficiente para então construir pelo menos uma sala inteira, completa com um telhado, de uma só vez.

Se os pobres ainda economizam tijolo por tijolo, deve ser porque não há maneira melhor de economizar. Será porque os bancos não encontraram um jeito de coletar as economias dos pobres e há uma "revolução da micropoupança" esperando para acontecer? Ou existe algo em que ainda não pensamos que torna uma casa inacabada um investimento atraente? E deveríamos nos impressionar com a extraordinária paciência das pessoas, muitas vezes vivendo com menos de 99 centavos por dia, que se privam de alguns dos pequenos prazeres da vida durante anos para completar suas casas? Ou ficar surpresos com o fato de que, se construir a casa tijolo por tijolo é a única maneira de conseguir uma casa própria, eles não tentam economizar mais para construí-la mais rápido?

Por que os pobres não economizam mais?

Tendo em vista que os pobres têm pouco acesso a crédito para financiar seus empreendimentos e seguro limitado para fazer frente aos riscos, eles não deveriam tentar economizar o máximo que pudessem? Economizar lhes daria uma proteção contra um ano ruim no campo ou uma doença. Também poderia ser a chave para iniciar um negócio.

A respeito disso, a reação comum é: "Como os pobres poderiam economizar se não têm dinheiro?". Mas isso é apenas superficialmente sensato: os pobres devem economizar porque, como todos os outros, eles têm um presente e um futuro. Eles têm pouco dinheiro hoje, mas, a menos que esperem tropeçar numa pilha de dinheiro durante a noite, presumivelmente também esperam ter pouco amanhã. Na verdade, eles deveriam ter mais motivos para economizar do que os ricos, se houver pelo menos alguma possibilidade de que, no futuro, um pouco de proteção possa resguardá-los de um desastre. Uma reserva financeira permitiria, por exemplo, às famílias pobres do distrito de Udaipur, na Índia, evitar cortar refeições quando o dinheiro acabasse, algo que, segundo eles, os torna extremamente infelizes. Da mesma forma, no Quênia, quando um vendedor de feira adoece com malária, a família acaba gastando parte do capital de giro do negócio para pagar os medicamentos, mas isso torna difícil para o paciente em recuperação voltar a trabalhar, porque agora ele tem pouco ou nada para vender. Eles não poderiam evitar tudo isso se tivessem algum dinheiro reservado para pagar os remédios?

Os vitorianos achavam que os pobres eram assim — impacientes demais e incapazes de pensar com antecedência. Por isso, acreditavam que a única maneira de evitar que os pobres afundassem numa vida de preguiça era ameaçá-los com a miséria extrema se eles se afastassem do bom caminho. Desse modo, tinham os albergues horripilantes (onde os indigentes eram alojados) e as prisões para devedores sobre as quais Charles Dickens escreveu. Essa visão dos pobres como pessoas essencialmente diferentes, cuja inclinação inata para o comportamento míope é o que os mantém pobres, tem persistido ao longo dos anos de formas ligeiramente diferentes. Vemos uma versão da mesma ideia hoje entre os críticos das instituições de microcrédito que acusam as IMFs de predar o esbanjamento dos pobres. Em uma linha muito diferente, o ganhador do prêmio Nobel e pai da economia moderna da família, Gary Becker, argumentou em um artigo de 1997 que a posse de riqueza encoraja as pessoas a investirem para se tornarem mais pacientes. Por implicação, portanto, a pobreza torna as pessoas (permanentemente) mais impacientes.[1]

Uma das grandes virtudes do movimento recente, entre os entusiastas do microcrédito e outros, de reconhecer o capitalista nascente dentro de cada homem e mulher pobre é que ele nos afasta dessa visão dos pobres como despreocupados ou totalmente incompetentes. No capítulo 6, sobre risco e seguro, vimos que os pobres estão, de fato, constantemente preocupados com o futuro (em especial a respeito de desastres iminentes) e tomam todos os tipos de medidas preventivas engenhosas ou caras para limitar os riscos a que estão sujeitos. Os pobres mostram o mesmo tipo de engenhosidade ao administrar suas finanças. Eles raramente têm uma conta numa instituição de poupança formal. Em nosso conjunto de dados de dezoito países, no país mediano (Indonésia), 9% dos pobres rurais e 12% dos pobres urbanos têm contas de poupança formais. No Brasil, no Panamá e no Peru, esse número é inferior a 1%. Não obstante, eles economizam. Stuart Rutherford, fundador da SafeSave, uma instituição de microfinanciamento de Bangladesh que se concentra em ajudar os pobres a economizar, conta como eles fazem isso em dois livros maravilhosos, *The Poor and Their Money* [Os pobres e seu dinheiro] e *Portfolios of the Poor* [Portfólios dos pobres].² Para esse livro, 250 famílias pobres de Bangladesh, da Índia e da África do Sul descreveram cada uma de suas transações financeiras para pesquisadores que as visitaram a cada duas semanas durante um ano inteiro. Uma de suas principais descobertas é que os pobres encontram muitas maneiras engenhosas de economizar. Eles formam "clubes" de poupança com outros poupadores, nos quais cada membro deve assegurar que os outros atinjam seus objetivos de poupança. Grupos de autoajuda, populares em partes da Índia e encontrados em muitos outros países também, são clubes de poupança que também oferecem empréstimos a seus membros com as economias acumuladas do grupo. Na África, os instrumentos mais populares são as associações de poupança e crédito rotativos (APCRs) — mais comumente conhecidas como "carrosséis", na África de língua inglesa, e "tontinas", nos países francófonos. Os membros da APCR reúnem-se em intervalos regulares e todos depositam a mesma quantia de dinheiro em um bolo comum em todas as reuniões. Cada vez, numa base rotativa, um membro fica com o bolo inteiro. Outros arranjos de poupança incluem pagar a coletores de depósitos para pegar seus depósitos e colocá-los num banco, depositar economias com agiotas locais, deixá-las com "guardas de dinheiro" (conhecidos que cuidam de pequenas quantias de dinheiro por uma pequena taxa ou gratuitamente), e, como vimos, construir uma casa lentamente. Instituições semelhantes também existem nos Estados Unidos, principalmente em comunidades de imigrantes recentes.

Jennifer Auma, uma vendedora no mercado da pequena cidade de Bumala, no oeste do Quênia, encarna essa sofisticação. Auma vende milho, sorgo e feijão. Durante toda a nossa conversa, ela separou habilmente os feijões, os vermelhos de um lado e os brancos do outro. Quando a conhecemos, ela pertencia a nada menos que seis APCRs, que diferiam em tamanho e frequência de reunião. Para uma delas, ela contribuía mensalmente com mil xelins quenianos, ou KES (US$17,50 PPC), para outra, com 580 KES duas vezes por mês (quinhentos para o bolo comum, cinquenta para pagar o açúcar do chá, que é parte essencial da cerimônia, e trinta para o fundo de previdência). Para outra ainda, a contribuição era de quinhentos KES por mês, mais duzentos como economia adicional. Havia também uma APCR semanal (150 KES por semana), uma que se reunia três vezes por semana (cinquenta KES), e uma diária (vinte KES). Cada APCR tinha um propósito específico e separado, explicou ela. As pequenas eram para seu aluguel (isso foi antes de ela construir uma casa), as maiores para projetos de longo prazo (como melhorias na casa) ou para taxas escolares. Auma via muitas vantagens nas APCRs em relação às contas de poupança tradicionais: não têm taxas, ela podia fazer pequenos depósitos e, em média, tinha acesso ao bolo comum muito mais rápido do que se economizasse a mesma quantia todas as semanas. Além disso, o grupo da APCR era também um bom lugar para pedir conselhos.

Mas sua carteira financeira não terminava com as seis APCRs. No início de maio de 2009 (um pouco mais de dois meses antes de a conhecermos), ela havia tomado um empréstimo de uma delas no valor de 6 mil KES (US$105 PPC), para comprar milho. Ela também era membro do banco de poupança da aldeia, onde tinha uma conta de poupança, embora estivesse quase vazia. Usara o dinheiro da poupança para comprar ações no banco da aldeia no valor de 12 mil KES (US$210 PPC). Junto com algumas ações que já tinha (cada ação autorizava o mutuário a pegar emprestados até quatro KES do banco do lugar), isso possibilitou que pedisse 70 mil KES (US$1222 PPC) e construísse uma casa. Ela também tinha um pouco de dinheiro escondido em várias partes da casa, para lidar com pequenas emergências, como necessidades de saúde, embora, como disse, às vezes o dinheiro da saúde fosse usado para alimentar visitantes. Por fim, várias pessoas deviam dinheiro a ela, inclusive 1200 KES de seus clientes e 4 mil KES de um ex-membro de seu grupo de responsabilidade solidária no banco de poupança da aldeia. Ele não pagara o empréstimo quando ainda devia ao banco 60 mil KES (US$1050 PPC), obrigando os membros do grupo a cobri-lo, e só agora ele estava lentamente pagando a eles.

Como vendedora casada com um agricultor, Jennifer Auma provavelmente vivia com muito menos de dois dólares por dia. Mesmo assim, tinha uma série de instrumentos financeiros bem afinados. Encontramos esse tipo de engenhosidade financeira muitas vezes.

No entanto, toda a engenhosidade que os pobres empregam para economizar pode ser simplesmente um sintoma do fato de que não têm acesso às alternativas mais convencionais e mais simples. Os bancos não gostam de gerenciar contas pequenas, devido principalmente aos custos administrativos disso. Instituições captadoras de depósitos são fortemente regulamentadas, por um bom motivo — o governo preocupa-se com operadores desonestos que fogem com as poupanças das pessoas —, mas isso significa que o gerenciamento de cada conta exige que os funcionários do banco preencham uma certa quantidade de papelada, o que pode se tornar muito oneroso em relação a qualquer dinheiro que o banco pode esperar fazer com essas contas minúsculas. Jennifer Auma explicou-nos que sua conta de poupança no banco da aldeia não era um bom lugar para economizar quantias pequenas, porque as taxas de saque eram muito altas. As taxas eram de trinta KES para saques inferiores a quinhentos KES, cinquenta KES para saques entre quinhentos e mil KES, e cem KES para uma retirada maior. Devido a essas taxas administrativas, a maioria dos pobres pode não querer uma conta bancária, mesmo quando têm direito a uma.

O fato de os pobres terem de substituir a falta de acesso a contas bancárias adequadas e adotar estratégias alternativas complicadas e caras para economizar também pode significar que eles economizam menos do que se tivessem uma conta bancária. Para descobrir se isso era verdade, Pascaline Dupas e Jonathan Robinson pagaram as taxas de abertura de uma conta de poupança em um banco de aldeia, em nome de uma amostra aleatória de proprietários de pequenos negócios (motoristas de táxi de bicicleta, vendedores da feira, carpinteiros e semelhantes), em Bumala.

O banco tinha um escritório na praça do mercado principal onde todas essas pessoas mantinham seus negócios. As contas não pagavam juros, na verdade cobravam uma taxa para cada retirada.[3]

Poucos homens acabaram usando as contas que lhes foram oferecidas, mas cerca de dois terços das mulheres depositaram dinheiro pelo menos uma vez. E essas mulheres economizaram mais do que mulheres comparáveis que não receberam uma conta, investiram mais em seus negócios e eram menos propensas a sacar seu capital de giro quando estavam doentes. Depois de seis meses, elas conseguiram comprar em média 10% a mais de alimentos para si e sua família, dia após dia.

Embora os pobres encontrem maneiras sofisticadas de colocar algum dinheiro de lado, esses resultados mostram que seria melhor se fosse muito mais barato abrir uma conta bancária. Atualmente, cada conta no Quênia custa 450 KES para ser aberta e, em média, foram depositados cerca de 5 mil KES em contas usadas pelo menos uma vez. Isso significa que, se Dupas e Robinson não tivessem pagado a taxa por eles, esses clientes pobres teriam de pagar uma "taxa" de quase 10% pelo privilégio de ter uma conta, sem considerar as taxas de saque. A isso precisamos acrescentar o custo para os pobres de ir ao banco, geralmente no centro de uma cidade, longe de onde moram. O custo para o banco de administrar pequenas quantias de poupança precisa diminuir muito a fim de que as contas de poupança para pobres possam ser economicamente viáveis.

Os "grupos de autoajuda" populares na Índia e em outros lugares representam uma maneira de reduzir custos, alavancando a ideia de que, se os membros juntassem suas economias e coordenassem suas retiradas e depósitos, o valor total na conta seria maior, e o banco ficaria feliz em aceitá-la. A tecnologia também pode desempenhar um papel. No Quênia, o M-PESA permite que os usuários depositem dinheiro em uma conta vinculada a seus telefones celulares e depois usem o celular para enviar dinheiro para contas de outras pessoas e fazer pagamentos. Alguém como Jennifer Auma, por exemplo, poderia depositar dinheiro em uma das muitas mercearias locais que fosse correspondente do M-PESA. Isso creditaria sua conta no sistema. Ela poderia então enviar uma mensagem de texto para seu primo em Lamu, que poderia apresentar a mensagem de texto ao correspondente local para receber seu dinheiro. Assim que ele recebesse o dinheiro, o dinheiro seria deduzido de sua conta M-PESA. Quando o M-PESA estiver vinculado aos bancos, as pessoas poderão transferir dinheiro para dentro e para fora de suas contas de poupança usando um correspondente local do M-PESA, sem ter de percorrer todo o caminho até o banco.

Evidentemente, nenhuma tecnologia eliminaria a necessidade de regulamentação das contas bancárias. Uma parte do problema, no entanto, vem do fato de que, de acordo com os regulamentos atuais, apenas funcionários de bancos bem pagos têm permissão para lidar com o dinheiro dos depositantes. É provável que isso seja desnecessário, pois o banco poderia usar um lojista do lugar para receber os depósitos. Contanto que o lojista emita ao depositante um recibo do dinheiro que o banco é *legalmente obrigado a honrar*, o depositante está protegido. Então, é problema do banco garantir que o lojista não fuja com o dinheiro do poupador. Se o banco estiver disposto a correr esse risco — e muitos bancos ficariam felizes com isso —, então por que o regulador deveria se importar? Essa percepção tem se infiltrado no sistema nos últimos anos, e vários países aprovaram novas leis permitindo esse tipo de recepção de depósitos (na Índia, por exemplo, isso é chamado de Lei do Correspondente Bancário). Isso pode vir a revolucionar todo o negócio de poupança.

EXISTE ATUALMENTE UM IMPORTANTE esforço internacional, liderado em particular pela Fundação Bill e Melinda Gates, para aumentar o acesso dos pobres a contas de poupança. A micropoupança está prestes a se tornar a próxima revolução do microfinanciamento. Mas será que a falta de acesso a contas formais de poupança é o único problema? Devemos nos concentrar exclusivamente em tornar mais fácil e seguro economizar? Os resultados de Dupas e Robinson sugerem que não é tão simples assim. Primeiro, havia o fato preocupante de que a maioria dos homens não utilizava suas contas (gratuitas). Muitas mulheres também não as usavam ou usavam muito pouco. Quarenta por cento das mulheres não fizeram um único depósito e menos da metade fez mais de um; muitas que começaram a usar a conta pararam depois de um tempo. Em Busia, no Quênia, em outro estudo,[4] apenas 25% dos casais que receberam até três contas gratuitas (uma para cada membro do casal e uma conta conjunta) depositaram algum dinheiro em qualquer uma das contas. Esse número subiu para apenas 31% entre aqueles que também receberam um cartão de caixa eletrônico grátis para tornar os saques e depósitos mais fáceis e baratos. As contas de poupança ajudam algumas pessoas, mas sua ausência não é a única coisa que impede os pobres de economizar.

Já vimos no capítulo anterior outro exemplo de pessoas que tiveram oportunidades lucrativas de economizar, mas não as usaram: as vendedoras de frutas de Chennai, que pediam emprestadas cerca de mil rupias (US$45,75 PPC) todas as manhãs a uma taxa de 4,69% ao dia. Suponha-se que elas decidam beber duas xícaras de chá a menos por três dias. Isso economizaria cinco rupias por dia, que poderiam ser usadas para reduzir o valor que teriam de tomar emprestado. Depois do primeiro dia com menos chá, teriam de pedir emprestadas cinco rupias a menos. Isso significaria que, ao final do segundo dia, teriam de devolver 5,23 rupias a menos (as cinco rupias que não pediram emprestadas, mais 23 paisas de juros), as quais, quando somadas às cinco rupias, economizadas naquele segundo dia por novamente beber menos chá, permitiriam que elas pegassem emprestadas 10,23 rupias a menos. Pela mesma lógica, no quarto dia, teriam 15,71 rupias que poderiam usar para comprar frutas, em vez de pedir emprestado. Agora, digamos que elas voltem a beber mais duas xícaras de chá, mas continuem a investir no negócio as 15,71 rupias que economizaram de três dias sem beber tanto chá (ou seja, pedindo emprestado muito menos). Essa quantia acumulada continua a crescer (assim como as dez rupias viraram 10,23 após dois dias) e depois de exatamente noventa dias elas estariam completamente livres de dívidas. Elas economizariam quarenta rupias *por dia*, o que equivale a cerca de metade do salário de um dia. Tudo pelo preço de seis xícaras de chá!

A questão é que essas vendedoras estão sentadas sob o que parece ser o mais próximo de uma árvore de dinheiro que poderíamos encontrar em qualquer lugar. Por que não a sacodem um pouco mais? Como podemos conciliar isso com o planejamento financeiro sofisticado que encontramos em Jennifer Auma?

A psicologia da poupança

Compreender a maneira como as pessoas pensam sobre o futuro pode ajudar a resolver essas aparentes contradições. Andrei Shleifer é provavelmente o melhor expoente da teoria de que muitas pessoas às vezes fazem coisas tolas (ele cunhou, ou pelo menos popularizou, o termo *"noise traders"* para caracterizar o comportamento de corretores de ações ingênuos que são cruelmente explorados por corretores sofisticados). Uma vez, quando acabava de voltar do Quênia, ele compartilhou conosco algo que havia notado lá: uma enorme diferença entre as fazendas administradas por um grupo de freiras, que eram exuberantes e vibrantes, e as administradas por seus vizinhos, que eram muito menos impressionantes. As freiras estavam usando fertilizantes e sementes híbridas. Por que, ele nos perguntou, os agricultores não conseguiam fazer o que as freiras faziam? Poderia ser um sinal de que eles eram muito mais impacientes (supõe-se que a profissão das freiras as inclina à paciência, porque as recompensas estão principalmente na vida após a morte)?

Ele descobrira uma coisa que havia muito tempo era um enigma para nós. Em pesquisas realizadas ao longo de vários anos, Michael Kremer, Jonathan Robinson e Esther viram que apenas cerca de 40% dos agricultores na região de Busia, no oeste do Quênia (não muito longe de Sauri, a aldeia onde Jeffrey Sachs e Angelina Jolie conheceram Kennedy, o jovem agricultor que não usava fertilizante antes de o projeto lhe dar), já haviam usado fertilizante, e apenas 25% usavam fertilizante em um determinado ano.[5] Estimativas conservadoras, baseadas em oferecer fertilizante gratuito a um grupo aleatório de agricultores para usar numa pequena parte de seus campos e, depois, comparar a colheita naquele lote com a de um lote semelhante de terra pertencente ao mesmo agricultor, sugere que o retorno médio anual do uso de fertilizante excede 70%: por um dólar pago em fertilizante o agricultor médio obteria 1,70 dólar em milho extra. Não eram exatamente os retornos que os vendedores de frutas poderiam obter, mas aparentemente valia a pena o esforço de poupar um pouco. Por que eles não estavam fazendo mais disso? Os agricultores talvez não soubessem exatamente como usar fertilizantes. Ou podiam subestimar os retornos. Mas se isso fosse verdade, então pelo menos os agricultores que receberam a oferta de fertilizantes de graça (e uma demonstração de como usá-los da melhor forma) e obtiveram altos retornos deveriam estar extremamente entusiasmados com o uso nas safras subsequentes. Na verdade, Esther, Kremer e Robinson descobriram que os que receberam fertilizante gratuito numa temporada tinham uma probabilidade 10% maior de usar fertilizante na temporada seguinte após o estudo, mas isso ainda significava que a maioria voltava a não usar fertilizante. Não que não tivessem ficado impressionados com o que viram: a grande maioria afirmou estar convencida e disse de início que certamente usaria fertilizantes.

Quando perguntamos a alguns agricultores por que eles não passaram a usar fertilizantes, a maioria respondeu que não tinha dinheiro suficiente para comprar fertilizante na hora de plantar e usá-lo. O que é surpreendente é que o fertilizante pode ser comprado (e usado) em pequenas quantidades; trata-se então de uma oportunidade de investimento que parece facilmente acessível aos agricultores, mesmo com uma pequena quantidade de poupança. Isso sugere que a questão, mais uma vez, é que os agricultores acham difícil manter até mesmo quantias muito pequenas de dinheiro para o período que vai da colheita ao plantio. Como explicaram Michael e Anna Modimba, um casal que cultiva milho perto de Budalengi, no oeste do Quênia, poupar é difícil. Em suas terras, eles haviam usado fertilizante na última safra, mas não na anterior, porque não tinham mais dinheiro para comprá-lo na época. Economizar em casa é difícil, explicaram, porque sempre surge alguma coisa que exige dinheiro (alguém está doente, alguém precisa de roupa, um hóspede tem de ser alimentado), e é difícil dizer não.

Outro agricultor que encontramos no mesmo dia, Wycliffe Otieno, havia encontrado uma maneira de resolver esse problema. Ele sempre tomava a decisão de comprar ou não fertilizante logo após a colheita. Se a colheita fosse suficiente para pagar as taxas escolares e prover comida para a família, ele vendia imediatamente o restante e usava o dinheiro para comprar sementes híbridas e, se tivesse alguma sobra, fertilizante.

Ele armazenava as sementes e o fertilizante até a próxima estação de plantio. Ele nos explicou que sempre comprava o adubo com antecedência, porque, como os Modimba, sabia que o dinheiro que ficava em casa não seria guardado. Quando tem dinheiro em casa, sempre acontecem coisas, dizia ele, e o dinheiro desaparece.

Perguntamos o que ele fazia quando já havia comprado fertilizante (mas ainda não o havia usado) e alguém adoecia. Ele não ficava tentado a revendê-lo com perda? Sua resposta foi que ele nunca achava necessário revender o fertilizante. Em vez disso, tendia a reavaliar a verdadeira urgência de qualquer necessidade quando não havia dinheiro. E se alguma coisa precisasse realmente ser comprada, ele mataria uma galinha ou trabalharia um pouco mais duro como motorista de táxi de bicicleta (trabalho que fazia quando não estava muito ocupado com a agricultura). Embora nunca tivessem comprado fertilizantes com antecedência, os Modimba tinham a mesma opinião. Se surgisse um problema, mas não tivessem dinheiro (digamos, porque haviam comprado fertilizante), eles pensariam em alguma coisa — talvez pedir emprestado a amigos ou, como diziam, "suspender o problema"; mas não revenderiam o fertilizante. Na opinião deles, seria bom que fossem obrigados a encontrar uma solução alternativa, em vez de usar o dinheiro em casa.

Então, para ajudar pessoas como os Modimba, Esther, Kremer e Robinson criaram o programa Iniciativa de Poupança e Fertilizantes (SAFI, na sigla em inglês). Logo após a colheita — quando têm dinheiro em mãos — os agricultores têm a oportunidade de comprar um voucher que lhes dá direito a fertilizantes na época da semeadura.[6] A ICS Africa, uma ONG que trabalha na área, implementou o programa. O fertilizante era vendido a preço de mercado, mas um agente de campo da ICS visitava os agricultores em casa para vender os vouchers, e o fertilizante era entregue em suas casas quando eles queriam. O programa aumentou em pelo menos 50% a fração de agricultores que usavam fertilizantes. Para colocar isso em perspectiva, o efeito desse programa foi maior do que o efeito de uma redução de 50% no preço do fertilizante. Assim como Michael e Anna Modimba e Wycliffe Otieno haviam previsto, desde que fosse trazido à sua porta no momento certo, os agricultores ficavam muito felizes em comprar fertilizante.

Mas isso não explica por que os agricultores não o compravam antecipadamente por conta própria. A grande maioria dos que compraram os vouchers foi para entrega imediata, depois armazenaram o fertilizante e o utilizaram posteriormente. Em outras palavras, assim como Wycliffe Otieno nos disse, depois que tinham fertilizante, não o revendiam. Mas se querem de fato fertilizante, por que não vão em frente e compram? Perguntamos aos Modimba. A resposta deles foi que as lojas de fertilizantes nem sempre os tinham disponíveis imediatamente após a colheita — elas só os tinham mais tarde, pouco antes do plantio. Como disse Michael Modimba: "Quando temos dinheiro, eles não têm fertilizante. Quando eles têm fertilizante, não temos dinheiro". Para Wycliffe Otieno, isso não era um problema: como seu trabalho como motorista de táxi de bicicleta o trazia para a cidade o tempo todo, ele podia verificar regularmente se o fertilizante havia chegado e comprá-lo em qualquer loja que o tivesse. Mas para agricultores como os Modimba, que moravam a cerca de uma hora de caminhada da cidade e tinham poucos motivos para ir até lá, verificar as lojas era mais difícil. Era esse pequeno inconveniente de ficar de olho na entrega do fertilizante (pedir a um amigo para verificar, ligar para a loja) que estava impedindo a poupança e a produtividade. Tudo o que nossa intervenção realmente fez foi remover esse pequeno gargalo.

Poupança e autocontrole

A experiência das vendedoras de frutas indianas e dos agricultores quenianos sugere que muitas pessoas deixam de economizar, mesmo quando têm acesso a boas oportunidades de poupança. Isso insinua que nem todas as barreiras à poupança são impostas externamente. Parte do problema vem da psicologia humana. A maioria de nós tem alguma lembrança de tentar explicar a um pai irado que estávamos sentados ao lado do pote de biscoitos e os biscoitos de alguma forma desapareceram.

Sabíamos que comer os biscoitos significaria problemas, mas a tentação era forte demais.

Conforme discutimos no capítulo 3 sobre saúde preventiva, o cérebro humano processa o presente e o futuro de maneiras muito diferentes. Em essência, parecemos ter uma visão de como devemos agir no futuro que muitas vezes é inconsistente com a maneira como agimos hoje e como agiremos no futuro. Uma forma que essa "inconsistência do tempo" assume é gastar agora, ao mesmo tempo que *planejamos* economizar no futuro. Em outras palavras, esperamos que nosso "eu de amanhã" seja mais paciente do que o "eu de hoje" está preparado para ser.

Outra manifestação da inconsistência do tempo é comprar o que queremos hoje (bebida alcoólica, alimentos açucarados ou gordurosos, quinquilharias), mas planejar gastar dinheiro de maneiras mais responsáveis amanhã (taxas escolares, mosquiteiros, conserto de telhados). Em outras palavras, as coisas que temos orgulho ou prazer em comprar no futuro nem sempre são as que acabamos por comprar hoje. Saber que amanhã beberemos demais não dá prazer algum à maioria de nós — na verdade, provavelmente nos deixa infelizes —, mas quando o amanhã chegar, muitos de nós não conseguiremos resistir. O álcool, nesse sentido, é um *bem tentador* para muitas pessoas, algo que nos faz demandas imediatas sem nos dar um prazer antecipado. Em contraste, uma televisão provavelmente não é um bem tentador: muitas pessoas pobres planejam e economizam meses ou até anos para comprar uma.

Um grupo de economistas, psicólogos e neurocientistas trabalhou junto para estabelecer que existe de fato uma base física para tal disjunção na tomada de decisão.[7] Eles deram aos participantes da pesquisa uma escolha de várias recompensas que seriam desfrutadas em diferentes momentos, usando cartões-presente com data de validade. Cada participante, portanto, tinha um conjunto de decisões a tomar. Por exemplo: receba vinte dólares *agora* ou trinta em duas semanas (presente × futuro); receba vinte em duas semanas ou trinta em quatro semanas (futuro × futuro mais distante); ou receba vinte em quatro semanas ou trinta em seis semanas (futuro mais distante × futuro ainda mais distante). O toque diferente foi que os sujeitos tomaram essas decisões dentro de um scanner de ressonância magnética funcional, para que os pesquisadores pudessem observar quais zonas de seus cérebros eram ativadas. Eles descobriram que as partes do cérebro correspondentes ao sistema límbico (que se acredita que responde somente a recompensas mais viscerais e imediatas) eram ativadas apenas quando a decisão envolvia comparar uma recompensa hoje com uma no futuro. Em contraste, o córtex pré-frontal lateral (uma parte do cérebro mais "calculista") respondia com uma intensidade semelhante a todas as decisões, independentemente do momento das opções.

Cérebros que funcionam assim produziriam muitas boas intenções fracassadas. E, com efeito, vemos muito disso, desde as resoluções de Ano-Novo até as matrículas em academias que não são utilizadas. No entanto, muitas pessoas, como os Modimba ou Wycliffe Otieno, parecem ter plena consciência dessa inconsistência. Eles falaram sobre congelar seu dinheiro na forma de fertilizante como uma maneira de contornar o problema. Eles também pareciam estar convencidos de que algumas das "emergências" que encaravam eram, na verdade, uma espécie de bem tentador, porque era mais fácil no momento gastar dinheiro do que apenas "suspender o problema" (frase de Michael Modimba), ou ficar em casa em vez de sair para ganhar algum extra.

Em Hyderabad, pedimos explicitamente aos moradores das favelas que nos dissessem se havia alguma mercadoria que eles gostariam de cortar. Eles prontamente mencionaram chá, lanches, bebidas alcoólicas e tabaco. E, de fato, ficou claro pelo que nos contaram e pelos dados que coletamos que parte significativa de seus orçamentos acabava sendo gasta nessas coisas. O mesmo autoconhecimento ficou evidente quando Esther, Kremer e Robinson pediram a um grupo de participantes do programa queniano de fertilizantes, antes da colheita, para escolher o dia em que viriam vender os vouchers. Uma grande parte pediu-lhes que viessem mais cedo. Os agricultores sabiam que logo após a colheita teriam dinheiro disponível, mas que logo ele desapareceria.

Diante dessa autoconsciência, não é surpresa que muitas das maneiras pelas quais os pobres economizam pareçam ter como objetivo não apenas manter o dinheiro protegido dos outros, mas também protegê-lo de si mesmos. Por exemplo, se alguém quer atingir uma meta (comprar uma vaca, uma geladeira, um telhado), entrar numa APCR em que o tamanho total do bolo é exatamente o suficiente para atingir essa meta é uma ótima opção, porque, depois de entrar, o indivíduo está comprometido a contribuir com uma certa quantia toda semana ou a cada mês, e quando recebe o bolo ele tem apenas o suficiente para comprar aquela coisa que está ansioso para comprar, e pode fazer isso imediatamente, antes que o dinheiro escorra por entre seus dedos. Construir uma casa tijolo por tijolo pode ser outra maneira de garantir que suas economias permaneçam focadas em um objetivo concreto.

Com efeito, se a falta de autocontrole for suficientemente grave, valeria a pena *pagar* alguém para nos obrigar a poupar. Por exemplo, podemos preferir correr o risco de que a argamassa em nossas paredes recém-construídas possa ser levada pela chuva para que não tenhamos de manter o dinheiro em mãos e correr o risco de, por um capricho, usar tudo numa festa. E, de forma um tanto paradoxal, alguns clientes de IMFS podem tomar empréstimos para economizar. Uma mulher que conhecemos numa favela de Hyderabad nos disse que havia tomado emprestadas 10 mil rupias (US$621 PPC) da Spandana e imediatamente depositado o produto do empréstimo numa conta de poupança. Assim, ela estava pagando uma taxa de juros anual de 24% para a Spandana, enquanto ganhava cerca de 4% em sua conta poupança. Quando lhe perguntamos por que isso fazia sentido, ela explicou que sua filha, então com dezesseis anos, precisaria se casar em cerca de dois anos. As 10 mil rupias eram o início de seu dote. Quando perguntamos por que ela não optou simplesmente por colocar o dinheiro que estava pagando à Spandana pelo empréstimo diretamente em sua conta poupança todas as semanas, ela explicou que simplesmente não era possível: outras coisas continuavam surgindo.

Ainda estávamos um pouco incomodados com esse arranjo um tanto incomum e continuamos fazendo perguntas. Isso atraiu um grupo de outras mulheres, que obviamente se divertiam com nossa ignorância. Não sabíamos que isso era uma coisa perfeitamente normal de se fazer? A questão, como acabamos descobrindo, é que a obrigação de pagar o que se deve à Spandana — que é bem fiscalizada — impõe uma disciplina que os mutuários podem não administrar por conta própria.

No entanto, é claro que as pessoas não deveriam pagar 20% ou mais ao ano para economizar. A criação de produtos financeiros que compartilhassem as características de compromisso dos contratos de microcrédito, sem os juros que vêm com eles, poderia ser claramente de grande ajuda para muitas pessoas. Um grupo de pesquisadores se juntou a um banco que trabalha com pessoas pobres nas Filipinas para projetar esse produto,[8] um novo tipo de conta que seria vinculada às próprias metas de poupança de cada cliente. Essa meta podia ser uma quantia (o cliente se compromete a não sacar os fundos até que a quantia seja atingida) ou uma data (o cliente se compromete a deixar o dinheiro na conta até essa data). O cliente escolhia o tipo de compromisso e o objetivo específico. No entanto, uma vez definidas, essas metas eram vinculantes e o banco iria aplicá-las. A taxa de juros não era mais alta do que em uma conta normal. Essas contas foram propostas a um conjunto de clientes selecionados aleatoriamente. Dos clientes que eles abordaram, cerca de um em cada quatro concordou em abrir uma conta. Desses, pouco mais de dois terços escolheram a meta de data e o terço restante, a meta de valor. Depois de um ano, os saldos nas contas de poupança daqueles que *receberam* a conta eram em média 81% maiores do que os de um grupo comparável de pessoas que não receberam a conta, *apesar do fato de que apenas um em cada quatro dos clientes aos quais a conta foi oferecida a abriu de fato*. E os efeitos foram provavelmente menores do que poderiam ser, porque, embora houvesse o compromisso de não sacar nenhum dinheiro, não havia nenhuma força positiva empurrando o cliente para realmente economizar, e muitas das contas que foram abertas permaneceram inativas.

No entanto, a maioria das pessoas preferiu não aceitar a oferta desse tipo de conta. Elas estavam preocupadas com se comprometer a não recuar até que a meta fosse alcançada. Pascaline Dupas e Jonathan Robinson tiveram o mesmo problema no Quênia — muitas pessoas acabaram não usando as contas que ofereciam, algumas delas porque as taxas de saque eram muito altas e não queriam ficar com seu dinheiro preso na conta.

Isso destaca um paradoxo interessante: há maneiras de contornar os problemas de autocontrole, mas fazer uso delas requer geralmente um ato inicial de autocontrole. Dupas e Robinson demonstraram isso muito bem em outro estudo com os vendedores do mercado de Bumala, no Quênia.[9] Eles notaram que muitos pequenos negócios perdem vendas quando seu proprietário (ou alguém de sua família) fica doente e precisa comprar remédios. Então, pensaram em ajudar as pessoas a destinar parte de suas economias especificamente para essas contingências ou para comprar produtos preventivos de saúde (como cloro ou mosquiteiros). Eles contataram membros das APCRs e ofereceram a eles um cofre, que poderia ser usado para guardar itens específicos para contingências de saúde. Algumas pessoas (selecionadas ao acaso) receberam a chave do cofre, nos outros casos a chave ficou com a agente de campo da ONG: ela vinha e abria o cofre quando as pessoas precisavam do dinheiro em virtude de um problema de saúde. Dar às pessoas um cofre da saúde ajudou-as a gastar mais com saúde preventiva. Mas dar a elas um cofre trancado, para surpresa de Dupas e Robinson, não funcionou: elas simplesmente não colocaram muito dinheiro nele. Elas relataram que não usaram, ou usaram somente para quantias muito pequenas, por medo de precisar do dinheiro para outra coisa e não conseguir ter acesso a ele.

A consciência de nossos problemas, portanto, não significa necessariamente que eles sejam resolvidos. Pode significar apenas que somos capazes de prever perfeitamente onde iremos falhar.

A pobreza e a lógica do autocontrole

Como é difícil comprar autocontrole, os tomadores de decisão autoconscientes adotam outras medidas defensivas contra a possibilidade de serem tentados no futuro. Uma estratégia óbvia é não economizar tanto, porque sabemos que vamos desperdiçar o dinheiro amanhã: podemos ceder à tentação hoje, se tudo o que vamos fazer é ceder amanhã. Essa lógica perversa das tentações funciona da mesma forma para pobres e ricos, mas há boas razões para que as consequências sejam muito mais graves para os pobres do que para os ricos.

As tentações tendem a ser uma expressão de necessidades viscerais (coisas como sexo, açúcar, alimentos gordurosos, cigarros, não necessariamente nessa ordem). Nesse caso, é muito mais fácil para os ricos chegarem ao ponto em que já saciaram seus "egos tentados". Ao decidir se querem economizar ou não, eles podem presumir que qualquer dinheiro extra alocado para o futuro será usado para fins de longo prazo. Assim, se o chá açucarado é o arquétipo de um bem tentador, como parecia ser para as mulheres em Hyderabad, é improvável que os ricos se incomodem com ele, não porque não sejam tentados, mas porque já podem pagar por tanto chá (ou outros substitutos do chá) que não precisam se preocupar com o desperdício de suas economias arduamente conquistadas em xícaras adicionais de chá.

Esse efeito é reforçado pelo fato de que muitos dos bens que os pobres realmente desejam ter, como uma geladeira, uma bicicleta ou uma escola melhor para os filhos, são relativamente caros, de forma que, quando têm um pouco de dinheiro em mãos, os bens tentadores estão em excelente posição para reivindicar seus direitos (*Você nunca economizará o suficiente para aquela geladeira*, insiste a voz em seu ouvido. *Tome uma xícara de chá em vez disso...*). O resultado é um círculo vicioso. Poupar é menos atraente para os pobres, porque para eles a meta tende a estar muito distante, e eles sabem que haverá muitas tentações pelo caminho. Mas, evidentemente, se não poupam, permanecem pobres.[10]

O AUTOCONTROLE TAMBÉM PODE SER MAIS DIFÍCIL para os pobres por outro motivo: as decisões sobre quanto deve ser economizado são difíceis para qualquer um, rico ou pobre. Elas exigem pensar no futuro (um futuro provavelmente desagradável de contemplar, para muitos dos pobres), organizar cuidadosamente uma série de contingências, negociar com o cônjuge ou com um filho. Quanto mais ricos somos, mais essas decisões são tomadas por nós. Os trabalhadores assalariados contribuem para a seguridade social e seus empregadores muitas vezes contribuem com algo mais para um fundo de previdência ou um plano de pensão. Se quiserem economizar mais, precisam decidir apenas uma vez, e o dinheiro é automaticamente deduzido de suas contas bancárias. Os pobres não têm acesso a nenhum desses apoios; até mesmo as contas de poupança que deveriam tornar mais fácil para eles se comprometerem com uma meta ainda exigem uma etapa ativa de depósito de dinheiro. Para poder economizar todas as semanas ou todos os meses, eles precisam superar repetidamente problemas de autocontrole. O problema é que o autocontrole é como um músculo: ele se cansa à medida que o usamos e, portanto, não é surpresa que os pobres tenham mais dificuldade para economizar.[11] Isso é agravado pelo fato, discutido no capítulo 6, sobre risco, de que os pobres vivem sob estresse considerável, e o cortisol induzido pelo estresse nos faz tomar decisões mais impulsivas. Desse modo, precisam fazer um trabalho mais difícil com menos recursos.

POR AMBAS AS RAZÕES, esperaríamos que os ricos economizassem uma fração maior de seu patrimônio líquido corrente (pense em riqueza mais renda). E como poupar hoje é um ingrediente do patrimônio líquido de amanhã, isso terá a tendência de criar uma relação em forma de S entre o patrimônio líquido de hoje e patrimônio líquido de amanhã. Os pobres economizam relativamente pouco e, portanto, seus recursos futuros tendem a ser baixos. Assim, à medida que ficam mais ricas, as pessoas começam a economizar uma fração maior de seus recursos, o que significa que terão, relativamente, muito mais recursos no futuro do que os pobres. Por fim, quando ficam ricas o suficiente, não precisam economizar tanto de sua riqueza para atender às suas aspirações para o futuro, ao contrário das pessoas de classe média (para as quais esse pode ser o único caminho, por exemplo, para comprar uma casa).

Vemos essa forma de S entre o patrimônio líquido hoje e o patrimônio líquido futuro no mundo concreto. A Figura 8.1 mostra a relação entre os recursos que as famílias tinham em 1999 e o que tinham cinco anos depois na Tailândia.[12] A curva tem uma forma de S plana e alongada (reconhecemos

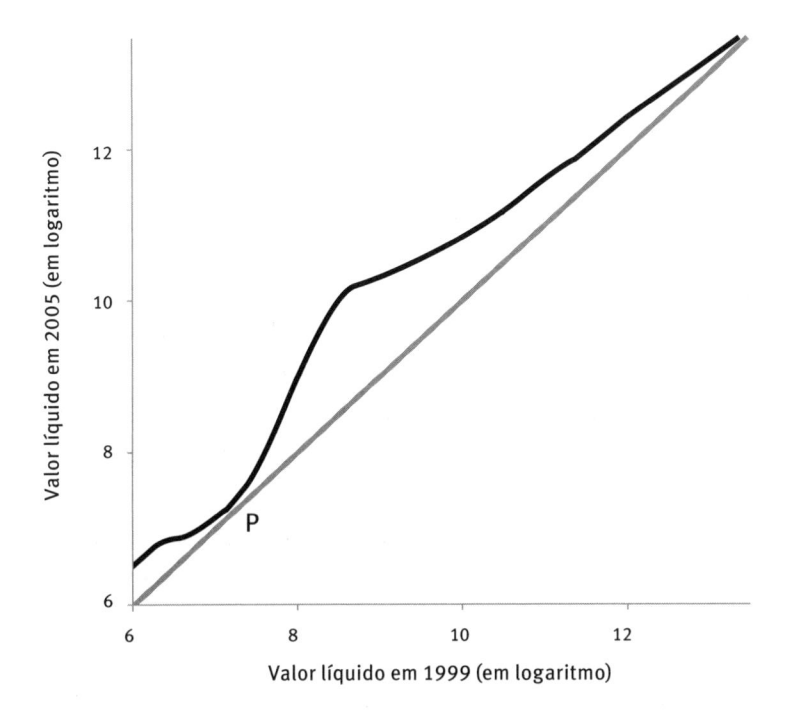

FIGURA 8.1 Riqueza em 1999 e riqueza em 2005, Tailândia

que estamos forçando um pouco o S). As pessoas que são mais ricas hoje (mais recursos) são, em média, mais ricas amanhã, o que obviamente não surpreende. O que é mais notável é a maneira como a relação é razoavelmente plana em níveis de recursos muito baixos, mas depois aumenta drasticamente antes de se achatar.

Essa forma em S, como vimos antes, gera uma armadilha da pobreza. Aqueles que começam logo à esquerda do ponto onde a curva de riqueza apenas toca a linha dos 45° não ficarão mais ricos do que esse ponto: eles não vão acumular mais — estão na armadilha. Por outro lado, aqueles logo à direita desse ponto P estão economizando mais do que o necessário para ficar no mesmo lugar e estão ficando mais ricos. Os pobres permanecem pobres aqui porque não economizam o suficiente.

Saindo da armadilha

O comportamento de poupar depende essencialmente do que as pessoas esperam que aconteça no futuro. Os pobres que acham que terão oportunidades de concretizar suas aspirações terão fortes motivos para reduzir seu consumo "frívolo" e investir nesse futuro. Ao contrário, aqueles que sentem que não têm nada a perder tenderão a tomar decisões que refletem esse desespero. Isso talvez explique não apenas as diferenças entre ricos e pobres, mas também as diferenças entre pobres.

Os vendedores de frutas são uma boa ilustração. Dean Karlan e Sendhil Mullainathan quitaram totalmente os empréstimos de um subconjunto aleatório desses vendedores (na Índia e nas Filipinas).[13] Por um tempo, muitos deles conseguiram ficar livres de dívidas: depois de dez semanas, 40% ainda não tinham dívidas nas Filipinas. Portanto, esses vendedores de frutas parecem ter paciência suficiente para evitar dívidas por um tempo. Por outro lado, quase todos acabaram se endividando de novo. Em geral, era um choque (uma doença, uma necessidade emergencial) que os empurrava de volta ao endividamento e, depois que isso acontecia, eles não conseguiam pagar a dívida sozinhos. Essa assimetria entre conseguir ficar livre de dívidas e não conseguir *sair* das dívidas mostra o papel do desânimo na dificuldade crescente de impor a autodisciplina.

Por outro lado, otimismo e esperança podem fazer toda a diferença. A esperança pode ser tão simples quanto saber que você poderá comprar a televisão que deseja ter. Quando estávamos trabalhando na avaliação do programa de microcrédito da Spandana, Padmaja Reddy nos levou uma vez para encontrar seus clientes nas favelas de Guntur, onde a organização nascera. Eram cerca de dez e meia da manhã quando entramos numa pequena clareira da favela, onde em torno de dez mulheres estavam reunidas. Quando Padmaja, a quem elas evidentemente conheciam, perguntou-lhes o que estavam fazendo, elas riram. Houve um momento embaraçoso em que pudemos ver as mulheres se cutucando, mas então a coisa ficou clara: estavam fazendo chá. Padmaja riu junto com as mulheres, mas depois, ainda sorrindo, fez uma breve arenga sobre como elas poderiam melhorar seu futuro cortando chá e lanches.

A maioria das instituições de microcrédito desaprova empréstimos para comprar bens de consumo — algumas realmente se esforçam muito para assegurar que seu dinheiro seja gasto em algum ativo gerador de renda. Padmaja, por outro lado, fica feliz contanto que os clientes usem o dinheiro para concretizar qualquer um de seus objetivos de longo prazo. Ela acredita que pensar em objetivos de longo prazo e se acostumar a fazer sacrifícios de curto prazo para chegar lá são os primeiros passos para a libertação de um dos aspectos mais frustrantes da pobreza.

Foi devido à insistência de Padmaja sobre os efeitos nocivos de tomar chá sem controle que, como relatado anteriormente, nós perguntamos às mulheres em quais coisas elas gostariam de gastar menos dinheiro, antes de nossa avaliação do programa da Spandana. Quando começamos o estudo, Padmaja previu confiantemente que, quando as pessoas soubessem que havia uma maneira de transformar o dinheiro do chá em coisas que realmente importam para elas, elas teriam poucos problemas para cortar esses "gastos desnecessários". Não vimos nenhum motivo para lembrá-la de que isso ia contra a visão que ouvimos de tantas pessoas de que a pior coisa do crédito fácil para os pobres é precisamente que ele torna muito fácil ceder a caprichos momentâneos, mas isso estava bem claro em nossa cabeça quando começamos a analisar os dados, cerca de dezoito meses após a primeira rodada de empréstimos. Não precisamos nos preocupar. Padmaja, como costuma dizer, sabe o que seus clientes pensam. Como vimos no capítulo 7, sobre crédito, um dos impactos mais claros de obter acesso ao microcrédito foi reduzir exatamente os itens que as mulheres nos disseram que gostariam de abrir mão — chá, lanches, cigarros, bebidas alcoólicas. O gasto mensal total com esses bens diminuiu cerca de cem rupias (US$5 PPC) por família para aqueles que tomaram um empréstimo de microcrédito extra como resultado do programa, ou cerca de 85% do que uma família média gasta. Por si só, o corte desse tipo de gasto poderia pagar cerca de um décimo do reembolso mensal de um empréstimo de 10 mil rupias (US$450 PPC) com uma taxa de juros de 20%. Mais tarde, encontramos resultados muito semelhantes junto aos clientes da IMF Al Amana, na zona rural do Marrocos:

eles cortaram as despesas sociais (e alguns deles, todas as despesas) e aumentaram suas poupanças.[14]

O MICROCRÉDITO É APENAS UMA das muitas maneiras pelas quais podemos ajudar os pobres a pensar em termos de um futuro em que alguns de seus objetivos de longo prazo podem se tornar alcançáveis. Uma educação melhor para os filhos teria provavelmente o mesmo efeito. O mesmo aconteceria com um emprego estável e seguro, tema ao qual retornaremos no próximo capítulo. Ou seguro contra problemas de saúde ou desastres climáticos, para que não se preocupem que qualquer pecúlio que consigam acumular seja simplesmente varrido para longe. Ou mesmo uma rede de segurança social: um apoio de renda mínimo a que as pessoas teriam direito se sua renda caísse abaixo de uma certa faixa e que as livrasse de ter de se preocupar em achar dinheiro para sobreviver. A sensação de segurança que qualquer uma dessas coisas proporcionaria estimularia a poupança por dois motivos: criaria a sensação de que o futuro mantém promessas e diminuiria o nível do estresse que prejudica diretamente a capacidade de tomar decisões.

O ponto principal é que um pouco de esperança e um pouco de tranquilidade e conforto podem ser um incentivo poderoso. É fácil para quem tem o suficiente e leva uma vida segura, estruturada por objetivos que pode aspirar a alcançar (um sofá novo, a tela plana de cinquenta polegadas, um segundo carro) e instituições projetadas para ajudar a chegar lá (contas de poupança, programas de pensão, empréstimos para aquisição de casa própria) presumir, como os vitorianos, que a motivação e a disciplina são intrínsecas. Em consequência, sempre há a preocupação de ser indulgente demais com os pobres preguiçosos. Nosso argumento é que, na maior parte do tempo, o problema é o oposto: é muito difícil ficar motivado quando tudo o que se deseja parece impossivelmente longínquo. Diminuir a distância até o gol pode ser tudo de que os pobres precisam para começar a correr na direção dele.

9. Empreendedores relutantes

Há muitos anos, um empresário sentado ao nosso lado em um avião contou que quando voltou para a Índia, em meados da década de 1970, após concluir seu MBA nos Estados Unidos, seu tio o levara para uma lição de verdadeiro empreendedorismo. No início de uma manhã, os dois se dirigiram para a Bolsa de Valores de Bombaim (como Mumbai era então chamada). Mas, em vez de entrar na torre moderna que abriga a bolsa, seu tio queria que ele observasse quatro mulheres que estavam sentadas na calçada, diante da rua em frente à bolsa. O aspirante a empresário e seu tio ficaram observando-as por alguns momentos. A maior parte do tempo, elas não faziam nada. Mas, às vezes, quando o tráfego parava, elas se levantavam, pegavam algo da rua e colocavam em sacolas plásticas ao lado delas, antes de voltarem para seus assentos. Depois que isso aconteceu várias vezes, o tio perguntou se ele entendia o modelo de negócios delas. Ele confessou estar perplexo. Então o tio teve de explicar: todas as manhãs, antes do amanhecer, as mulheres iam à praia, onde coletavam areia úmida do mar. Em seguida, colocavam-na uniformemente na rua antes que o tráfego de verdade começasse. Quando os carros começavam a passar sobre a areia, o calor de seus pneus a secava. Tudo o que precisavam fazer era raspar de vez em quando a camada superior de areia, agora seca. Às nove ou dez, elas tinham uma quantidade de areia seca, que levavam de volta à favela para vender em pequenos pacotes feitos com jornais descartados, pois as mulheres do lugar usavam a areia seca para esfregar seus pratos. Isso, disse o tio, era um verdadeiro empreendedorismo: se você tem muito pouco, use sua engenhosidade para criar alguma coisa do nada.

Mulheres de favelas que conseguem ganhar a vida, literalmente, com as rodas do comércio de Bombaim resumem o incrível espírito de inovação e empreendedorismo que os pobres costumam exibir. Este livro poderia facilmente ser preenchido com histórias de criatividade e resiliência de donos de negócios de pequena escala. Essas imagens têm sido uma motivação poderosa para o recente movimento de microcrédito e "negócios sociais", que parte da premissa de que os pobres são empreendedores natos e que podemos erradicar a pobreza dando-lhes o ambiente certo e alguma ajuda para começar. Nas palavras de John Hatch, CEO da FINCA, uma das maiores instituições de microfinanciamento do mundo: "Dê oportunidades às comunidades pobres e saia do caminho".

No entanto, existem alguns casos talvez surpreendentes em que, depois que você sai do caminho, os pobres não parecem tão prontos para seguir em frente. Desde 2007, trabalhamos com a Al Amana, uma das maiores IMFS do Marrocos, para avaliar o impacto do acesso ao microcrédito em comunidades rurais que antes eram completamente excluídas de fontes financeiras formais. Após cerca de dois anos, tornou-se evidente que a Al Amana não estava conseguindo tantos clientes nas aldeias quanto o previsto. Apesar da falta de alternativas, menos de uma em cada seis famílias qualificadas estava interessada em empréstimo. Para tentar entender o motivo, fomos com alguns funcionários da Al Amana entrevistar algumas famílias numa vila chamada Hafret Ben Tayeb, onde ninguém havia pedido emprestado. Fomos recebidos por Allal Ben Sedan, pai de três filhos e duas filhas, todos adultos. Ele tinha quatro vacas, um jumento e oitenta oliveiras. Um de seus filhos trabalhava no Exército; outro cuidava dos animais; o terceiro estava quase ocioso (sua atividade principal era colher caramujos quando estavam na estação). Perguntamos a Ben Sedan se ele gostaria de pedir um empréstimo para comprar mais vacas, das quais seu filho preguiçoso poderia cuidar. Ele explicou que seu campo era muito pequeno; se comprasse mais vacas, elas não teriam onde pastar. Antes de partir, perguntamos a ele se havia algo mais que ele poderia fazer com um empréstimo. Ele respondeu: "Não, nada. Nós temos o suficiente. Temos vacas, as vendemos, vendemos azeitonas. Isso é o suficiente para nossa família".

Poucos dias depois, conhecemos Fouad Abdelmoumni, o fundador (e então CEO) da Al Amana, um homem de grande cordialidade e inteligência, que havia sido ativista, passara anos na prisão como prisioneiro político e dedicava-se inteiramente a melhorar a vida dos pobres. Discutimos a demanda surpreendentemente baixa por microcrédito. Em particular, voltamos à história de Ben Sedan, que estava convencido de que não precisava de mais dinheiro. Fouad traçou um plano de negócios claramente viável para ele. Ele poderia tomar um empréstimo, construir um estábulo e comprar quatro novilhas. Elas não precisariam pastar no campo, pois poderiam ser alimentadas no estábulo. Em oito meses, ele poderia vender as vacas com um lucro considerável. Fouad estava persuadido de que, se alguém explicasse isso a Ben Sedan, ele veria a sensatez do plano e faria um empréstimo.

Ficamos impressionados com o contraste entre o entusiasmo de Fouad e a insistência de Ben Sedan de que sua família não precisava de nada. No entanto, Ben Sedan não se conformava em permanecer pobre: ele se orgulhava muito do filho, que tinha formação de enfermeiro e trabalhava como paramédico no Exército. Ele achava que seu filho tinha uma chance real de uma vida melhor. Então, Fouad estava certo ao dizer que Ben Sedan só precisava ser conduzido a um plano de negócios? Ou Ben Sedan, que tinha se dedicado à criação de vacas durante a maior parte da vida adulta, estava nos dizendo uma coisa importante?

Muhammad Yunus, fundador do mundialmente famoso Grameen Bank, costuma descrever os pobres como empreendedores naturais. Combinada com a exortação do falecido guru dos negócios C. K. Prahalad aos empresários para se concentrarem mais no que chamava de "base da pirâmide",[1] a ideia do pobre empreendedor está ajudando a garantir um espaço no discurso da política geral de combate à pobreza em que grandes empresas e altas finanças se sentem confortáveis em se envolver. As estratégias tradicionais de ação pública estão sendo complementadas por ações privadas, muitas vezes realizadas por alguns dos líderes do mundo corporativo (por exemplo, Pierre Omidyar, do eBay), direcionadas a ajudar os pobres a realizarem seu verdadeiro potencial de empreendedores.

A premissa básica da visão de mundo de Yunus, compartilhada por muitos dos participantes do movimento de microcrédito, é que todos têm uma chance de ser um empresário de sucesso. Mais especificamente, existem duas razões distintas para que os pobres tenham maior probabilidade de encontrar oportunidades incríveis. Em primeiro lugar, eles ainda não tiveram uma chance, então suas ideias são presumivelmente mais recentes e menos prováveis de já terem sido experimentadas. Em segundo lugar, o mercado até agora tem em geral ignorado a base da pirâmide. Por isso, argumenta-se, as inovações que melhoram a vida dos pobres têm de ser a solução mais fácil, e quem melhor do que os próprios pobres para pensar quais poderiam ser?

Capitalistas sem capital

Na verdade, toda IMF que se preze tem um site com várias histórias de clientes de microfinanciamento bem-sucedidos que aproveitaram uma oportunidade incomum de fazer fortuna. Elas são verdadeiras: conhecemos vários desses clientes. Em Guntur, em Andhra Pradesh, encontramos uma cliente da Spandana que havia construído uma empresa de muito sucesso coletando e separando o lixo. Ela tinha começado como catadora de lixo, que é o nível mais baixo que se pode chegar na hierarquia social e econômica indiana. Com seu primeiro empréstimo da Spandana, acabou de pagar o empréstimo que recebera de um agiota, com uma taxa de juros exorbitante. Ela sabia que as empresas que compravam o lixo dela separavam-no antes de vendê-lo para recicladores — no lixo, havia pedaços de metal e tungstênio dos filamentos de lâmpadas usadas, plásticos, matéria orgânica para compostagem e assim por diante, cada um dos quais ia para um reciclador diferente. Com o fôlego que o primeiro empréstimo lhe proporcionou, ela decidiu fazer a triagem sozinha para ganhar algum dinheiro extra. Com seu segundo empréstimo e as economias do primeiro, ela comprou um carrinho, que a ajudou a coletar mais lixo, e como agora havia mais triagem a ser feita, ela de alguma forma conseguiu fazer com que o marido, que costumava gastar a maior parte do tempo bebendo, começasse a trabalhar com ela. Juntos, ganharam muito mais dinheiro e, depois de receber o terceiro empréstimo, começaram a comprar lixo de outras pessoas. Quando a conhecemos, ela estava no comando de uma grande rede de catadores de lixo, não mais uma catadora, mas uma organizadora da coleta de lixo. O marido também estava trabalhando em tempo integral na época: nós o vimos batendo num pedaço de metal, parecendo sóbrio, mas um pouco taciturno.

As IMFs divulgam as histórias de seus mutuários mais bem-sucedidos, mas também há empreendedores que têm sucesso mesmo quando não têm acesso ao microfinanciamento. Em 1982, Xu Aihua era uma das melhores alunas do ensino médio em sua aldeia, na região de Shaoxing, na província de Zhejiang, na China. Seus pais eram camponeses e, como quase todo mundo, dispunham de muito pouco dinheiro. Porém, ela era tão inteligente que a aldeia decidiu mandá-la por um ano para a escola local de design de moda (o que quer que isso significasse, já que todos ainda usavam uniformes maoistas). A ideia era que ela acabaria assumindo um papel de liderança na empresa da cidade e do vilarejo que acabara de ser criada (eram os primeiros anos da liberalização chinesa). Mas quando ela voltou após o treinamento, os anciãos do lugar ficaram com medo: afinal, ela era uma menina, ainda não tinha vinte anos. Então, foi mandada para casa abruptamente, sem emprego.

Xu Aihua não tinha intenção de ficar ociosa. Ela decidiu que precisava fazer algo, mas seus pais eram pobres demais para ajudar. Então, ela pegou emprestado um megafone e deu a volta na aldeia oferecendo-se para ensinar as moças a fazerem roupas por uma taxa de quinze yuans (US$13 PPC). Ela recrutou cem alunas e, com o dinheiro que acabara de arrecadar, comprou uma máquina de costura de segunda mão e alguns tecidos excedentes das fábricas estatais do lugar e começou a ensinar. Ao final do curso, ela manteve suas oito melhores alunas e abriu um negócio. As mulheres chegavam todas as manhãs com suas máquinas de costura nas costas (cada uma pediu aos pais para comprar uma), depois começavam a cortar e costurar. Faziam uniformes para os trabalhadores das fábricas locais.

No início, trabalhavam na casa de Xu Aihua, mas, conforme o negócio se expandia e Xu Aihua treinava e contratava mais pessoas, mudaram-se para um prédio que ela alugou do governo da aldeia.

Em 1991, ela economizara tanto dos lucros do negócio que conseguiu comprar sessenta máquinas de costura automáticas por 54 mil yuans (US$27 600 PPC). Seu capital fixo total havia crescido mais de cem vezes em oito anos. Isso é 80% ao ano. Mesmo se considerarmos uma taxa de inflação de 10% ao ano, uma taxa de crescimento real, descontada a inflação, de mais de 70% ao ano é impressionante. Àquela altura, ela era uma empresária estabelecida. Os contratos de exportação chegaram logo depois, e ela agora vende para Macy's, Benetton, JC Penney e outros grandes varejistas. Em 2008, fez seu primeiro investimento em imóveis, no valor de 20 milhões de yuans (US$4,4 milhões PPC), porque, como ela diz, tinha algum dinheiro parado e a maioria das outras pessoas não.

É óbvio que Xu Aihua não é um caso típico: ela era especialmente inteligente e sua aldeia a mandou para a escola. No entanto, não faltam histórias de sucesso de empreendedorismo entre os pobres. E certamente não faltam empresários. Em média, em nosso conjunto de dados de dezoito países, 44% dos extremamente pobres em áreas urbanas (aqueles que vivem com menos de 99 centavos de dólar por dia) têm um negócio não agrícola. Mesmo entre os extremamente pobres rurais, muitos — de 3% no Brasil a até 44% no Equador (e 24% em média) — administram um negócio não agrícola, além do grande número que administra um sítio. O número de empreendedores é aproximadamente o mesmo entre os menos pobres nesses países. Compare-se isso com a média da Organização para Cooperação e Desenvolvimento Econômico (OCDE): 12% dos que estão na força de trabalho se descrevem como autônomos. Puramente em termos de ocupações declaradas, a maioria dos grupos de renda nos países pobres parece ser mais empreendedora do que seus equivalentes no mundo desenvolvido — os pobres não menos do que outros, uma observação que inspirou o livro do professor Tarun Khanna, da Harvard Business School, *Bilhões de empreendedores*.[2]

O grande número de proprietários de negócios entre os pobres é impressionante. Afinal, tudo parece militar contra os pobres serem empreendedores. Eles têm menos capital próprio (quase por definição) e, como vimos nos capítulos 6 e 7, pouco acesso a seguros formais, bancos e outras fontes de financiamento barato. Os agiotas, que são a principal fonte de financiamento desvinculado (o crédito comercial é um exemplo de financiamento vinculado porque está vinculado à compra de algo e, portanto, não pode ser usado para pagar salários) para aqueles que não podem pedir emprestado o suficiente de amigos ou familiares, cobram taxas de juros de 4% ao mês ou mais. Em consequência, os pobres são menos capazes de fazer os investimentos necessários para administrar um negócio adequado e ficam mais vulneráveis a qualquer risco adicional proveniente do próprio negócio. O próprio fato de que mesmo assim têm a mesma probabilidade de abrir negócios quanto seus colegas mais ricos costuma ser interpretado como um sinal de seu espírito empreendedor.

A circunstância de que, mesmo depois de pagar taxas de juros muito altas, os pobres ainda conseguem ganhar dinheiro suficiente para pagar seus empréstimos (vimos que é muito raro eles não pagarem) deve significar que estão ganhando ainda mais dinheiro por rupia investida. Caso contrário, não pediriam emprestado. Isso implica que a taxa de retorno sobre o dinheiro investido em seus negócios é notavelmente alta. Cinquenta por cento ao ano, que é o que muitos deles pagam, é bem mais do que se pode obter investindo no Dow Jones (especialmente hoje em dia, mas mesmo o retorno médio de longo prazo é de cerca de 9% ao ano).

Claro, nem todo mundo pega emprestado. Talvez apenas os poucos empreendedores que têm alto retorno em seus negócios tomem empréstimos, e todos os outros tenham retorno muito baixo. No entanto, um projeto realizado no Sri Lanka sugere o contrário. Vários donos de pequenos negócios — lojas de varejo, oficinas de consertos, rendeiras e assemelhados — foram convidados a participar de uma loteria. Os ganhadores (dois terços deles) receberiam um subsídio para seus negócios, no valor de 10 mil rupias (US$250 PPC) ou 20 mil rupias (US$500 PPC).[3]

Os subsídios eram mínimos pelos padrões globais, mas eram razoavelmente grandes no que dizia respeito a esses negócios; para muitos, 250 dólares era todo o estoque de capital a partir do qual haviam começado.

Os ganhadores da loteria dos subsídios não tiveram problemas para fazer um bom uso do dinheiro. O retorno dos primeiros 250 dólares foi mais de 60% ao ano para o negócio médio. Posteriormente, o mesmo exercício foi repetido com pequenos negócios no México.[4] Os retornos encontrados nessa experiência foram ainda maiores, chegando a 10-15% ao mês.

Outro programa, concebido pelo BRAC, uma grande IMF em Bangladesh, e agora imitado em vários países em desenvolvimento, mostra que quando recebem o tipo certo de ajuda até mesmo os pobres mais pobres têm a capacidade de ter sucesso na administração de pequenos negócios, os quais podem mudar suas vidas. O programa visa aqueles identificados por seus colegas de aldeia como os mais pobres entre eles: muitos vivem puramente da generosidade dos outros. As IMFS normalmente não emprestam a esses clientes, que são considerados incapazes de administrar um negócio e quitar regularmente os empréstimos. Para começar, o BRAC elaborou um programa no qual eles receberiam um ativo (um par de vacas, algumas cabras, uma máquina de costura e assim por diante), um pequeno subsídio financeiro por alguns meses (para servir de capital de giro e para garantir que não ficassem tentados a liquidar o ativo) e muito suporte: reuniões periódicas, aulas de alfabetização, incentivo para economizar um pouco todas as semanas. Variantes desse programa estão sendo avaliadas atualmente em seis países, usando ensaios clínicos randomizados (ECRS). Estivemos envolvidos em um desses estudos, em parceria com a Bandhan, uma IMF de Bengala Ocidental. Visitamos domicílios antes do início do programa e ouvimos, de cada uma das famílias selecionadas para o programa, histórias de crise e desespero. Um marido era alcoólatra e batia habitualmente na esposa; outro morrera num acidente, deixando uma jovem família para trás; uma viúva fora abandonada pelos filhos; e assim por diante. Mas, depois de dois anos, a diferença é impressionante: em comparação com outras famílias extremamente pobres que não foram selecionadas para participar, os beneficiários têm mais animais e outros ativos comerciais; ganham mais com o gado e outros animais, mas também trabalham mais horas e ganham mais trabalhando para os outros. Seus gastos mensais totais aumentaram em 10%; o gasto com alimentos é o que mais aumenta e é menos provável que eles se queixem de não terem o suficiente para comer. Ainda mais impressionante, sua perspectiva de vida parece ter mudado. A maneira como descrevem sua saúde, felicidade e situação econômica é muito mais positiva. Eles economizam mais e também são mais propensos a dizer que estão dispostos a tomar empréstimos — estão agora qualificados para tomar emprestado da IMF — e se sentem confiantes gerindo ativos.

É claro que isso não os tornou ricos conforme nenhum padrão — eles estão apenas 10% mais ricos depois de dois anos em termos de consumo, o que significa que ainda são pobres. Mas a doação e o apoio iniciais parecem ter desencadeado um círculo virtuoso: dada a chance, parece que mesmo as pessoas atingidas por dificuldades imensas foram capazes de assumir o controle de suas vidas e começar a sair da pobreza extrema.[5]

Os negócios dos pobres

Ao ver resultados como esses, não é difícil compartilhar o entusiasmo de Muhammad Yunus ou Fouad Abdelmoumni pelo potencial de investir nos pobres: tantos conseguiram ser empreendedores em face de tantas adversidades e ganharam tanto com tão pouco. Há, no entanto, duas sombras preocupantes nesse quadro ensolarado. Em primeiro lugar, embora muitos dos pobres tenham negócios, eles operam principalmente negócios *minúsculos*. E, em segundo lugar, esses pequenos negócios estão, em sua maioria, rendendo muito pouco dinheiro.

Negócios muito pequenos e não lucrativos

Em nosso conjunto de dados de dezoito países, a maioria dos negócios administrados por pobres não tem pessoal remunerado; o número médio de funcionários remunerados varia de zero na zona rural de Marrocos a 0,57 no México urbano. Os ativos dessas empresas também tendem a ser muito limitados. Em Hyderabad, apenas 20% delas têm uma sala própria. Muito poucas têm máquinas ou um veículo. Os ativos mais comuns são mesas, balanças e carrinhos.

Obviamente, se essas pessoas tivessem negócios grandes e bem-sucedidos, não seriam mais pobres. O problema é que, não obstante as histórias excepcionais da catadora de lixo ou de Xu Aihua, a grande maioria dos negócios administrados pelos pobres nunca cresce a ponto de ter algum empregado ou muito em termos de ativos. No México, por exemplo, 15% das pessoas que viviam com menos de 99 centavos de dólar por dia tinham um negócio em 2002. Três anos depois, quando as mesmas famílias foram visitadas novamente, apenas 41% desses negócios ainda estavam em funcionamento. Dos que foram observados em ambos os períodos, um em cada cinco negócios que não tinham empregados em 2002 tinha um em 2005. Mas quase metade dos que tinham um em 2002 não contava com nenhum em 2005. Da mesma forma, na Indonésia, apenas dois terços dos negócios dos pobres sobreviveram cinco anos. E, dentre os que permaneceram, a fração que tinha um ou mais empregados não aumentou no período de cinco anos.

Outra característica dos negócios dos pobres e quase pobres é que, em média, eles não ganham muito dinheiro. Calculamos os lucros e as vendas de pequenos negócios em Hyderabad: a venda média mensal foi de 11751 rupias (US$730 PPC), e a mediana, de 3,6 mil rupias. O lucro médio mensal após a dedução de algum aluguel pago, mas não incluindo o tempo não pago gasto pelos membros da família, foi de 1859 rupias (US$115 PPC) e o mediano, de 1035 rupias: é como se os negócios medianos estivessem gerando dinheiro apenas o suficiente para pagar a um membro cerca de 34 rupias por dia, ou US$2 PPC. Em nosso conjunto de dados de Hyderabad, 15% dos negócios haviam perdido dinheiro no último mês, depois de subtraídos os aluguéis. Quando avaliamos as horas gastas pelos membros da família, mesmo à baixa taxa de oito rupias por hora (o que daria a alguém perto do salário mínimo por uma jornada de oito horas), os lucros médios tornaram-se ligeiramente negativos. Na Tailândia, o lucro mediano *anual* de um negócio dessa escala foi de 5 mil baht (US$305 PPC) após a dedução dos custos da empresa, mas sem contabilizar o tempo de trabalho da família. Sete por cento das empresas familiares haviam perdido dinheiro no último ano, mais uma vez *antes de deduzido o valor do trabalho familiar*.[6]

A baixa lucratividade dos negócios geridos por pobres também explica por que, como vimos no capítulo 7 (em nosso estudo randomizado controlado do programa da Spandana, por exemplo), o microcrédito não parece levar a uma transformação radical na vida dos clientes. Se os negócios dirigidos pelos pobres não são, em geral, lucrativos, isso pode explicar por que lhes dar um empréstimo para iniciar um novo negócio não leva a uma melhoria drástica em seu bem-estar.

O marginal e o médio

Mas espere. Não começamos ressaltando que o retorno do investimento nesses pequenos negócios é muito alto?

O que é confuso aqui são os dois usos possíveis da palavra *retorno*. Economistas (pela primeira vez, provavelmente de forma útil) fazem uma distinção entre o retorno *marginal* de um dólar e o retorno *total* de um negócio. O retorno marginal de um dólar é a resposta à pergunta: "O que aconteceria com sua receita líquida de todos os custos operacionais (mas não custos de juros) se você investisse um dólar a menos ou um dólar a mais?". O retorno marginal é o que é relevante quando perguntamos se devemos cortar um pouco do investimento (ou aumentá-lo um pouco): se investir um dólar a menos permite que tomemos emprestado um dólar a menos e, portanto, paguemos quatro centavos a menos de principal e juros, faríamos isso apenas se o retorno marginal fosse menor que 4%. Portanto, quando as pessoas tomam um empréstimo a uma taxa de juros de 4% ao mês, isso deve significar que seu retorno *marginal* é de pelo menos 4% ao mês. A capacidade dos pobres de pedir emprestado e pagar e os altos lucros extras obtidos graças aos 250 dólares adicionais no experimento do Sri Lanka nos mostram que os negócios dos pobres têm alto retorno marginal: aumentá-los um pouco valeria a pena.

Por outro lado, o retorno total de um negócio é a receita *total* menos as despesas *operacionais* (os custos de materiais, quaisquer salários que se paguem aos empregados e assim por diante). É o que podemos levar para casa no final do dia. Precisamos examinar o retorno total para, antes de tudo, decidir se devemos estar naquele negócio. Se ele não for alto o suficiente para cobrir o valor do tempo que estamos investindo no negócio, mais o que custou para abrir o negócio, e se não esperamos que as coisas melhorem drasticamente, devemos fechá-lo.

O paradoxo é explicado pelo fato de que os retornos marginais podem ser altos, embora os retornos totais sejam baixos. Na Figura 9.1 a seguir, a curva OP representa a relação entre a quantidade de investimento na empresa (medido ao longo do eixo horizontal OI) e seus retornos totais (medidos ao longo do eixo vertical OR), ou o que os economistas chamam de *tecnologia de produção*. O retorno total, para qualquer capital investido de tamanho K, é a altura da curva, enquanto o retorno marginal é a mudança na altura quando se vai de K para K + 1. A curva nos diz quanto o retorno total aumenta quando aumentamos um pouco o investimento na empresa.

A curva na Figura 9.1 se parece com a curva L invertida que discutimos no capítulo 1: os retornos são inicialmente altos e, em seguida, menores. OP é mais íngreme quando o investimento é pequeno (mais próximo de O) e lentamente se estabiliza (conforme se aproxima de P), o que significa que aumentar o valor investido aumenta o retorno quando o investimento inicial é pequeno, e esse aumento por fim diminui. Em outras palavras, o retorno marginal é alto quando o investimento é pequeno.

Para ver como isso funciona, pense em alguém que acabou de abrir uma loja em sua casa. Ela gasta algum dinheiro construindo prateleiras e um balcão, mas depois fica sem dinheiro e não tem nada para vender. O retorno total de seu negócio é zero: não é alto o suficiente para cobrir o custo das prateleiras. Em seguida, sua mãe lhe empresta 100 mil rupias (US$18 PPC), e ela compra alguns pacotes de biscoitos para colocar nas prateleiras vazias. Os garotos da vizinhança percebem que ela tem a marca de biscoitos de que gostam e compram todos. Ela ganha 150 mil rupias. O

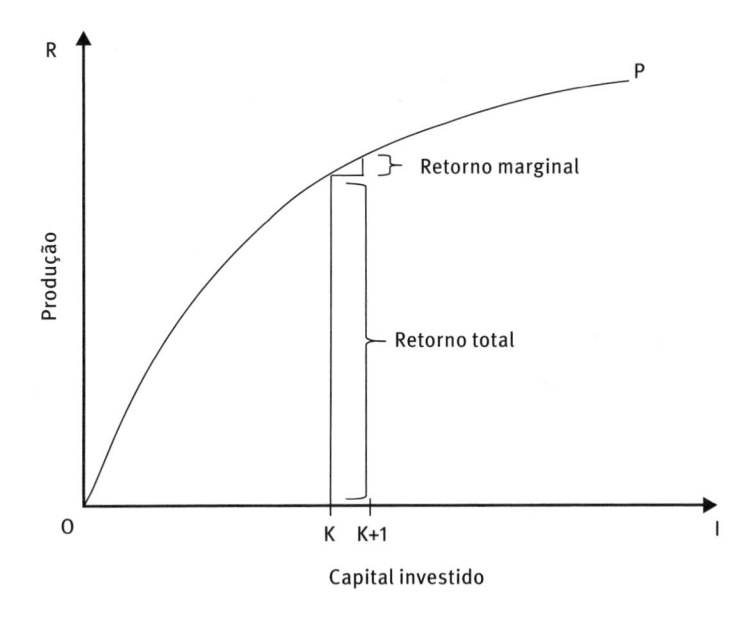

FIGURA 9.1 Retorno marginal e médio

retorno marginal é de 1,5 rupia por rupia do empréstimo de sua mãe, ou 50% líquido, o que não é ruim por uma semana. Mas o retorno total é, no entanto, de apenas 50 mil rupias — e isso não cobre o custo de seu tempo e a construção das prateleiras e do balcão.

Então, nossa lojista obtém um empréstimo de 3 milhões de rupias e compra biscoitos e doces suficientes para encher as prateleiras. As crianças contam a outros amigos, e ela vende bastante de seu estoque, mas quando todos os novos clientes chegam lá, alguns dos biscoitos ficaram velhos e não podem ser vendidos. Mesmo assim, ela ganha 3,6 milhões de rupias em uma semana. O retorno marginal agora é muito inferior a 50% — seu investimento foi trinta vezes maior (3 milhões em vez de 100 mil), mas suas receitas são apenas doze vezes maiores. Porém, seu retorno total é agora de respeitáveis 600 mil rupias (US$107 PPC), o suficiente para tornar a permanência no negócio uma possibilidade real.

As coisas são exatamente assim para muitos dos pobres. As prateleiras vazias, em particular, não são fruto da nossa imaginação. O estoque inteiro de uma loja que visitamos nos arredores da cidade de Gulbarga, no norte de Karnataka, a cerca de cinco horas de carro de Hyderabad, consistia em potes de plástico em grande parte vazios, numa sala mal iluminada. Não demoramos muito para fazer o inventário:

Inventário de um armazém geral numa aldeia da zona rural de Karnataka, na Índia

1 pote de salgadinhos

3 potes de balas de goma

1 frasco e 1 saquinho de balas duras embrulhadas

2 frascos de grão-de-bico

1 frasco de sopa instantânea Magimix

1 pacote de pão (5 peças)

1 pacote de *papadum* (um biscoito feito de farinha de lentilha)

1 pacote de pão crocante (20 unidades)

2 pacotes de biscoito

36 varetas de incenso

20 barras de sabonete Lux

180 porções individuais de *pan parag* (uma combinação de noz-de-areca e tabaco de mascar)

20 saquinhos de chá

40 pacotes individuais de *haldi* em pó (cúrcuma)

5 frascos pequenos de talco

3 maços de cigarros

55 pacotes pequenos de *bidis* (cigarros finos e com sabor)

35 pacotes maiores de *bidis*

3 pacotes de sabão em pó (500 gramas cada)

15 pacotes pequenos de biscoitos Parle-G

6 pacotes de xampu de tamanho individual

Durante as duas horas que passamos com a família, vimos dois clientes. Um comprou um único cigarro, o outro algumas varetas de incenso. Estava claro que o retorno marginal de aumentar um pouco o tamanho do estoque era potencialmente muito alto, em especial se a família pudesse tentar comprar alguma coisa que as outras lojas na mesma aldeia não fornecessem. Mas o retorno total da atividade era muito baixo: com esse volume de vendas, não valia muito a pena ficar na loja o dia todo.

Existem incontáveis lojas desse tipo nos países em desenvolvimento, várias em cada lugarejo, milhares nos becos das grandes cidades, todas vendendo o mesmo estoque muito limitado. E o mesmo vale para os vendedores de frutas, os vendedores de coco e as barracas de lanche. Ao caminhar pela rua principal da maior favela da cidade de Guntur às nove da manhã é difícil não ver a longa fila de mulheres vendendo *dosas*, as panquecas de arroz e lentilha que são a versão do sul da Índia do croissant matinal. Untadas com um molho picante e embrulhadas num pedaço de jornal ou folha de bananeira, são vendidas por 1 rupia (cerca de 5 centavos de dólar PPC). Pelas nossas contas, numa determinada manhã, havia uma vendedora de *dosa* para cada seis casas. Desse modo, em um determinado momento, muitas dessas mulheres estavam apenas esperando por clientes. Parecia óbvio que, se fundissem três dos negócios e enviassem as outras em alguma outra empreitada, poderiam ganhar mais dinheiro.

Eis o paradoxo dos pobres e de seus negócios: eles são enérgicos e engenhosos e conseguem fazer muito com muito pouco, mas a maior parte dessa energia é gasta em empreendimentos que são demasiado pequenos e totalmente indiferenciados dos muitos que existem ao seu redor. Em consequência, seus donos não têm chance de ganhar uma vida razoável. As criativas secadoras de areia de Mumbai perceberam uma oportunidade de fazer um uso lucrativo dos poucos recursos à sua disposição: algum tempo livre e a areia da praia. Mas o que o tio do empresário não conseguiu discernir é que, com toda a sua engenhosidade, os lucros dessa atividade eram quase certamente insignificantes.

A escala muito pequena de muitos desses negócios explica por que seus retornos totais costumam ser tão baixos, apesar do alto retorno marginal. Mas traz à tona um novo problema. O fato de os retornos marginais serem altos significa que é fácil aumentar os retornos totais — basta colocar mais dinheiro no negócio. Então, por que nem todos os pequenos negócios crescem muito rápido?

Uma parte dessa resposta nós já sabemos: a maioria desses negócios não pode pedir muito emprestado, e, quando podem, isso é muito caro. Mas essa não é a resposta completa. Em primeiro lugar, como vimos, embora haja milhões de tomadores de microcrédito, existem muitos mais que têm a oportunidade de pedir emprestado, mas optam por não o fazer. Ben Sedan era um deles. Ele tinha um negócio de criação de vacas e poderia ter crescido com um empréstimo de microcrédito, mas decidiu não o fazer. Mesmo em Hyderabad, onde há várias IMFs concorrentes, a taxa de inscrição para qualquer empréstimo de microcrédito das famílias que eram qualificadas para o empréstimo era de apenas 27%, e apenas 21% daqueles que tinham um pequeno negócio haviam tomado um empréstimo de microcrédito.

Além disso, mesmo aqueles que não podem pedir dinheiro emprestado podem economizar: pense na família da lojista de Gulbarga. Eles viviam com cerca de dois dólares por dia por pessoa. Na vizinha Hyderabad, nossos dados mostram que quem tem esse nível de consumo gasta cerca de 10% de suas despesas mensais totais com saúde, enquanto os que vivem com menos de 99 centavos por dia gastam cerca de 6,3%. Se, em vez de gastar 3,7% a mais de seu orçamento em saúde, nossa lojista o tivesse usado para aumentar seu estoque, ela poderia ter dobrado seu estoque em um ano. Ou então, a família poderia reduzir completamente o consumo de cigarros e álcool e economizar cerca de 3% de seus gastos diários per capita; isso permitiria que dobrassem seu estoque em cerca de quinze meses. Por que não fazem isso?

A experiência no Sri Lanka proporciona outra ilustração notável do fato de que o financiamento não é a única barreira à expansão. Lembre-se de que os empreendedores que receberam 250 dólares ganharam muito dinheiro — muito mais, por dólar investido, do que a maioria das empresas de sucesso nos Estados Unidos. Mas aqui está o problema: os lucros dos microempresários que receberam o subsídio de quinhentos dólares *não aumentaram mais do que os lucros daqueles que receberam o de 250 dólares, em termos absolutos.* Em parte, é porque aqueles que receberam o subsídio de quinhentos dólares não decidiram investir tudo em seus negócios —

investiram cerca de metade e usaram o restante para comprar coisas para sua casa.

O que está acontecendo? Os proprietários poderiam realmente ter algo melhor para fazer com esse dinheiro grátis, tendo em vista o nível alto do retorno marginal?

O fato notável é que os microempresários do Sri Lanka investiram a primeira parcela de dólares. Se eles optaram por não investir a segunda parcela, talvez seja porque pensaram que seus negócios não seriam capazes de absorvê-la. Investir todo o montante significaria triplicar o estoque de capital de um negócio médio, e um passo como esse pode muito bem exigir a contratação de um novo funcionário ou a obtenção de mais espaço de armazenamento, o que custaria muito mais dinheiro.

Parece-nos, portanto, que parte do motivo pelo qual os negócios dos pobres não crescem se deve à natureza de seus negócios. Lembremos da forma de L invertido na Figura 9.1 que mostra que os retornos totais podem ser baixos mesmo quando os retornos marginais são altos. A Figura 9.2 mostra duas versões da curva na Figura 9.1; uma, denotada OP, é muito

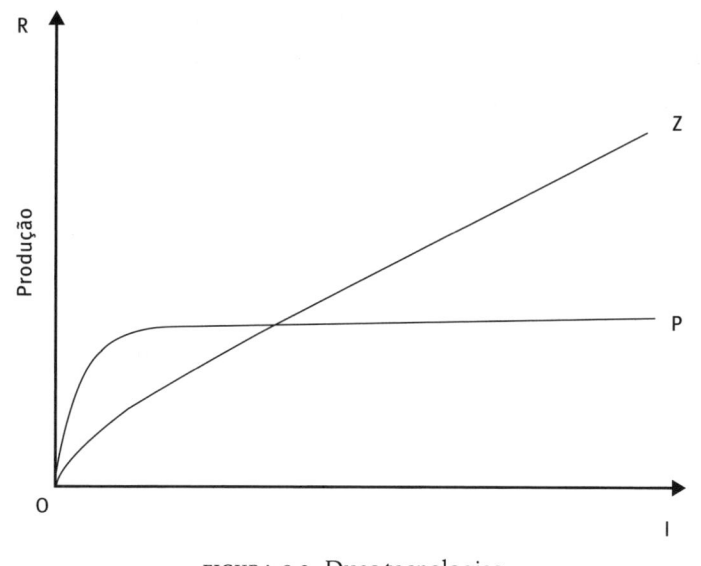

FIGURA 9.2 Duas tecnologias

íngreme quando começa e então se achata rapidamente. A outra, oz, sobe menos rapidamente no início, mas continua subindo por muito tempo.

Se, no mundo real, os lucros dos negócios pobres se assemelham à curva op, então é fácil para uma empresa muito pequena crescer, mas o potencial de crescimento diminui rapidamente. Isso é semelhante ao exemplo da lojista: depois de reservar algum espaço em casa para uma loja e se comprometer a trabalhar lá algumas horas por dia, seus lucros serão muito maiores se tiver bens suficientes para preencher as prateleiras e mantê-la ocupada do que se não tivesse quase nada (como parece acontecer com muitas lojas). Mas depois que as prateleiras estão cheias, qualquer expansão adicional não teria provavelmente retorno marginal suficiente para pagar as altas taxas de juros sobre o empréstimo que se pode usar para que isso aconteça. Desse modo, todos os negócios permanecerão pequenos. Por outro lado, se a forma for mais parecida com oz, há muito mais espaço para o crescimento do negócio. Nossa leitura das evidências é que, para a maioria das pessoas pobres, o mundo é mais parecido com op.

Claro, sabemos que nem tudo pode ser como op, caso contrário não haveria grandes empresas em lugar nenhum. Talvez os negócios de lojistas, alfaiates e vendedores de sáris se pareçam com op, mas deve ser possível para alguns outros tipos de negócios usar capital mais produtivo. É obviamente possível administrar grandes redes de varejo ou fábricas têxteis se pudermos comprar o equipamento certo, mas isso deve exigir alguma habilidade especial ou um investimento inicial muito maior. É possível abrir a Microsoft numa garagem em algum lugar e continuar crescendo, mas para isso é preciso ser o tipo de pessoa que está na vanguarda de algum novo produto. Para a maioria das pessoas, não existe essa opção. A alternativa é investir o suficiente para obter uma tecnologia de produção que permita ao seu negócio operar em larga escala. Lembremos de Xu Aihua, a chinesa que começou seu negócio com uma máquina de costura e construiu um império de roupas. Sua grande chance veio quando ela recebeu um pedido de exportação. Sem isso, ela logo teria atingido os limites do mercado local. Porém, para ser considerada para o pedido de exportação, ela precisava ter uma fábrica moderna com

Empreendedores relutantes

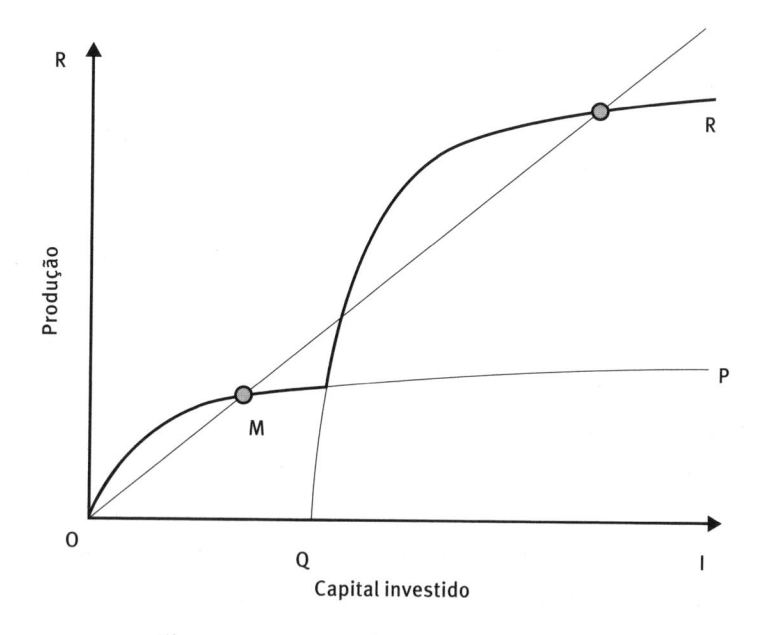

FIGURA 9.3 Combinando tecnologias e a forma em S do empreendedorismo

máquinas de costura automáticas. Isso exigiu que ela investisse mais de cem vezes o capital inicial da empresa.

A Figura 9.3 representa a ideia dessas duas tecnologias de produção. Há OP à esquerda, mas bem à direita há uma nova tecnologia de produção, QR, que não gera nenhum retorno até que seja feito um investimento mínimo, mas com retornos elevados daí em diante. Observe-se também a maneira como marcamos partes de OP e QR em negrito para formar uma linha conectada, OR — isso representa o retorno real sobre o investimento de uma determinada quantia. Quando investimos apenas um pouco, investimos em OP; não temos nenhuma razão para investir em QR porque QR não produz retorno no início. Quando investimos mais, OP torna-se um mau negócio; por isso, por um tempo, os retornos marginais são bastante baixos. No entanto, quando tivermos dinheiro suficiente, poderemos mudar para QR. Isso representa a história de Xu Aihua: ela começou com OP, com suas máquinas de costura de segunda mão, e em algum momento conseguiu mudar para QR e as máquinas automáticas.

Qual é a aparência de OR? Parece a forma em S, certo? Há uma grande protuberância no meio, que é o ponto que é preciso alcançar para ganhar muito dinheiro. OR traz de volta o dilema usual da forma em S: investir pouco, ganhar pouco dinheiro e permanecer muito pobre para investir muito mais, ou investir o suficiente para cruzar a lombada e então ficar rico e investir ainda mais e ficar ainda mais rico. A questão é que, para a maioria das pessoas, não há a opção de cruzar esse obstáculo. Embora pequenos empréstimos possam estar disponíveis, ninguém (nem mesmo as IMFs, que, como vimos, não gostam de se arriscar) emprestará dinheiro suficiente a esses pequenos empreendedores. Além disso, para chegar lá pode também ser necessário um pouco de gerenciamento e outras habilidades que eles não têm e não podem comprar. Portanto, eles estão presos em permanecer pequenos. Às vezes, o achatamento inicial dos retornos vem tão cedo que a mesma pessoa acaba administrando três negócios diferentes, em vez de tentar fazer crescer qualquer um deles, como, por exemplo, vender *dosas* pela manhã, negociar sáris durante o dia e fazer colar de contas à noite.

Mas então como Xu Aihua fez isso? Lembremos que ela aumentou seu estoque de máquinas em 70% ao ano durante oito anos, reinvestindo seus lucros. Portanto, seus lucros devem ter sido de pelo menos 70% do valor de suas máquinas, *depois de pagar seus empregados*, e seus retornos totais devem ter sido ainda maiores. Trata-se de um negócio extraordinariamente lucrativo; observamos que a média das pequenas empresas da pesquisa de Hyderabad perderia dinheiro se pagasse até um salário mínimo. Suspeitamos que isso reflete em parte que Xu Aihua é uma mulher especialmente talentosa e, em parte, o fato de que, nos primeiros dias da abertura da China, havia muito pouca competição e muita demanda, então ela estava no lugar certo na hora certa.

O empreendedorismo é demasiado difícil

Se nosso diagnóstico estiver correto, a razão pela qual os pobres não desenvolvem seus negócios é que, para a maioria deles, é difícil demais. Eles não podem pedir emprestado para atravessar a lombada e economizar para chegar lá levará demasiado tempo, a menos que seus negócios tenham retornos totais extremamente altos. Por exemplo: imagine que você comece um negócio com cem dólares e, como Xu Aihua, precise investir cem vezes mais (10 mil) para comprar a máquina nova. Suponha que tenha um lucro muito atraente de 25% por dólar investido e reinvista tudo. Após um ano, você teria 125 dólares para investir. Após dois anos, 156. Após três anos, 195. Você levaria 21 anos para que pudesse cruzar o obstáculo e comprar a máquina nova. Se precisasse de algum dinheiro para viver enquanto isso e economizasse apenas metade de seus lucros, quarenta anos mal bastariam. E isso não leva em consideração o estresse de todos os riscos que os negócios envolvem, o trabalho duro e as longas jornadas.

Além disso, quando um microempresário percebe que está provavelmente preso na parte baixa da curva em S e nunca será capaz de ganhar tanto dinheiro, pode ser difícil para ele se comprometer totalmente com o negócio. Imagine um empreendedor que está abaixo do ponto M na Figura 9.3. Pode ser a lojista que conhecemos em Gulbarga. Ela poderia aumentar seus lucros economizando algum dinheiro e adquirindo um estoque um pouco mais interessante. Mas, mesmo que faça isso, não será capaz de ir muito além do ponto M. Vale a pena? Ainda que fosse tudo o que ela sempre quis, é muito provável que não mudaria sua vida de forma significativa. Visto que seu negócio está destinado a permanecer pequeno e jamais ganhar muito dinheiro, ela talvez decida dedicar sua atenção e seus recursos a outras coisas.

Da mesma forma que talvez economizem menos do que a classe média porque sabem que suas economias não serão suficientes para atingir uma meta de consumo que realmente desejam, os pobres talvez não invistam tanto (não apenas dinheiro, mas também emoções e energia intelectual) em seus negócios porque já sabem que isso não fará uma diferença de verdade. Talvez seja essa a explicação para o abismo entre a perspectiva de Ben Sedan, o fazendeiro marroquino, e a de Fouad Abdelmoumni, que pode ter razão ao dizer que Ben Sedan não havia pensado na possibilidade de criar gado em um celeiro. Ou ele pode ter pensado nisso, mas concluiu que passar por todo o processo de obtenção de um empréstimo, construir um estábulo totalmente novo para apenas quatro vacas e, por fim, vendê-las não valia a pena — afinal, sua família continuaria bastante pobre. Portanto, em certo sentido, os dois estavam certos: Fouad porque seu modelo de negócios podia funcionar e Ben Sedan porque não valia a pena fazê-lo funcionar.

O fato de a maioria dos microempresários não estar totalmente comprometida em fazer valer cada centavo também pode explicar os efeitos decepcionantes dos programas de treinamento empresarial que muitas IMFs começaram agora a propor aos seus clientes como um serviço adicional. Em reuniões semanais, os clientes são informados sobre como manter contas melhores, gerenciar seus estoques, entender as taxas de juros e assim por diante. Programas desse tipo foram avaliados em estudos no Peru e na Índia.[7] Os resultados da pesquisa em ambos os países encontraram alguma melhoria no conhecimento do negócio, mas nenhuma mudança nos lucros, vendas ou ativos. Esses programas são motivados pela percepção de que esses negócios não são particularmente bem administrados, mas se os negócios são administrados dessa forma por falta de entusiasmo e não por falta de conhecimento, não é de surpreender que o treinamento pouco ajude. Na República Dominicana, outro programa de treinamento tentou, junto com o módulo de treinamento habitual, um currículo simplificado, sugerindo que os empreendedores se concentrassem em "regras práticas" simples (como manter as despesas domésticas e comerciais separadas e pagar a si mesmos um salário fixo).[8] Mais uma vez, o treinamento habitual foi ineficaz, mas dar aos empreendedores as dicas simplificadas levou a um aumento do lucro. Isso ocorreu provavelmente porque as pessoas estavam dispostas a adotar essas regras práticas que, na verdade, simplificaram suas vidas em vez de exigir deles ainda mais recursos intelectuais.

Tomados em conjunto, esses indícios nos fazem duvidar seriamente da ideia de que o proprietário médio de um pequeno negócio seja um "empreendedor" natural, da maneira como geralmente entendemos o termo, significando alguém cujo negócio tem potencial para crescer e que é capaz de assumir riscos, trabalhar duro e continuar tentando fazer as coisas acontecerem, mesmo em face de várias dificuldades. É claro que não estamos dizendo que não existem empreendedores genuínos entre os pobres — conhecemos muitas pessoas assim. Mas também há muitos deles que dirigem um negócio condenado a permanecer pequeno e não lucrativo.

A compra de um emprego

Isso naturalmente levanta a questão: por que tantas pessoas pobres abrem um negócio? Obtivemos a resposta a essa pergunta de Pak Awan e sua esposa, um jovem casal de Cica Das, uma favela de Bandung, na Indonésia. Eles eram donos de uma pequena loja instalada num cômodo da casa dos pais dele. Pak Awan era operário de construção ocasional, mas, na maioria das vezes, não conseguia encontrar emprego. Quando conhecemos o casal, no verão de 2008, Pak Awan não tinha emprego havia dois meses. Com dois filhos pequenos, a família precisava de uma renda extra, então sua esposa tinha de encontrar trabalho. Ela gostaria de trabalhar numa fábrica, mas não era qualificada: as fábricas queriam pessoas jovens, solteiras ou com experiência. Ela não tinha essa experiência, porque depois do ensino médio estudou para ser secretária, mas não conseguiu passar nos exames necessários para conseguir os empregos e acabou desistindo da carreira. Abrir um pequeno negócio era a única opção que tinham. Sua primeira aventura foi cozinhar lanches e vendê-los na cidade, mas ela queria algo que pudesse fazer em casa, para poder cuidar das crianças. Então, eles abriram uma loja com um empréstimo que Pak Awan fez junto a uma cooperativa à qual pertencia, embora já houvesse duas outras lojas em um raio de cinquenta metros.

Pak Awan e sua esposa não gostavam de dirigir o negócio. Eles estavam qualificados para um segundo empréstimo da cooperativa, que permitiria que expandissem a loja, mas decidiram que não queriam isso. Infelizmente para eles, uma quarta loja com produtos mais variados foi aberta na vizinhança, ameaçando seu sustento, e, quando os encontramos, eles estavam em processo de tomar um novo empréstimo para comprar mais estoque.

A esperança para os filhos era que cada um crescesse para conseguir um emprego assalariado, de preferência num cargo público.

As empresas dos pobres muitas vezes parecem mais uma forma de comprar um emprego quando uma oportunidade de emprego mais convencional não está disponível do que um reflexo de um impulso empreendedor específico. Muitos dos negócios são abertos porque alguém da família tem (ou acredita-se que tenha) algum tempo disponível e qualquer pequena ajuda é bem-vinda. Essa pessoa é em geral uma mulher, e ela normalmente faz isso além de seus afazeres domésticos; com efeito, não está claro se ela sempre tem opção quando surge a oportunidade de abrir um negócio. Só recentemente os homens ocidentais aprenderam a pelo menos elogiar da boca para fora as muitas coisas que suas esposas que "não trabalham" fazem por eles; não seria surpreendente se seus equivalentes nos países em desenvolvimento atribuíssem mais lazer a suas cônjuges do que elas desfrutam de fato. É perfeitamente possível, portanto, que muitos donos e, em especial, donas de negócios não gostem particularmente de administrá-los e, na verdade, temam a ideia de expandi-los. Talvez seja por isso que, quando donas de negócios no Sri Lanka receberam uma oferta nominal de 250 dólares para investir em seus negócios, muitas delas fizeram outra coisa com o dinheiro, ao contrário dos donos de negócios que encontramos acima, que investiram o dinheiro e obtiveram altos retornos dele.[9] Talvez os muitos negócios dos pobres sejam menos um testemunho de seu espírito empreendedor do que um sintoma do fracasso dramático das economias em que vivem em oferecer-lhes algo melhor.

Bons empregos

Começamos a incluir a pergunta "Quais são suas ambições para seus filhos?" em pesquisas feitas com pessoas pobres em todo o mundo. Os resultados são impressionantes. Em todos os lugares que perguntamos, o sonho mais comum dos pobres é que seus filhos se tornem funcionários públicos. Entre as famílias muito pobres de Udaipur, por exemplo, 34%

dos pais gostariam de ver o filho se tornar professor do estado e outros 41% querem que ele tenha um emprego público, mas não de professor; outros 18% querem que ele seja um funcionário assalariado de uma empresa privada. Quanto às meninas, 31% gostariam que fossem professoras, 31% gostariam que tivessem outro tipo de emprego público e 19% gostariam que fossem enfermeiras. Para os pobres, tornar-se um empresário não faz parte de suas aspirações.

A ênfase em empregos públicos, em particular, sugere um desejo de estabilidade, já que esses empregos tendem a ser muito seguros, mesmo quando não são muito estimulantes. E, de fato, a estabilidade do emprego parece ser a única coisa que distingue a classe média dos pobres. Em nosso conjunto de dados de dezoito países, as pessoas de classe média têm muito mais probabilidade de ter empregos que as paguem semanal ou mensalmente, em vez de diariamente, o que é uma forma rudimentar de separar empregos temporários de mais permanentes. No Paquistão, por exemplo, nas áreas urbanas, 76% daqueles que estão empregados e que vivem com 99 centavos ou menos por dia trabalham por um salário semanal ou mensal, ao passo que 92% dos que ganham dois a quatro dólares por dia contam com salários desse tipo. Nas áreas rurais, 46% dos muito pobres que estão empregados trabalham por um salário regular, ao passo que essa porcentagem chega a 61% na classe média.

A disponibilidade de empregos seguros pode ter um efeito transformador. Em grande parte do distrito rural de Udaipur, a maioria das famílias vive com menos de dois dólares por dia. Porém, certa vez visitamos uma aldeia que, superficialmente, parecia não ser diferente de muitas outras aldeias que visitamos na área, mas era na verdade bem diferente. Os sinais de relativa prosperidade eram evidentes: um telhado de ferro, duas motocicletas em um pátio, um adolescente bem penteado com um uniforme escolar engomado. Acontece que uma fábrica de zinco se instalara perto da aldeia e pelo menos uma pessoa de cada família que conhecíamos no lugar trabalhara na fábrica. Em uma das famílias, o pai do atual chefe da família (um homem de cinquenta e tantos anos) conseguiu um emprego na cozinha da fábrica e de algum modo negociou sua transferência para o chão de fábrica. Seu filho fazia parte da primeira turma de (oito) meninos da aldeia a concluir o ensino médio. Depois, ele também foi trabalhar na fábrica de zinco, onde se aposentou como supervisor. Seus dois filhos concluíram o ensino médio. Um deles trabalha na mesma fábrica de zinco; o outro trabalha em Ahmedabad, capital do estado vizinho de Gujarat. Ele também tem duas filhas, que concluíram o ensino médio antes de se casar. Para essa família, a instalação da fábrica de zinco naquele lugar foi um primeiro golpe de sorte, que deu início a um círculo virtuoso de investimento em capital humano e ascensão na carreira.

Um estudo de Andrew Foster e Mark Rosenzweig mostra que o papel do emprego fabril na promoção do crescimento dos salários nas aldeias indianas vai além desse caso em particular.[10] Durante o período 1960-99, a Índia experimentou um rápido crescimento na produtividade da agricultura, mas também um aumento muito acelerado no número de pessoas empregadas em fábricas localizadas em ou perto de aldeias, em parte devido a uma política de investimento pró-rural. O emprego nas fábricas rurais aumentou dez vezes desde o início dos anos 1980 até 1999. Em 1999, cerca de metade das aldeias que Foster e Rosenzweig estudaram, que inicialmente eram todas rurais, estava localizada perto de uma fábrica e, nessas aldeias, 10% da mão de obra masculina tinha um emprego fabril. A fábrica localizava-se tipicamente num vilarejo com baixos salários no início, e, nesses vilarejos, o crescimento do emprego fabril fez muito mais pelo aumento dos salários do que o aumento da produtividade agrícola resultante da famosa Revolução Verde. Além disso, os pobres ganharam desproporcionalmente com o crescimento industrial, porque empregos com salários mais altos tornaram-se disponíveis mesmo para aqueles com poucas qualificações.

Uma vez que se materializa, esse tipo de trabalho pode fazer uma tremenda diferença na vida das pessoas que o conseguem. A classe média gasta muito mais com saúde e educação do que os pobres. É claro que, em princípio, pode ser que pessoas pacientes e laboriosas, inclinadas a investir no futuro dos filhos, sejam mais capazes de se manter em bons empregos. Mas suspeitamos que essa não é a explicação completa, e que esse padrão de gastos tem algo a ver com o fato de que os pais de famílias com melhores condições têm empregos estáveis; um emprego estável pode, por si só, mudar de modo decisivo a perspectiva que as pessoas têm da vida. Um estudo sobre a altura de crianças mexicanas cujas mães trabalhavam em *maquiladoras* (montadoras para exportação) ilustra dramaticamente o poder de um bom emprego.[11] As *maquiladoras* têm geralmente a reputação de serem exploradoras e pagarem salários ruins. No entanto, para muitas mulheres sem ensino médio, a implantação desse tipo de atividade oferece a perspectiva de um emprego melhor do que os empregos no varejo, serviços de alimentação ou transporte que de outra forma seriam o seu destino: os salários por hora não são muito mais altos, mas elas trabalham mais horas e com mais regularidade. David Atkin, da Universidade de Yale, comparou a altura de filhos nascidos de mães que moravam numa cidade onde abriu uma *maquiladora* quando a mulher tinha dezesseis anos com a de filhos de mães que não tiveram essa oportunidade. Os filhos cuja cidade materna teve uma *maquiladora* eram muito mais altos do que os nascidos de mulheres semelhantes em cidades diferentes. Esse efeito é tão grande que pode anular *toda* a diferença de altura entre uma criança mexicana pobre e a "norma" para uma criança americana bem alimentada.

Ademais, Atkin mostra que o efeito de um emprego numa *maquiladora* sobre o *nível* de renda familiar não é nem de longe grande o suficiente para explicar todo o aumento na altura. Talvez a sensação de controle sobre o futuro que as pessoas têm ao saber que haverá uma renda a cada mês — e não apenas a renda em si — é o que permite que essas mulheres se concentrem em construir suas próprias carreiras e as de seus filhos. Talvez a ideia de que existe um futuro seja o que faz a diferença entre os pobres e a classe média. O título do estudo de Atkin, "Trabalhando para o futuro", resume bem isso.

No capítulo 6, demos vários exemplos dos efeitos do risco sobre o comportamento familiar. As famílias pobres tomam medidas preventivas para limitar o risco, mesmo ao custo de níveis de renda mais elevados. Aqui vemos outra consequência, possivelmente ainda mais profunda: um senso de estabilidade pode ser necessário para que as pessoas possam ter uma visão de longo prazo. É possível que pessoas que não vislumbram melhorias substanciais em sua qualidade de vida no futuro optem por parar de tentar e, portanto, acabem ficando onde estão. Lembremos que muitos pais pensam (talvez erroneamente) que os benefícios da educação têm a forma de um S. Isso significa que não adianta começarem a investir em educação se não acham que poderão continuar investindo. Se estiverem preocupados com a capacidade de pagar a escola para os filhos no futuro — digamos, porque acham que seu negócio pode fracassar — podem decidir que nem vale a pena tentar.

Uma renda estável e previsível torna possível comprometer-se com despesas futuras e também torna muito mais fácil e barato tomar empréstimos agora. Desse modo, se um membro da família tem um emprego fixo, as escolas aceitam seus filhos mais prontamente; hospitais darão tratamentos mais caros, sabendo que serão pagos; e outros membros da família podem fazer os investimentos em seus próprios negócios que são necessários para permitir que eles cresçam.

É por isso que um "bom emprego" é importante. Um bom emprego é um trabalho estável e bem pago, um trabalho que dá a uma pessoa o espaço mental necessário para fazer todas as coisas que a classe média faz bem. Essa é uma ideia à qual os economistas muitas vezes resistem, com base no fundamento razoável de que bons empregos podem ser caros e empregos caros podem significar menos empregos. Mas, se bons empregos significam que as crianças crescem em um ambiente onde são capazes de tirar o máximo proveito de seus talentos, pode valer a pena o sacrifício de criar um pouco menos desses empregos.

Uma vez que a maioria dos bons empregos está na cidade, a mudança pode ser o primeiro passo para alterar a trajetória de uma família. No verão de 2009, estávamos numa favela da cidade indiana de Hyderabad, conversando com uma mulher na casa dos cinquenta anos. Ela nos contou que nunca tinha frequentado escola e sua filha, que nasceu quando a mulher tinha dezesseis anos, começara a estudar, mas desistiu após o terceiro ano e se casou logo depois. Mas seu segundo filho, ela acrescentou quase de passagem, estava estudando para o MCA. Nunca tínhamos ouvido falar de um MCA e perguntamos o que era (presumíamos que fosse algum tipo de diploma profissional). Ela não sabia, mas seu filho apareceu e explicou que era um mestrado em aplicativos de computador. Antes disso, ele havia obtido seu diploma de bacharel em ciência da computação. Seu irmão mais velho também tinha se formado na faculdade e tinha um emprego administrativo numa empresa privada, e o mais novo, ainda no ensino médio, estava se candidatando a uma faculdade. Esperavam mandá-lo estudar na Austrália, se conseguissem um dos empréstimos preferenciais para muçulmanos.

O que aconteceu com essa família, em algum momento entre a época em que a primeira filha abandonou a escola e o primeiro filho se formou no ensino médio, para transformar as perspectivas dos filhos mais novos? O pai se reformou do Exército e, por meio de suas conexões nas Forças Armadas, encontrou um emprego de segurança numa empresa do setor público em Hyderabad. Como agora tinha um emprego que não envolvia transferências frequentes, mudou-se com toda a família para a cidade (exceto a filha, que já estava casada). Hyderabad tem várias escolas acessíveis e de qualidade relativamente alta para crianças muçulmanas, um legado do fato de ter sido um reino muçulmano semi-independente até 1948. Os filhos foram enviados a essas escolas e prosperaram.

Por que não há muito mais pessoas adotando essa estratégia? Afinal, as escolas são melhores na maioria das cidades, mesmo aquelas que não têm a história de Hyderabad. E os pobres (principalmente os jovens pobres) estão sempre se mudando em busca de emprego. Na zona rural de Udaipur, por exemplo, 60% das famílias que entrevistamos tinham pelo menos um membro que havia trabalhado em alguma cidade no último ano. Mas muito poucos deles migram por longos períodos de tempo — a duração média de uma viagem é de um mês, e apenas 10% das viagens têm mais de três meses. E quando fazem essas viagens, deixam geralmente suas famílias para trás. O padrão usual é algumas semanas no trabalho, algumas semanas em casa. A migração permanente, mesmo dentro do país, é relativamente rara. Em nosso conjunto de dados de dezoito países, a proporção de famílias extremamente pobres que tinham um membro que nasceu em outro lugar e migrou por motivos de trabalho era de apenas 3% no Paquistão, 8% na Costa do Marfim, 6% na Nicarágua, não chegava a 10% no Peru e quase 25% no México. Uma das consequências da migração temporária é que esses trabalhadores nunca passam a ser suficientemente indispensáveis ao empregador para se tornarem permanentes ou receberem qualquer tipo de treinamento especial; eles permanecem trabalhadores temporários por toda a vida. Suas famílias, portanto, nunca se mudam para a cidade e nunca se beneficiam das melhores escolas da cidade e da paz de espírito que vem de um emprego permanente.

Perguntamos a um trabalhador migrante da construção civil de Orissa, quando estava visitando a família, por que ele não ficava mais tempo na cidade. Ele explicou que não poderia levar a família para lá, pois as condições de moradia eram precárias demais. Por outro lado, ele não queria ficar longe dela por muito tempo. A maioria das cidades do mundo em desenvolvimento tem pouquíssimas moradias planejadas para os muito pobres. O resultado é que eles tiveram de se espremer em cada pedaço de terra da cidade que pudessem de alguma forma agarrar, geralmente em um pântano ou mesmo em um depósito de lixo. Em comparação, os lugares onde até os mais pobres vivem em aldeias são mais verdes, mais arejados, mais silenciosos; as casas são maiores; há espaço para as crianças brincarem. A vida pode ser desinteressante, mas para aqueles que cresceram na aldeia é onde seus amigos vivem. Além disso, um homem solteiro que vai para a cidade por algumas semanas ou mesmo alguns meses não precisa de fato encontrar moradia; ele pode dormir embaixo de uma ponte ou de algum toldo em algum lugar, ou na oficina ou canteiro de obras onde trabalha. Ele pode economizar o dinheiro que pagaria de aluguel e simplesmente voltar para casa com mais frequência. Mas ele não quer essa vida para sua família.

Também existe um risco: suponha que você pague o custo de montar uma casa na cidade, mude com a família para lá e depois perca o emprego. Se já não teve um emprego decente antes e economizou, como vai pagar pela mudança? E o que fazer se alguém ficar muito doente? É verdade que o serviço de saúde é melhor na cidade, mas quem o acompanhará ao hospital ou tem dinheiro à mão se você precisar? Enquanto a família ainda estiver na aldeia, mesmo que você adoeça na cidade e acabe no hospital, pode contar com seus contatos na aldeia. Mas e se você realmente juntar todos os seus pertences e se mudar?

É por isso que é muito mais fácil se mudar quando você já conhece pessoas na cidade. Elas podem abrigar você e sua família quando chegarem, auxiliá-lo se alguém adoecer repentinamente e ajudá-lo a encontrar um emprego, dando-lhe uma referência, ou mesmo contratando-o. Kaivan Munshi, por exemplo, descobriu que os aldeões mexicanos migram para cidades para onde as pessoas de sua aldeia já migraram, mesmo que a onda original de migração tenha sido puramente acidental.[12] Obviamente, é também mais fácil se mudar se você já tiver um emprego fixo ou alguma outra fonte de renda estável. A família muçulmana de Hyderabad tinha as duas coisas — uma pensão do Exército e um emprego —, que, por sua vez, eram consequência de ter as conexões certas. Na África do Sul, quando os pais idosos recebem uma pensão, os mais produtivos de seus filhos deixam definitivamente a casa e se mudam para a cidade.[13] A pensão deve ser o que lhes dá essa sensação de segurança, e permite que paguem pelo custo de sua própria mudança.

Como, então, criar mais "bons empregos"? Claramente, ajudaria se fosse mais fácil migrar para as cidades; portanto, as políticas sobre o uso do solo urbano e moradias de baixa renda são obviamente vitais. Menos óbvio é o fato de que redes de segurança social eficazes que consistam em assistência pública e seguro de mercado podem facilitar a migração ao reduzir a dependência das redes sociais.

Mas como nem todos poderão se mudar para a cidade, também é importante que mais empregos de qualidade sejam criados não apenas nas grandes cidades, mas em cidades menores em todo o país. Para que isso seja possível, deve haver melhorias substanciais tanto na infraestrutura urbana quanto na industrial em cidades desse tipo. O ambiente regulatório também é importante para a criação de empregos. As leis trabalhistas desempenham um papel na garantia da segurança do emprego, mas se forem tão rigorosas que ninguém quiser contratar, são contraproducentes. O crédito permanece talvez um problema ainda maior, tendo em vista a natureza em forma de S das tecnologias de produção. Montar empresas que criam muitos empregos (em vez de um emprego apenas para o empreendedor) custa mais dinheiro do que o empresário médio no mundo em desenvolvimento tem acesso, e, conforme observado no capítulo 7, sobre crédito, não está claro como fazer o setor financeiro emprestar mais a essas pessoas.

Segue-se, portanto, embora não seja uma ideia particularmente na moda entre os economistas, que pode haver um argumento a favor de usar alguns recursos governamentais para ajudar a criar empresas grandes o suficiente, proporcionando garantias de empréstimos para empreendimentos de médio porte, por exemplo. Algo parecido aconteceu na China, onde as empresas estatais, ou pelo menos parte de seus equipamentos, terrenos e edifícios, foram entregues discretamente a seus empregados. Isso também fez parte, de modo mais explícito, da política industrial coreana. Esse tipo de iniciativa pode desencadear um círculo virtuoso: salários estáveis e mais altos dariam aos trabalhadores os recursos financeiros, o espaço mental e o otimismo necessário para investir nos filhos e poupar mais. Com essas economias e o acesso a um crédito mais fácil que um emprego estável proporciona, os mais talentosos dentre eles acabariam por conseguir abrir negócios grandes o suficiente para, por sua vez, contratar outras pessoas.

Então, existe de fato 1 bilhão de empreendedores descalços, como os líderes das IMFS e os gurus dos negócios com mentalidade social parecem acreditar? Ou será apenas uma ilusão, decorrente de uma confusão sobre o que chamamos de "empreendedor"? Existem mais de 1 bilhão de pessoas que administram seus próprios sítios ou negócios, mas a maior parte delas faz isso por falta de opção. A maioria consegue fazer isso bem o suficiente para sobreviver, mas sem o talento, as habilidades ou o apetite pelo risco necessários para transformar esses pequenos negócios em empresas realmente bem-sucedidas. Para cada Xu Aihua, que começou um império de confecções com nada além de algum treinamento e uma grande quantidade de talento, existem milhões de Ben Sedans, que sabem que a saída da pobreza não é mais um galpão com algumas vacas, mas um filho com um emprego seguro no Exército. O microcrédito e outras formas de ajudar os negócios minúsculos ainda têm um papel importante a desempenhar na vida dos pobres, porque esses negócios minúsculos continuarão sendo, talvez no futuro próximo, a única maneira pela qual muitos pobres conseguirão sobreviver. Mas estaríamos nos enganando se achássemos que eles podem abrir caminho para uma saída em massa da pobreza.

10. Políticas públicas, política

ATÉ MESMO AS POLÍTICAS PÚBLICAS mais bem-intencionadas e bem pensadas podem não causar impacto se não forem implementadas de forma adequada. Infelizmente, a defasagem entre intenção e implementação pode ser bem grande. Com frequência, as muitas falhas dos governos são apontadas como a razão pela qual boas políticas não conseguem funcionar de fato. A inadequação do governo é também um dos argumentos mais antigos apresentados por alguns dos céticos da ajuda para explicar por que a ajuda externa e outras tentativas de pessoas de fora de influenciar a política social tendem a piorar as coisas nos países pobres, em vez de melhorá-las.[1]

O governo de Uganda oferece bolsas por aluno para as escolas manterem seus prédios, comprarem livros didáticos e financiarem quaisquer programas adicionais de que seus alunos possam precisar (os salários dos professores são pagos diretamente do orçamento). Em 1996, Ritva Reinikka e Jakob Svensson decidiram responder a uma pergunta simples: quanto desses fundos alocados às escolas pelo governo central chegou realmente às escolas?[2] Tratava-se de um exercício relativamente simples. Eles enviaram equipes de pesquisa às escolas e perguntaram quanto haviam recebido. Em seguida, compararam os números com os registros de quanto havia sido enviado. A resposta que obtiveram foi nada menos que espantosa: apenas 13% dos fundos chegaram às escolas. Mais da metade das escolas não recebeu nada. As investigações sugeriram que grande parte do dinheiro acabou provavelmente nos bolsos das autoridades distritais.

É fácil ficar deprimido com essas descobertas (que foram corroboradas por estudos semelhantes em vários outros países). Muitas vezes somos questionados sobre por que fazemos o que fazemos: "Por que nos preocupar?". Estas são as "pequenas" questões. William Easterly, por exemplo, criticou os ensaios controlados randomizados em seu blog nos seguintes termos: "Os ERCS são inviáveis para muitas das grandes questões do desenvolvimento, como os efeitos para toda a economia de boas instituições ou boas políticas macroeconômicas". Então, ele concluiu que "abraçar os ERCS levou os pesquisadores do desenvolvimento a reduzir suas ambições".[3]

Essa afirmação é um bom reflexo de uma visão institucionalista que tem forte aceitação na economia do desenvolvimento atual. Nessa visão, o verdadeiro problema do desenvolvimento não é descobrir boas políticas públicas: é resolver o processo político. Se a política estiver certa, boas políticas públicas acabarão por surgir. E, inversamente, sem uma boa política, é impossível desenvolver ou implementar boas políticas públicas, pelo menos não em qualquer escala. Não faz sentido descobrir a melhor maneira de gastar 1 dólar nas escolas se 87 centavos nunca chegarão à escola mesmo. Segue-se (ou assim se presume) que "grandes questões" requerem "grandes respostas" — revoluções sociais, como uma transição para uma democracia efetiva.

No outro extremo, talvez não surpreenda que Jeffrey Sachs veja a corrupção como uma armadilha da pobreza: a pobreza causa corrupção e a corrupção causa pobreza. Sua sugestão é romper a armadilha, concentrando-se em tornar as pessoas nos países em desenvolvimento menos pobres. A ajuda deve ser dada para objetivos específicos (como controle da malária, produção de alimentos, água potável e saneamento) que podem ser facilmente monitorados. Elevar os padrões de vida, argumenta Sachs, capacitaria a sociedade civil e os governos a manter o estado de direito.[4]

Isso presume que seja possível implementar com sucesso programas desse tipo em grande escala em países pobres e corruptos. Em 2010, de acordo com a Transparência Internacional, Uganda ficou em 127º lugar entre 178 países em termos de corrupção (melhor do que a Nigéria, no mesmo nível da Nicarágua e da Síria, pior do que a Eritreia). Podemos esperar algum progresso na educação até que Uganda resolva o problema maior da corrupção?

No entanto, houve um arremate interessante na história de Reinikka e Svensson. Quando seus resultados foram divulgados em Uganda, houve uma espécie de furor e, em consequência, o Ministério das Finanças começou a fornecer aos principais jornais nacionais (e suas edições em língua local) informações mês a mês sobre quanto dinheiro havia sido enviado aos distritos para as escolas. Em 2001, quando repetiram sua pesquisa, Reinikka e Svensson descobriram que as escolas estavam recebendo, em média, 80% do dinheiro a que tinham direito. Cerca de metade dos diretores das escolas que receberam menos do que deveriam abriu uma reclamação formal e, por fim, a maioria deles recebeu o dinheiro. Não houve relatos de represálias contra eles ou contra os jornais que publicaram a matéria. Parece que os funcionários do distrito estavam contentes por desviar o dinheiro quando ninguém estava olhando, mas pararam quando isso se tornou mais difícil. Ao que parece, o roubo generalizado de fundos do governo era possível principalmente porque ninguém se preocupava com isso.

O caso de Uganda sugere uma possibilidade empolgante: se os diretores das escolas rurais podem combater a corrupção, talvez não seja necessário esperar a derrubada do governo ou uma transformação profunda da sociedade para que políticas melhores sejam implementadas. Uma reflexão cuidadosa e avaliações rigorosas podem nos ajudar a projetar sistemas para manter a corrupção e a ineficiência sob controle. Não estamos "reduzindo nossas ambições", mas acreditamos que o progresso gradual e o acúmulo de pequenas mudanças podem, às vezes, terminar numa revolução silenciosa.

Economia política

A corrupção, ou o simples abandono do dever, cria ineficiências enormes. Se professores ou enfermeiras não forem trabalhar, nenhuma política de educação ou saúde pode realmente ser implementada. Se os motoristas de caminhão puderem pagar um pequeno suborno para dirigir caminhões com excesso de peso, bilhões de dólares serão desperdiçados na construção de estradas que serão destruídas sob suas rodas.

Nosso colega Daron Acemoglu e seu coautor de longa data James Robinson, de Harvard, são dois dos expoentes mais meticulosos da visão bastante melancólica, ativa na economia hoje, de que, enquanto as instituições políticas não forem consertadas, os países não podem realmente se desenvolver — mas instituições são difíceis de consertar. Acemoglu e Robinson definem instituições da seguinte forma: "As instituições econômicas moldam os incentivos econômicos, os incentivos para se tornar instruído, para economizar e investir, para inovar e adotar novas tecnologias, e assim por diante. As instituições políticas determinam a capacidade dos cidadãos de controlar os políticos".[5]

Tanto os cientistas políticos quanto os economistas costumam pensar nas instituições em um nível muito alto. Eles têm em mente instituições com letra maiúscula — INSTITUIÇÕES econômicas como direitos de propriedade ou sistemas tributários; INSTITUIÇÕES políticas como democracia ou autocracia, poder centralizado ou descentralizado, sufrágio universal ou limitado. O livro de Acemoglu e Robinson, *Por que as nações fracassam*,[6] reflete a visão amplamente compartilhada entre estudiosos[7] da economia política de que essas instituições (amplas) são os principais motores do sucesso ou fracasso de uma sociedade. Boas instituições econômicas estimularão os cidadãos a investir, acumular e desenvolver novas tecnologias, e o resultado disso é que a sociedade prosperará. Instituições econômicas ruins terão efeitos opostos. Um problema é que os governantes, que têm o poder de moldar as instituições econômicas, não consideram necessariamente interessante para si próprios permitir que seus cidadãos se desenvolvam e prosperem. Eles podem estar pessoalmente melhores com uma economia que imponha muitas restrições sobre quem pode fazer o quê (as quais relaxam seletivamente a seu favor), e o enfraquecimento da concorrência pode, na verdade, ajudá-los a permanecer no poder. É por isso que as instituições políticas são importantes — elas existem para evitar que os líderes organizem a economia para seu benefício privado. Quando funcionam bem, elas impõem restrições suficientes aos governantes para garantir que não se desviem muito do interesse público.

Infelizmente, instituições ruins tendem a perpetuar instituições ruins, criando um círculo vicioso, às vezes chamado de "lei de ferro da oligarquia". Aqueles que detêm o poder sob as atuais instituições políticas asseguram-se de que as instituições econômicas trabalhem para torná-los ricos e, depois que enriquecem o suficiente, costumam usar sua riqueza para evitar qualquer tentativa de tirá-los do poder.

Para Acemoglu e Robinson, a marca duradoura deixada por instituições políticas ruins é a principal razão pela qual muitos países em desenvolvimento não conseguiram crescer. São países que herdaram do período colonial um conjunto de instituições que não foram criadas por governantes coloniais para o desenvolvimento do país, mas para maximizar a extração de recursos em benefício das potências coloniais. Após a descolonização, os novos governantes acharam conveniente manter as mesmas instituições extrativistas e usá-las em seu próprio benefício, iniciando assim um círculo vicioso. Por exemplo, em artigo que se tornou clássico, Acemoglu, Robinson e Simon Johnson mostraram que as ex-colônias onde o ambiente insalubre impedia os assentamentos de europeus em grande escala tenderam a ter instituições piores durante os tempos coloniais (porque foram naturalmente escolhidas para serem exploradas de longe), e essas instituições ruins continuaram após a descolonização.[8]

Abhijit e Lakshmi Iyer encontraram um exemplo notável da marca duradoura das instituições políticas na Índia.[9] Durante a colonização britânica, diferentes distritos tiveram diferentes sistemas de arrecadação de tributos sobre a receita das terras, por razões em grande medida acidentais (a escolha da instituição dependia principalmente da ideologia do servo britânico encarregado dos distritos e das concepções predominantes no Reino Unido na época da conquista). No sistema *zamindari*, o senhorio do lugar recebia a responsabilidade de coletar os impostos sobre a terra; isso servia para reforçar seu poder e fortalecer as relações feudais. No sistema *rayatwari*, os agricultores eram individualmente responsáveis por seus próprios impostos; nessas regiões, desenvolveram-se relações sociais mais cooperativas e horizontais. O espantoso é que, 150 anos mais tarde e muito depois que toda a coleta de impostos sobre a receita das terras foi interrompida, as áreas que foram colocadas sob domínio da elite ainda têm relações sociais mais tensas, menor produção agrícola e menos escolas e hospitais do que aquelas colocadas sob o controle da aldeia.

Acemoglu e Robinson não acreditam que seja impossível para as ex--colônias escaparem do círculo vicioso de más instituições políticas e econômicas. Mas dizem que será necessário o alinhamento correto de forças, combinado com uma boa dose de sorte. Os exemplos que enfatizam são a Revolução Gloriosa na Inglaterra e a Revolução Francesa. O fato de ambas serem grandes convulsões de pelo menos duzentos anos atrás não é inteiramente encorajador. Acemoglu e Robinson terminam o livro com algumas sugestões sobre o que *talvez* possa ajudar a realizar essa mudança, mas são muito cautelosos.

Existem dois outros pontos de vista influentes que compartilham a postura básica de Acemoglu e Robinson sobre a primazia das instituições, mas não seu pessimismo essencial. Os dois grupos querem nos levar em direções radicalmente opostas. Segundo um deles, se os países estão paralisados por terem instituições ruins, cabe aos países ricos do mundo ajudá-los a conseguir instituições melhores, pela força, se necessário. Conforme o outro ponto de vista, qualquer tentativa de manipular instituições ou *políticas públicas* de cima para baixo está fadada ao fracasso, e as mudanças só podem vir de dentro.

Uma maneira possível de romper o círculo vicioso das instituições ruins é importar mudanças de fora. Paul Romer, conhecido por seu trabalho pioneiro sobre crescimento econômico desenvolvido há algumas décadas, propôs o que parece ser uma solução brilhante: se você não consegue administrar seu país, terceirize-o para alguém que consiga.[10] Contudo, administrar um país inteiro pode ser difícil. Portanto, ele propõe começar com as cidades, pequenas o suficiente para serem administráveis, mas grandes o suficiente para fazer a diferença. Inspirado no exemplo de Hong Kong, desenvolvida com grande sucesso pelos britânicos e depois devolvida à China, ele criou o conceito de "cidades charter". Os países entregariam uma faixa vazia de território a uma potência estrangeira, que então assumiria a responsabilidade de desenvolver uma nova cidade com boas instituições. Começando do zero, é possível estabelecer um conjunto de boas regras básicas (seus exemplos variam de taxas de congestionamento de trânsito a preços de custo marginal de eletricidade e, é claro, incluem a proteção legal do direito de propriedade). Uma vez que ninguém foi forçado a se mudar para lá e todos os recém-chegados são voluntários — afinal, a faixa de terra estava vazia —, as pessoas não teriam nenhum motivo para reclamar das novas regras.

Um pequeno problema desse plano é que não está claro se os líderes em países mal administrados entrariam de bom grado num acordo desse tipo. Além disso, mesmo que o fizessem, não está claro se poderiam encontrar um comprador: seria muito difícil comprometer-se a não assumir o controle da faixa de terra depois que ela fosse bem-sucedida. Portanto, alguns especialistas em desenvolvimento vão além. Em seus livros *The Bottom Billion: Why the Poorest Countries Are Failing and What Can Be Done About It* [O bilhão de baixo: Por que os países mais pobres estão fracassando e o que pode ser feito a esse respeito] e *Wars, Guns, and Votes: Democracy in Dangerous Places* [Guerras, armas e votos: Democracia em lugares perigosos], Paul Collier, professor da Universidade de Oxford e ex-economista do Banco Mundial, argumenta que há sessenta países "casos perdidos" (como Chade, Congo e assim por diante) nos quais vive cerca de 1 bilhão de pessoas.[11] Esses países estão atolados num círculo vicioso de instituições econômicas e políticas ruins, e é dever do mundo ocidental retirá-los disso, se necessário por meio de intervenções militares. Como exemplo de uma intervenção bem-sucedida desse tipo, Collier cita o apoio britânico ao esforço incipiente de democratização de Serra Leoa.

Um dos maiores críticos da proposta de Collier é, previsivelmente, William Easterly.[12] O problema central, ele aponta com razão, é que é mais fácil assumir o controle de um país do que saber como fazê-lo funcionar bem. O esforço desastroso dos Estados Unidos para instituir uma democracia de livre mercado no Iraque é apenas um exemplo recente.[13] Mas, de modo geral, não existe receita de bolo. As instituições precisam ser adaptadas ao ambiente local, e, portanto, qualquer tentativa de cima para baixo de mudá-las provavelmente sairia pela culatra. A reforma, se possível, deve ser gradual e deve reconhecer que as instituições atuais existem provavelmente por uma razão.[14]

Essa desconfiança de especialistas externos leva Easterly a ser muito cético não só em relação a aquisições estrangeiras, mas também em relação a ajuda externa em geral, em parte porque a ajuda vem normalmente com uma tentativa de influenciar as políticas públicas, muitas vezes ao custo de realmente piorar a política ao continuar gastando ajuda mesmo quando os líderes são corruptos.[15]

Mas Easterly não é pessimista. Ele acredita que os países podem encontrar seu próprio caminho para o sucesso, mas precisam ser deixados sozinhos para tanto. Apesar de sua aversão a especialistas e de suas afirmações de que não existem "receitas de bolo", Easterly tem um conselho de especialista: liberdade. Liberdade significa liberdade política tanto quanto possível e liberdade econômica, "a mais subestimada das invenções humanas", ou seja, mercados livres.[16] Isso faz parte de sua ideia de que precisamos deixar os "sete bilhões de especialistas" assumirem o controle de seus destinos.[17] Os mercados livres darão aos aspirantes a empreendedores oportunidades para iniciar seus empreendimentos e criar riqueza, se forem bem-sucedidos. Como um empenhado *wallah* da demanda, Easterly também quer que os governos parem de empurrar educação e saúde para um povo indiferente, mas que deem a ele a liberdade de encontrar maneiras de se educar e tornar-se saudável, por meio de sua própria ação coletiva.

Evidentemente, há muitos casos em que as pessoas dentro da sociedade podem achar que o resultado completo do livre mercado pode não ser o ideal. Em primeiro lugar, como Easterly aponta,[18] os pobres podem não ser capazes de participar do mercado e precisam ser ajudados até que o mercado encontre uma maneira de alcançá-los. Em segundo lugar, algumas regras são necessárias para o funcionamento dos mercados e da sociedade. Por exemplo, pessoas que não sabem dirigir podem, não obstante, querer dirigir seu carro. Mas a sociedade percebe que é melhor que não o façam, pelo que isso significa para o restante da população. Um mercado livre de carteiras de motorista não pode obviamente resolver esse problema. A questão é que se o Estado for fraco ou corrupto o mercado livre tenderá a ressurgir por meio de subornos e corrupção. Um estudo da distribuição de carteiras de motorista em Delhi mostrou que saber dirigir não tornava mais provável que alguém conseguisse uma carteira de motorista, mas estar disposto a pagar mais para obtê-la rápido sim.[19] Delhi tem de fato um mercado livre de carteiras de habilitação, e isso é exatamente o que não queremos. O desafio é como fazer com que o Estado faça seu trabalho quando evitar o resultado do mercado livre é precisamente o objetivo.

Portanto, os governos são necessários para fornecer bens comuns básicos e fazer cumprir as regras e normas que o mercado exige para funcionar. De acordo com Easterly, a democracia ajudará a fornecer feedback de baixo para cima a fim de responsabilizar os governos. A próxima questão é, então, como surgirão as instituições de livre mercado e a democracia? Easterly é consistente: ele frisa que a liberdade não pode ser imposta de fora, do contrário não será liberdade. Essas instituições devem, então, desenvolver-se internamente e emanar de baixo para cima. Tudo o que pode ser feito é uma campanha pelos ideais de igualdade e direitos individuais.[20]

Porém, a principal lição da análise histórica de Acemoglu e Robinson é que as instituições ruins são muito persistentes e pode não haver um processo natural para eliminá-las. Compartilhamos o ceticismo deles tanto em relação ao perigo de uma estratégia para impor mudanças institucionais por atacado a partir de fora quanto em relação à esperança de que as coisas acabarão por se consertar se deixarmos as pessoas em paz. Mas discordamos deles ao continuarmos otimistas: na prática, vemos muitas mudanças institucionais significativas acontecendo, na margem, na ausência de uma invasão externa ou de uma revolução social em grande escala.

Com efeito, sentimos que em todo esse debate está faltando algo básico a respeito da definição de instituições: elas determinam as regras de engajamento. Isso certamente inclui as INSTITUIÇÕES que têm sido o foco de grande parte da análise, pelo menos de economistas e cientistas políticos, e que ainda dominam o debate: democracia, descentralização, direitos de propriedade, sistema de castas e assim por diante. Mas cada INSTITUIÇÃO nesse nível se concretiza na realidade através de muitas *instituições* locais específicas. Os direitos de propriedade, por exemplo, são constituídos por uma combinação de toda uma variedade de leis sobre quem pode ser dono do quê (a Suíça, por exemplo, restringe a propriedade estrangeira de chalés), o que significa propriedade (na Suécia as pessoas têm o direito de andar em todos os lugares, inclusive em terras privadas de outras pessoas), como a combinação do sistema jurídico e da polícia atua para fazer cumprir essas leis (julgamentos por júri são comuns nos Estados Unidos, mas não na França ou na Espanha) e muito mais. As democracias têm regras sobre quem é qualificado para concorrer a qual cargo, quem pode votar, como as campanhas devem ser realizadas e sistemas de proteção legal que tornam menos ou mais fácil comprar votos ou cidadãos intimidados. Por falar nisso, até mesmo os regimes autocráticos deixam às vezes algum espaço limitado para a participação do cidadão. Vimos isso várias vezes neste livro: os detalhes são importantes. As instituições não são exceção. Para realmente entender o efeito das instituições na vida dos pobres, o que é necessário é uma mudança na perspectiva de INSTITUIÇÕES em maiúsculas para instituições em minúsculas — a "visão de baixo".[21]

Mudanças na margem

O pessimismo de Acemoglu e Robinson vem, em parte, do fato de que raramente vemos uma mudança drástica de regime bem-sucedida de uma democracia autoritária e corrupta para uma democracia que funcione bem. A primeira coisa que a visão de baixo nos permite ver é que nem sempre é necessário mudar fundamentalmente as instituições para melhorar a prestação de contas e reduzir a corrupção.

Embora as reformas democráticas por atacado sejam poucas e espaçadas, há muitos casos em que a democracia foi introduzida, em grau limitado e em nível local, dentro de um regime autoritário. Reformas eleitorais ocorreram até mesmo em Estados autoritários, como a Indonésia de Suharto, o Brasil durante a ditadura militar e o México sob o Partido Revolucionário Institucional (PRI). Mais recentemente, introduziram-se eleições locais no Vietnã em 1998, na Arábia Saudita em 2005 e no Iêmen em 2001. As reformas foram recebidas com ceticismo no Ocidente: as eleições costumam ser fraudadas e as autoridades eleitas têm poderes muito limitados. Contudo, há indícios convincentes de que mesmo eleições locais muito imperfeitas podem fazer uma diferença substancial na forma como os governos municipais são administrados. No início da década de 1980, eleições em nível de aldeia foram introduzidas progressivamente na China rural. No início, o Partido Comunista ainda decidia quem poderia concorrer. Seu diretório continuou a atuar na aldeia, com seu secretário nomeado. As cédulas nem sempre eram anônimas, e, segundo consta, votos fantasmas eram comuns. Apesar dessas deficiências, um estudo[22] encontrou um efeito surpreendentemente grande dessa reforma, sugerindo maior responsabilidade para com os moradores. Depois que uma aldeia começa a realizar eleições, os chefes das aldeias têm maior probabilidade de relaxar políticas centrais impopulares, como a do filho único. A realocação de terras agrícolas, que ocorre de tempos em tempos nas aldeias chinesas, tem maior probabilidade de beneficiar os agricultores da "classe média". Os gastos públicos são mais propensos a refletir as necessidades dos moradores.

Da mesma forma, o combate à corrupção parece ser até certo ponto possível, mesmo sem consertar as instituições maiores. Intervenções relativamente diretas, como a campanha de jornal implementada com sucesso pelo governo de Uganda, mostraram um sucesso impressionante. Outra história interessante vem da Indonésia, que continua bastante corrupta mesmo após a queda de Suharto. Em 2010, ela ficou em 110º lugar entre 178 países no índice de percepção de corrupção da Transparência Internacional. A corrupção ficou evidente num programa governamental, financiado pelo Banco Mundial, que fornecia dinheiro às aldeias para construir infraestrutura local, inclusive estradas. A maneira mais fácil para o líder comunitário embolsar um naco desses fundos é superfaturar materiais e relatar pagamentos de salários que nunca foram feitos. Nosso colega Benjamin Olken contratou equipes de engenheiros para escavar um pequeno trecho da estrada em cerca de seiscentas aldeias para descobrir quanto material realmente tinha sido usado na construção da estrada. A estimativa de custo foi então comparada com o que foi relatado. Outra equipe entrevistou algumas das pessoas que supostamente trabalharam no projeto sobre quanto haviam realmente recebido. O roubo era comum: 27% dos salários relatados como pagos haviam desaparecido de alguma forma, e o mesmo aconteceu com 20% dos materiais. Para piorar as coisas, o dinheiro era apenas uma parte do desperdício. As estradas que foram construídas ainda tinham o mesmo comprimento (caso contrário, o roubo seria muito óbvio), mas a falta de materiais significava que a qualidade da estrada era muito pior e, portanto, mais sujeita a ser arrastada pelas próximas chuvas.[23]

Em um esforço para combater a corrupção, funcionários do governo responsáveis pelo programa disseram aos líderes da aldeia que os programas de construção seriam auditados e os resultados tornados públicos. O governo não contratou auditores especialmente honestos — eles trabalhavam dentro do sistema existente. Ainda assim, Olken mostrou que a ameaça de auditorias reduziu o roubo de salários e materiais em um terço, em comparação com as aldeias onde as auditorias não foram realizadas (as aldeias onde as auditorias foram realizadas haviam sido selecionadas aleatoriamente).

No estado indiano do Rajastão, trabalhamos com o departamento de polícia e enviamos "clientes misteriosos" ou "iscas" a delegacias com a instrução de tentar fazer com que a polícia registrasse alguns casos insignificantes inventados — telefones celulares roubados, um caso de "Eve-teasing" (expressão que os indianos usam para descrever o assédio às mulheres nas ruas), e outros semelhantes.[24] As delegacias indianas são avaliadas com base no número de casos não resolvidos, ou seja, quanto mais casos não resolvidos, pior a avaliação. Portanto, uma maneira fácil de obter melhores avaliações é registrar o mínimo de casos possível. Em nosso primeiro conjunto de visitas falsas, apenas 40% dos casos realmente chegaram ao ponto em que a polícia estava disposta a registrá-los (nesse momento, nossas iscas eram obrigadas a revelar que se tratava apenas de um teste). Portanto, não é nenhuma surpresa que os pobres raramente tentem denunciar quaisquer pequenos crimes à polícia.

A polícia na Índia representa um exemplo quase perfeito de uma instituição colonial persistente. Apesar de ter sido originalmente concebida para proteger os interesses dos colonos, não houve nenhuma tentativa de reformar a polícia indiana após a independência. A Lei da Polícia, de 1861, ainda está em vigor! Desde 1977, uma sucessão de Comissões de Reforma da Polícia recomendou mudanças abrangentes, mas a implementação, até agora, tem sido muito limitada. No entanto, o sistema está longe de ser tão esclerótico quanto essa história sugere.

No final de cada visita falsa em que o caso estava prestes a ser registrado, as iscas revelavam seu estratagema. Desse modo, a polícia descobriu que havia iscas rolando por aí, tentando registrar casos insignificantes. Apesar de os dados das visitas não terem sido explicitamente compartilhados com seus chefes, e não vinculados a qualquer sanção, a taxa de registro passou de 40% na primeira visita para 70% na quarta. Eles não tinham como identificar as iscas (eram apenas um conjunto de pessoas do lugar que haviam sido alimentadas com as histórias), então as taxas de registro devem ter aumentado para todos esses casos; o medo das iscas foi suficiente para levar a polícia a fazer seu trabalho melhor.

O monitoramento de cima para baixo não é uma ideia particularmente nova. Mas as auditorias e iscas parecem ser eficazes, presumivelmente porque, uma vez que a informação esteja disponível, há alguma chance de que seja usada para punir os criminosos. Algumas pessoas dentro do sistema que acreditam no combate à corrupção podem ser o suficiente.

A tecnologia da informação pode ajudar. Liderada por Nandan Nilekani, que dirige a Infosys, uma das maiores empresas de software do país, a Índia está em meio a um esforço sem precedentes para dar a cada residente um número de "identificação exclusivo", vinculado às impressões digitais das pessoas e uma imagem de suas íris. A ideia é que qualquer pessoa cadastrada no sistema possa estabelecer sua identidade em qualquer local que conte com o equipamento de reconhecimento adequado. Feito isso, será possível, por exemplo, exigir que as pessoas digitalizem suas impressões digitais para receber grãos subsidiados das lojas de preço justo do governo. Isso tornará muito mais difícil para os donos das lojas venderem os grãos a preços de mercado e alegarem que os venderam aos pobres. Os defeitos fundamentais no quadro institucional indiano permanecerão. Apesar disso, existe uma chance de que esse "conserto técnico" possa realmente contribuir para tornar a vida significativamente melhor para os pobres (embora ainda não tenhamos provas, pois o sistema ainda está sendo implantado).

Descentralização e democracia na prática

Embora haja espaço para melhorias na responsabilização e corrupção, mesmo no âmbito das INSTITUIÇÕES geralmente "ruins", não há, por outro lado, nenhuma garantia de que as boas INSTITUIÇÕES funcionem necessariamente bem na prática. De novo, isso depende de como elas atuam na realidade. Em algum nível, trata-se de uma questão bastante óbvia e com a qual os pessimistas institucionais concordam. No entanto, o que não é reconhecido com frequência é a importância que pode ter o efeito de modificações aparentemente muito pequenas nas regras.

Encontramos, no Brasil, um exemplo marcante do impacto de uma pequena mudança. O país costumava ter uma cédula eleitoral de papel complexa. Os eleitores tinham de escolher um candidato de uma longa lista e, depois, escrever na cédula o nome (ou o número) do candidato em quem queriam votar. Em um país no qual cerca de um quarto dos adultos é analfabeto funcional, isso levava à privação de fato do direito de votar de um grande número de eleitores. Na eleição média, quase 25% dos votos eram inválidos e não contados. No final da década de 1990, introduziu-se o voto eletrônico, primeiro nos maiores municípios e depois em todos eles. Uma interface simples possibilitava que os eleitores selecionassem o número de seu candidato e uma foto do candidato aparecia na tela antes que os eleitores validassem seu voto. Essa reforma, introduzida principalmente para facilitar a contagem dos resultados eleitorais, teve uma consequência involuntária: o número de votos inválidos foi 11% menor nos municípios que introduziram o voto eletrônico do que em municípios muito semelhantes que ainda não haviam adotado o sistema novo. Os eleitores assim agregados eram mais pobres e menos instruídos; os políticos que eles elegeram eram também mais pobres e menos instruídos; e as políticas que escolheram eram mais propensas a serem direcionadas aos pobres. Em particular, houve um aumento nos gastos com saúde pública e uma redução no número de bebês com baixo peso ao nascer de mães com menor escolaridade. Uma solução técnica aparentemente menor, sem envolver grandes batalhas políticas, mudou a maneira como a voz dos pobres era levada em consideração no processo político do Brasil.[25]

Poder para o povo

Outro exemplo do surpreendente poder das pequenas mudanças vem das regras que regem os processos políticos locais. A nova ideologia em muitas instituições internacionais é que devemos entregar aos beneficiários a responsabilidade de garantir que escolas, clínicas e estradas locais funcionem bem. Isso é feito geralmente sem perguntar aos pobres se eles querem de fato assumir essa responsabilidade.

Em face do claro fracasso do Estado em fornecer serviços públicos aos pobres, conforme documentado em vários capítulos deste livro, a lógica de devolver a política antipobreza aos pobres é superficialmente irresistível. Os beneficiários são diretamente afetados por serviços inadequados e, portanto, devem se preocupar mais; além disso, dispõem de melhores informações, tanto sobre o que desejam quanto sobre o que se passa na realidade. Dar a eles o poder de controlar os prestadores de serviços (professores, médicos, engenheiros) — seja a capacidade de contratá-los e demiti-los ou, pelo menos, o poder de reclamar deles — garante que os que têm os incentivos certos e as informações certas sejam os que tomam as decisões. "Se os riscos forem altos o suficiente", declarou o Banco Mundial em seu Relatório de Desenvolvimento Mundial de 2004, dedicado à prestação de serviços sociais, "as comunidades atacam o problema."[26] Além disso, o próprio ato de trabalhar juntas num projeto coletivo pode ajudar as comunidades a reconstruírem seus laços sociais após um grande conflito civil. Os chamados projetos de Desenvolvimento Conduzido pela

Comunidade, nos quais as comunidades escolhem e gerenciam projetos coletivos, estão na moda em ambientes pós-conflito como Serra Leoa, Ruanda, Libéria e Indonésia.

No entanto, na prática, a implementação da participação comunitária e da descentralização é muito importante. De que modo a comunidade expressa exatamente suas preferências, visto que pessoas diferentes costumam ter visões diferentes? Como podemos assegurar que os interesses dos grupos desfavorecidos (mulheres, minorias étnicas, castas inferiores, sem-terra) sejam representados?

A justiça e os resultados do processo de decisão em tais ambientes dependem crucialmente de detalhes como regras de seleção de projetos (uma reunião? uma votação?), quem é convidado para as reuniões, quem fala, quem é o responsável pela implementação do projeto no dia a dia, como esses líderes de projeto são selecionados e muito mais. Se as regras atuam para excluir as minorias ou os pobres, não está claro se esse tipo de descentralização os ajudará ou se a transferência do poder para a localidade ajudará a manter a harmonia comunitária. Ao contrário, grupos que agora descobrem que são privados de seus direitos por seus próprios vizinhos podem de fato ficar mais furiosos.

Tomemos o exemplo da reunião da aldeia, uma instituição essencial da governança local. É nela que se discutem as reclamações, votam-se os orçamentos e projetos são sugeridos e aprovados. A ideia de uma reunião na aldeia talvez evoque imagens pitorescas da Reunião Municipal anual em Vermont, cordial e bem-humorada. Mas a realidade das reuniões de governo local em países em desenvolvimento é muito menos atraente. As reuniões do Projeto de Desenvolvimento de Kecamatan (PDK), na Indonésia (um projeto financiado pelo Banco Mundial em que as comunidades receberam dinheiro para construir ou reparar a infraestrutura da aldeia, como estradas locais ou canais de irrigação), tiveram uma participação de cerca de cinquenta das várias centenas de adultos da aldeia, e metade deles era membro da elite local. A maioria das pessoas que comparecem não fala: nas reuniões do PDK, uma média de oito pessoas disse alguma coisa, sete das quais eram da elite.

Seria tentador concluir que a lei de ferro da oligarquia estava se reafirmando no nível da aldeia. Mas uma pequena mudança nas regras mudou tudo. Na Indonésia, em algumas aldeias selecionadas aleatoriamente, as pessoas foram formalmente *convidadas* para as reuniões por meio de cartas. Isso fez uma grande diferença no comparecimento; a participação aumentou para quase 65 pessoas em média e, entre elas, em torno de 38 não eram da elite. Mais cidadãos falaram e as reuniões foram mais animadas. Além disso, algumas das cartas-convite incluíam formulários que perguntavam sobre a forma como o PDK estava sendo conduzido, e, numa fração de aldeias escolhida aleatoriamente, essas cartas foram distribuídas em escolas, para que todos os alunos as levassem para casa. No restante das aldeias, as cartas foram entregues ao chefe da aldeia para distribuição. Quando os formulários foram distribuídos pelas escolas, a média dos comentários foi significativamente mais crítica do que quando foram distribuídos pelos chefes das aldeias.

Se as regras fazem tanta diferença, então é muito importante quem as estabelece. Se a aldeia for deixada por sua própria conta, parece provável que a criação de regras seja capturada pela elite. Portanto, talvez seja melhor que a descentralização seja planejada por uma autoridade centralizada, tendo em mente os interesses dos menos favorecidos ou menos poderosos. Poder para o povo, mas não todo o poder.

Um exemplo específico desse tipo de intervenção de cima para baixo é restringir quem os moradores podem eleger como representantes. Essas restrições podem ser necessárias para garantir uma representação adequada das minorias e fazem a diferença.

O sistema de governo de aldeia da Índia, conhecido como *gram panchayat* (o GP, ou conselho de aldeia), tem restrições desse tipo. Eleito a cada cinco anos em nível local, o GP administra a infraestrutura coletiva do lugar, como poços, prédios escolares, estradas locais e assim por diante. Para proteger grupos sub-representados, as regras reservam posições de liderança em uma fração dos GPs para mulheres e para membros de várias minorias (inclusive as castas mais baixas). Mas se as elites tivessem capturado completamente o *panchayat*, a representação obrigatória de mulheres ou minorias não faria diferença. Os verdadeiros chefões das aldeias continuariam a governar, presumivelmente liderados por suas esposas, ou por seus servos de casta inferior, sempre que os próprios chefes fossem impedidos de concorrer a cargos. De fato, quando Raghabendra Chattopadhyay, do Instituto Indiano de Administração, em Calcutá, e Esther iniciaram uma pesquisa sobre *panchayat*, em 2000, para descobrir se as mulheres líderes investiam em diferentes tipos de infraestrutura local, eles foram advertidos por todos, desde o ministro do desenvolvimento rural em Calcutá a sua equipe de pesquisa (e muitos acadêmicos locais), que se tratava de uma pesquisa inútil. O show, todos alegaram, era dirigido por *pradhanpatis* (o marido da *pradhan*, ou chefe do GP), e as mulheres tímidas, muitas vezes analfabetas, muitas delas com a cabeça coberta, certamente não estavam tomando decisões por conta própria.

A pesquisa, porém, revelou o contrário. No estado de Bengala Ocidental, sob o sistema de cotas, um terço dos GPs foi selecionado aleatoriamente a cada cinco anos a fim de ser "reservado" para mulheres chefes de aldeia. Nessas aldeias, somente mulheres podem concorrer ao cargo. Chattopadhyay e Ester compararam a infraestrutura local disponível em aldeias reservadas e não reservadas, apenas dois anos após o sistema de reservas ter sido implementado.[27] Eles descobriram que as mulheres investiram muito mais do orçamento (fixo) na infraestrutura local que as mulheres queriam — em Bengala Ocidental, isso significava estradas e água potável — e menos em escolas. Em seguida, eles replicaram essas conclusões no Rajastão, considerado um dos estados mais machistas da Índia. Lá, descobriram que as mulheres queriam acima de tudo fontes de água potável mais próximas e os homens queriam estradas. E, como era de esperar, as líderes do sexo feminino investiram mais em água potável e menos em estradas.

Outros estudos em outras partes da Índia deixaram claro que as mulheres na liderança quase sempre fazem uma diferença. Além disso, com o tempo, as mulheres também parecem estar fazendo mais do que os homens com o mesmo orçamento limitado, e consta que são menos inclinadas a aceitar subornos. No entanto, sempre que apresentamos esses resultados na Índia, alguém nos diz que isso tem de estar errado: eles foram pessoalmente a uma aldeia e falaram com uma mulher *pradhan*, sob a supervisão de seu marido; viram cartazes políticos em que a foto do marido da candidata aparecia com mais destaque do que a própria candidata. Eles têm razão: nós também tivemos essas conversas e vimos os mesmos cartazes. Forçar as mulheres a concorrer à liderança política não é a revolução instantânea que às vezes se diz, com mulheres poderosas assumindo agressivamente o comando e reformando suas aldeias. As mulheres eleitas costumam ser parentes de alguém que já estava na política. É menos provável que presidam as reuniões da aldeia e falam menos nelas. Têm menos instrução e menor experiência política. Mas apesar de tudo isso, e apesar do preconceito evidente que enfrentam, muitas mulheres estão silenciosamente assumindo o comando.

Mascarando a divisão étnica

Nosso último exemplo examina o papel da etnia na votação. Há motivos para preocupação porque muitas vezes ela se baseia em lealdades étnicas, o que significa que, em geral, o candidato do maior grupo étnico vence, seja qual for seu mérito intrínseco.

Para medir o alcance da vantagem política do preconceito étnico, o cientista político da Universidade de Nova York e ex-líder estudantil do Benin Leonard Wantchekon convenceu os candidatos a presidente do país (que ele conhecia bem desde seus dias de estudante, quando todos faziam parte do movimento pró-democracia) a fazerem discursos muito diferentes em diferentes aldeias onde realizavam reuniões políticas.[28] Nas aldeias "clientelistas", o discurso destacava a origem étnica do candidato e prometia levar escolas e hospitais para a região e empregos públicos para seu povo. Nas aldeias de "unidade nacional", o mesmo candidato prometia trabalhar por uma reforma nacional do setor da saúde e da educação e pela paz entre todos os grupos étnicos do Benin. As aldeias foram escolhidas aleatoriamente para receber diferentes discursos, mas todas estavam no reduto político do candidato. O discurso clientelista foi um claro vencedor:

em média, o candidato clientelista obteve 80% dos votos, contra 70% nas aldeias da unidade nacional.

A política étnica é danosa por muitas razões. Uma delas é que se os eleitores escolherem com base na etnia, e não no mérito, a qualidade dos candidatos que representam o grupo da maioria será prejudicada. Eles não precisam fazer muito esforço, porque o fato de serem da casta ou grupo étnico "certo" é suficiente para garantir que sejam eleitos. O estado indiano de Uttar Pradesh, onde a política se tornou cada vez mais marcada pelas castas nas décadas de 1980 e 1990, oferece uma ilustração clara disso. Com o tempo, houve um aumento muito grande no nível de corrupção entre os políticos vencedores da casta numericamente dominante em todas as áreas.[29] Não importava se essa área fosse dominada pela casta inferior ou pela casta superior, os vencedores do grupo dominante tinham maior probabilidade de ser corruptos. Na década de 1990, um quarto dos membros da Assembleia Legislativa era objeto de um processo criminal.

É inevitável que o voto nos países em desenvolvimento acabe sendo dominado por etnias? Há uma longa tradição de estudiosos que pensam assim. Para eles, as lealdades étnicas são a base das sociedades tradicionais e estão fadadas a dominar as atitudes políticas até que a sociedade se modernize.[30] No entanto, há indícios de que o voto étnico não é tão arraigado quanto muitas vezes se acredita. Em um experimento em Uttar Pradesh durante as eleições estaduais de 2007, Abhijit, Donald Green, Jennifer Green e Rohini Pande trabalharam com uma ONG que fez em aldeias selecionadas aleatoriamente uma campanha apartidária (usando teatro de rua e espetáculos de marionetes) em torno de um slogan simples: "Não vote em casta, vote em questões de desenvolvimento". Essa mensagem simples reduziu de 25% para 18% a probabilidade de os eleitores escolherem um candidato de sua própria casta.[31]

Por que algumas pessoas votam com base na casta, mas mudam prontamente de ideia quando uma ONG pede que repensem? Uma resposta é que, muitas vezes, os eleitores sabem muito pouco sobre o que estão escolhendo e, via de regra, nunca encontraram o candidato, exceto na época das eleições, quando todos aparecem e fazem mais ou menos as mesmas promessas. Não existe um mecanismo óbvio para, por exemplo, descobrir quem é corrupto e quem não é, e há uma tendência de supor que todos são igualmente corruptos. Tampouco os eleitores sabem muito sobre os poderes reais dos legisladores. Na Índia, ouvimos muitas vezes os moradores urbanos culparem o legislador estadual pela situação dos bueiros em suas favelas quando, na verdade, é o legislador municipal que deve cuidar desse tipo de problema; em consequência, os legisladores acham que serão culpados por tudo que der errado, o que não cria um incentivo muito forte ao desempenho.

Uma vez que, aos olhos dos eleitores, todos os candidatos parecem mais ou menos iguais (e talvez igualmente ruins), eles talvez prefiram votar na casta, pois há uma pequena chance de que a lealdade à casta valha a pena e o político ajude — e, de qualquer modo, o que eles têm a perder? Mas muitos deles provavelmente não se sentem particularmente convictos a respeito disso, motivo pelo qual também são facilmente influenciados.

O Brasil é um país que tentou oferecer aos eleitores informações úteis sobre os candidatos. Desde 2003, a cada mês, sessenta municípios são sorteados em sorteio televisionado e suas contas são auditadas. Os resultados da auditoria são divulgados na internet e pela mídia local. A auditoria prejudica os candidatos à reeleição corruptos. Na eleição de 2004, eles tinham uma probabilidade 12% menor de serem eleitos se sua auditoria fosse revelada antes da eleição. Por outro lado, os candidatos à reeleição honestos tinham uma probabilidade 13% maior de serem eleitos se seus resultados de auditoria fossem revelados pouco antes de uma eleição. Resultados semelhantes foram encontrados nas favelas de Delhi: os eleitores que foram informados sobre o desempenho ruim dos ocupantes de cargos votaram contra eles.[32]

Portanto, a política não é muito diferente das políticas públicas: ela pode (e deve) ser melhorada na margem, e intervenções aparentemente menores podem fazer uma diferença significativa. O mesmo tipo de filosofia que defendemos ao longo deste livro — prestar atenção aos detalhes, entender como as pessoas decidem e estar disposto a experimentar — se aplica tanto à política quanto a todo o resto.

Contra a economia política

A economia política é a visão (adotada, como vimos, por vários estudiosos do desenvolvimento) de que a política tem primazia sobre a economia. As instituições definem e limitam o escopo da política econômica.

No entanto, como acabamos de mostrar, há espaço para melhorar o funcionamento das instituições mesmo em ambientes relativamente hostis. Obviamente, nem todos os problemas serão resolvidos dessa maneira. O fato de haver pessoas poderosas que têm a perder com as reformas impõe limites a elas, mas há muito que ainda é possível fazer. No Brasil, os políticos que seriam denunciados pela auditoria não conseguiram impedir a legislação, nem os jornais de Delhi se recusaram a publicar o histórico dos legisladores. Na Indonésia e na China, os próprios regimes autocráticos decidiram permitir um pouco de democracia. A lição importante é tirar proveito de qualquer folga que houver. O mesmo se aplica às políticas públicas. Elas não são totalmente determinadas pela política. Boas políticas (às vezes) acontecem em ambientes políticos ruins. E, o que talvez seja mais importante, políticas ruins acontecem (muitas vezes) em ambientes políticos muito bons.

A Indonésia de Suharto é um exemplo do primeiro tipo. Suharto era um ditador conhecido por ser particularmente corrupto. Sempre que ficava gravemente doente, os valores das ações das empresas de seus parentes caíam, o que mostra claramente que estar ligado a ele era valioso.[33] Apesar disso, conforme discutimos no capítulo 4, foi na Indonésia de Suharto que se usou o dinheiro do petróleo para construir escolas. Suharto achava que a educação era uma forma poderosa de difundir uma ideologia, impunha uma língua unificada e criava um sentimento de unidade no país. Essa política, como relatamos, levou a um aumento da educação e, para as gerações que se beneficiaram dessa escolaridade, um aumento dos salários. A expansão da educação foi acompanhada por um amplo programa de promoção de melhores práticas nutricionais para crianças, em parte pelo treinamento de 1 milhão de voluntários que deveriam levar a mensagem às suas aldeias. Talvez devido a essa intervenção, a desnutrição infantil na

Indonésia caiu pela metade no período 1973-93. A questão obviamente não é afirmar que o regime de Suharto foi bom para os pobres da Indonésia, mas apenas enfatizar que as motivações das elites políticas são complexas o suficiente para que possa ser do interesse delas, em um determinado momento e lugar, implementar algumas políticas que são boas para os pobres.

E, MAIS UMA VEZ, o inverso também é válido. Boas intenções são provavelmente um ingrediente necessário para boas políticas, mas não mais do que isso. Políticas muito ruins às vezes nascem das melhores intenções, devido a uma leitura equivocada de qual é o verdadeiro problema. As redes públicas de ensino reprovam a maioria porque todos acreditam que só a elite pode aprender. As enfermeiras nunca vão trabalhar porque ninguém assegurou que havia demanda para seus serviços e devido a expectativas irrealistas sobre o que elas podem fazer. Os pobres não têm um lugar seguro para economizar porque os padrões regulatórios que os governos estabelecem para as instituições que têm permissão para aceitar legalmente suas economias são absurdamente altos. E assim por diante.

Parte do problema é que, mesmo quando estão bem-intencionados, o que os governos tentam fazer é fundamentalmente difícil. Os governos existem, em grande medida, para resolver problemas que os mercados não podem resolver; já vimos que, em muitos casos, a intervenção governamental é necessária exatamente quando, por alguma razão, o livre mercado não pode fazer o trabalho. Por exemplo, muitos pais talvez não imunizem seus filhos ou lhes deem vermífugos tanto porque não levam em consideração o benefício que isso teria para os outros quanto devido a problemas de inconsistência do tempo, que discutimos no capítulo 3. Eles podem não escolher o nível certo de educação para os filhos, em parte porque não têm certeza de que os filhos serão capazes de recompensá-los depois que crescerem. As empresas preferem não operar sua estação de tratamento de efluentes, em parte porque custa dinheiro e em parte porque elas realmente não se importam com a poluição da água. Em um cruzamento, preferimos ir em frente a parar no sinal vermelho. E assim por diante. Em consequência, os agentes do governo (os burocratas, os inspetores de poluição, os policiais, os médicos) não podem ser pagos diretamente pelo valor que estão entregando para o resto de nós; quando um policial nos multa, reclamamos, mas não oferecemos a ele uma recompensa por fazer bem o seu trabalho e manter as ruas seguras para todos. Compare isso com a dona da mercearia: ela entrega valor ao nos vender ovos, e, quando lhe pagamos pelos ovos, sabemos que estamos pagando pelo valor social que ela está entregando.

Essa observação simples tem duas implicações muito importantes. Em primeiro lugar, não há uma maneira fácil de avaliar o desempenho da maioria das pessoas que trabalham para o governo. É por isso que existem tantas regras para o que os burocratas (ou policiais ou juízes) devem e não devem fazer. Em segundo lugar, a tentação de infringir as regras está sempre presente, tanto para o burocrata quanto para nós, o que leva à corrupção e ao abandono do dever.

Desse modo, o risco de corrupção e negligência é endêmico em qualquer governo, mas é provável que seja mais grave em três circunstâncias. Primeiro, nos casos em que o governo está tentando fazer com que as pessoas façam coisas cujo valor elas não apreciam, como usar um capacete numa motocicleta ou imunizar uma criança. Segundo, quando o que as pessoas estão recebendo vale muito mais do que o que pagam por ele; por exemplo, uma cama de hospital fornecida gratuitamente para quem precisa, independentemente da renda, convida a um suborno de pessoas mais ricas que querem furar a fila. Terceiro, quando os burocratas são mal pagos, trabalham em excesso e não são bem monitorados e, de qualquer modo, têm pouco a perder se forem despedidos.

Os indícios de muitos dos capítulos anteriores sugerem que esses problemas são provavelmente mais sérios nos países pobres. A falta do tipo certo de informação e um histórico de fracassos do governo fazem com que as pessoas confiem menos nos ditames governamentais. A pobreza extrema torna necessária a distribuição de muitos serviços a preços bem abaixo do mercado. E as pessoas não sabem quais são exatamente os seus direitos, por isso não podem exigir ou monitorar o desempenho de maneira efetiva; os governos têm recursos limitados para pagar os burocratas e assim por diante.

Essa é uma razão importante pela qual os programas governamentais (e programas semelhantes executados por ONGs e organizações internacionais) muitas vezes não funcionam. O problema é inerentemente difícil e os detalhes requerem muita atenção. Em geral, os fracassos não são resultado de sabotagem por um grupo específico, como muitos economistas políticos diriam, mas ocorrem porque todo o sistema foi mal concebido desde o início e ninguém se deu ao trabalho de consertá-lo. Nesses casos, a mudança pode ser uma questão de descobrir o que funcionará e liderar o ataque.

O absentismo entre os profissionais de saúde é uma ilustração perfeita, embora trágica. Você deve se lembrar do capítulo 3 sobre saúde e das enfermeiras no distrito de Udaipur que estavam incomodadas conosco porque fazíamos parte de um projeto que estava tentando fazer com que elas trabalhassem. No final das contas, elas riram por último: o programa em que estávamos trabalhando com o governo local e a ONG Seva Mandir foi um desastre total.

O programa começou quando, depois de ver os dados que havíamos coletado com a Seva Mandir, que mostraram que as enfermeiras estavam ausentes pelo menos metade do tempo, o chefe da administração distrital decidiu tornar mais rígidas as regras de atendimento de enfermagem. Com o novo regime, a enfermeira principal deveria estar no centro o dia inteiro, um dia por semana, na segunda-feira. Nesse dia, ela não tinha permissão para fazer visitas domiciliares a seus pacientes (muitas vezes uma desculpa conveniente para evitar a ida ao trabalho). A Seva Mandir foi encarregada de monitorar o atendimento: cada enfermeira recebeu um carimbo de data e hora e foi solicitada a carimbar um registro afixado na parede do centro várias vezes por dia às segundas-feiras para provar sua presença. Aquelas que não comparecessem pelo menos 50% das vezes teriam seus salários reduzidos.

Para verificar se essa nova política fazia diferença, enviamos pesquisadores independentes para registrar as ausências tanto nos centros que a Seva Mandir estava monitorando quanto nos demais centros (onde as mesmas regras se aplicavam em princípio, mas onde não havia monitoramento).³⁴ De início, tudo correu conforme o planejado. A frequência das enfermeiras, que era de cerca de 30% antes do lançamento do programa, saltou para 60% em agosto de 2006 nos centros que a Seva Mandir estava monitorando, mas permaneceu inalterada em outros lugares. Todos (exceto as enfermeiras, como elas deixaram bem claro no dia em que as conhecemos) ficaram bastante entusiasmados. Então, em algum momento do mês de novembro, a maré mudou. O atendimento de enfermeiras nos centros monitorados começou a diminuir e continuou diminuindo. Em abril de 2007, o desempenho dos centros monitorados e não monitorados já estava exatamente igual — igualmente ruim.

Quando analisamos o que aconteceu, o fato surpreendente foi que as ausências *registradas* permaneceram baixas, mesmo depois que o programa acabou. O que aumentou fortemente foram os "dias de isenção" — dias em que havia algum motivo, alegaram as enfermeiras, que as dispensava de comparecer (treinamento e reuniões foram os motivos mais citados). Tentamos descobrir por que os dias de isenção explodiram de repente; não encontramos registro de reuniões ou treinamento nas datas alegadas. A única interpretação possível era que todos os encarregados de supervisionar as enfermeiras decidiram olhar para o outro lado quando as enfermeiras de repente começaram a relatar 30% mais dias de isenção. Com efeito, as enfermeiras nos centros monitorados acabaram recebendo um bônus de todo o episódio: descobriram que seus chefes não se importavam se elas iam trabalhar ou não e, com base nisso, descobriram que estavam comparecendo com *demasiada frequência*. Em algum momento, o comparecimento nos centros monitorados caiu abaixo dos não monitorados e permaneceu menor até o final do estudo. No final, as enfermeiras dos centros monitorados trabalhavam apenas 25% do tempo. Ninguém reclamou. Os aldeões estavam tão acostumados com os centros que não funcionavam que perderam completamente o interesse pelo sistema. Em nossas visitas à aldeia, dificilmente encontramos alguém que reconhecesse que as enfermeiras estavam ausentes. Todos haviam desistido totalmente do sistema e não achavam que valia a pena descobrir o que a enfermeira estava fazendo, muito menos reclamar.

Neelima Khetan, diretora da Seva Mandir, ofereceu uma interessante interpretação do que aconteceu. Trata-se de alguém que lidera pelo exemplo. Ela estabelece um alto padrão de comportamento em sua vida profissional e espera que os outros o sigam. As enfermeiras a incomodavam porque pareciam muito despreocupadas com sua própria negligência. Mas ela havia descoberto que o que elas deveriam fazer era loucura: ir trabalhar seis dias por semana. Registre sua chegada, pegue sua bolsa de remédios e vá para uma das aldeias para fazer a ronda. Caminhe até cinco quilômetros para chegar ao povoado, mesmo que faça 38 graus à sombra. Vá de casa em casa verificando o estado de saúde das mulheres em idade fértil e de seus filhos. Tente convencer algumas mulheres desinteressadas a serem esterilizadas. Depois de cinco ou seis horas fazendo isso, volte para o centro. Registre sua saída. Pegue um ônibus para voltar para casa, a duas horas de distância.

É evidente que ninguém poderia fazer isso dia após dia. O que aconteceu foi que todos aceitavam que não se esperava que as enfermeiras fizessem o trabalho conforme descrito. Mas, dado isso, o que deveriam realmente fazer? As enfermeiras estabeleceram suas próprias regras. No decorrer do nosso encontro, elas nos disseram muito claramente que não poderíamos esperar que chegassem para o trabalho antes das dez horas da manhã. O horário de abertura do centro, afixado na parede externa, era oito horas.

As regras (obviamente) não foram elaboradas com o objetivo de minar a eficácia de todo o sistema de saúde na Índia. Ao contrário, foram provavelmente colocadas no papel por um burocrata bem-intencionado, que tinha suas próprias opiniões sobre o que o sistema deveria fazer e não prestou muita atenção ao que isso exigia de fato. Trata-se do que chamamos, para resumir, do problema dos "três Is": ideologia, ignorância e inércia. Esse problema aflige muitos dos esforços feitos para supostamente ajudar os pobres.

A carga de trabalho das enfermeiras baseava-se numa *ideologia* que quer vê-las como assistentes sociais dedicadas, projetada na *ignorância* das condições concretas, que perduram, principalmente apenas no papel, por causa da *inércia*. Alterar as regras a fim de tornar os trabalhos viáveis pode não ser suficiente para fazer com que as enfermeiras compareçam ao trabalho regularmente, mas tem de ser o primeiro passo necessário.

O mesmo problema dos três Is também minou o esforço da Índia para tornar as escolas responsáveis perante pais e alunos. A última grande reforma educacional do governo da Índia introduziu a ideia da participação dos pais na supervisão das escolas primárias. De acordo com o Sarva Siksha Aviyan (SSA), um programa enorme financiado pelo governo federal para melhorar a qualidade da educação, cada aldeia deveria formar um "comitê de educação da aldeia" (ou VEC, o equivalente indiano da Associação de Pais e Mestres norte-americana) para ajudar a administrar a escola, encontrar maneiras de melhorar a qualidade do ensino e relatar quaisquer problemas. Em particular, o VEC tinha a opção de requerer fundos para obter um professor adicional para a escola, e, se lhe fosse concedido o dinheiro necessário, tinha autoridade para contratar e, posteriormente, se necessário, demitir esse professor. Trata-se de um poder significativo, visto que professores não são baratos. Mas, numa pesquisa que realizamos no distrito de Jaunpur, em Uttar Pradesh (o estado mais populoso da Índia), quase cinco anos depois do lançamento do programa, descobrimos que 92% dos pais nunca tinham ouvido falar do VEC. Ademais, quando entrevistamos os pais que eram membros do VEC, um em cada quatro não sabia que era membro; dos que sabiam, cerca de dois terços desconheciam o programa Sarva Siksha Aviyan e seu direito de contratar professores.

Esse programa sofria do clássico problema dos três Is. Inspirado por uma ideologia — o poder do povo é bom — e projetado na ignorância do que as pessoas querem e de como a aldeia funciona, era, na época em que o estudamos, totalmente sustentado pela inércia. Ninguém prestou atenção nisso por muitos anos, exceto por algum burocrata em algum lugar que verificava se todos os quadradinhos do formulário haviam sido marcados.

Ao trabalharmos com a Pratham, a ONG educacional indiana responsável pelo Relatório Anual do Estado da Educação (ASER) e pelo programa Read India que discutimos no capítulo 4, sobre educação, pensamos que tornar os pais mais conscientes de seus direitos poderia dar uma nova vida ao VEC. Equipes de pessoal de campo da Pratham foram enviadas a 65 aldeias escolhidas aleatoriamente para informar e mobilizar os pais em torno de seus direitos garantidos pelo Sarva Siksha Aviyan.[35] Uma vez que a equipe da Pratham duvidava de que apenas dizer às pessoas o que elas podem fazer teria qualquer efeito sem também dizer a elas *por que* deveriam fazer alguma coisa, em outro conjunto de 65 aldeias uma equipe da Pratham ensinou aos cidadãos interessados como realizar os testes rápidos de leitura e matemática que são a base do ASER e preparar um boletim escolar para sua aldeia. A discussão dos boletins (que revelaram que o número de crianças que sabiam ler e escrever era pateticamente baixo na maioria das aldeias) estabeleceu o ponto de partida da discussão sobre o papel potencial dos pais e do VEC.

Mas nenhuma dessas intervenções fez qualquer diferença no envolvimento dos pais no VEC, no ativismo do VEC ou na aprendizagem da criança (nossa preocupação essencial) após um ano. Não que a comunidade não estivesse pronta para se mobilizar. A equipe da Pratham também pediu à comunidade que apresentasse alguns voluntários que seriam treinados nas técnicas Read India da Pratham para ensinar crianças a ler, e depois ministrar aulas de leitura após a escola para as crianças. Voluntários se apresentaram e deram várias aulas cada um. Como vimos no capítulo 4, os níveis de leitura das crianças melhoraram drasticamente nessas aldeias.

A diferença foi explicada pelo fato de que os moradores receberam uma tarefa clara e concreta: identificar voluntários e enviar as crianças que precisavam de ajuda para as aulas de reforço. Isso foi muito mais bem definido do que a meta provavelmente ambiciosa demais de convencer as pessoas a fazerem lobby na administração por professores adicionais, ou forçar os professores a irem para a escola, como o SSA queria. No Quênia, um estudo que deu aos comitês escolares de pais uma atribuição limitada teve sucesso em fazê-los agir. Os comitês receberam uma quantia em dinheiro e foram solicitados a contratar professores extras com ele, e em algumas das escolas receberam a responsabilidade adicional de prestar muita atenção ao que esse professor extra estava fazendo e certificar-se de que a escola não estava fazendo mau uso do novo professor. O programa foi bem implementado em todas as escolas, e seus efeitos foram ainda mais fortes nas escolas em que foi solicitado ao comitê escolar que prestasse muita atenção em como o programa funcionava.[36] Portanto, a participação dos pais na escola pode funcionar, mas requer algumas reflexões sobre o que se pede que os pais façam.

O que esses dois exemplos (as enfermeiras e os comitês escolares) ilustram é que o desperdício em grande escala e o fracasso das políticas públicas muitas vezes acontecem não devido a algum problema estrutural profundo, mas em virtude do pensamento preguiçoso no estágio da formulação de políticas. Boa política pode ou não ser necessária para boas políticas públicas, mas certamente não é suficiente.

PORTANTO, não há razão para acreditar, como a óptica da economia política quer, que a política sempre triunfa sobre as políticas públicas. Podemos agora dar um passo adiante e inverter a hierarquia entre políticas públicas e política. Políticas públicas boas podem ser o primeiro passo para uma política boa?

Os eleitores ajustam suas opiniões com base no que veem acontecendo na realidade, mesmo quando inicialmente são tendenciosos. Na Índia, as mulheres formuladoras de políticas são um exemplo. Enquanto a elite de Delhi permanecia convencida de que elas não podiam ser empoderadas por decreto legal, os cidadãos eram muito mais abertos à visão oposta. Antes da política de reservar um terço dos assentos de líderes do *panchayat* para mulheres, muito poucas mulheres eram eleitas para uma posição de poder. Em Bengala Ocidental, em GPS que nunca foram reservados para mulheres líderes, 10% dos *pradhans* eram mulheres em 2008. Não surpreende que essa fatia tenha saltado para 100% quando os assentos foram reservados para elas. Mas depois que um assento que havia sido reservado voltava a ser aberto, era mais provável que mulheres fossem reeleitas; a proporção de mulheres eleitas aumentou para 13% nas cadeiras atualmente sem reserva que foram reservadas uma vez no passado e para 17% se foram reservadas duas vezes. A mesma coisa se aplica aos representantes do governo municipal em Mumbai.[37] Uma razão para isso é que as atitudes dos eleitores em relação às mulheres mudaram. Em Bengala Ocidental,[38] para medir preconceitos sobre competência, os aldeões foram convidados a ouvir uma gravação do discurso de um líder. Todos os aldeões ouviram o mesmo discurso, mas alguns ouviram uma voz masculina e outros uma voz feminina. Depois de ouvirem a gravação, foram solicitados a avaliar sua qualidade. Em aldeias que nunca tiveram assentos reservados para mulheres e, portanto, não tinham experiência com uma líder mulher, os homens que ouviram o discurso "masculino" deram maiores índices de aprovação do que aqueles que ouviram o discurso "feminino". Por outro lado, em aldeias onde antes houve reservas para as mulheres, os homens tendiam a gostar mais do discurso "feminino". Os homens reconheceram que as mulheres eram capazes de implementar boas políticas e mudaram sua opinião sobre as mulheres líderes. Portanto, a reserva temporária de um terço dos assentos para mulheres poderia levar não apenas a algumas fontes adicionais de água potável, mas também a uma transformação permanente do papel das mulheres na política.

Boas políticas também podem ajudar a quebrar o círculo vicioso de baixas expectativas: se o governo começa mostrar desempenho, as pessoas passam a levar a política mais a sério e a pressionar o governo para que faça mais, em vez de se abster, votar impensadamente em seus colegas de etnia ou pegar em armas contra o governo.

Um estudo feito no México[39] comparou o comportamento eleitoral nas eleições presidenciais de 2000 em aldeias que receberam o programa de bem-estar social Progresa — que dava às famílias pobres transferências de dinheiro, desde que seus filhos frequentassem a escola e visitassem centros de saúde — por seis meses e em outras que o receberam por 21 meses. Tanto a participação nas eleições quanto os votos a favor do PRI (o partido que lhes trouxe o Progresa) foram maiores nas aldeias que recebiam os benefícios havia mais tempo. O motivo disso não pode ser porque as famílias foram "compradas" pelo programa, uma vez que, naquela época, todos já haviam recebido os benefícios e conheciam as regras. Porém, como o programa obteve sucesso em melhorar a saúde e a educação e as famílias que receberam o programa por mais tempo começaram a ver alguns desses benefícios em suas vidas, elas reagiram engajando-se mais (maior participação) e recompensando o partido que havia iniciado o programa (votação maior para o PRI). Em um contexto em que muitas promessas eleitorais são feitas e descumpridas, as realizações tangíveis proporcionam informações úteis aos eleitores sobre o que os candidatos podem fazer no futuro.

A falta de confiança pode explicar por que, na experiência de 2001, no Benin, Wantchekon descobriu que a mensagem clientelista teve mais sucesso do que um apelo ao interesse geral. Quando os políticos falaram em termos gerais sobre o "interesse público", ninguém os levou a sério. Ao menos, os eleitores poderiam confiar um pouco numa mensagem clientelista. Se a mensagem de "interesse geral" tivesse sido mais clara, mais focada em algumas propostas específicas, e tivesse proposto uma agenda que os eleitores poderiam cobrar dos candidatos, eles teriam sido mais influenciados.

Um experimento de acompanhamento que Wantchekon realizou antes das eleições de 2006 sugere que os eleitores estão realmente preparados para apoiar os políticos que levam a sério o trabalho de planejar e explicar as políticas sociais.[40] Wantchekon e outros líderes da sociedade civil de Benin começaram pela organização de uma ampla consulta: "Eleições 2006: Qual política alternativa?". Houve quatro painéis sobre educação, saúde pública, governança e planejamento urbano, e quatro especialistas (dois do Benin e dois dos vizinhos Níger e Nigéria) apresentaram um livro branco com recomendações de políticas públicas. Eram propostas amplas, sem apelo clientelista. Todos os partidos representados na Assembleia Nacional, bem como representantes de várias ONGs, participaram da conferência. Após o evento, vários partidos se ofereceram para usar as propostas feitas na conferência como plataformas eleitorais em base experimental. Eles fizeram isso em aldeias selecionadas aleatoriamente, em assembleias do povo nas quais as propostas foram apresentadas em detalhes e os participantes tiveram a chance de responder e reagir. Nas aldeias de comparação, ocorreu o habitual encontro político festivo, com a costumeira mescla de mensagens clientelistas e propostas políticas amplas, mas vagas. Agora, os resultados foram invertidos: em vez de mostrar apoio à mensagem clientelista, a participação eleitoral e o apoio ao partido que fez a campanha foram maiores nas aldeias onde se realizaram as assembleias e se discutiram propostas de políticas específicas.

Esse resultado sugere que uma mensagem confiável pode convencer os eleitores a votar a favor de políticas de interesse geral. Uma vez que a confiança existe, os incentivos do político também mudam. Ele pode começar a achar que se fizer algo de bom será apreciado e reeleito. Muitas pessoas em posições de poder têm motivos mistos: querem ser amadas ou fazer o bem, ambos porque se importam e porque isso garante sua posição, mesmo quando são corruptas. Esses indivíduos farão coisas para promover mudanças, desde que não sejam totalmente incoerentes com seus objetivos econômicos. Assim que o governo provar que está tentando cumprir a promessa e ganhar a confiança do povo, surge uma outra possibilidade. O governo pode agora se dar ao luxo de se preocupar menos com o curto prazo, ser menos interessado em obter a aprovação dos eleitores a todo custo, menos obrigado a oferecer obséquios. Esta é sua chance de projetar políticas melhores e de mais longo alcance. Como vimos no capítulo 4, o sucesso demonstrado do Progresa encorajou Vicente Fox, que assumiu a presidência do México após a derrota do PRI, a expandir o programa, em vez de cancelá-lo. Além do mais, programas desse tipo se expandiram por toda a América Latina e de lá para o resto do mundo. Esses programas podem inicialmente ser menos populares do que simples brindes, porque para conseguir o dinheiro a família tem de fazer alguma coisa que de outro modo poderia não querer fazer, mas acredita-se (embora, como vimos, talvez incorretamente) que a condicionalidade é parte integrante de "romper o círculo da pobreza". É encorajador que os partidos, tanto de esquerda como de direita, julguem agora que devem propor plataformas que colocam essa visão de longo prazo no centro da agenda.

MUITOS ESTUDIOSOS E FORMULADORES de políticas ocidentais são extremamente pessimistas a respeito das instituições políticas no mundo em desenvolvimento. Dependendo de suas inclinações políticas, eles podem culpar as velhas instituições agrárias, ou o pecado original do Ocidente — colonização e suas instituições políticas extrativistas — ou apenas a cultura infeliz na qual os países estão atolados. Qualquer que seja o motivo, esse ponto de vista sustenta que as más instituições políticas são, em grande parte, responsáveis por manter os países pobres na pobreza, e sair desse estado é difícil. Alguns acham que isso é um motivo para desistir; outros querem impor mudanças institucionais de fora.

Easterly e Sachs ficam ambos um tanto impacientes com esses argumentos, por razões diferentes. Easterly não vê razão para "especialistas" do Ocidente julgarem se um conjunto de instituições políticas em outro lugar é necessariamente bom ou ruim naquele contexto específico. Sachs acredita que instituições ruins são uma doença dos países pobres: podemos combater a pobreza com sucesso, talvez de forma limitada, mesmo em ambientes institucionais desfavoráveis, concentrando-nos em programas concretos e mensuráveis; e tornar as pessoas mais ricas e instruídas pode iniciar um círculo virtuoso em que surgirão instituições boas.

Concordamos com ambos. O foco nas INSTITUIÇÕES amplas como uma condição necessária e suficiente para que qualquer coisa boa aconteça está de algum modo mal colocado. As restrições políticas são reais e tornam difícil encontrar grandes soluções para grandes problemas. Mas há um espaço considerável para melhorar as instituições e as políticas na margem. A compreensão cuidadosa das motivações e das restrições de todos (pessoas pobres, funcionários públicos, contribuintes, políticos eleitos e assim por diante) pode levar a políticas públicas e instituições que sejam mais bem elaboradas e menos propensas a serem pervertidas pela corrupção ou pelo abandono do dever. Essas mudanças serão graduais, mas se sustentarão e se desenvolverão por si mesmas. Elas podem ser o início de uma revolução silenciosa.

Em lugar de uma conclusão abrangente

OS ECONOMISTAS (E OUTROS ESPECIALISTAS) parecem ter muito pouco a dizer sobre os motivos de alguns países crescerem e outros não. Casos perdidos, como Bangladesh ou Camboja, se transformam em pequenos milagres. Casos exemplares, como a Costa do Marfim, caem no "fundo do poço". Em retrospecto, sempre é possível construir uma justificativa para o que aconteceu em cada lugar. Mas a verdade é que somos muito incapazes de prever onde o crescimento acontecerá e não entendemos muito bem por que as coisas se põem em marcha repentinamente.

Uma vez que o crescimento econômico requer mão de obra e inteligência, parece plausível, no entanto, que sempre que essa centelha ocorra é mais provável que pegue fogo se mulheres e homens forem devidamente educados, bem alimentados e saudáveis, e se os cidadãos se sentirem seguros e confiantes o suficiente para investir em seus filhos e deixá-los sair de casa para conseguir novos empregos na cidade.

É também provavelmente verdade que, até que isso aconteça, alguma coisa precisa ser feita para tornar a espera pela centelha mais suportável. Se deixarmos que a miséria e a frustração tomem conta e a raiva e a violência assumam o controle, não está claro se a faísca chegará um dia. Uma política social que funcione, que impeça as pessoas de atacar porque sentem que não têm nada a perder, pode ser um passo crucial para preservar o encontro do país com aquela decolagem esquiva.

Mesmo que tudo isso não esteja correto — se a política social não tem nada a ver com crescimento —, o argumento em favor de fazer todo o possível para melhorar a vida dos pobres agora, sem esperar pela centelha do crescimento, continua imperioso. Defendemos isso do ponto de vista moral em nosso primeiro capítulo; na medida em que sabemos como remediar a pobreza, não há razão para tolerar o desperdício de vidas e talentos que a pobreza traz consigo. Como este livro mostrou, embora não tenhamos nenhuma fórmula mágica para erradicar a pobreza, nenhuma cura para tudo, sabemos várias coisas sobre como melhorar a vida dos pobres. Em particular, emergem cinco lições principais.

Em primeiro lugar, os pobres carecem geralmente de informações críticas e acreditam em coisas que não são verdadeiras. Eles não têm certeza sobre os benefícios de vacinar os filhos; acham que há pouco valor no que é aprendido durante os primeiros anos de educação; não sabem quanto fertilizante precisam usar; não sabem qual é a maneira mais fácil de se infectar com o HIV; não sabem o que seus políticos fazem quando estão no cargo. Quando suas crenças mais arraigadas se revelam incorretas, acabam tomando a decisão errada, às vezes com consequências drásticas — pense nas meninas que fazem sexo desprotegido com homens mais velhos ou nos agricultores que usam o dobro de fertilizantes do que deveriam. Mesmo quando sabem que não sabem, a incerteza resultante pode ser prejudicial. Por exemplo, a incerteza sobre os benefícios da vacinação combina-se com a tendência universal de procrastinar, com o resultado de que muitas crianças não são imunizadas. Os cidadãos que votam no escuro têm maior probabilidade de votar em alguém de seu grupo étnico, ao custo de aumentar a intolerância e a corrupção.

Vimos muitos casos em que uma simples informação faz uma grande diferença. Porém, nem toda campanha de informação é eficaz. Parece que, para funcionar, ela precisa ter várias características: deve dizer alguma coisa que as pessoas ainda não sabem (exortações gerais como "Nada de sexo antes do casamento" parecem menos eficazes); deve fazê-lo de forma atraente e simples (um filme, uma peça, um programa de TV, um boletim escolar bem elaborado); e deve vir de uma fonte confiável (curiosamente, a imprensa parece ser considerada confiável). Um dos corolários dessa visão é que os governos pagam um alto custo em termos de perda de credibilidade quando dizem coisas que são enganosas, confusas ou falsas.

Em segundo lugar, os pobres são responsáveis por demasiados aspectos de suas vidas. Quanto mais rico o indivíduo for, mais decisões "certas" serão tomadas por ele. Os pobres não têm água encanada e, portanto, não se beneficiam do cloro que a prefeitura coloca no abastecimento de água. Se quiserem água potável, eles mesmos têm de purificá-la. Não podem pagar por cereais matinais fortificados prontos e, portanto, têm de tomar medidas para que seus filhos recebam nutrientes suficientes. Eles não têm um meio automático de economizar, como um plano de aposentadoria ou uma contribuição para a previdência social, então precisam encontrar um jeito de garantir que vão economizar. Essas decisões são difíceis para todos porque requerem alguma reflexão agora ou algum outro pequeno custo hoje, e os benefícios são geralmente colhidos num futuro distante. Desse modo, a procrastinação entra facilmente no caminho. Para os pobres, isso é agravado pelo fato de que suas vidas já exigem muito mais do que a nossa; muitos deles têm pequenos negócios em setores altamente competitivos; a maioria dos demais é composta de trabalhadores temporários que precisam se preocupar constantemente com onde arranjar o próximo emprego. Isso significa que suas vidas podem ser significativamente melhoradas tornando-se tão fácil quanto possível fazer a coisa certa — com base em tudo o mais que sabemos —, usando-se o poder das opções-padrão e pequenos empurrões. Sal fortificado com ferro e iodo pode ser barato o suficiente para que todos comprem. As contas de poupança, do tipo que torna mais fácil colocar dinheiro e um pouco mais caro para sacá-lo, podem ser facilmente oferecidas a todos, se necessário subsidiando-se o custo para o banco que as oferece. O cloro pode ser disponibilizado próximo a todas as fontes onde a água encanada é cara demais. Existem muitos exemplos semelhantes.

Em terceiro lugar, há boas razões para a ausência de alguns mercados voltados aos pobres, ou para que os pobres enfrentem preços desfavoráveis neles. Os pobres obtêm uma taxa de juros negativa em suas contas de poupança (se tiverem a sorte de ter uma conta) e pagam taxas exorbitantes sobre seus empréstimos (se puderem obtê-los), porque administrar até mesmo uma pequena quantidade de dinheiro implica um custo fixo. O mercado de seguro-saúde para os pobres não se desenvolveu, apesar dos efeitos devastadores de sérios problemas de saúde em suas vidas, porque as opções limitadas de seguro que podem ser sustentadas no mercado (seguro-saúde catastrófico, seguro climático padrão) não são o que os pobres querem.

Em alguns casos, uma inovação tecnológica ou institucional pode possibilitar que um mercado se desenvolva onde ele estava faltando. Isso aconteceu no caso do microcrédito, que concedeu pequenos empréstimos a taxas mais acessíveis para milhões de pessoas pobres, embora talvez não as mais pobres. Os sistemas de transferência eletrônica de dinheiro (usando telefones celulares e similares) e a identificação exclusiva de indivíduos podem cortar radicalmente o custo de fornecer serviços de poupança e remessa de dinheiro aos pobres nos próximos anos. Mas também temos de reconhecer que, em alguns casos, as condições para um mercado emergir por conta própria simplesmente não existem. Nesses casos, os governos devem intervir para apoiar o mercado a fim de oferecer as condições necessárias ou, na falta disso, considerar a prestação do serviço por eles mesmos.

Devemos reconhecer que isso pode significar dar gratuitamente bens ou serviços (como mosquiteiros ou visitas a um centro de cuidados preventivos) ou mesmo recompensar pessoas, por estranho que possa parecer, por fazerem coisas que são boas para elas. A desconfiança na distribuição gratuita de bens e serviços de vários especialistas provavelmente foi longe demais, mesmo do ponto de vista do puro custo-benefício. Muitas vezes acaba sendo mais barato, por pessoa atendida, distribuir um serviço gratuitamente do que tentar extrair uma taxa nominal. Em alguns casos, isso pode envolver a garantia de que o preço de um produto vendido no mercado seja atraente o suficiente para possibilitar o desenvolvimento do mercado. Por exemplo, os governos poderiam subsidiar prêmios de seguro ou distribuir vouchers que os pais podem levar para qualquer escola, privada ou pública, ou forçar os bancos a oferecer contas de poupança "sem penduricalhos" grátis para todos por uma taxa nominal. É importante ter em mente que esses mercados subsidiados precisam ser cuidadosamente regulamentados para que funcionem bem. Por exemplo, os vouchers escolares funcionam bem quando todos os pais têm uma maneira de descobrir a escola certa para seus filhos; do contrário, podem se tornar uma forma de dar ainda mais vantagem aos pais mais bem informados.

Em quarto lugar, os países pobres não estão fadados ao fracasso porque são pobres ou porque tiveram uma história infeliz. É verdade que muitas vezes as coisas não funcionam nesses países: programas destinados a ajudar os pobres acabam nas mãos erradas, professores ensinam desordenadamente ou não ensinam, estradas enfraquecidas pelo roubo de materiais desabam sob o peso de caminhões sobrecarregados e assim adiante. Mas muitas dessas falhas têm menos a ver com alguma grande conspiração das elites para manter seu controle sobre a economia e mais a ver com alguma falha evitável na elaboração detalhada de políticas públicas e com os três Is onipresentes: ignorância, ideologia e inércia. Espera-se que as enfermeiras realizem tarefas que nenhum ser humano comum seria capaz de realizar e, ainda assim, ninguém se sente compelido a mudar a descrição do emprego delas. A moda do momento (sejam represas, médicos descalços, microcrédito ou o que for) se transforma numa política sem nenhuma atenção à realidade dentro da qual deveria funcionar. Certa vez, uma funcionária graduada do governo da Índia nos disse que os comitês de educação de aldeia sempre incluem os pais do melhor aluno e os do pior aluno da escola. Quando perguntamos como decidiam quem eram as melhores e as piores crianças, uma vez que não há provas até o quarto ano, ela mudou rapidamente de assunto. No entanto, mesmo essas regras absurdas, uma vez implantadas, continuam vigentes por pura inércia.

A boa notícia, se essa for a expressão correta, é que é possível melhorar a governança e as políticas públicas sem alterar as estruturas sociais e políticas existentes. Há uma enorme margem para melhorias mesmo em ambientes institucionais "bons" e alguma margem de ação, mesmo em ambientes ruins. Uma pequena revolução pode ser levada a cabo certificando-se de que todos sejam convidados para as assembleias da aldeia; pelo monitoramento dos funcionários do governo e responsabilização deles por falhas no desempenho de suas funções; pelo monitoramento dos políticos em todos os níveis e compartilhamento dessas informações com os eleitores; e deixando claro aos usuários dos serviços públicos o que eles devem esperar — quais são exatamente os horários do centro de saúde, a quanto dinheiro (ou a quantos sacos de arroz) eles têm direito.

Por fim, as expectativas a respeito do que as pessoas são capazes ou incapazes de fazer muitas vezes acabam se transformando em profecias autorrealizáveis. As crianças desistem da escola quando seus professores (e às vezes seus pais) lhes sinalizam que não são inteligentes o suficiente para dominar o currículo; vendedoras de frutas não se esforçam para pagar suas dívidas porque esperam que se endividarão muito rapidamente; as enfermeiras param de ir trabalhar porque ninguém espera que elas estejam lá; políticos que ninguém espera que tenham bom desempenho não têm incentivo para tentar melhorar a vida das pessoas. Mudar as expectativas não é fácil, mas não é impossível: depois de ver uma mulher *pradhan* em sua aldeia, os aldeões não apenas perderam o preconceito contra as mulheres políticas mas até começaram a pensar que suas filhas também poderiam ocupar o cargo; professores que ouvem que sua função é simplesmente garantir que todas as crianças consigam ler podem realizar essa tarefa durante um acampamento de verão. Sobretudo, o papel das expectativas significa que o sucesso muitas vezes se alimenta de si mesmo. Quando uma situação começa a melhorar, a própria melhoria afeta as crenças e o comportamento. Essa é mais uma razão pela qual não se deve necessariamente ter medo de distribuir coisas (inclusive dinheiro) quando necessário para iniciar um círculo virtuoso.

Apesar dessas cinco lições, estamos muito longe de saber tudo o que podemos e precisamos saber. Este livro é, em certo sentido, apenas um convite para olhar mais de perto. Se resistirmos ao tipo de pensamento preguiçoso e padronizado que reduz todos os problemas ao mesmo conjunto de princípios gerais; se ouvirmos os próprios pobres e nos forçarmos a compreender a lógica de suas escolhas; se aceitarmos a possibilidade de erro e sujeitarmos todas as ideias, inclusive as aparentemente mais sensatas, a testes empíricos rigorosos, seremos capazes não apenas de construir um conjunto de políticas eficazes, mas também de entender melhor por que os pobres vivem da maneira como vivem. Armados com essa compreensão paciente, podemos identificar as armadilhas da pobreza onde elas realmente estão e saber quais ferramentas precisamos dar aos pobres para ajudá-los a sair delas.

Podemos não ter muito a dizer sobre políticas macroeconômicas ou reformas institucionais, mas não se deixe enganar pela aparente modéstia do empreendimento: pequenas mudanças podem ter grandes efeitos. Vermes intestinais podem ser o último assunto que você deseja abordar num encontro amoroso, mas crianças no Quênia que tiveram seus vermes tratados na escola por dois anos, em vez de um (ao custo de US$1,36 PPC por criança e por ano, tudo incluído), ganharam 20% a mais a cada ano quando adultas, o que significa US$3269 PPC ao longo da vida. O efeito pode ser menor se a vermifugação se tornar universal, pois as crianças que tiveram a sorte de terem tomado vermífugos podem ter tomado em parte os empregos de outras. Mas, para dimensionar esse número, observe-se que a maior taxa de crescimento per capita sustentado do Quênia na memória moderna foi de cerca de 4,5%, em 2006-8. Se pudéssemos ligar um botão de política macroeconômica que fizesse esse tipo de crescimento sem precedentes acontecer de novo, ainda levaria quatro anos para aumentar a renda média nos mesmos 20%. E, ao que parece, esse botão não existe.

Também não temos um botão para desligar a pobreza, mas, uma vez que aceitemos isso, o tempo está do nosso lado. A pobreza está conosco há muitos milhares de anos; se tivermos que esperar mais cinquenta ou cem anos para o fim da pobreza, que assim seja. Podemos, pelo menos, parar de fingir que existe uma solução à mão e, em vez disso, dar as mãos a milhões de pessoas bem-intencionadas em todo o mundo — autoridades eleitas e burocratas, professores e trabalhadores de ONGs, acadêmicos e empresários — na busca pelas muitas ideias, grandes e pequenas, que por fim nos levarão a um mundo onde ninguém tenha de viver com 99 centavos por dia.

Agradecimentos

Tornamo-nos economistas do desenvolvimento por influência de nossas mães, Nirmala Banerjee e Violaine Duflo. Em sua vida e em seu trabalho, ambas manifestam constantemente uma indisposição de conviver com a injustiça que veem no mundo. Teríamos de ser surdos e cegos para escapar da influência delas.

Nossos pais, Dipak Banerjee e Michel Duflo, nos ensinaram a importância de acertar o argumento. Nem sempre estamos de acordo com o padrão exato de precisão que eles estabelecem para si próprios, mas passamos a entender por que é o padrão certo.

A gênese deste livro foi uma conversa em 2005 com Andrei Shleifer, que então editava a *Journal of Economic Perspectives*. Ele nos pediu para escrever algo sobre os pobres. Enquanto escrevíamos aquele artigo, que acabou se chamando "As vidas econômicas dos pobres", percebemos que isso poderia ser uma forma de reunir os muitos fatos e ideias díspares que passamos nossa vida tentando compreender. Max Brockman, nosso agente, nos convenceu de que poderia haver interesse em publicar um livro derivado do artigo.

Muitos desses fatos e ideias vieram de outras pessoas: daqueles que nos ensinaram, nos orientaram, nos desafiaram; de nossos coautores, coeditores, alunos e amigos; de nossos colegas do Laboratório de Ação contra a Pobreza Abdul Latif Jameel; e das muitas pessoas com quem trabalhamos em governos e organizações de desenvolvimento em todo o mundo. Qualquer lista de influências mais específicas será necessariamente incompleta, até mesmo injusta. Mesmo assim, gostaríamos de agradecer a Josh Angrist, Rukmini Banerji, Annie Duflo, Neelima Khetan, Michael Kremer, Andreu Mas Colell, Eric Maskin, Sendhil Mullainathan, Andy Newman, Rohini Pande, Thomas Piketty e Emmanuel Saez, os quais, cada um à sua maneira, contribuíram mais para moldar os pensamentos que compuseram este livro do que eles provavelmente imaginam. Esperamos que o resultado não os desanime inteiramente.

Nós nos beneficiamos imensamente dos comentários de várias pessoas nas versões anteriores do livro: Daniel Cohen, Angus Deaton, Pascaline Dupas, Nicholas Kristof, Greg Lewis, Patrick McNeal, Rohini Pande, Ian Parker, Somini Sengupta, Andrei Shleifer e Kudzai Takavarasha. Emily Breza e Dominic Leggett leram todos os capítulos várias vezes e descobriram maneiras importantes de melhorar o livro.

O livro ficou imensamente melhor por isso, embora provavelmente não tão bom quanto eles poderiam ter feito se fôssemos menos impacientes para concluí-lo. Foi maravilhoso trabalhar com Clive Priddle, nosso editor na PublicAffairs: o livro ganhou vida quando ele assumiu o comando.

Notas

Prefácio (pp. 9-13)

1. Ao longo do livro, usamos a primeira pessoa do plural "nós" sempre que pelo menos um de nós dois esteve presente numa entrevista.
2. A referência que seguimos para nossa definição de pobreza é: Angus Deaton e Olivier Dupriez, "Purchasing Power Parity for the Global Poor", *American Economic Journal: Applied Economics*, v. 3, n. 2, abr. 2011. Como sabemos quanto os preços precisam ser ajustados para refletir o custo de vida? O projeto ICP, liderado pelo Banco Mundial, coletou um conjunto abrangente de dados de preços em 2005. Deaton e Dupriez usaram esses dados para calcular o custo de uma cesta de bens tipicamente consumidos pelos pobres em todos os países pobres para os quais eles têm dados. Eles fazem o exercício usando a rupia indiana como referência e usam um índice de preço na Índia em comparação com os Estados Unidos para converter essa linha de pobreza em dólares, ajustados pela paridade do poder de compra (PPC). Eles propõem a linha de pobreza de dezesseis rupias como a média da linha de pobreza de cinquenta países onde vive a grande maioria dos pobres, ponderada pelo número de pobres nesses países. Em seguida, eles usam a taxa de câmbio, ajustada pelo índice de preços entre a Índia e os Estados Unidos, para converter as dezesseis rupias em um valor em dólares, o que chega a 99 centavos. Ao longo deste livro, apresentamos todos os preços em moeda local e em dólares ajustados pela paridade do poder de compra de 2005 (que chamaremos de "US$ PPC"), usando os números de Deaton e Dupriez. Desse modo, o preço de qualquer coisa mencionada no livro é diretamente dimensionável em termos do padrão de vida dos pobres (por exemplo, se uma coisa custa US$3 PPC, é mais ou menos três vezes a linha de pobreza).

1. Pense de novo, novamente (pp. 15-32)

1. United Nations, Department of Economic and Social Affairs, *The Millennium Development Goals Report*, 2010.
2. Pratham Annual Status of Education Report 2005: Final Edition. Disponível em: <http://scripts.mit.edu/~varun_ag/readinggroup/images/1/14/ASER.pdf>.
3. Deborah Small, George Loewenstein e Paul Slovic, "Sympathy and Callousness: The Impact of Deliberative Thought on Donations to Identifiable and Statistical Victims", *Organizational Behavior and Human Decision Processes*, v. 102, 2007, pp. 143-53.

4. Jeffrey Sachs, *The End of Poverty: Economic Possibilities for Our Time*. Nova York: Penguin Press, 2005.
5. William Easterly, *The White Man's Burden: Why the West's Efforts to Aid the Rest Have Done So Much Ill and So Little Good*. Oxford: Oxford University Press, 2006; e William Easterly, *The Elusive Quest for Growth: Economists' Adventures and Misadventures in the Tropics*. Cambridge: MIT Press, 2001.
6. Dambisa Moyo, *Dead Aid: Why Aid Is Not Working and How There Is a Better Way for Africa*. Londres: Allen Lane, 2009.
7. Em todo o livro, sempre que apresentamos um valor na moeda local de um país, damos o valor equivalente em dólares ajustado pelo custo de vida (ver nota 2 do prefácio), indicado por US$ PPC (paridade do poder de compra).
8. Todd Moss, Gunilla Pettersson e Nicolas van de Walle, "An Aid-Institutions Paradox? A Review Essay on Aid Dependency and State Building in Sub-Saharan Africa", Working Paper, n. 74, Center for Global Development, jan. 2006. Contudo, onze países em 46 receberam mais de 10% de seu orçamento em ajuda, e outros onze receberam mais de 20%.
9. Peter Singer, "Famine, Affluence, and Morality". *Philosophy and Public Affairs*, v. 1, n. 3, 1972, pp. 229-43.
10. Amartya Sen, *Development as Freedom*. Nova York: Knopf, 1999.
11. Nicholas D. Kristof e Sheryl WuDunn, *Half the Sky: Turning Oppression into Opportunity for Women Worldwide*. Nova York: Knopf, 2009.
12. Peter Singer, *The Life You Can Save*. Nova York: Random House, 2009. Disponível em: <http://www.thelifeyoucansave.com>.
13. Ver o boletim informativo da OMS sobre malária, disponível em: <http://www.who.int/mediacentre/factsheets/fs094/en/index.html>. Observe que aqui, como em muitos outros lugares do livro, citamos as estatísticas internacionais oficiais. É bom ter em mente que os números nem sempre são precisos: em muitas questões, os dados nos quais esses números se baseiam estão incompletos ou são de qualidade duvidosa.
14. C. Lengeler, "Insecticide-Treated Bed Nets and Curtains for Preventing Malaria". *Cochrane Database of Systematic Reviews*, v. 2, 2004, n. CD000363.
15. William A. Hawley, Penelope A. Phillips-Howard, Feiko O. Ter Kuile, Dianne J. Terlouw, John M. Vulule, Maurice Ombok, Bernard L. Nahlen, John E. Gimnig, Simon K. Kariuki, Margarette S. Kolczak e Allen W. Hightower, "Community-Wide Effects of Permethrin-Treated Bed Nets on Child Mortality and Malaria Morbidity in Western Kenya". *American Journal of Tropical Medicine and Hygiene*, v. 68, 2003, pp. 121-7.
16. World Malaria report. Disponível em: <http://www.who.int/malaria/world_malaria_report_2009/factsheet/en/index.html>.
17. Pascaline Dupas, "Short-Run Subsidies and Long-Run Adoption of New Health Products: Evidence from a Field Experiment", versão preliminar, 2010; Jessica Cohen e Pascaline Dupas, "Free Distribution or Cost-Sharing? Evidence from a

Randomized Malaria Prevention Experiment". *Quarterly Journal of Economics*, v. 125, n. 1, fev. 2010, pp. 1-45; V. Hoffmann, "Demand, Retention, and Intra-Household Allocation of Free and Purchased Mosquito Nets". *American Economic Review: Papers and Proceedings*, maio 2009; Paul Krezanoski, Alison Comfort e Davidson Hamer, "Effect of Incentives on Insecticide-Treated Bed Net Use in Sub-Saharan Africa: A Cluster Randomized Trial in Madagascar". *Malaria Journal*, v. 9, n. 186, 27 jun. 2010.
18. Disponível em: <http://www.millenniumvillages.org/>.

2. Um bilhão de pessoas famintas? (pp. 35-58)

1. Food and Agriculture Organization, "The State of Food Insecurity in the World, 2009: Economic Crises, Impact and Lessons Learned". Disponível em: <http://www.fao.org/docrep/012/i0876e/i0876e00.htm>.
2. World Bank, "Egypt's Food Subsidies: Benefit Incidence and Leakages", relatório n. 57446, set. 2010.
3. A. Ganesh-Kumar, Ashok Gulati e Ralph Cummings Jr., "Foodgrains Policy and Management in India: Responding to Today's Challenges and Opportunities", Indira Gandhi Institute of Development Research, Mumbai, e IFPRI, Washington, DC, PP-056, 2007.
4. Ela fazia parte da tese de doutorado de Dipak Mazumdar, defendida na London School of Economics. Em 1986, Partha Dasgupta e Debraj Ray, então professores de Stanford, deram-lhe uma exposição elegante. Ver Partha Dasgupta e Debraj Ray, "Inequality as a Determinant of Malnutrition and Unemployment: Theory". *Economic Journal*, v. 96, n. 384, 1986, pp. 1011-34.
5. Essas e outras estatísticas baseadas no conjunto de dados dos dezoito países (e mais detalhes sobre os dados) estão disponíveis no site do livro, em: <http://www.pooreconomics.com>.
6. Shankar Subramanian e Angus Deaton, "The Demand for Food and Calories", *Journal of Political Economy*, v. 104, n. 1, 1996, pp. 133-62.
7. Robert Jensen e Nolan Miller, "Giffen Behavior and Subsistence Consumption", *American Economic Review*, v. 98, n. 4, 2008, pp. 1553-77.
8. Alfred Marshall, um dos fundadores da economia moderna, discute essa ideia em *Principles of Economics* (publicado pela primeira vez por McMillan, Londres, 1890), usando o exemplo de que quando o preço do pão sobe as pessoas "são forçadas a reduzir seu consumo de carne e dos alimentos farináceos mais caros: e, sendo o pão ainda o alimento mais barato que podem obter, elas consomem mais dele, e não menos". Marshall atribuiu essa observação a um certo sr. Giffen, e os bens cujo consumo diminui quando se tornam mais baratos são chamados de "bens de Giffen". No entanto, antes do experimento de Jensen-Miller, a maioria dos economistas duvidava que os bens de Giffen existissem na vida real. Ver Alfred Marshall, *Principles of Economics*. Amherst, NY: Prometheus, edição revista, maio 1997.

9. Angus Deaton e Jean Dreze, "Food and Nutrition in India: Facts and Interpretations". *Economics and Political Weekly*, v. 44, n. 7, 2009, pp. 42-65.
10. "Food for All", *World Food Summit, November 1996*, Food and Agriculture Organization of the United Nations.
11. Nathan Nunn e Nancy Qian, "The Potato's Contribution to Population and Urbanization: Evidence from an Historical Experiment", NBER Working Paper W15157, 2009.
12. É o que defendem Roger Thurow e Scott Kilman, dois jornalistas do *Wall Street Journal*, em seu livro apropriadamente intitulado *Enough: Why the World's Poorest Starve in an Age of Plenty*. Nova York: Public Affairs, 2009.
13. John Strauss, "Does Better Nutrition Raise Farm Productivity?". *Journal of Political Economy*, v. 94, 1986, pp. 297-320.
14. Robert Fogel, *The Escape from Hunger and Premature Death, 1700-2100: Europe, America and the Third World*. Cambridge: Cambridge University Press, 2004.
15. Emily Oster, "Witchcraft, Weather and Economic Growth in Renaissance Europe". *Journal of Economic Perspectives*, v. 18, n. 1, inverno 2004, pp. 215-28.
16. Elaina Rose, "Consumption Smoothing and Excess Female Mortality in Rural India", *Review of Economics and Statistics*, v. 81, n. 1, 1999, pp. 41-9.
17. Edward Miguel, "Poverty and Witch Killing". *Review of Economic Studies*, v. 72, n. 4, 2005, pp. 1153-72.
18. Amartya Sen, "The Ingredients of Famine Analysis: Availability and Entitlements". *Quarterly Journal of Economics*, v. 96, n. 3, 1981, pp. 433-64.
19. "Intake of Calories and Selected Nutrients for the United States Population, 1999--2000". Centers for Disease Control, resultados da pesquisa NHANES.
20. Measure DHS Statcompiler. Disponível em: <http://statcompiler.com>, citado também em Angus Deaton e Jean Dreze, "Food and Nutrition in India: Facts and Interpretations". *Economics and Political Weekly*, v. 44, n. 7, 2009, pp. 42-65.
21. Ibid.
22. Anne Case e Christina Paxson, "Stature and Status: Height, Ability and Labor Market Outcomes". *Journal of Political Economy*, v. 166, n. 3, 2008, pp. 499-532.
23. Ver a matéria escrita por Mark Borden sobre a reação ao artigo de Case-Paxson. Disponível em: <http://www.newyorker.com/archive/2006/10/02/061002ta_talk_borden>.
24. Sarah Baird, Joan Hamory Hicks, Michael Kremer e Edward Miguel, "Worm at Work: Long-Run Impacts of Child Health Gains". University of California, Berkeley, 2010, manuscrito não publicado.
25. Cesar G. Victora, Linda Adair, Caroline Fall, Pedro C. Hallal, Reynaldo Martorell, Linda Richter e Harshpal Singh Sachdev, "Maternal and Child Undernutrition: Consequences for Adult Health and Human Capital". *Lancet*, v. 371, n. 9609, 2008, pp. 340-57.
26. David Barker, "Maternal Nutrition, Female Nutrition, and Disease in Later Life". *Nutrition*, v. 13, 1997, p. 807.

27. Erica Field, Omar Robles e Maximo Torero, "Iodine Deficiency and Schooling Attainment in Tanzania". *American Economic Journal: Applied Economics*, v. 1, n. 4, 2009, pp. 140-69.
28. Duncan Thomas, Elizabeth Frankenberg, Jed Friedman et al., "Causal Effect of Health on Labor Market Outcomes: Evidence from a Random Assignment Iron Supplementation Intervention", 2004, mimeografado.
29. Michael Kremer e Edward Miguel, "The Illusion of Sustainability". *Quarterly Journal of Economics*, v. 122, n. 3, 2007, pp. 1007-65.
30. George Orwell, *The Road to Wigan Pier*. Nova York: Penguin, Modern Classic Edition, 2001, p. 88. [Ed. bras.: *O caminho para Wigan Pier*. Trad. de Isa Mara Lando São Paulo: Companhia das Letras, 2010, p. 68.]
31. Anne Case e Alicia Menendez, "Requiescat in Pace? The Consequences of High Priced Funerals in South Africa", NBER Working Paper W14998, 2009.
32. "Funeral Feasts of the Swasi Menu", *BBC News*, 2002. Disponível em: <http://news.bbc.co.uk/2/hi/africa/2082281.stm>.
33. Essas estatísticas são de nosso conjunto de dados de dezoito países e estão disponíveis em: <http://www.pooreconomics.com>.
34. George Orwell, *O caminho para Wigan Pier*, p. 61.
35. Disponível em: <http://www.harvestplus.org/>.

3. Soluções fáceis para melhorar a saúde (mundial)? (pp. 59-91)

1. Disponível em: <http://www.povertyactionlab.org/policy-lessons/health/child-diarrhea>.
2. Nava Ashraf, James Berry e Jesse Shapiro, "Can Higher Prices Stimulate Product Use? Evidence from a Field Experiment in Zambia", NBER Working Paper W13247, 2007.
3. Disponível em: <http://www.unicef.org/infobycountry/india_statistics.html>.
4. John Gallup e Jeffrey Sach, "The Economic Burden of Malaria". *American Journal of Tropical Medicine and Hygiene*, v. 64, 2001, pp. 1, 85-96.
5. Disponível em: <http://www.cdc.gov/malaria/history/index.htm#eradicationus>.
6. Hoyt Bleakley, "Malaria Eradication in the Americas: A Retrospective Analysis of Childhood Exposure". *American Economic Journal: Applied Economics*, v. 2, n. 2, 2010, pp. 1-45.
7. David Cutler, Winnie Fung, Michael Kremer, Monica Singhal e Tom Vogl, "Early-Life Malaria Exposure and Adult Outcomes: Evidence from Malaria Eradication in India". *American Economic Journal: Applied Economics*, v. 2, n. 2, abr. 2010, pp. 72-94.
8. Adrienne Lucas, "Malaria Eradication and Educational Attainment: Evidence from Paraguay and Sri Lanka". *American Economic Journal: Applied Economics*, v. 2, n. 2, 2010, pp. 46-71.
9. WHO e Unicef, *Progress on Sanitation and Drinking Water*, 2010. Disponível em: <http://whqlibdoc.who.int/publications/2010/9789241563956_eng_full_text.pdf>.

10. David Cutler e Grant Miller, "The Role of Public Health Improvements in Health Advances: The Twentieth-Century United States". *Demography*, v. 42, n. 1, 2005, pp. 1-22; e J. Bryce, C. Boschi-Pinto, K. Shibuya, R. E. Black e WHO Child Health Epidemiology Reference Group, "WHO Estimates of the Causes of Death in Children". *Lancet*, v. 365, 2005, pp. 1147-52.
11. Lorna Fewtrell e John M. Colford Jr., "Water, Sanitation and Hygiene: Interventions and Diarrhoea", HNP Discussion Paper, 2004.
12. World Health Organization, "Water, Sanitation and Hygiene Links to Health: Facts and Figures", 2004.
13. Dale Whittington, W. Michael Hanemann, Claudia Sadoff e Marc Jeuland, "Sanitation and Water". Copenhague, 2008, Challenge Paper, p. 21.
14. Disponível em: <http://www.who.int/features/factfiles/breastfeeding/en/index.html>.
15. R. E. Quick, A. Kimura, A. Thevos, M. Tembo, I. Shamputa, L. Hutwagner e E. Mintz, "Diarrhea Prevention Through Household-Level Water Disinfection and Safe Storage in Zambia". *American Journal of Tropical Medicine and Hygiene*, v. 66, n. 5, 2002, pp. 584-9.
16. Nava Ashraf, James Berry e Jesse Shapiro, "Can Higher Prices Stimulate Product Use?".
17. Jessica Cohen e Pascaline Dupas, "Free Distribution or Cost-Sharing? Evidence from a Randomized Malaria Prevention Experiment". *Quarterly Journal of Economics*, v. 125, n. 1, 2010, pp. 1-45.
18. Pascaline Dupas, "What Matters (and What Does Not) in Households' Decision to Invest in Malaria Prevention?". *American Economic Review: Papers and Proceedings*, v. 99, n. 2, 2009, pp. 224-30.
19. Obinna Onwujekwe, Kara Hanson e Julia Fox-Rushby, "Inequalities in Purchase of Mosquito Nets and Willingness to Pay for Insecticide-Treated Nets in Nigeria: Challenges for Malaria Control Interventions". *Malaria Journal*, v. 3, n. 6, 16 mar. 2004.
20. Anne Case e Angus Deaton, "Health and Well-Being in Udaipur and South Africa", cap. 9. In: D. Wise (Org.), *Developments in the Economics of Aging*. Chicago: University of Chicago Press para NBER, 2006.
21. Abhijit Banerjee, Angus Deaton e Esther Duflo, "Wealth, Health, and Health Services in Rural Rajasthan". *AER Papers and Proceedings*, v. 94, n. 2, 2004, pp. 326-30.
22. Abhijit Banerjee e Esther Duflo, "Improving Health Care Delivery in India". MIT, 2009, mimeografado.
23. Jishnu Das e Jeffrey Hammer, "Money for Nothing: The Dire Straits of Medical Practice in Delhi, India". *Journal of Development Economics*, v. 83, n. 1, 2007, pp. 1-36.
24. Id., "Which Doctor? Combining Vignettes and Item Response to Measure Clinical Competence". *Journal of Development Economics*, v. 78, n. 2, 2005, pp. 348-83.
25. Abhijit Banerjee, Angus Deaton e Esther Duflo, "Wealth, Health, and Health Services in Rural Rajasthan". *AER Papers and Proceedings*, v. 94, n. 2, 2004, pp. 326-30.

26. World Health Organization, *WHO Report on Infectious Diseases 2000: Overcoming Antimicrobial Resistance*. Genebra: WHO/ CDS, 2000, p. 2.
27. Ambrose Talisuna, Peter Bloland e Umberto d'Alessandro, "History, Dynamics, and Public Health Importance of Malaria Parasite Resistance". *American Society for Microbiology*, v. 17, n. 1, 2004, pp. 235-54.
28. Nazmul Chaudhury et al., "Missing in Action: Teacher and Health Worker Absence in Developing Countries". *Journal of Economic Perspectives*, v. 20, n. 1, 2006, pp. 91-116.
29. Kenneth L. Leonard e Melkiory C. Masatu, "Variations in the Quality of Care Accessible to Rural Communities in Tanzania". *Health Affairs*, v. 26, n. 3, 2007, pp. 380-92; e Jishnu Das, Jeffrey Hammer e Kenneth Leonard, "The Quality of Medical Advice in Low-Income Countries". *Journal of Economic Perspectives*, v. 22, n. 2, 2008, pp. 93-114.
30. Abhijit Banerjee, Esther Duflo e Rachel Glennerster, "Putting a Band-Aid on a Corpse: Incentives for Nurses in the Indian Public Health Care System". *Journal of the European Economic Association*, v. 6, n. 2-3, 2008, pp. 487-500.
31. William Easterly, *The White Man's Burden: Why the West's Efforts to Aid the Rest Have Done So Much Ill and So Little Good*. Nova York: Penguin Group, 2006.
32. Ver a análise de Michael Specter a respeito disso e de outras ocorrências de "pensamento irracional" em seu livro *Denialism: How Irrational Thinking Hinders Scientific Progress, Harms the Planet and Threatens Our Lives*. Nova York: Penguin Press, 2010.
33. Jishnu Das e Saumya Das, "Trust, Learning and Vaccination: A Case Study of a North Indian Village", *Social Science and Medicine*, v. 57, n. 1, 2003, pp. 97-112.
34. Jishnu Das e Carolina Sanchez-Paramo, "Short but Not Sweet — New Evidence on Short Duration Morbidities from India". Policy Research Working Paper Series 2971, World Bank, 2003.
35. Abhijit Banerjee, Esther Duflo, Rachel Glennerster e Dhruva Kothari, "Improving Immunisation Coverage in Rural India: Clustered Randomised Controlled Immunisation Campaigns With and Without Incentives". *British Medical Journal*, v. 340, 2010, p. c2220.
36. Mohammad Ali, Michael Emch, Lorenz von Seidlein, Mohammad Yunus, David A. Sack, Malla Rao, Jan Holmgren e John D. Clemens, "Herd Immunity Conferred by Killed Oral Cholera Vaccines in Bangladesh: A Reanalysis". *Lancet*, v. 366, 2005, pp. 44-9.
37. A pesquisa psicológica encontrou seu lugar na economia graça a pesquisadores como Dick Thaler, da Universidade de Chicago, George Lowenstein, da Carnegie-Mellon, Matthew Rabin, de Berkeley, David Laibson, de Harvard, e outros, cujos trabalhos citamos aqui.
38. Richard H. Thaler e Cass R. Sunstein, *Nudge: Improving Decisions About Health, Wealth, and Happiness*. Nova York: Penguin, 2008. [Ed. bras.: *Nudge: Como tomar melhores decisões sobre saúde, dinheiro e felicidade*. Trad. de Ângelo Lessa. Rio de Janeiro: Objetiva, 2019.]

39. Ver uma análise comparativa de custo-eficácia no site do Abdul Latif Jameel Poverty Action Lab. Disponível em: <http://www.povertyactionlab.org/policy-lessons/health/child-diarrhea>.
40. Abhijit Banerjee, Esther Duflo e Rachel Glennerster, "Is Decentralized Iron Fortification a Feasible Option to Fight Anemia Among the Poorest?", cap. 10. In: David Wise (Org.). *Explorations in the Economics of Aging* (Chicago: University of Chicago Press, 2010).
41. Pascaline Dupas, "Short-Run Subsidies and Long-Run Adoption of New Health Products: Evidence from a Field Experiment", versão preliminar, 2010.

4. Melhores da classe (pp. 92-126)

1. Esther Duflo, *Lutter contre la pauvreté: Volume 1, Le Développement humain*. Paris: Le Seuil, 2010. Em nossa pesquisa mais recente, no Marrocos, encontramos uma taxa de absentismo menor.
2. Edward Miguel e Michael Kremer, "Worms: Identifying Impacts on Education and Health in the Presence of Treatment Externalities". *Econometrica*, v. 72, n. 1, jan. 2004, pp. 159-217.
3. The Probe Team, *Public Report on Basic Education in India*. Nova Delhi: Oxford University Press, 1999.
4. Ver *Higher Education in Developing Countries: Perils and Promises*, World Bank, 2000. Disponível em: <http://siteresources.worldbank.org/EDUCATION/Resources/278200-1099079877269/547664-1099079956815/peril_promise_en.pdf>; *State of the World's Children, Special Edition 2009*, Unicef. Disponível em: <http://www.unicef.org/rightsite/sowc/fullreport.php>; e Education for All Global Monitoring Report, Annex (Statistical Tables), United Nations Educational, Scientific and Cultural Organization, 2009.
5. Nazmul Chaudhury, Jeffrey Hammer, Michael Kremer, Karthik Muralidharan e Halsey Rogers, "Missing in Action: Teacher and Health Worker Absence in Developing Countries". *Journal of Economic Perspectives*, inverno 2006, pp. 91-116.
6. Pratham Annual Status of Education Report, 2005, Final Edition. Disponível em: <http://scripts.mit.edu/~varun_ag/readinggroup/images/1/14/ASER.pdf>.
7. "Kenya National Learning Assessment Report 2010" e "Uwezo Uganda: Are Our Children Learning?", ambos disponíveis em: <http://www.uwezo.net>.
8. Tahir Andrabi, Jishnu Das, Asim Khwaja, Tara Vishwanath e Tristan Zajonc, "Pakistan Learning and Educational Achievement in Punjab Schools (Leaps): Insights to Inform the Education Policy Debate", World Bank, Washington, DC, 2009.
9. Andrew Foster e Mark Rosenzweig, "Technical Change and Human Capital Returns and Investments: Evidence from the Green Revolution". *American Economic Review*, v. 86, n. 4, 1996, pp. 931-53.

10. Robert Jensen, "Economic Opportunities and Gender Differences in Human Capital: Experimental Evidence for India", NBER Working Paper W16021, 2010.
11. Paul Schultz, "School Subsidies for the Poor: Evaluating the Mexican Progresa Poverty Program". *Journal of Development Economics*, v. 74, n. 1, 2004, pp. 199-250.
12. Sarah Baird, Craig McIntosh e Berk Ozler, "Designing Cost-Effective Cash Transfer Programs to Boost Schooling Among Young Women in Sub-Saharan Africa". World Bank Policy Research Working Paper, n. 5090, 2009.
13. Najy Benhassine, Florencia Devoto, Esther Duflo, Pascaline Dupas e Victor Pouliquen, "The Impact of Conditional Cash Transfers on Schooling and Learning: Preliminary Evidence from the Tayssir Pilot in Morocco". MIT, 2010, mimeografado.
14. Esther Duflo, "Schooling and Labor Market Consequences of School Construction in Indonesia: Evidence from an Unusual Policy Experiment". *American Economic Review*, v. 91, n. 4, 2001, pp. 795-813.
15. David Card, "The Causal Effect of Education on Earnings". In: Orley Ashenfelter e David Card (Orgs.), *Handbook of Labor Economics*, v. 3. Amsterdã: Elsevier Science B. V., 2010, pp. 1801-63.
16. Chris Spohr, "Formal Schooling and Workforce Participation in a Rapidly Developing Economy: Evidence from 'Compulsory' Junior High School in Taiwan". *Asian Development Bank*, v. 70, 2003, pp. 291-327.
17. Shin-Yi Chou, Jin-Tan Liu, Michael Grossman e Theodore Joyce, "Parental Education and Child Health: Evidence from a Natural Experiment in Taiwan", NBER Working Paper 13466, 2007.
18. Owen Ozier, "The Impact of Secondary Schooling in Kenya: A Regression Discontinuity Analysis". University of California at Berkeley Working Paper, 2010.
19. Tahir Andrabi, Jishnu Das e Asim Khwaja, "Students Today, Teachers Tomorrow? The Rise of Affordable Private Schools", Working Paper, 2010.
20. Sonalde Desai, Amaresh Dubey, Reeve Vanneman e Rukmini Banerji, "Private Schooling in India: A New Educational Landscape". Indian Human Development Survey, Working Paper, n. 11, 2010.
21. Porém, entre os candidatos a uma loteria de vouchers para o ensino médio em escolas particulares de Bogotá, na Colômbia, a diferença persistiu: os ganhadores se saíram melhor do que os perdedores em testes padronizados, tiveram uma probabilidade 10% maior de se formar e pontuaram melhor na prova de graduação. Ver Joshua Angrist, Eric Bettinger, Erik Bloom, Elizabeth King e Michael Kremer, "Vouchers for Private Schooling in Colombia: Evidence from a Randomized Natural Experiment". *American Economic Review*, v. 92, n. 5, 2002, pp. 1535-58; e Joshua Angrist, Eric Bettinger e Michael Kremer, "Long-Term Educational Consequences of Secondary School Vouchers: Evidence from Administrative Records in Colombia". *American Economic Review*, v. 96, n. 3, 2006, pp. 847-62.
22. Desai, Dubey, Vanneman e Banerji, "Private Schooling in India".

23. Abhijit Banerjee, Shawn Cole, Esther Duflo e Leigh Linden, "Remedying Education: Evidence from Two Randomized Experiments in India". *Quarterly Journal of Economics*, v. 122, n. 3, ago. 2007, pp. 1235-64.
24. Abhijit Banerjee, Rukmini Banerji, Esther Duflo, Rachel Glennerster e Stuti Khemani, "Pitfalls of Participatory Programs: Evidence from a Randomized Evaluation in Education in India". *American Economic Journal: Economic Policy*, v. 2, n. 1, fev. 2010, pp. 1-30.
25. Trang Nguyen, "Information, Role Models, and Perceived Returns to Education: Experimental Evidence from Madagascar", MIT Working Paper, 2008.
26. Abhijit Banerjee e Esther Duflo, "Growth Theory Through the Lens of Development Economics". In: Steve Durlauf e Philippe Aghion (Orgs.). *Handbook of Economic Growth*, v. 1A. Amsterdã: Elsevier Science/ North Holland, 2005, pp. 473-552.
27. A. D. Foster e M. R. Rosenzweig, "Technical Change and Human Capital Returns and Investments: Evidence from the Green Revolution". *American Economic Review*, v. 86, n. 4, set. 1996, pp. 931-53.
28. Richard Akresh, Emilie Bagby, Damien de Walque e Harounan Kazianga, "Child Ability and Household Human Capital Investment Decisions in Burkina Faso", University of Illinois at Urbana-Champaign, 2010, mimeografado.
29. Felipe Barrera-Osorio, Marianne Bertrand, Leigh Linden e Francisco Perez Calle, "Conditional Cash Transfers in Education: Design Features, Peer and Sibling Effect — Evidence from a Randomized Experiment in Colombia", NBER Working Paper W13890, 2008.
30. Esther Duflo, Pascaline Dupas e Michael Kremer, "Peer Effects, Teacher Incentives, and the Impact of Tracking: Evidence from a Randomized Evaluation in Kenya", NBER Working Paper W14475, 2008.
31. The Probe Team, *Public Report on Basic Education in India*. Nova Delhi: Oxford University Press, 1999.
32. Rema Hanna e Leigh Linden, "Measuring Discrimination in Education", NBER Working Paper W15057, 2009.
33. Steven Spencer, Claude Steele e Diane Quinn, "Stereotype Threat and Women's Math Performance". *Journal of Experimental Social Psychology*, v. 35, 1999, pp. 4-28; e Claude Steele e Joshua Aronson, "Stereotype Threat and the Test Performance of Academically Successful African Americans". *Journal of Personality and Social Psychology*, v. 69, n. 5, 1995, pp. 797-811.
34. Karla Hoff e Priyank Pandey, "Belief Systems and Durable Inequalities: An Experimental Investigation of Indian Caste", World Bank Policy Research Working Paper, n. 3351, 2004.
35. Paul Glewwe, Michael Kremer e Sylvie Moulin, "Textbooks and Test Scores: Evidence from a Prospective Evaluation in Kenya", BREAD Working Paper, 2000.
36. Eric Gould, Victor Lavy e Daniele Paserman, "Fifty-Five Years After the Magic Carpet Ride: The Long-Run Effect of the Early Childhood Environment on Social and Economic Outcome". *Review of Economic Studies*, v. 78, n. 3, 2011, pp. 938-73.

37. Joshua Angrist, Susan Dynarski, Thomas Kane, Parag Pathak e Christopher Walters, "Who Benefits from KIPP?", NBER Working Paper 15740, 2010; Atila Abdulkadiroglu, Joshua Angrist, Susan Dynarski, Thomas Kane e Parag Pathak, "Accountability and Flexibility in Public Schools: Evidence from Boston's Charters and Pilots", NBER Working Paper 15549, 2009; Will Dobbie e Roland Fryer, "Are High Quality Schools Enough to Close the Achievement Gap? Evidence from a Social Experiment in Harlem", NBER Working Paper 15473, 2009.
38. C. Walters, "Urban Charter Schools and Racial Achievement Gaps", MIT, 2010, mimeografado.
39. Pascaline Dupas, Esther Duflo e Michael Kremer, "Peer Effects, Teacher Incentives, and the Impact of Tracking: Evidence from a Randomized Evaluation in Kenya", *American Economic Review*, v. 101, n. 5, 2011, pp. 1739-74.
40. Trang Nguyen, "Information, Role Models and Perceived Returns to Education: Experimental Evidence from Madagascar", MIT Working Paper, 2008.
41. Robert Jensen, "The (Perceived) Returns to Education and the Demand for Schooling". *Quarterly Journal of Economics*, v. 125, n. 2, 2010, pp. 515-48.
42. Michael Kremer, Edward Miguel e Rebecca Thornton, "Incentives to Learn". *Review of Economics and Statistics*, v. 91, n. 3, 2009, pp. 437-56.
43. Roland Fryer, "Financial Incentives and Student Achievement: Evidence from Ran- domized Trials", Harvard University, manuscrito, 2010.
44. Abhijit Banerjee, Shawn Cole, Esther Duflo e Leigh Linden, "Remedying Education: Evidence from Two Randomized Experiments in India". *Quarterly Journal of Economics*, v. 122, n. 3, ago. 2007, pp. 1235-64.
45. Isso pode ser ajudado assegurando-se que o dinheiro nunca seja um fator na decisão do aluno de frequentar as melhores escolas e que haja uma maneira de fazer isso acontecer. No Chile, num sistema amplamente baseado em vouchers, os alunos mais pobres recebem um voucher extra, mas qualquer escola que aceite alunos com voucher (todas, exceto algumas escolas de elite) deve admitir esses alunos sem custo adicional. Para tornar esse sistema totalmente operacional, estudantes e pais devem, no entanto, estar mais bem informados de que têm essa opção, e os resultados das avaliações padronizadas regulares devem ser examinados periodicamente para identificar os estudantes mais promissores em todo o país.

5. A grande família de Pak Sudarno (pp. 127-55)

1. Citado em Davidson R. Gwatkin, "Political Will and Family Planning: The Implications of India's Emergency Experience". *Population and Development Review*, v. 5, n. 1, 1979, pp. 29-59, que é a fonte do relato desse episódio de esterilização forçada durante a Emergência.
2. John Bongaarts, "Population Policy Options in the Developing World". *Science*, v. 263, n. 5148, 1994, pp. 771-6.

3. Jeffrey Sachs, *Common Wealth: Economics for a Crowded Planet*. Nova York: Allen Lane/Penguin, 2008.
4. World Health Organization, Water Scarcity Fact File, 2009. Disponível em: <http://www.who.int/features/factfiles/water/en/>.
5. Thomas Malthus, *Population: The First Essay*. Ann Arbor: University of Michigan Press, 1978.
6. Alywn Young, "The Gift of the Dying: The Tragedy of AIDS and the Welfare of Future African Generations". *Quarterly Journal of Economics*, v. 120, n. 2, 2005, pp. 243-66.
7. Jane Forston, "HIV/AIDS and Fertility". *American Economic Journal: Applied Economics*, v. 1, n. 3, jul. 2009, pp. 170-94; e Sebnem Kalemli-Ozcan, "AIDS, 'Reversal' of the Demographic Transition and Economic Development: Evidence from Africa", NBER Working Paper W12181, 2006.
8. Michael Kremer, "Population Growth and Technological Change: One Million B.C. to 1990". *Quarterly Journal of Economics*, v. 108, n. 3, 1993, pp. 681-716.
9. Gary Becker, "An Economic Analysis of Fertility". *Demographic and Economic Change in Developed Countries*. Princeton: National Bureau of Economic Research, 1960.
10. Sachs, *Common Wealth*.
11. Vida Maralani, "Family Size and Educational Attainment in Indonesia: A Cohort Perspective", California Center for Population Research Working Paper CCPR-17--04, 2004.
12. Mark Montgomery, Aka Kouamle e Raylynn Oliver, *The Trade-off Between Number of Children and Child Schooling: Evidence from Côte d'Ivoire and Ghana*. Washington, DC: World Bank, 1995.
13. Joshua Angrist e William Evans, "Children and Their Parents' Labor Supply: Evidence from Exogenous Variation in Family Size". *American Economic Review*, v. 88, n. 3, 1998, pp. 450-77.
14. Joshua Angrist, Victor Lavy e Analia Schlosser, "New Evidence on the Causal Link Between the Quantity and Quality of Children", NBER Working Paper W11835, 2005.
15. Nancy Qian, "Quantity-Quality and the One Child Policy: The Positive Effect of Family Size on School Enrolment in China", NBER Working Paper W14973, 2009.
16. T. Paul Schultz e Shareen Joshi, "Family Planning as an Investment in Female Human Capital: Evaluating the Long Term Consequences in Matlab, Bangladesh". Yale Center for Economic Growth Working Paper, n. 951, 2007.
17. Grant Miller, "Contraception as Development? New Evidence from Family Planning in Colombia". *Economic Journal*, v. 120, n. 545, 2010, pp. 709-36.
18. Kristof e WuDunn, *Half the Sky*.
19. Ver, por exemplo, Attila Ambrus e Erica Field, "Early Marriage, Age of Menarche, and Female Schooling Attainment in Bangladesh". *Journal of Political Economy*, v. 116, n. 5, 2008, pp. 881-930; e Esther Duflo, Pascaline Dupas, Michael Kremer e Samuel Sinei, "Education and HIV/AIDS Prevention: Evidence from a Randomized

Evaluation in Western Kenya", World Bank Policy Research Working Paper 4024, 2006.
20. United Nations, *The Millennium Development Goals Report*, 2010.
21. Mark Pitt, Mark Rosenzweig e Donna Gibbons, "The Determinants and Consequences of the Placement of Government Programs in Indonesia". *World Bank Economic Review*, v. 7, n. 3, 1993, pp. 319-48.
22. Lant H. Pritchett, "Desired Fertility and the Impact of Population Policies". *Population and Development Review*, v. 20, n. 1, 1994, pp. 1-55.
23. Mizanur Rahman, Julie DaVanzo e Abdur Razzaque, "When Will Bangladesh Reach Replacement-Level Fertility? The Role of Education and Family Planning Services", Working Paper, Department of Economic and Social Affairs, Population Division, United Nations. Disponível em: <http://www.un.org/esa/population/>.
24. Disponível em: <http://apps.who.int/ghodata/> no item "MDG 5, adolescent fertility".
25. Esther Duflo, Pascaline Dupas, Michael Kremer e Samuel Sinei, "Education and HIV/AIDS Prevention: Evidence from a Randomized Evaluation in Western Kenya", World Bank Policy Research Working Paper 4024, 2006.
26. Ver a descrição em Kristof e WuDunn, *Half the Sky*, p. 137.
27. Pascaline Dupas, "Do Teenagers Respond to HIV Risk Information? Evidence from a Field Experiment in Kenya". *American Economic Journal: Applied Economics*, v. 3, n. 1, jan. 2011, pp. 1-36.
28. Erica Field, "Fertility Responses to Urban Land Titling Programs: The Roles of Ownership Security and the Distribution of Household Assets". Harvard University, 2004, mimeografado.
29. Nava Ashraf, Erica Field e Jean Lee, "Household Bargaining and Excess Fertility: An Experimental Study in Zambia". Harvard University, 2009, mimeografado.
30. Kaivan Munshi e Jacques Myaux, "Social Norms and the Fertility Transition". *Journal of Development Economics*, v. 80, n. 1, 2005, pp. 1-38.
31. Eliana La Ferrara, Alberto Chong e Suzanne Duryea, "Soap Operas and Fertility: Evidence from Brazil", BREAD Working Paper 172, 2008.
32. Abhijit Banerjee, Xin Meng e Nancy Qian. "Fertility and Savings: Micro-Evidence for the Life-Cycle Hypothesis from Family Planning in China", Working Paper, 2010.
33. Ibid.
34. Ummul Ruthbah, "Are Children Substitutes for Assets: Evidence from Rural Bangladesh", MIT, dissertação de ph.D., 2007.
35. Seema Jayachandran e Ilyana Kuziemko, "Why Do Mothers Breastfeed Girls Less Than Boys? Evidence and Implications for Child Health in India", NBER Working Paper W15041, 2009.
36. Amartya Sen, "More Than 100 Million Women Are Missing". *New York Review of Books*, v. 37, n. 20, 1990.

37. Fred Arnold, Sunita Kishor e T. K. Roy, "Sex-Selective Abortions in India". *Population and Development Review*, v. 28, n. 4, dez. 2002, pp. 759-84.
38. Andrew Foster e Mark Rosenzweig, "Missing Women, the Marriage Market and Economic Growth", Working Paper, 1999.
39. Nancy Qian, "Missing Women and the Price of Tea in China: The Effect of Sex-Specific Income on Sex Imbalance", *Quarterly Journal of Economics*, v. 122, n. 3, 2008, pp. 1251-85.
40. Algumas das principais pesquisas nessa área foram realizadas por François Bourguignon, Pierre-André Chiapori, Marjorie McElroy e Duncan Thomas.
41. Christopher Udry, "Gender, Agricultural Production and the Theory of the Household", *Journal of Political Economy*, v. 104, n. 5, 1996, pp. 1010-46.
42. Esther Duflo e Christopher Udry, "Intrahousehold Resource Allocation in Côte d'Ivoire: Social Norms, Separate Accounts and Consumption Choices", NBER Working Paper W10489, 2004.
43. Franque Grimard, "Household Consumption Smoothing Through Ethnicities: Evidence from Côte d'Ivoire". *Journal of Development Economics*, v. 53, 1997, pp. 391-422.
44. Claude Meillassoux, *Anthropologie économique des Gouros de Côte d'Ivoire*. Paris: F. Maspero, 1965.
45. Esther Duflo, "Grandmothers and Granddaughters: Old Age Pension and Intra-Household Allocation in South Africa". *World Bank Economic Review*, v. 17, n. 1, 2003, pp. 1-25.

6. Gestores de fundos de hedge de pés descalços (pp. 159-83)

1. Jeemol Unni e Uma Rani, "Social Protection for Informal Workers in India: Insecurities, Instruments and Institutional Mechanisms". *Development and Change*, v. 34, n. 1, 2003, pp. 127-61.
2. Mohiuddin Alamgir, *Famine in South Asia: Political Economy of Mass Starvation*. Cambridge, MA: Oelgeschlager, Gunn & Hain, 1980.
3. Martin Ravallion, *Markets and Famines*. Oxford: Clarendon, 1987.
4. Seema Jayachandran, "Selling Labor Low: Wage Responses to Productivity Shocks in Developing Countries", *Journal of Political Economy*, v. 114, n. 3, 2006, pp. 538-75.
5. "Crisis Hitting Poor Hard in Developing World, World Bank Says", World Bank Press Release, 2009/220/EXC, 12 fev. 2009.
6. Daniel Chen, "Club Goods and Group Identity: Evidence from Islamic Resurgence During the Indonesian Financial Crisis". *Journal of Political Economy*, v. 118, n. 2, 2010, pp. 300-54.
7. Mauro Alem, e Robert Townsend, "An Evaluation of Financial Institutions: Impact on Consumption and Investment Using Panel Data and the Theory of Risk-Bearing", Working Paper, 2010.

8. B. P. Ramos e A. F. T. Arnsten, "Adrenergic Pharmacology and Cognition: Focus on the Prefrontal Cortex". *Pharmacology and Therapeutics*, v. 113, 2007, pp. 523-36; D. Knoch, A. Pascual-Leone, K. Meyer, V. Treyer e E. Fehr, "Diminishing Reciprocal Fairness by Disrupting the Right Prefrontal Cortex". *Science*, v. 314, 2006, pp. 829-32; T. A. Hare, C. F. Camerer e A. Rangel, "Self-Control in Decision-Making Involves Modulation of the vmPFC Valuation System". *Science*, v. 324, 2009, pp. 646-8; A. J. Porcelli e M. R. Delgado, "Acute Stress Modulates Risk Taking in Financial Decision Making". *Psychological Science: A Journal of the American Psychological Society/APS*, v. 20, 2009, pp. 278-83; e R. Van den Bos, M. Harteveld e H. Stoop. "Stress and Decision-Making in Humans: Performance Is Related to Cortisol Reactivity, Albeit Differently in Men and Women". *Psychoneuroendocrinology*, v. 34, 2009, pp. 1449-58.
9. Seema Jayachandran, "Selling Labor Low: Wage Responses to Productivity Shocks in Developing Countries". *Journal of Political Economy*, v. 114, n. 3, 2006, pp. 538-75.
10. Nirmala Banerjee, "A Survey of Occupations and Livelihoods of Households in West Bengal", Sachetana, Kolkata, 2006, mimeografado.
11. Mark Rosenzweig e Oded Stark, "Consumption Smoothing, Migration, and Marriage: Evidence from Rural India". *Journal of Political Economy*, v. 97, n. 4, 1989, pp. 905-26.
12. Hans Binswanger e Mark Rosenzweig, "Wealth, Weather Risk and the Composition and Profitability of Agricultural Investments". *Economic Journal*, v. 103, n. 416, 1993, pp. 56-78.
13. Radwan Shaban, "Testing Between Competing Models of Sharecropping". *Journal of Political Economy*, v. 95, n. 5, 1987, pp. 893-920.
14. Christopher Udry, "Risk and Insurance in a Rural Credit Market: An Empirical Investigation in Northern Nigeria". *Review of Economic Studies*, v. 61, n. 3, 1994, pp. 495-526.
15. Paul Gertler e Jonathan Gruber, "Insuring Consumption Against Illness". *American Economic Review*, v. 92, n. 1, mar. 2002, pp. 51-70.
16. Marcel Fafchamps e Susan Lund, "Risk-Sharing Networks in Rural Philippines". *Journal of Development Economics*, v. 71, n. 2, 2003, pp. 261-87.
17. Hartman, Betsy e James Boyce. *Quiet Violence: View from a Bangladesh Village*. São Francisco: Food First Books, 1985.
18. Andrew Kuper, "From Microfinance into Microinsurance". *Forbes*, 26 nov. 2008.
19. Shawn Cole, Xavier Gine, Jeremy Tobacman, Petia Topalova, Robert Townsend e James Vickery, "Barriers to Household Risk Management: Evidence from India", Harvard Business School Working Paper 09-116, 2009.
20. Ibid.
21. Alix Zwane, Jonathan Zinman, Eric Van Dusen, William Pariente, Clair Null, Edward Miguel, Michael Kremer, Dean S. Karlan, Richard Hornbeck, Xavier Giné, Esther Duflo, Florencia Devoto, Bruno Crepon e Abhijit Banerjee, "The Risk of Asking: Being Surveyed Can Affect Later Behavior". *Proceedings of the National Academy of Sciences*, v. 108, n. 5, 2011, pp. 1821-6.

22. Dean Karlan, Isaac Osei-Akoto, Robert Osei e Christopher Udry, "Examining Underinvestment in Agriculture: Measuring Returns to Capital and Insurance", Yale University, 2010, mimeografado.

7. Os homens de Cabul e os eunucos da Índia: A economia (não tão) simples de emprestar aos pobres (pp. 184-210)

1. Dean Karlan e Sendhil Mullainathan, "Debt Cycles", trabalho em andamento, 2011.
2. Robin Burgess e Rohini Pande, "Do Rural Banks Matter? Evidence from the Indian Social Banking Experiment". *American Economic Review*, v. 95, n. 3, 2005, pp. 780-95.
3. Shawn Cole, "Fixing Market Failures or Fixing Elections? Agricultural Credit in India". *American Economic Journal: Applied Economics*, v. 1, n. 1, 2009, pp. 219-50.
4. Scott Fulford, "Financial Access, Precaution, and Development: Theory and Evidence from India". Boston College Working Paper 741, 2010.
5. Irfan Aleem, "Imperfect Information, Screening, and the Costs of Informal Lending: A Study of a Rural Credit Market in Pakistan". *World Bank Economic Review*, v. 4, n. 3, 1990, pp. 329-49.
6. Julian West, "Pay Up — or We'll Send the Eunuchs to See You: Debt Collectors in India Have Found an Effective New Way to Get Their Money". *Sunday Telegraph*, 22 ago. 1999.
7. The Law Commission of India, Report Number 124, "The High Court Arrears — a Fresh Look", 1988. Disponível em: <http://bombayhighcourt.nic.in/libweb/commission/Law_Commission_Of_India_Reports.html#11>.
8. Benjamin Feigenberg, Erica Field e Rohini Pande, "Building Social Capital Through Microfinance", NBER Working Paper W16018, 2010.
9. No entanto, a ameaça física pode não estar totalmente ausente. Um agente de crédito de uma determinada IMF reclamou certa vez para um de nossos assistentes de pesquisa que nunca seria promovido: todos os homens com altos títulos tinham físicos maiores, mais corpulentos e mais intimidantes.
10. Microfinance Information eXchange, dados disponíveis em: <http://www.mimarket.org>.
11. "What Do We Know About the Impact of Microfinance?", CGAP, World Bank. Disponível em: <http://www.cgap.org/p/site/c/template.rc/1.26.1306/>.
12. Abhijit Banerjee, Esther Duflo, Rachel Glennerster e Cynthia Kinnan, "The Miracle of Microfinance?: Evidence from a Randomized Evaluation", MIT, 30 maio 2009, mimeografado.
13. Dean Karlan e Jonathan Zinman, "Expanding Microenterprise Credit Access: Using Randomized Supply Decisions to Estimate the Impacts in Manila". Yale, 2010, manuscrito.
14. Brigit Helms, "Microfinancing Changes Lives Around the World — Measurably", *Seattle Times*, 7 abr. 2010.

15. Erica Field e Rohini Pande, "Repayment Frequency and Default in Microfinance: Evidence from India", *Journal of the European Economic Association*, v. 6, n. 2-3, 2008, pp. 501-9; Erica Field, Rohini Pande e John Papp, "Does Microfinance Repayment Flexibility Affect Entrepreneurial Behavior and Loan Default?", Centre for Micro Finance Working Paper 34, 2009; e Feigenberg et al., ibid.
16. Xavier Giné e Dean Karlan, "Group Versus Individual Liability: A Field Experiment in the Philippines", World Bank Policy Research Working Paper 4008, 2006; e id., "Group Versus Individual Liability: Long Term Evidence from Philippine Microcredit Lending Groups", Working Paper, 2010.
17. Emily Breza, "Peer Pressure and Loan Repayment: Evidence from a Natural Experiment", Working Paper, 2010.
18. Abhijit Banerjee e Kaivan Munshi, "How Efficiently Is Capital Allocated? Evidence from the Knitted Garment Industry in Tirupur". *Review of Economic Studies*, v. 71, 2004, pp. 19-42.
19. Abhijit Banerjee e Esther Duflo, "Do Firms Want to Borrow More? Testing Credit Constraints Using a Directed Lending Program", Working Paper, 2004.
20. Dilip Mookherjee, Sujata Visaria e Ulf von Lilienfeld-Toal, "The Distributive Impact of Reforms in Credit Enforcement: Evidence from Indian Debt Recovery Tribunals", BREAD Working Paper 254, 2010.

8. Economizando tijolo por tijolo (pp. 211-34)

1. Gary Becker e Casey Mulligan, "The Endogenous Determination of Time Preference". *Quarterly Journal of Economics*, v. 112, n. 3, 1997, pp. 729-58.
2. Stuart Rutherford, *The Poor and Their Money: Microfinance from a Twenty-First-Century Consumer's Perspective*. Nova York: Oxford University Press, 2001; e Daryl Collins, Jonathan Morduch, Stuart Rutherford e Orlanda Ruthven, *Portfolios of the Poor: How the World's Poor Live on $2 a Day*. Princeton e Oxford: Princeton University Press, 2009.
3. Pascaline Dupas e Jonathan Robinson, "Saving Constraints and Microenterprise Development: Evidence from a Field Experiment in Kenya", NBER Working Paper 14693, revisado nov. 2010.
4. Simone Schaner, "Cost and Convenience: The Impact of ATM Card Provision on Formal Savings Account Use in Kenya", Working Paper, 2010.
5. Esther Duflo, Michael Kremer e Jonathan Robinson, "Why Don't Farmers Use Fertilizer? Experimental Evidence from Kenya", inédito, 2007; e id., "How High Are Rates of Return to Fertilizer? Evidence from Field Experiments in Kenya". *American Economic Review*, v. 98, n. 2, 2008, pp. 482-8.
6. Id., "Nudging Farmers to Use Fertilizer: Theory and Experimental Evidence". *American Economic Review*, NBER Working Paper W15131, 2009.

7. Samuel M. McClure, David I. Laibson, George Loewenstein e Jonathan D. Cohen, "Separate Neural Systems Value Immediate and Delayed Monetary Rewards". *Science*, v. 306, n. 5695, 2004, pp. 421-3.
8. Nava Ashraf, Dean Karlan e Wesley Yin, "Tying Odysseus to the Mast: Evidence from a Commitment Savings Product in the Philippines". *Quarterly Journal of Economics*, v. 121, n. 2, 2006, pp. 635-72.
9. Pascaline Dupas e Jonathan Robinson, "Savings Constraints and Preventive Health Investments in Kenya". UCLA, 2010, mimeografado.
10. Abhijit Banerjee e Sendhil Mullainathan, "The Shape of Temptation: Implications for the Economic Lives of the Poor", MIT, abr. 2010, mimeografado.
11. Ver, por exemplo, Kathleen D. Vohs e Ronald J. Faber, "Spent Resources: Self-Regulatory Resource Availability Affects Impulse Buying". *Journal of Consumer Research*, v. 33, mar. 2007, pp. 537-48. Em experimento relatado nesse artigo, estudantes universitários foram instruídos a passar alguns minutos escrevendo seus pensamentos, sem pensar em um urso-branco. Depois de receber dez dólares para economizar ou gastar em uma pequena variedade de produtos, eles gastaram muito mais dinheiro do que os alunos que haviam feito associações livres, sem ter de evitar pensar em ursos.
12. Para uma descrição dos dados tailandeses de Townsend e das convenções de contabilidade detalhadas usadas aqui, ver: Krislert Samphantharak e Robert Townsend, *Households as Corporate Firms: Constructing Financial Statements from Integrated Household Surveys*. Cambridge University Press Econometric Society Monograph, n. 46, 2010. Definimos recursos familiares como a média dos ativos líquidos do balanço patrimonial da família. Os ativos líquidos incluem todas as poupanças, capitais e ativos familiares excluindo empréstimos.
13. Dean Karlan e Sendhil Mullainathan, "Debt Cycles", trabalho em andamento, 2011.
14. Abhijit Banerjee, Esther Duflo, Rachel Glennerster e Cynthia Kinnan, "The Miracle of Microfinance?". MIT, manuscrito, 2010. Bruno Crépon, Florencia Devoto, Esther Duflo e William Parienté. "Evaluation d'impact du microcrédit en zone rural: Enseignement d'une expérimentation randomisée au Maroc", MIT, mimeografado.

9. Empreendedores relutantes (pp. 235-67)

1. C. K. Prahalad, *The Fortune at the Bottom of the Pyramid*. Filadélfia: Wharton School Publishing, 2004.
2. Tarun Khanna, *Billions of Entrepreneurs: How China and India Are Reshaping Their Futures — and Yours*. Boston: Harvard Business School Publishing, 2007.
3. Suresh de Mel, David McKenzie e Christopher Woodruff, "Returns to Capital in Microenterprises: Evidence from a Field Experiment". *Quarterly Journal of Economics*, v. 123, n. 4, 2008, pp. 1329-72.

4. David McKenzie e Christopher Woodruff, "Experimental Evidence on Returns to Capital and Access to Finance in Mexico". *World Bank Economic Review*, v. 22, n. 3, 2008, pp. 457-82.
5. Abhijit Banerjee, Raghabendra Chattopadhyay, Esther Duflo e Jeremy Shapiro, "Targeting the Hard-Core Poor: An Impact Assessment". MIT, 2010, mimeografado.
6. Para uma descrição dos dados de Townsend, ver Samphantharak, Krislert e Robert Townsend. "Households as Corporate Firms: Constructing Financial Statements from Integrated Household Surveys". University of California at San Diego and University of Chicago, 2006, mimeografado.
7. O estudo no Peru é de Dean Karlan e Martin Valdivia, "Teaching Entrepreneurship: Impact of Business Training on Microfinance Clients and Institutions". *Review of Economics and Statistics*, v. 93, n. 2, 2007, pp. 510-27. O estudo na Índia é de Erica Field, Seema Jayachandran e Rohini Pande, "Do Traditional Institutions Constrain Female Entrepreneurship? A Field Experiment on Business Training in India". *American Economic Review Papers and Proceedings*, v. 100, n. 2, maio 2010, pp. 125-9.
8. Alejandro Drexler, Greg Fischer e Antoinette Schoar, "Keeping It Simple: Financial Literacy and Rules of Thumb". London School of Economics, mimeografado.
9. Suresh de Mel, David McKenzie e Christopher Woodruff, "Are Women More Credit Constrained? Experimental Evidence on Gender and Microenterprise Returns". *American Economic Journal: Applied Economics*, v. 1, n. 3, jul. 2009, pp. 1-32.
10. Andrew Foster e Mark Rosenzweig, "Economic Development and the Decline of Agricultural Employment". *Handbook of Development Economics*, v. 4, 2007, pp. 3051-83.
11. David Atkin, "Working for the Future: Female Factory Work and Child Height in Mexico", Working Paper, 2009.
12. Kaivan Munshi, "Networks in the Modern Economy: Mexican Migrants in the U.S. Labor Market". *Quarterly Journal of Economics*, v. 118, n. 2, 2003, pp. 549-99.
13. Cally Ardington, Anne Case e Victoria Hosegood, "Labor Supply Responses to Large Social Transfers: Longitudinal Evidence from South Africa". *American Economic Journal*, v. 1, n. 1, jan. 2009, pp. 22-48.

10. Políticas públicas, política (pp. 268-301)

1. Esse argumento foi apresentado na década de 1970 por Peter Bauer; ver, por exemplo, Peter Thomas Bauer, *Dissent on Development*. Cambridge: Harvard University Press, 1972.
2. Ritva Reinikka e Jakob Svensson, "The Power of Information: Evidence from a Newspaper Campaign to Reduce Capture", Working Paper, IIES, Universidade de Estocolmo, 2004.
3. Ver, por exemplo, a postagem de Easterly sobre ensaios controlados randomizados. Disponível em: <http://aidwatchers.com/2009/07/development-experiments-ethical-feasible-useful/>.

4. Ver, por exemplo, Jeffrey Sachs, "Who Beats Corruption". Disponível em: <http://www.project-syndicate.org/commentary/sachs106/English>.
5. Daron Acemoglu e James Robinson, *Economic Origins of Dictatorship and Democracy*. Nova York: Cambridge University Press, 2005.
6. Id., *Why Nations Fail*. Nova York: Crown, 2012.
7. Ver, por exemplo, Tim Besley e Torsten Persson, "Fragile States and Development Policy" (manuscrito, nov. 2010), que sustenta que Estados frágeis são um sintoma fundamental de subdesenvolvimento no mundo e que Estados desse tipo são incapazes de fornecer serviços básicos a seus cidadãos.
8. Daron Acemoglu, Simon Johnson e James Robinson, "The Colonial Origins of Comparative Development: An Empirical Investigation". *American Economic Review*, v. 91, n. 5, 2001, pp. 1369-401.
9. Abhijit Banerjee e Lakshmi Iyer, "History, Institutions, and Economic Performance: The Legacy of Colonial Land Tenure Systems in India". *American Economic Review*, v. 95, n. 4, 2005, pp. 1190-213.
10. Dwyer Gunn, "Can 'Charter Cities' Change the World? A Q&A with Paul Romer", *New York Times*, 29 set. 2009; e ver "Charter Cities", disponível em: <http://www.chartercities.org>.
11. Paul Collier, *The Bottom Billion: Why the Poorest Countries Are Failing and What Can Be Done About It*. Nova York: Oxford University Press, 2007; e Paul Collier, *Wars, Guns, and Votes: Democracy in Dangerous Places*. Nova York: HarperCollins, 2009.
12. William Easterly, "The Burden of Proof Should Be on Interventionists: Doubt Is a Superb Reason for Inaction". *Boston Review*, jul./ago. 2009.
13. Ver Rajiv Chandrasekaram, *Imperial Life in the Emerald City: Inside Iraq's Green Zone*. Nova York: Knopf, 2006; bem como a crítica perspicaz de Easterly ao manual de operações do Exército, disponível em: <http://www.huffingtonpost.com/william-easterly/will-us-armys-development_b_217488.html>.
14. William Easterly, "Institutions: Top Down or Botton Up". *American Economic Review: Papers and Proceedings*, v. 98, n. 2, 2008, pp. 95-9.
15. Ver Easterly, *The White Man's Burden*, p. 133.
16. Ibid., p. 72.
17. William Easterly, "Trust the Development Experts: All 7 Billion", *Financial Times*, 28 maio 2008.
18. Id., *The White Man's Burden*, p. 73.
19. Marianne Bertrand, Simeon Djankov, Rema Hanna e Sendhil Mullainathan, "Obtaining a Driving License in India: An Experimental Approach to Studying Corruption". *Quarterly Journal of Economics*, nov. 2007, pp. 1639-76.
20. Ver sua apresentação sobre o tema, disponível em: <http://dri.fas.nyu.edu/object/ withoutknowinghow.html>.
21. Rohini Pande e Christopher Udry, "Institutions and Development: A View from Below". Yale Economic Growth Center Discussion Paper, n. 928, 2005.

22. Monica Martinez-Bravo, Gerard Padro-i-Miquel, Nancy Qian e Yang Yao. "Accountability in an Authoritarian Regime: The Impact of Local Electoral Reforms in Rural China". Yale University, 2010, manuscrito.
23. Benjamin Olken, "Monitoring Corruption: Evidence from a Field Experiment in Indonesia", *Journal of Political Economy*, v. 115, n. 2, abr. 2007, pp. 200-49.
24. Abhijit Banerjee, Esther Duflo, Daniel Keniston e Nina Singh, "Making Police Reform Real: The Rajasthan Experiment", trabalho preliminar, MIT, 2010.
25. Thomas Fujiwara, "Voting Technology, Political Responsiveness, and Infant Health: Evidence from Brazil". University of British Columbia, 2010, mimeografado.
26. World Bank, *World Development Report 2004: Making Services Work for Poor People*, 2003.
27. Raghabendra Chattopadhyay e Esther Duflo, "Women as Policy Makers: Evidence from a Randomized Policy Experiment in India". *Econometrica*, v. 72, n. 5, 2004, pp. 1409-43.
28. Leonard Wantchekon, "Clientelism and Voting Behavior: Evidence from a Field Experiment in Benin". *World Politics*, v. 55, n. 3, 2003, pp. 399-422.
29. Abhijit Banerjee e Rohini Pande, "Ethnic Preferences and Politician Corruption", KSG Working Paper RWP07-031, 2007.
30. Nicholas Van de Walle, "Presidentialism and Clientelism in Africa's Emerging Party Systems". *Journal of Modern African Studies*, v. 41, n. 2, jun. 2003, pp. 297-321.
31. Abhijit Banerjee, Donald Green, Jennifer Green e Rohini Pande, "Can Voters Be Primed to Choose Better Legislators? Experimental Evidence from Rural India", Working Paper, 2009.
32. Abhijit Banerjee, Selvan Kumar, Rohini Pande e Felix Su, "Do Informed Voters Make Better Choices? Experimental Evidence from Urban India", Working Paper, 2010.
33. Raymond Fisman, "Estimating the Value of Political Connections". *American Economic Review*, v. 91, n. 4, set. 2001, pp. 1095-102.
34. Abhijit Banerjee, Esther Duflo e Rachel Glennerster, "Putting a Band-Aid on a Corpse: Incentives for Nurses in the Indian Public Health Care System". *Journal of the European Economics Association*, v. 6, n. 2-3, 2009, pp. 487-500.
35. Abhijit Banerjee, Rukmini Banerji, Esther Duflo, Rachel Glennerster e Stuti Khemani, "Pitfalls of Participatory Programs: Evidence from a Randomized Evaluation in Education in India". *American Economic Journal: Economic Policy*, v. 2, n. 1, 2010, pp. 1-20.
36. Esther Duflo, Pascaline Dupas e Michael Kremer, "Pupil-Teacher Ratio, Teacher Management and Education Quality", jun. 2010, mimeografado.
37. Rikhil Bhavani, "Do Electoral Quotas Work After They Are Withdrawn? Evidence from a Natural Experiment in India". *American Political Science Review*, v. 103, n. 1, 2009, pp. 23-35.
38. Lori Beaman, Raghabendra Chattopadhyay, Esther Duflo, Rohini Pande e Petia Topalova, "Powerful Women: Does Exposure Reduce Bias?". *Quarterly Journal of Economics*, v. 124, n. 4, 2009, pp. 1497-540.

39. Ana Lorena De La O. Torres, "Do Poverty Relief Funds Affect Electoral Behavior? Evidence from a Randomized Experiment in Mexico". Yale University, 2006, manuscrito.
40. Leonard Wantchekon, "Can Informed Public Deliberation Overcome Clientelism? Experimental Evidence from Benin". New York University, 2009, manuscrito.

Índice remissivo

As páginas indicadas em itálico referem-se às figuras

3-3-3, regra, 74

Abdelmoumni, Fouad, 237, 243, 255
absentismo, 73, 75, 93, 108, 292
Accion International, 200
Acemoglu, Daron, 271-3, 276-7
agiotas, 189, 193, 241; IMFs e, 194; problemas para, 189-91
agricultores, 43, 161; seguro e, 179, 183; suicídio de, 193, 197, 205-6
agricultura, 25, 43-4, 149, 161-2, 168-70, 209, 222, 260, 272
água, 68, 75, 148; cloração, 64, 87; disponibilidade de, 43, 64; investimento público em, 90
Ahluwalia, Montek Singh, 96
ajuda externa, 17-21, 25, 163, 268
Akula, Vikram, 197
Al Amana, 233, 236-7
alimentos (comida), 51, 53-6, 132, 303; ajuda, 16, 35; consumo, 40, 43; disponibilidade, 15, 42; orçamento para, 39-40, 55, 242-3; preços, 38, 41, 162, 164; renda e, 37, 41, 57
amamentação, 66-7, 148
American Enterprise Institute, 24
Ananth, Bindu, 176
anemia, 49-50, 66, 87
antibióticos, 59-60, 71-2
Aprender a Ler, 123
Aprendizagem e Desempenho Educacional nas Escolas do Paquistão (pesquisa), 106
areia seca, produção, 235, 249
armadilha da pobreza, 17-18, 24-32, 36, 44, 61-2, 116, 165-66, 308; baseada na saúde, 66; curva em forma de S e, 26-7; educação e, 112; escapar da, 25, 68, 231-4; forma de L invertido e, *28*; nutrição e, 38, 42, 56-8
armadilha da saúde, 61-6
Ashraf, Nava, 142
assistência médica, 90, 100, 175, 224, 265, 275, 298; conhecimento sobre, 78-80;

eficácia, 294-5; excesso de tratamento e, 177; gastos com, 69, 250; imunizações, 75; problema da, 59, 68; tamanho da família e, 132
associações de poupança e crédito rotativos (APCRS), 214-5, 226, 228
Atkin, David, 261
Auma, Jennifer, 214-7, 219
autocontrole, 90, 155, 223-31
autônomos, 51-2, 162, 240

Balsakhi (programa), 107
Banco Mundial, 71, 74, 95, 102, 137, 163, 175, 196, 274, 278, 282-3; crianças de casta baixa e, 116; crise global e, 164; um dólar por dia e, 35
bancos, 163, 215- 7, 230; problemas com, 210
Bandhan, 242
Banerjee, Abhijit V., 78, 116, 118, 211, 272, 287
Banerji, Rukmini, 107
Bank of America, 187
Barker, David, 49
Basix, 181
Becker, Gary, 132, 134, 213
Ben Sedan, Allal, 236-7, 250, 255, 267
bens tentadores, 224, 229
bhopa, doenças, e doenças médicas, 81-2
Bill e Melinda Gates, Fundação, 66, 175, 218
Bloomberg, Michael, 101
Bongaarts, John, 129
Boyce, Jim, 173-4
Burgess, Robin, 188

calorias, 42, 50; consumo de, 39-41, 43, 45; produção e, 43, 49
capacidades básicas, foco em, 122, 124-5
capital, 184, 197, 251; capitalistas sem, 238-43; humano, 100, 132, 260
Case, Anne, 48
castas, 115, 116, 208, 276, 283-4, 287-8
Centro Básico de Saúde, 71

335

Centros de Controle de Doenças, 45
centros de terceirização de processos de negócios (BPOS), 98
cérebro, processos do, 224-5, 230
Chattopadhyay, Raghabendra, 285
Chavan, Madhav, 96, 107
Chlorin, 67, 86
choques de saúde, 174, 177-8, 183, 234, 305
chuva, 15, 170, 177, 180, 182
Cica Das, favela (Indonésia), 110, 145, 159, 257
Citibank, 192
clima, 151, 170, 234
cloro, 60, 64, 67, 75, 87, 89-90, 228, 305
Cohen, Jessica, 67, 77
Coimbatore, 164
Collier, Paul, 274
Comissão de Direito da Índia, 192
Comissões de Reforma da Polícia, 280
Comitê de Assistência à Reabilitação de Bangladesh (BRAC), 193, 242
comitê de educação da aldeia (VEC), 295, 296, 307
Common Wealth (Sachs), 129, 132, 134
companhias de seguros, pobres e, 175-9, 181, 183
Conselho de Igrejas da África do Sul (SACC), 54
Conselho Indiano de Pesquisa Médica, 43
consumo, 44, 172, 232-3, 243, 255
contracepção, 135, 138-9, 143-4, 148; acesso à, 130, 136-7; disponibilidade de, 142, 144
controle populacional, 127-30, 133
corrupção, 163, 275, 279, 288-9, 291, 300-1, 304; combate à, 269-70, 277-8, 280
cortisol, 167, 230
crédito, 187, 189, 198, 233, 266
crenças, 82, 84, 119; fé e, 78; fracas, 80-1
crescimento econômico, 41, 148, 273, 303
crescimento populacional, 127, 130-1
Cúpula de Educação para Todos (2000), 95
Cúpula Mundial da Alimentação, 42
currículo, 113, 119, 123, 126, 140
curva em forma de L, *28*, 43, 246, 251
curva em forma de S, 42-4, 68, 115, 132, 165, 167, 230, *253*, 262, 266; armadilha da pobreza e, 26, *27*; descrição, 26; ilusória, 109-12; microempreendedores e, 255; renda/nutrição e, 57

dados, 29, 42, 46, 279
Dai Manju, 20
Das, Jishnu, 71, 74
Deaton, Angus, 41, 43
democracia, 19, 274, 276-7, 289; na prática, 281-8
depressão, 55-6, 145, 167
descentralização, 276, 281-8
desempenho, 288, 291-2
Desenvolvimento Conduzido pela Comunidade, 282-3
desnutrição, 46-8, 289-90
Dhaliwal, Iqbal, 200
diarreia, 17, 43, 59, 64-5, 71, 81, 148; tratamento, 60, 67, 72, 77
Dickens, Charles, 213
dieta, 42-3, 213, 261; pobres e, 45-56
direitos de propriedade, 142, 271, 274, 276
discriminação, 48, 98, 148
dívida, 61, 187, 196, 210; liberdade de, 219, 232
doenças, 75, 79-82, 147, 164
doenças médicas e doenças *bhopa*, 81-2
Dreze, Jean, 41, 43, 115
Duflo, Esther, 104, 113, 138-9, 151, 220, 222, 225; fertilizantes e, 221; pesquisa sobre *panchayat*, 285
Dupas, Pascaline, 67, 77, 88-9, 113, 138-9, 216, 218; estudo de, 22, 227

Earth Institute, 17
East India Company College, 130
Easterly, William, 17, 103, 274, 301; armadilhas da pobreza e, 18, 24; democracia e, 276; mosquiteiros e, 23, 77; sobre ERC, 269; *wallahs* da demanda e, 97
Easterly, William, 21-2
economia do desenvolvimento, 29, 269
economia política, 109, 270-7, 289-90, 297
educação, 49, 93, 95, 134, 150, 295, 299, 303; de reforço, 108, 119; interesse dos pais em, 116; investimento em, 25, 93, 98-100, 103, 199, 289, 299; meninas e, 98, 106; pobreza e, 61, 112; primária, 19, 94, 111, 117, 119, 196; qualidade, 105, 118, 121; reengenharia, 122-6; renda e, 104, 110-1; secundária, 94, 104; tamanho da família e, 132, 147; valor da, 99, 104, 110, 112, 124
efeito de custo irrecuperável, 77
Einstein, Albert, 120
Emergência (1975-1977), 127, 129
empreendedores, 206, 250, 266; micro, 250, 255-6; regras práticas e, 256

empreendedorismo, 201, 208, 235-8, 242, 258; microcrédito e, 203; pobres e, 240, 257, 259; problemas do, 254, 256-7; taxa de retorno, 241; tecnologias e, 253
empregos, 159, 161, 163-4; bons, 258-62, 264; compra de, 257-8
empréstimos, 171, 187, 238, 250, 257, 262, 263; aquisição de casa própria, 234; cobrança de, 190, 194, 198, 203, 205, 206; de emergência, 202; locais, 191; melhorias na casa, 215; obrigatório, 209; patrocinados pelo governo, 189; pobres e, 189-93; prioridades politicas e, 188; problemas com, 189-90; projetos de longo prazo, 215; reembolso, 233, 242
Emptat, Ibu, 61, 90
enfermeiras, 74, 292-5
ensaios randomizados controlados (ERCS), 29, 31, 108, 245, 269
escolaridade, 94, 262, 289; qualidade da, 98; recompensa da, 102
escolas, 20, 92, 263, 268, 290; de elite, 113-7, 126; fracasso, 93, 117-21; matrículas, 97-8, 101, 112; melhorias, 117; orçamento, 163; organização, 113; responsabilização, 295
escolas privadas, 97, 105-7, 118, 126, 199; escolas públicas versus, 107-9; Pratham versus, 107-9
esperança, 80-1, 167, 232
esterilização, 127-9
etnia, 46, 171, 283, 286-8, 298
experimento, 29

falência, 176, 192, 206
família: extensa, 170-1; função da, 150-5
família, tamanho da, 130-5, 141, 146; educação e, 132, 147; poupança e, 147
fé, 78-80
fecundidade: controle da, 135-6, 140-3, 145, 150; diminuição da, 130-1, 134, 136, 142, 146, 155; renda e, 146; taxas de, 130-1, 136, 146; terapias, 133
ferro, 50, 52, 58, 305
fertilizantes, 25, 28, 30, 36, 161, 225, 304; compra, 162, 221-3; uso, 151, 220-1
Field, Erica, 142, 202
filhos: casta alta/ casta baixa, 116; como instrumentos financeiros, 145-9, 170; educados, 99, 126; renda e, 103; tamanho da família e, 135

financiamento, 208, 210
Fogel, Robert, 44
fome, 15, 35-45, 173
Food and Drug Administration (FDA), 78
Fórum Econômico Mundial, 64
Foster, Andrew, 149, 260
Foundation for International Community Assistance (FINCA), 200, 236
Fundo das Nações Unidas para a Infância (Unicef), 60, 63, 75, 94, 96
funerais, gastos com, 53-4

Gandhi, Indira, 127, 129
Gandhi, Sanjay, 127, 129, 132, 144
Gibbons, Donna, 136
governos, 276, 300; ajuda externa e, 19; credibilidade, 304; locais, 278, 283, 285; problemas para, 268, 290-1
gram panchayat (GP), 284-5, 297
Gram Vikas, 64-6
Grameen Bank, 194, 200, 207, 237
gravidez: amamentação e, 148; precoce, 135-41
Green, Donald, 287
Green, Jennifer, 287
Grupo Consultivo para Assistir os Pobres (CGAP), 196
grupos de autoajuda, 214, 217

Hammer, Jeff, 71, 74
Harlem Children's Zone, 123
Hartman, Betsey, 173-4
HarvestPlus, 58
Hatch, John, 236
Helms, Brigit, 200
HIV/ Aids, 20, 53, 81, 130-1, 138-40, 304
hospitalização, 81, 174, 178
Hyderabad, 186, 225, 244, 250, 262, 265; escolas em, 263; negócios em, 244; pesquisa em, 254

ICICI, 176, 179, 193
ICS Africa, 222
ideologia, 31, 294-5, 307
idosos, cuidado de, 145, 147, 154-5, 170, 174
imunização (vacinação), 66, 75, 83-4, 89, 134, 291; acampamentos de, 75, 82-3, 85-6, 88; assistência médica e, 75; benefícios, 85, 87-8, 91; incentivos para, 83, 86, 88; informações sobre, 79-80, 304; taxas de, 75, 83

inadimplência, taxa de, 188-9, 203
inconsistência do tempo, 85, 224, 290
informação, 79-80, 125, 256, 280, 282, 288, 304; coleta, 190, 192; imperfeita, 89-90
Infosys, 121, 177, 208, 280
Iniciativa de Poupança e Fertilizantes (SAFI), 222
Inpres, 104
instituições, 270-82, 301, 307; coloniais, 279; econômicas, 271, 274; inovação pelas, 289, 306; internacionais, 175, 180, 292; manipulação, 273, 276; políticas, 271, 274, 301; ruins, 271, 273, 281; *ver também* instituições de microfinanciamento
instituições de microfinanciamento (IMFS), 179, 185, 200-1, 205-6, 226, 233, 236, 238, 250, 254, 256, 266; empréstimos de, 203, 242; inadimplência zero e, 203; microcrédito e, 196; monitoramento por, 194-5; mutuários bem-sucedidos e, 239; pobres e, 210, 213; seguro para, 178; subsídios para, 197; tomar emprestado de, 207; *ver também* instituições
Instituto Indiano de Administração, 285
Instituto Indiano de Tecnologia, 208
instrumentos financeiros, filhos como, 145-9
International Child Support, 50
intervenção, 90, 117, 124, 139, 223, 274, 289-90; de cima para baixo, 284; do governo, 94; do lado da oferta pública, 103; na educação, 125
investimentos, 28, 58, 169, 212, 254
iodo, 49, 50, 52, 57-8, 305
Iyer, Lakshmi, 272

Jensen, Robert, 40, 98
Johnson, Simon, 272
Jolie, Angelina, 25, 220

Karlan, Dean, 200, 232
KAS, falência, 206
Kennedy (agricultor), 25-30, 220
Keynes, John Maynard, 94
Khanna,Tarun, 240
Khetan, Neelima, 82, 294
Kremer, Michael, 113, 117, 138-9, 220, 225; dispensador de cloro e, 87; fertilizantes e, 221; SAFI e, 222
Kristof, Nicholas, 20

Laboratório de Ação contra a Pobreza Abdul Latif Jameel (J-PAL), 30-1
"lar eficiente", modelo do, 150
Lehman Brothers, 163
Lei da Polícia (Índia), 280
lei de ferro da oligarquia, 272, 284
Lei do Correspondente Bancário (Índia), 218
Lei do Direito à Alimentação (Índia), 36
Lei do Direito à Educação (Índia), 105, 119
Lei, Miao, 207-10
leitura, 108, 123, 296
Ler para Aprender, 123
Levy, Santiago, 100-1
liberdades civis, 128
livre mercado, 17, 274-6, 290
livros-texto, 113, 117, 121, 191, 268
London School of Economics, 130
loterias (subsídios para negócios), 241

Madiath, Joe, 64, 66
malária, 21, 64-5, 68, 73, 213; erradicação da, 62-3, 68
Malthus, Thomas, 130, 131
maquiladoras, 261
margem, mudanças na, 277-81
matança de bruxas, 44-5
Matlab (programa), 135-7, 142, 146
Mbarbk, Oucha, 54, 56
Medicare, 155
medicina, 65, 70, 73, 78, 81, 90, 213
médicos, 79; alopatas, 81; do governo, 74; particulares/ públicos, 70, 72
Meillassoux, Claude, 152
microcrédito, 177, 194, 207-10, 213, 232, 237, 245, 250, 267, 306; eficácia, 196-201; limites, 201-7; pobres/ futuro e, 234
microfinanciamento, 178-9, 185, 194, 196, 199, 200, 209, 214, 218, 236; contratos, 227; disciplina de reembolso, 206; movimento, 204, 238; pobres e, 210; pobreza e, 186
Micronutrient Initiative, 58
micronutrientes, 39, 51, 57-8
migração, 163, 169, 263-5
milagres subutilizados, 66-8
Miller, Nolan, 40
Modimba, Anna, 221-5
Modimba, Michael, 221-5
molho de peixe, 50, 57
monitoramento, 190, 194-5, 210, 280, 291-3
Mor, Nachiket, 176, 193

mortalidade infantil, 15, 20, 59, 64, 134, 149, 196
mortalidade materna, 15, 136
mosquiteiros, 21-3, 59, 67-8, 75, 224; compra, 22, 89, 228; ganho de renda e, 88; subsidiados, 22, 77
Moyo, Dambisa, 18, 21-2, 24
M-PESA, 217
mulheres: discriminação contra, 98; na política, 286, 297-8; situação da saúde das, 294
Mullainathan, Sendhil, 232
Munshi, Kaivan, 143, 265
Murthy, Narayan, 208, 210

negócios: abertura de, 257-8; investimento em, 262; lucros em, 244, 249, 252, 254, 257; pedidos de empréstimos por, 250; pequenos/ médios, 209-10, 243, 245, 252, 256; pobres e, 243-58
Nilekani, Nandan, 177, 208, 280
normas sociais, 53, 143-4, 153
nutrição, 20, 29, 47, 51, 79, 90, 289, 305; armadilha da pobreza e, 38, 42, 56-8; calorias e, 40; gravidez e, 58; obesidade/ diabetes e, 40; renda e, 57; tamanho da família e, 132

Objetivos de Desenvolvimento do Milênio (ODMS), 35, 94-5, 136, 196
oferta-demanda, guerras da, 93-8
Olimpíadas, países pobres e, 47-8
Olken, Benjamin, 278-9
Omidyar, Pierre, 237
ONGS, 21-2, 50, 64-5, 67, 75, 96, 107, 198, 228, 287, 292, 295, 299, 309
ONU, gastos com ajuda, 24
oportunidades, 56, 171, 223, 236, 249, 258
Oportunidades (programa), 101
Opportunity International, 200
Organização das Nações Unidas para a Educação, a Ciência e a Cultura (Unesco), 95
Organização das Nações Unidas para Alimentação e Agricultura (FAO), 35, 42
Organização Mundial da Saúde (OMS), 21, 63, 75, 88, 130; gastos com ajuda, 24; gravidez adolescente e, 138; imunização e, 83; recomendações da, 67
Organização para Cooperação e Desenvolvimento Econômico (OCDE), 240
Orwell, George, 52, 55
Otieno, Wycliffe, 221-3, 225

Pak Awan, 257-8
Pak Solhin, 36-7, 57, 161, 167; armadilha da pobreza e, 36, 38, 56
Pak Sudarno, 110, 145, 155, 170
Pande, Rohini, 188, 202, 287
Parmentier, Antoine, 52
Partido Revolucionário Institucional (PRI, México), 277, 298, 300
paternalismo, 91, 150
Paxson, Chris, 48
pensões, 154-5, 234, 265
pequeno empurrão, 86, 87-9, 90, 101, 181, 190
Pesquisa Mundial de Absentismo, 74, 95, 106
Pesquisa Nacional de Saúde da Família (NFHS 3), 46
Pitt, Mark, 136
planejamento familiar, 127, 129, 134- 6, 138, 142; estímulo ao, 144-5
pobreza, 16, 20, 26, 45, 166, 213; autocontrole e, 228-31; diminuição da, 35, 63, 188; educação e, 61; erradicação da, 17, 31-2, 100, 200-1, 304, 308-9; extrema, 23, 102, 243, 291; fecundidade e, 131; fome e, 35-6; microfinanciamento e, 186; romper o ciclo da, 266, 300
política, 281-2, 301; boa, 297-8; economia e, 289; étnica, 287; mulheres e, 297-8; políticas públicas e, 288, 297
política de filho único, 129, 146
política educacional, 93, 94, 97; de cima para baixo, 103-5; ferramentas de escolha em, 100-3; *wallahs* da demanda e, 98; *wallahs* da oferta e, 94
política populacional, 127, 130, 155
políticas públicas, 31, 268-88, 297; alimentação, 57-8; antipobreza, 196, 237, 282; boas/ ruins, 289-90; de desenvolvimento, 30, 94, 297, 300, 307; desenvolvimento de, 93; educação, 93-4, 97-8, 100-5; filho único, 129, 146; macroeconômicas, 269, 309; política e, 288, 297; populacionais, 127, 130, 155; sociais, 268, 299, 303-4
Population Council, 129
Population Service International (PSI), 60, 67
poupança, 30, 162, 230, 234, 264, 305-6; autocontrole e, 223-8; metas para, 226; micro, 212, 218; pobres e, 212-8, 227, 229, 290; psicologia da, 220-8; tamanho da família e, 147
pradhan, 285-6, 297

Prahalad, C. K., 237
Pratham, 113, 118-9, 122, 125, 296; ASER e, 107; educação e, 96; escolas privadas versus, 107-9; sistema escolar público e, 108
Pritchett, Lant, 137
problema dos três Is, 294-5
produtividade, 43, 48-9, 58, 223
Profamilia, 135, 137-8
professores, 95, 100, 125, 309; casta mais alta, 115; comportamento, 113, 115; escola privada, 107; escola pública, 106, 108; missão, 126; voluntário/ semivoluntário, 109
Programa Conhecimento É Poder (KIPP), escolas do, 123
Programa de Planejamento Familiar e Saúde Materno-Infantil, 134
programas macro, micro insights para, 193-6
Progresa, 100-1, 154, 167, 298, 300
Projeto de Desenvolvimento de Kecamatan (PDK), 283
PUKK, 160

Qian, Nancy, 133, 146, 149

Rakshin (programa), 35, 56-7
Raman Boards, 120
Raman, V., 120
Rayatwari (sistema), 272
Read India, 296
recursos, 44, 153, 230; governamentais, 266; intelectuais, 256; pobres e, 132
Reddy, Padmaja, 198-200, 204, 232-3; história de, 185-6, 193
Rede Globo, 144
regras práticas, 256
Reinikka, Ritva, 268, 270
Relatório Anual do Estado da Educação (ASER), 96, 107, 296
Relatório Público sobre a Educação Básica (PROBE), 115
renda, 38, 101, 112, 165; agrícola, 162; comida e, 41, 57; crescimento da, 26-7, 88; declínio da, 41, 165, 168; doença e, 62; educação e, 104, 110-1; estável/ previsível, 262, 265; fecundidade e, 146; filhos e, 103; malária e, 68; seca e, 165
responsabilidades, 153, 282, 296, 304
retorno marginal, 245-54, 247
retorno médio, 245-54, 247

Reuters, 48
Revolução Verde, 97, 111, 260
riqueza, 26, 29; alimento e, 37; crescimento populacional e, 130; curvas, 230-1; em 1999/ 2005 na Tailândia, *231*
risco, 167, 177, 264, 266; limitação, 168-9, 171, 213; pobres e, 159, 163, 170-1, 183, 241
riscos morais, 173, 175, 177, 179
Robinson, James, 271, 276-7; sobre instituições, 271-3
Robinson, Jonathan, 216, 218, 220, 225; fertilizantes e, 221; SAFI e, 222
Romer, Paul, 273
Rosenzweig, Mark, 136, 149, 260
Rutherford, Stuart, 214

Sachs, Jeffrey, 17, 21-2, 61, 66, 129, 132, 134, 136, 301; armadilha da pobreza e, 24; corrupção e, 269; malária/ pobreza e, 62-3; mosquiteiros e, 23; otimismo/ impaciência de, 66; Sauri e, 220
SafeSave, 214
sal fortificado, 51, 57-8, 305
Sarva Siksha Aviyan (SSA), 295-6
saúde, 29, 86, 90, 163, 177, 182, 224, 303; economistas do livre mercado e, 77; investimento em, 63, 100, 132, 199; maternal, 135; melhoria, 68-9, 73, 134, 299
saúde pública, 62, 66, 73, 89, 91, 299; investimentos em, 90, 282
Sauri, visita a, 25, 220
Save the Children, 15-6
Schultz, T. Paul, 99
Schultz, Theodore, 99
seca, 44, 161-2, 165, 180, 182
segurança, 234, 265-7
Seguridade (Previdência) Social, 145, 155, 229, 305
seguros, 162; clima, 175, 180-3, 306; compreensão dos, 180-1; de saúde *ver* seguro-saúde; demanda por, 180-1; fraudes, 176, 181-2; informais, 152, 171-2, 173; pobres e, 175, 180-3
seguro-saúde, 89, 145, 154-5, 172, 175, 182; mercado para, 305; oferecimento, 175, 178; problemas, 179
Sen, Amartya, 20, 45, 148
Sengupta, Somini, 163
serviços de determinação do sexo, 147
setor financeiro, 176, 266

Seva Mandir, 87, 109, 292-4; acampamentos da, 75, 82; imunização e, 82-3
sexo, 138-41, 304
Shantarama, 92-3, 111, 117
Share, 197, 205, 206
Shleifer, Andrei, 220
Singer, Peter, 20-1
SKS Microfinance, 178, 180, 194, 197, 206
sociedade civil, 269, 299
solução de reidratação oral (SRO), 59-60, 66, 71, 77
Spandana, 185, 197-9, 204-5, 226, 238, 245; crise de reembolso e, 206; programa de microfinanciamento da, 232-3
Steele, Claude, 116
Strauss, John, 43
suborno, 159-60, 276, 291
subsídios, 23, 35, 40, 77, 197, 280
sugar daddies, 138-41
Suharto, 103, 278, 289
Sunstein, Cass, 86
Svensson, Jakob, 268, 270
Swayam Shakti, 178

Tamayo, Fernando, 135
TAMTAM (Together Against Malaria), 67, 77
taxas de juros, 61, 187, 189, 192, 210, 227, 238, 241, 305; pobres e, 190, 193, 195
tecnologia, 217, 251, 280-1, 306; alimentos, 58; de produção, 246, 252, 266; empreendedorismo e, 253; informação, 125, 280; preventiva, 59, 76; seleção de sexo, 133; uso, 66-76, 169
televisão, importância da, 54-5
testes, 114, 123-4
Thaler, Richard, 86
Tina, Ibu: choque na sorte de, 166, 163, 159-60, 165-6
tomada de decisão, 168, 224, 228, 234, 283; familiar, 150, 154
Townsend, Robert, 179-80

Trabalho e Avaliação do Estado do Ferro (WISE), 50
trabalho temporário, 159, 161, 257, 263, 305
transferência condicional de renda, 100, 101-3, 112
Transparência Internacional, 269, 278
Truman, Harry, 144

Udaipur, 39, 55, 59, 69-70; acampamentos de imunização em, 82, 84; ausências em, 74; centro de saúde, 74; pesquisa de saúde em, 72, 187; pobres em, 70, 258
Udry, Christopher, 151, 171
uniformes escolares, 138-41
Unitus, 200
Uttar Pradesh, 107, 295; esterilização em, 128; experimento em, 287; pobreza em, 64
Uwezo (pesquisa), 97

vacinas, 59, 60, 84, 86, 129
vendedores de frutas e legumes, 184-5, 219, 220, 232, 249
vermifugação, 48, 50, 57, 66, 68, 90, 290
Village Welfare Society, 202
votação, 281, 286, 288, 299

wallahs da demanda, 97-8, 136, 180
wallahs da oferta, 94, 136
Wantchekon, Leonard, 286, 299
"We Are the World" (concerto), 35
Women's World Banking, 200
WuDunn, Sheryl, 20

Xin Meng, 146
Xu Aihua, 239-40, 244, 252, 254, 266
Young, Alwyn, 130
Yunus, Muhammad, 185-6, 193, 237, 243

zamindari (sistema), 272
Zinman, Jonathan, 200
Zoellick, Robert, 163

ESTA OBRA FOI COMPOSTA POR MARI TABOADA EM DANTE PRO E IMPRESSA EM OFSETE PELA LIS GRÁFICA SOBRE PAPEL PÓLEN SOFT DA SUZANO S.A. PARA A EDITORA SCHWARCZ EM AGOSTO DE 2021

A marca FSC® é a garantia de que a madeira utilizada na fabricação do papel deste livro provém de florestas que foram gerenciadas de maneira ambientalmente correta, socialmente justa e economicamente viável, além de outras fontes de origem controlada.